D1456608

ANUARIO ESTADISTICO DE AMERICA LATINA

STATISTICAL YEARBOOK FOR LATIN AMERICA

EDICION **1984** EDITION

COMISION ECONOMICA PARA AMERICA LATINA Y EL CARIBE
ECONOMIC COMMISSION FOR LATIN AMERICA AND THE CARIBBEAN

350122

LC/G.1337
JUNIO   1985   JUNE

NOTA

NOTE

PUBLICACION DE LAS NACIONES UNIDAS / UNITED NATIONS PUBLICATION

Número de venta/Sales No.: E/S.85.II.G.1
ISSN 0251-9445 — ISBN 92-1-021022-0

INDICE DE MATERIAS
CONTENTS

Notas explicativas

En los cuadros del presente *Anuario* se han empleado los siguientes signos:

El asterisco indica que se trata de cifras preliminares.

Tres puntos (...) indican que los datos faltan o no constan por separado.

La raya (-) indica que la cantidad es nula o despreciable.

El punto (.) se usa para separar los decimales.

El guión (-) puesto entre cifras que expresen años, por ejemplo 1971-1973, indica que se trata de todo el período considerado, ambos años inclusive.

La palabra "toneladas" indica toneladas métricas, y la palabra "dólares" se refiere a dólares de los Estados Unidos, salvo indicación contraria.

Salvo indicación contraria, las referencias a tasas anuales de crecimiento o variación corresponden a tasas anuales compuestas.

Debido a que a veces se redondean las cifras, los datos parciales y los porcentajes presentados en los cuadros no siempre suman el total correspondiente.

Notes and explanation of symbols

The following symbols are used in tables in the *Yearbook*:

An asterisk indicates preliminary figures.

Three dots (...) indicate that data are not available or are not separately reported.

A dash (-) indicates that the amount is nil or negligible.

A point (.) is used to indicate decimals.

Use of a hyphen (-) between years, e.g., 1971-1973, indicates reference to the complete number of calendar years involved, including the beginning and end years.

References to "tons" mean metric tons, and to "dollars", United States dollars, unless otherwise stated.

Unless otherwise stated, references to annual rates of growth or variation signify compound annual rates.

Individual figures and percentages in tables may not necessarily add up to the corresponding total, because of rounding.

Indice de materias	Página	Contents	Page

PRIMERA PARTE: INDICADORES DEL DESARROLLO SOCIOECONOMICO DE AMERICA LATINA
PART ONE: INDICATORS OF ECONOMIC AND SOCIAL DEVELOPMENT IN LATIN AMERICA

I. DESARROLLO SOCIAL Y BIENESTAR / *SOCIAL DEVELOPMENT AND WELFARE*

II. CRECIMIENTO ECONOMICO / *ECONOMIC GROWTH*

III. PRECIOS INTERNOS / *DOMESTIC PRICES*

IV. FORMACION DE CAPITAL Y FINANCIAMIENTO / *CAPITAL FORMATION AND FINANCING*

V. COMERCIO EXTERIOR / *EXTERNAL TRADE*

VI. FINANCIAMIENTO EXTERNO / *EXTERNAL FINANCING*

SEGUNDA PARTE: SERIES ESTADISTICAS DE AMERICA LATINA
PART TWO: STATISTICAL SERIES FOR LATIN AMERICA

I. POBLACION / POPULATION

II. CUENTAS NACIONALES / NATIONAL ACCOUNTS

11

13

14

III. PRECIOS INTERNOS / *DOMESTIC PRICES*

IV. BALANCE DE PAGOS / *BALANCE OF PAYMENTS*

V. ENDEUDAMIENTO EXTERNO / *EXTERNAL INDEBTEDNESS*

VI. COMERCIO EXTERIOR / *EXTERNAL TRADE*

VII. RECURSOS NATURALES Y PRODUCCION DE BIENES / *NATURAL RESOURCES AND PRODUCTION OF GOODS*

VIII. SERVICIOS DE INFRAESTRUCTURA / *INFRASTRUCTURE SERVICES*

IX. EMPLEO / *EMPLOYMENT*

X. CONDICIONES SOCIALES / *SOCIAL CONDITIONS*

INTRODUCCION / INTRODUCTION

La edición 1984 del *Anuario Estadístico de América Latina* entraña un significativo esfuerzo por reducir el plazo con que se han venido entregando los antecedentes estadísticos de la región. La formación de bases computarizadas de datos que mantiene la División de Estadística y Análisis Cuantitativo sin duda ha facilitado un alto aprovechamiento de las ventajas que supone incorporar información reciente suministrada en cintas magnéticas, cuya parte destinada al *Anuario* se mantiene "en línea". Todo ello en combinación con el moderno sistema computarizado de fotocomposición que utiliza el Servicio de Documentos y Publicaciones de la Comisión.

En general, se ha mantenido el formato de los cuadros por temas y subtemas como en las últimas ediciones del *Anuario*. La primera parte comprende indicadores socioeconómicos derivados (tasas de crecimiento, participaciones y coeficientes o proporciones), que representan una visión resumida de cada área de interés y constituyen antecedentes para que la información pueda ser utilizada en análisis más específicos. En este conjunto de indicadores se han incluido los que se emplean en las evaluaciones regionales periódicas de la Estrategia Internacional del Desarrollo y del Programa de Acción Regional.

En la segunda parte figuran las series históricas en números absolutos, lo que permite en general que puedan ser utilizadas para una gran variedad de propósitos. En la mayoría de los cuadros estadísticos nacionales aparecen referidas a un mismo tema y ordenadas de manera de facilitar la comparación entre los países y entre éstos y los totales o promedios regionales. Sólo los cuadros de balance de pagos y de cuentas nacionales son una excepción al formato, ya que han sido elaborados por países. Asimismo, en la presente edición del *Anuario* en las series de cuentas nacionales se han agregado dos países en un esfuerzo por continuar ampliando la cobertura del *Anuario* al máximo posible de países miembros de la CEPAL.

The 1984 edition of the *Statistical Yearbook for Latin America* reflects a major effort to speed the delivery of statistical information concerning the region. The formation of computerized data bases maintained by the ECLAC Division of Statistics and Quantitative Analysis has undoubtedly facilitated an ample utilization of the advantages offered by the incorporation of recent information supplied on magnetic tape; that portion of the data to be used in the *Yearbook* is maintained on-line. These capabilities are used in combination with the modern computerized system of photocomposition employed by the ECLAC Documents and Publications Service.

In general, the format of tables arranged by topics and subtopics used in the latest editions of the *Yearbook* has been retained. The first part contains derived socioeconomic indicators (growth rates, shares and coefficients or proportions), which represent an overview of each area of interest and serve as background material so that the information may be used in more specific analyses. This set of indicators includes those used in the periodic regional appraisals of the International Development Strategy and the Regional Programme of Action.

The second part contains the historical series in absolute numbers, which are therefore useful for a wide variety of purposes. Most of the tables present national statistics on a single topic, arranged in such a way as to facilitate comparison between countries and between countries and regional totals or averages. The balance-of-payments and national accounts tables are the only exception to this format, as they have been prepared by country. Likewise, in this edition of the *Yearbook,* two more countries have been added to the national accounts series in an effort to continue expanding the *Yearbook's* coverage to the maximum possible number of countries members of ECLAC.

Although 32 countries of the region are currently members of the Commission, most of

Si bien en la actualidad 32 países de la región son miembros de la Comisión, la mayoría de los cuadros en que se presentan totales para América Latina corresponden a 24 países. Se excluyen, en general, Antigua y Barbuda, Bahamas, Belice, Dominica, Granada, Santa Lucía, San Vicente y las Granadinas y Suriname, países cuyas estadísticas son relativamente escasas razón por la cual se está haciendo un especial esfuerzo para mejorarlas y hacerlas comparables con las de los otros países. Para Cuba se incluye por el momento sólo series de población, algunos indicadores sociales y cifras sobre salud, educación, producción y transporte; sin embargo, se están dando los pasos necesarios para ampliar la cobertura y comparabilidad de esa información. En algunos casos, como en las series de cuentas nacionales, los totales regionales todavía comprenden sólo el conjunto de 19 países sobre los que la CEPAL tradicionalmente mantiene información comparable.

En la mayoría de los cuadros, los países aparecen en orden alfabético excluyéndose aquellos sobre los que se carece de datos o en los que las cantidades son nulas o mínimas.

Los indicadores de la primera parte del *Anuario* corresponden, en general, a los años 1950, 1960, 1965, 1970, 1975 y al período comprendido entre 1980 y 1983. Cuando los datos no están suficientemente actualizados se ha incluido el último año disponible de cada país. Algunos de los indicadores basados en información censal se consignan sólo en torno a los años en que se han efectuado los censos respectivos.

Las series estadísticas de la segunda parte corresponden, en general, a los años 1960, 1965, 1970 y 1975 y al período comprendido entre 1977 y 1983. Algunas estadísticas sociales, cuya estimación no es sistemática, se incluyen excepcionalmente para 1960, 1965, 1970 y el último año disponible. Se exceptúan de estas modalidades los datos censales que, por su naturaleza, se recogen en años determinados. Las cifras correspondientes a los últimos años publicados corresponden en cada cuadro a valores no definitivos. La fecha de cierre para la incorporación de estadísticas en esta edición del *Anuario* fue el mes de noviembre de 1984.

the tables in which totals for Latin America are shown correspond to 24 countries. In general, the following are left out: Antigua and Barbuda, Bahamas, Belize, Dominica, Grenada, Saint Lucia, St. Vincent and the Grenadines and Suriname —countries for which statistics are relatively scarce. For this reason, a special effort is being made to refine the data and make them comparable to those of the other countries. For the time being, Cuba is only included in the population series, some social indicators and figures relating to health, education, production and transport; however, the necessary steps are being taken in order to increase the coverage and comparability of this information. In some cases, such as the national accounts series, the regional totals still cover only the 19 countries on which ECLAC has traditionally maintained comparable information.

In most of the tables, the countries appear in alphabetical order. Where information is not available or where the amounts involved are nil or minimal, the corresponding countries have been left out.

The indicators in the first part of the *Yearbook* generally refer to 1950, 1960, 1965, 1970, 1975 and to the period between 1980 and 1983. When the data are not sufficiently up to date, the last year available for each country has been included. Some of the indicators based on census information are given only in respect of the years when the census in question was carried out.

The statistical series in the second part usually refer to the years 1960, 1965, 1970 and 1975, and to the period from 1977 to 1983. Some social statistics, where estimates are not systematic, are included, as exceptions, for 1960, 1965, 1970 and the last year for which data were available. Census data, which because of their nature are compiled in specific years, are thus excluded from this arrangement. In each table, the figures for the last year published are not definitive. The closing date for the inclusion of statistics in this edition of the *Yearbook* was November 1984.

NOTAS TECNICAS / TECHNICAL NOTES

INDICADORES DEL DESARROLLO ECONOMICO Y SOCIAL: CONCEPTO Y CRITERIOS DE SELECCION
INDICATORS OF SOCIAL AND ECONOMIC DEVELOPMENT: CONCEPT AND SELECTION CRITERIA

Antecedentes

La CEPAL comenzó a elaborar sistemáticamente, a partir de 1973, un conjunto de indicadores del desarrollo económico y social en América Latina que pudieran servir de base a las evaluaciones regionales de la Estrategia Internacional de Desarrollo dispuestas por la resolución 2626 (XXV) de la Asamblea General de las Naciones Unidas. Se seleccionó un primer conjunto de indicadores en *América Latina y la Estrategia Internacional de Desarrollo: Primera Evaluación Regional* (E/CN.12/947/Add.2), documento que sirvió de apoyo a la Evaluación de Quito en 1973. La elaboración sistemática de indicadores destinados a suministrar una base cuantitativa a los análisis de las evaluaciones regionales cristalizó en *El desarrollo latinoamericano y la coyuntura económica internacional* (E/CEPAL/981/Add.3), en el que se apoyó la Evaluación de Chaguaramas en 1975. Este conjunto de indicadores fue ulteriormente publicado en *Indicadores del desarrollo económico y social en América Latina* (Cuaderno Estadístico de la CEPAL, Nº 2). El *Anuario Estadístico de América Latina* ha venido incorporando a su contenido la mayor parte de aquellos indicadores además de algunos otros que son el fruto de una mayor disponibilidad de datos estadísticos o que han demostrado ser pertinentes para apreciar mejor determinados aspectos del desarrollo.

El concepto de indicador

En términos generales, se denomina indicador a una observación empírica que sintetiza aspectos de un fenómeno que resultan importantes para uno o más propósitos analíticos y prácticos. Si

Background

In 1973 ECLAC began to prepare systematically a set of indicators of economic and social development in Latin America which could serve as a basis for the regional appraisals of the International Development Strategy provided for by United Nations General Assembly resolution 2626 (XXV). A first set of indicators was chosen in *Latin America and the International Development Strategy: First Regional Appraisal* (E/CN.12/947/Add.2), which provided the underpinning for the Quito Appraisal in 1973. The systematic preparation of indicators aimed at providing a quantitative analytical base for the regional appraisals took shape in *Latin American Development and the International Economic Situation* (E/CEPAL/981/Add.3), which provided the background material for the Chaguaramas Appraisal in 1975. This set of indicators was subsequently published in *Indicadores del desarrollo económico y social en América Latina* (Cuaderno Estadístico de la CEPAL, Nº 2). The *Statistical Yearbook for Latin America* includes most of those indicators, as well as some others which result from the greater availability of statistical data or which have proved to be useful for a better appreciation of specific aspects of development.

The concept of indicator

Broadly speaking, an indicator is an empirical observation which synthesizes aspects of a phenomenon which are of importance for one or more analytical and practical purposes.

bien el término indicador puede aludir a cualquier característica observable de un fenómeno, suele aplicarse a aquellas que son susceptibles de expresión numérica.

En la medida en que los datos sobre una variedad de fenómenos se van combinando en conceptos agregativos, se obtienen indicadores sintéticos del proceso de desarrollo económico, como son el producto, los números índices de agregados de la actividad económica, o la esperanza de vida al nacer. Desde otra perspectiva, parece también necesario disponer de indicadores analíticos, que se obtienen al acotar el universo de estudio y precisar la definición, de manera que se expliciten los propósitos específicos de cada indicador.

Los indicadores pueden ser expresados en los términos absolutos en que se realiza la medición, o derivados a través de un proceso de cálculo que relacione dicha medición con otras magnitudes (tasas de variación, participaciones, relaciones). La expresión en términos relativos suele estar asociada a la especificidad de los usos a que se destina cada indicador, aunque también contribuye a facilitar la comparación entre países. En cambio, los indicadores en números absolutos pueden servir a una multiplicidad de propósitos, y además ser utilizados posteriormente para construir indicadores específicos aplicables a distintas áreas de interés. Por esta razón, y en concordancia con el uso corriente, en la parte I del *Anuario* sólo se han incluido indicadores derivados, destinándose la parte II a las mediciones o series estadísticas en números absolutos.

Criterios utilizados en la selección de indicadores

En esta edición del *Anuario* se incluyen tanto indicadores del desarrollo económico como indicadores sociales. A través de los ejercicios de evaluación del desarrollo regional que ya se mencionaron, se ha ido decantando un conjunto adecuado de indicadores de los aspectos económicos del desarrollo. Por otra parte, los esfuerzos internacionales por elaborar un sistema coherente de indicadores sociales[1] constituyen el marco conceptual dentro del cual se inscribe

[1] Naciones Unidas, *Hacia un sistema de estadísticas sociales y demográficas*, Estudios de métodos, Serie F, Nº 18, Nueva York, 1975, y United Nations, *Social Indicators: Preliminary Guidelines and Illustrative Series*, Statistical Papers, Series M, Nº 63, Nueva York, 1978.

Although the term indicator may refer to any observable characteristic of a phenomenon, it is usually applied to those which may be expressed numerically.

Inasmuch as the data on a variety of phenomena combine to form aggregate concepts, the result is synthetic indicators of the economic development process, such as the product, index numbers for economic aggregates or life expectancy at birth. From another standpoint, there also seems to be a need for analytical indicators which are obtained by limiting the universe under consideration and focussing on the specific purposes of each indicator.

Indicators may be expressed in the absolute terms in which the measurement is made, or be derived through a process of calculation which relates that measurement to other magnitudes (rates of change, shares, ratios). The expression in relative terms is usually associated with the specific uses for which each indicator is destined, although it also makes comparisons between countries easier. On the other hand, indicators in absolute figures may serve for many purposes, and may also subsequently be used to construct specific indicators which are applicable to different areas of interest. Therefore, in accordance with current practice, Part One of the *Yearbook* includes only derived indicators, while Part Two contains the measurements or statistical series in absolute numbers.

Criteria used in the selection of indicators

This issue of the *Yearbook* includes indicators of economic development as well as social indicators. In the course of the abovementioned appraisals of regional development, a suitable set of indicators of the economic aspects of development has gradually been formed. In addition, international efforts to prepare a coherent system of social indicators[1] form the conceptual framework for the preparation of social indicators for the Latin American region.

[1] United Nations, *Towards a System of Social and Demographic Statistics*, Studies in Methods, Series F, No. 18, New York, 1975, and United Nations, *Social Indicators: Preliminary Guidelines and Illustrative Series*, Statistical Papers, Series M, No. 63, New York, 1978.

la elaboración de indicadores sociales para la región latinoamericana.

Los indicadores incluidos en el *Anuario* se han seleccionado atendiendo básicamente a su pertinencia, a la posibilidad de comparar a través de ellos la situación de los países, a la conveniencia de mantener un buen equilibrio entre la información referente a distintos sectores o áreas de interés y al propósito de evitar duplicaciones y superposiciones en los datos presentados.

El criterio de pertinencia se tradujo en una definición inicial de las áreas sociales y económicas más estrechamente asociadas al proceso de desarrollo de los países de la región y una posterior selección de aquellos indicadores de mayor interés sustantivo dentro de cada área.

El criterio de comparabilidad tuvo en cuenta la disponibilidad de los datos básicos, su homogeneidad conceptual, así como su cobertura social y espacial. Se tendió a favorecer la inclusión de indicadores disponibles o que pudieran ser calculados para todos o la mayoría de los países de la región. Asimismo, se prefirieron indicadores en cuya construcción se pudieran utilizar aquellas series estadísticas nacionales que tienen una suficiente homogeneidad en cuanto a contenido conceptual, limitación de las categorías sociales a que se refieren los datos y cobertura espacial.

El criterio de equilibrio entre sectores se tradujo en la tendencia a equiparar el número de indicadores en cada área de interés, respetando, sin embargo, la complejidad de los fenómenos característicos de cada una de ellas.

Finalmente, se procuró evitar duplicaciones y superposiciones en la información provista por los distintos indicadores dentro de cada área.

Los indicadores seleccionados han sido agrupados en seis grandes áreas: *Desarrollo y bienestar social*, que contiene indicadores de población y características demográficas, de empleo y estructura ocupacional, de niveles de vida, consumo, nutrición y distribución del ingreso, así como de salud, educación, seguridad social y vivienda; *Crecimiento económico*, que incluye indicadores referentes a los agregados económicos globales y a los principales sectores productivos; *Precios internos; Formación de capital y su financiamiento*, que incluyen indicadores sobre la inversión, el ahorro y los recursos financieros públicos; *Comercio exterior*, y *Financiamiento externo*.

The indicators included in the *Yearbook* have been chosen primarily on grounds of relevance, the possibility of using them to compare the situation of countries, the desirability of striking a good balance between information on different sectors or areas of interest and the goal of avoiding duplication and overlapping in the data.

The criterion of relevance led to an initial identification of the social and economic areas most closely linked with the development process of the countries of the region, followed by a choice of the indicators of greater substantive interest in each area.

The criterion of comparability took into account the availability of basic data, their conceptual homogeneity, and their social and spatial coverage. There was a tendency to favour the inclusion of indicators which were available or which could be calculated for all or most of the countries of the region. Again, preference was given to indicators which could be constructed using national statistical series with a sufficient level of homogeneity as to conceptual content, limitation of the social categories covered by the data and spatial coverage.

The criterion of balance among sectors led to a tendency to have an equal number of indicators in each area of interest, while respecting the complexity of the characteristics of each of them.

Finally, an attempt was made to avoid duplication and overlapping in the information provided by the different indicators within each area.

The chosen indicators have been grouped in six major areas: *Social development and welfare*, which contains indicators of population and demographic features, employment and occupational structure, standards of living, consumption, nutrition and income distribution as well as health, education, social security and housing; *Economic growth*, which includes indicators referring to global economic aggregates and the main sectors of production; *Domestic prices; Capital formation and its financing*, which includes indicators on investment, saving and public financial resources; *Foreign trade* and *External financing*.

For the most part the indicators contained in Part One are derived from the

En su gran mayoría, los indicadores incluidos en la parte I se derivan de las series estadísticas que se incluyen en la parte II, y están sujetos, por lo tanto, a las mismas limitaciones que éstas. Por la misma razón, se aplican a estos indicadores derivados las observaciones que se formulan más adelante acerca de dichas series, en lo que atañe a conceptos, definiciones, cobertura, procedimientos de cálculo y fuentes utilizadas para su obtención.

La definición de cada indicador se deduce de su denominación y de las aclaraciones que figuran en el cuadro respectivo acerca de la forma en que se expresa. Así, por ejemplo, bajo el título "Coeficientes de la inversión interna bruta total" se señala que éstos están expresados en un porcentaje del producto interno bruto a precios constantes de 1970.

Las tasas de crecimiento consideradas son reales o a precios constantes. Las tasas anuales de variación para períodos mayores de un año han sido calculadas en forma geométrica, a partir de los años extremos del período.

Para algunos indicadores se han omitido los valores regionales, ya sea porque no se dispone de ponderaciones adecuadas, o porque la información básica es parcial o no es estrictamente comparable entre los países, o bien porque las informaciones para cada país corresponden a diferentes períodos de referencia.

Los cuadros contienen anotaciones que especifican si los valores correspondientes a un país tienen o no la cobertura o el período de referencia a que se refiere la definición del indicador, y cuáles son las diferencias respectivas.

statistical series included in Part Two and are therefore subject to the same limitations as the latter. For the same reason, the observations made below concerning those series also apply to these derived indicators, with respect to concepts, definitions, coverage, methods of calculation and sources used to obtain them.

The definition of each indicator may be deduced from the title and the notes which appear in the corresponding table concerning the form in which it is expressed. Thus, for example, under the title "Coefficients of total gross domestic investment" it is pointed out that these are expressed as a percentage of the gross domestic product at constant 1970 prices.

Growth rates are real or at constant prices. Annual rates of variation for periods of more than one year have been calculated geometrically on the basis of data for the initial and final years of the period.

In the case of some indicators the regional values have been omitted either because adequate weightings are not available, because the basic information is partial and not strictly comparable among countries, or else because the information on each country is for different reference periods.

The tables have notes specifying whether the values for a country do or do not possess the coverage or the reference period given in the definition of the indicator, and the differences in question.

POBLACION Y CARACTERISTICAS DEMOGRAFICAS
POPULATION AND DEMOGRAPHIC CHARACTERISTICS

Las series sobre población y los indicadores demográficos corresponden a las estimaciones que realiza el CELADE y que publica periódicamente en su *Boletín Demográfico*.

Tanto en este capítulo como en los de educación, empleo, salud y vivienda, se incluyen cifras o indicadores que se han obtenido o elaborado sobre la base de los censos de población y vivienda. Si bien las recomendaciones internacionales indican que éstos deben realizarse en los años terminados en 0, los países no siempre están en condiciones de cumplir con esta reco-

The series on population and the demographic indicators are estimates prepared by CELADE and periodically published in its *Demographic Bulletin*.

Both this chapter and the chapters on education, employment, health and housing contain figures or indicators obtained or prepared on the the basis of population and housing censuses. Although the international recommendations indicate that such censuses should be carried out in the years ending in 0, the countries are not always able to comply with

mendación; por este motivo, en algunos cuadros los títulos de columnas que indican la fecha a que se refiere la información dice "alrededor de ...". Para mayor facilidad del lector, se incluye a continuación la fecha de levantamiento de los censos cuya información figura en el presente *Anuario*.

Censos de alrededor de:

País	1950	1960	1970	1980
Argentina	V-1947	IX-1960	IX-1970	X-1980
Barbados	IV-1946	IV-1960	IV-1970	V-1980
Bolivia	IX-1950	-	IX-1976	-
Brasil	VII-1950	IX-1960	IX-1970	IX-1980
Colombia	V-1951	VII-1964	X-1973	-
Costa Rica	V-1950	IV-1963	V-1973	-
Cuba	I-1953	-	IX-1970	IX-1981
Chile	IV-1952	XI-1960	IV-1970	IV-1982
Ecuador	XI-1950	XI-1962	VI-1974	XI-1982
El Salvador	VI-1950	V-1961	VI-1971	-
Guatemala	IV-1950	IV-1964	IV-1964	III-1981
Guyana	IV-1946	IV-1960	IV-1970	-
Haití	VIII-1950	-	VIII-1971	IX-1982
Honduras	VI-1950	IV-1961	III-1974	-
Jamaica	XI-1953	IV-1960	IV-1970	-
México	VI-1950	VI-1960	I-1970	VI-1980
Nicaragua	V-1950	IV-1963	IV-1971	-
Panamá	XII-1950	XII-1960	V-1970	V-1980
Paraguay	X-1950	X-1961	VII-1972	VII-1982
Perú	-	VII-1961	VI-1972	VII-1981
República Dominicana	VIII-1950	VIII-1960	I-1970	I-1981
Trinidad y Tabago	IV-1946	IV-1960	IV-1970	V-1980
Uruguay	-	X-1963	V-1975	-
Venezuela	XI-1950	II-1961	XI-1971	X-1981

this recommendation; for that reason, the column headings showing the date to which the information refers include the word "around ...". For the reader's information, following is a list of the dates on which the censuses from which information was taken for this *Yearbook* were carried out.

Census taken around:

Country	1950	1960	1970	1980
Argentina	V-1947	IX-1960	IX-1970	X-1980
Barbados	IV-1946	IV-1960	IV-1970	V-1980
Bolivia	IX-1950	-	IX-1976	-
Brazil	VII-1950	IX-1960	IX-1970	IX-1980
Colombia	V-1951	VII-1964	X-1973	-
Costa Rica	V-1950	IV-1963	V-1973	-
Cuba	I-1953	-	IX-1970	IX-1981
Chile	IV-1952	XI-1960	IV-1970	IV-1982
Ecuador	XI-1950	XI-1962	VI-1974	XI-1982
El Salvador	VI-1950	V-1961	VI-1971	-
Guatemala	IV-1950	IV-1964	IV-1964	III-1981
Guyana	IV-1946	IV-1960	IV-1970	-
Haiti	VIII-1950	-	VIII-1971	IX-1982
Honduras	VI-1950	IV-1961	III-1974	-
Jamaica	XI-1953	IV-1960	IV-1970	-
Mexico	VI-1950	VI-1960	I-1970	VI-1980
Nicaragua	V-1950	IV-1963	IV-1971	-
Panama	XII-1950	XII-1960	V-1970	V-1980
Paraguay	X-1950	X-1961	VII-1972	VII-1982
Peru	-	VII-1961	VI-1972	VII-1981
Dominican Republic	VIII-1950	VIII-1960	I-1970	I-1981
Trinidad and Tobago	IV-1946	IV-1960	IV-1970	V-1980
Uruguay	-	X-1963	V-1975	-
Venezuela	XI-1950	II-1961	XI-1971	X-1981

En las proyecciones de población elaboradas por el CELADE se utilizó el método de componentes. Este método supone la proyección en forma separada de la fecundidad, la mortalidad y el saldo migratorio internacional por sexo y grupos quinquenales de edades para cada período quinquenal que abarca la proyección hasta el año 2025. Se estimó también una población inicial coherente con las estimaciones de fecundidad, mortalidad y migración internacionales establecidas en el pasado, así como con las estructuras por sexo y edad de la población enumerada en los censos. Con estos elementos se proyectó la población por cohortes a fin de obtener la población para mediados de los años terminados en los dígitos 0 y 5, desagregada por sexo y grupos quinquenales de edades desde el año 1950 hasta el año 2025.

In the population projections prepared by CELADE, the components method was used. Under this method, separate projections are made of fertility, mortality and the international migratory balance by sex and five-year age groups for each five-year period covered by the projection up to the year 2025. Also, an initial population was estimated that was consistent with the estimates of fertility, mortality and international migration established in the past, as well as with the structures by sex and age of the population covered by censuses. With these elements, population was projected by cohorts in order to obtain the population for the middle of the years ending in 0 and 5, broken down by sex and five-year age groups from 1950 until 2025.

Distribución espacial de la población. En esta área se incluye un conjunto de indicadores que muestran la importancia relativa de la población en localidades de distinto tamaño y el crecimiento que éstas han experimentado en los últimos decenios. Dada la dificultad de comparar la información entre países, debido a la falta de claridad y uniformidad en las definiciones y a las diferencias en la forma de identificar las aglomeraciones urbanas, se prefirió presentar los datos sobre distribución espacial desagregando la población según el tamaño de las localidades de residencia, de acuerdo con los últimos censos de población.

Natalidad. Se adoptó como medida la tasa bruta de natalidad, que se presenta por quinquenios y representa el número de nacidos vivos por cada mil habitantes. Se calcula dividiendo el promedio anual de los nacidos vivos en un quinquenio por la población media en ese quinquenio, y multiplicando el resultado por mil.

Mortalidad. La medida adoptada fue la tasa bruta de mortalidad, que representa el número de defunciones por cada mil habitantes. Las tasas quinquenales se calcularon dividiendo el promedio anual de defunciones en el quinquenio por la población media en ese quinquenio.

Fecundidad. Se midió a través de la tasa global de fecundidad, que corresponde al número de hijos por cada mujer perteneciente a una cohorte de mujeres en edad fértil que no está expuesta a riesgos de mortalidad hasta el término de la edad fértil. La tasa se calcula sumando las tasas de fecundidad media de cada grupo quinquenal de edades y multiplicando dicha suma por cinco.

Esperanza de vida al nacer. Se define como el número medio de años de vida que le restaría vivir a las personas que nacen, si estuvieran sometidas en el futuro a las mismas condiciones de mortalidad presentes, tal como lo indican los datos que abarcan un período reciente.

Población en hogares particulares por tamaño del hogar. Estos datos fueron extraídos directamente de los censos nacionales de población. En su lectura es conveniente tener presente las dificultades que en la práctica del levantamiento censal suele encontrar la identificación de los hogares dentro de las viviendas. Al hacer equivalentes los hogares a las unidades

Spatial distribution of the population. This includes a set of indicators showing the relative weight of the population in localities of different size and the growth they have experienced in recent decades. Given the difficulty of comparing information between countries, due to the lack of clarity and uniformity in the definitions and to the differences in the form of identifying urban agglomerations, it was found preferable to present the data on spatial distribution by breaking down the population according to the size of residential localities according to the latest population censuses.

Birth rate. This is the gross birth rate and is shown for five-year periods. The gross birth rate represents the number of live births per thousand inhabitants. It is calculated by dividing the average number of live births per year in a five-year period by the average population for that five-year period and multiplying the result by one thousand.

Mortality. The gross mortality rate is used; this represents the number of deaths per thousand inhabitants. The five-year rates are calculated by dividing the average number of deaths per year in a five-year period by the average population in that five-year period.

Fertility. This is the global fertility rate, which is the number of children for each woman belonging to a cohort of women of child-bearing age who is not exposed to mortality risks up to the end of her child-bearing years. It is calculated by adding the average fertility rates for each five-year age group and multiplying the result by five.

Life expectancy at birth. This is defined as the average number of years of life remaining to persons born if they are subject in future to the same mortality conditions as at present, as indicated in the data for a recent period.

Population in private households by size of households. These data were taken directly from the national population censuses. When reading them it is necessary to bear in mind the practical difficulties which usually arise during census-taking in the identification of households within the housing unit. By equating households with housing units the average size of households is increased. The inclusion or exclusion of domestic servants in

habitacionales se aumenta el tamaño medio de los hogares. La inclusión o no inclusión de los empleados domésticos en los hogares de los empleadores también influye en el tamaño medio y afecta la comparabilidad de estos datos.

the households of employers also affects average size, as well as the comparability of the data.

EMPLEO Y ESTRUCTURA OCUPACIONAL
EMPLOYMENT AND OCCUPATIONAL STRUCTURE

En esta sección se incluyen datos sobre volumen y crecimiento de la población económicamente activa (PEA), su distribución por clases de actividad, categorías del empleo y ocupación, sus tasas de participación refinadas y específicas. Asimismo, se incluyen tasas de desempleo urbano provenientes de encuestas de hogares.

Algunas de las características de la PEA fueron sometidas a procedimientos de ajuste tendientes a mejorar su comparabilidad sincrónica y diacónica. Como sólo fue posible realizar esa tarea de homogeneización para algunas variables, el lector percibirá que en general no coinciden los totales de la PEA para un mismo país y para una misma ronda censal en los cuadros que presentan su distribución según distintas características.

Volumen y crecimiento de la PEA. La información sobre la PEA proviene de los censos nacionales de población. Tanto los límites de edad como la definición de la PEA han sido homogeneizados; asimismo, los datos han sido centralizados en los años terminados en 0, sumando las cifras resultantes de la interpolación de la PEA de cada clase de actividad en forma independiente.

Participación en la actividad económica. Se presentan tasas de participación refinadas, por sexo, y específicas por sexo y edad. Las tasas refinadas son el cuociente entre la PEA de 10 años y más por la población de esa edad, multiplicado por 100. Las tasas específicas son el cuociente entre la PEA de cada grupo de edades y sexos y la población de esa edad y sexo, multiplicado por 100. Para el cálculo de estas tasas, la PEA centralizada y homogeneizada por definición se dividió por la población centralizada en forma independiente.

Clases de actividad económica. Se incluye información sobre el volumen, estructura y crecimiento de la PEA por clases de actividad económica.

Para la información de las rondas censales de 1950 a 1970, la definición de clase de activi-

This section includes data on the size and growth of the economically active population (EAP), its distribution by class of activity, category of employment and occupation, and refined and specific participation rates. It also includes urban unemployment rates obtained from household surveys.

Some of the characteristics of the EAP were adjusted in order to increase their synchronic and diachronic comparability. Since only some of the variables could be brought into line with each other in this way, the reader will find that the EAP totals for a single country do not usually coincide with those given for a single census round in the tables showing its distribution on the basis of various characteristics.

Volume and growth of the EAP. The information on the EAP is taken from national population censuses. Age limits were brought in line with the definition of the EAP and the data were centralized in years ending in 0 by adding the figures obtained by independently interpolating the EAP for each class of activity.

Participation in economic activity. These are refined participation rates by sex and specific rates by sex and age. The refined rates are obtained by dividing the EAP aged 10 and over by the population of that age, multiplied by one hundred. The specific rates obtained by dividing the EAP in each age and sex group by the population of that age and sex, multiplied by one hundred. These rates were calculated by dividing the EAP, as centralized and combined by definition, by the independently centralized population.

Class of economic activity. This includes information on the size, structure and growth of the EAP by class of economic activity.

With respect to information corresponding to the census rounds from 1950 to 1970, the definition of classes of economic activity was standardized on the basis of the 1958 revision of the International Standard

dad económica, fue homogeneizada de acuerdo con la Clasificación Industrial Internacional Uniforme de todas las Actividades Económicas, revisada en 1958 (CIIU, Rev. 1). En los países sobre los cuales se contaba con información de la ronda censal de 1980, las clases de actividad se homogeneizaron de acuerdo con la definición establecida por la segunda revisión de la clasificación, realizada en 1968 (CIIU, Rev. 2).[2]

En los totales de la PEA por clases de actividad económica para 1980 se ha incluido la información disponible correspondiente a la ronda censal de ese año, añadiéndose algunas estimaciones basadas en los datos de encuestas nacionales de hogares, que se ajustaron para hacerlas comparables con los datos censales de años anteriores, para esos países.

Categoría del empleo. La información sobre la PEA por categorías del empleo fue homogeneizada con respecto a una clasificación tricotómica que incluyó a los autoempleados (empleados y trabajadores por cuenta propia), asalariados y trabajadores familiares no remunerados. Aun cuando el grueso de la información se refiere a 1970, se agregaron datos de 1980 sobre aquellos países que habían publicado los resultados censales al momento de cierre de las tareas de elaboración de este *Anuario*.

Ocupaciones. A diferencia de la distribución de la PEA por clases de actividad y por categorías de empleo, la distribución por ocupaciones no ha sido sometida a ajustes tendientes a mejorar su comparabilidad, sino que se ha registrado directamente la información que aparece en las publicaciones censales. Sin embargo, a los efectos de facilitar la lectura de los cuadros y el análisis de las diferencias entre países, éstos se han agrupado de acuerdo a la clasificación de ocupaciones utilizadas.

Desempleo. En este *Anuario* se presentan por primera vez series de tasas de desempleo urbano para todos aquellos países de la región que recogen información a través de encuestas de hogares en forma sistemática. En la lectura comparada de los datos se deberá tener en cuenta que se trata de promedios que corresponden a universos de cobertura distinta geográfica y temporal (anuales, semestrales, trimestrales, etc.) de las encuestas de cada país.

Industrial Classification of All Economic Activities (ISIC, Rev. 1). As regards those countries for which information from the 1980 census round was available, the classes of activity were standardized on the basis of the definition given in the second revision of the Classification, which was issued in 1968 (ISIC, Rev. 2).[2]

The total figures for 1980 on EAP by class of economic activity include the information available from the 1980 censuses, to which were added some estimates based on data obtained from national household surveys, adjusted in order to make them comparable with census data from previous years for those countries.

Category of employment. The information on EAP by category of employment was standardized according to a trichotomous classification including self-employed persons (employees and own-account workers), wage-earners and unpaid family workers. Although most of the information refers to 1970, 1980 data were added for those countries which had published census results in time for inclusion in this *Yearbook*.

Occupations. Contrary to the case with the distribution of the EAP by class of activity and by category of employment, the distribution by occupations was not adjusted to improve comparability, but rather was recorded directly as presented in the census publications. Nevertheless, in order to facilitate the reading of tables and the analysis of differences between countries, the latter were grouped according to the classification of occupations used.

Unemployment. This *Yearbook* presents, for the first time, series on urban unemployment rates for all countries of the region that gather information systematically through household surveys. In comparing data, it should be borne in mind that the averages correspond to universes covering different geographical regions and time spans (yearly, six-monthly, quarterly, etc.) in individual country surveys.

Although the tables do not give the definitions of unemployment used in each

[2] Las diferencias se pueden ver en Naciones Unidas, *Clasificación Industrial Internacional Uniforme de todas las Actividades Económicas*, Serie M, N⁰ 4, Rev. 2.

[2] The changes may be found in, United Nations, *International Standard Industrial Classification of All Economic Activities*, Series M, No. 4. Rev. 2.

Pese a que en los cuadros no se indican las definiciones de desempleo utilizadas en cada país, el lector deberá considerar que éstas pueden diferir tanto en la extensión del período de búsqueda, como en la inclusión u omisión de los desocupados desalentados, o en los límites de edad de la PEA.

En general, la tasa de desempleo es el cuociente entre el número de personas que no tienen empleo pero que han buscado trabajo durante el período de referencia y la PEA, multiplicado por 100.

country, it should be borne in mind that these may be different as regards the time period for seeking a job, the inclusion or omission of the discouraged unemployed, or the EAP age limits.

In general, the unemployment rate is the figure obtained by dividing the number of persons who do not have a job but have sought work during the reference period by the EAP, multiplied by one hundred.

DISTRIBUCION DEL INGRESO / INCOME DISTRIBUTION

Se incluyen estimaciones sobre la dimensión de la pobreza en América Latina. Las *líneas de pobreza absoluta* representan presupuestos mínimos de consumo privado estimados para cada país a partir de un método basado en datos sobre alimentación. Las *líneas de pobreza relativa* representan una norma equivalente a la mitad del ingreso medio de los hogares por habitante.[3] Los porcentajes correspondientes a *incidencia de la pobreza* han sido determinados según las distribuciones del ingreso y del consumo estimadas por la CEPAL sobre la base de las estadísticas disponibles.

Estimates are included on the dimension of poverty in Latin America. The *absolute poverty lines* represent minimum private consumption budgets estimated for each country on the basis of data relating to food. The *relative poverty lines* represent a norm equivalent to half the average per capita household income.[3] The percentages corresponding to the *incidence of poverty* were determined according to income and consumption distribution estimated by ECLAC on the basis of available statistics.

NIVELES DE VIDA Y MEDIOS DE COMUNICACION
LIVING LEVELS AND MASS COMMUNICATION MEDIA

Se aportan datos sobre disponibilidad de medios de transporte individual y de teléfonos, así como de acceso, exposición y uso potencial de medios de comunicación tales como televisores, periódicos y libros.

Automóviles. Se refiere a vehículos en los cuales, en principio, caben hasta nueve personas sentadas, incluidos los taxis, jeeps y *station wagons*. El número de estos vehículos por cada mil habitantes es un indicador confiable y de comparación directa entre los países. Sin embargo, los datos pueden ser sobreestimados cuando se utilizan como fuentes registros nacionales de los que no se han eliminado los datos sobre vehículos que ya no circulan. También pueden ser subestimados cuando se utilizan como fuentes registros anuales de patentes que no incluyen los vehículos en circulación cuyas patentes no han sido renovadas.

Data is given on the availability of individual means of transport and telephones, and on access and exposure to and potential use of means of communications such as radios, televisions, newspapers and books.

Motorcars. This refers to vehicles, including taxis, jeeps and station wagons, with seats for up to nine people. The number of cars per thousand inhabitants is a reliable indicator allowing direct comparison among countries. However, the figures may be overestimated in cases where they are taken from national records from which vehicles no longer in circulation have not been eliminated. They may also be underestimated when taken from annual license registers which fail to include vehicles in circulation for which the license has not been renewed.

---

[3] Con respecto a los procedimientos utilizados, véase Oscar Altimir, *La dimensión de la pobreza en América Latina*, E/CEPAL/L.180, septiembre de 1980.

[3] With respect to the procedures used, see: Oscar Altimir, *La dimensión de la pobreza en América Latina*, E/CEPAL/L.180, September 1980.

Receptores de televisión. Las cifras corresponden a la cantidad estimada de televisores en uso por cada mil habitantes. Tanto las características físicas de los aparatos y su precio, como el interés de las compañías publicitarias por las características de la audiencia televisiva, hacen que el número de receptores de televisión en uso sea más fácilmente contabilizable —y por ende, más confiable— que el número de radiorreceptores.

Teléfonos. El número de líneas telefónicas por cada mil habitantes parece ser uno de los indicadores más confiables y comparables dentro de este grupo, dado que las compañías telefónicas cuentan con registros completos y actualizados de las conexiones de aparatos telefónicos.

Consumo aparente de papel periódico. Se refiere a la producción nacional sumada a las importaciones, y excluidas las exportaciones. El indicador se construye dividiendo ese total en kilogramos por la población del país. El término papel periódico se aplica al papel de imprenta, blanqueado, no encalado o poco encalado, no couché, del tipo que suele emplearse en la impresión de diarios y periódicos.

Títulos de libros publicados. Se refiere a primeras ediciones y a las reediciones de obras originales y traducciones, a menos que se indique lo contrario. Según la definición de la UNESCO, se entiende por libro una publicación impresa, no periódica, que consta como mínimo de 49 páginas (sin contar las de la cubierta), editada en el país y puesta a disposición del público.

Television sets. The figures correspond to the estimated number of television sets in use per thousand inhabitants. The physical characteristics and price of the sets, as well as the interest of advertising firms in the characteristics of the television audience make the number of television sets easier to calculate (and hence a more reliable indicator) than the number of radio sets.

Telephones. The number of telephone lines per one thousand inhabitants appears to be one of the most reliable and comparable indicators in this group, since the telephone companies have complete up-to-date records of the number of telephones connected.

Apparent consumption of newsprint. This refers to domestic production as well as imports and excluding exports. The indicator is constructed by dividing total production in kilogrammes by the population of the country. The term newsprint applies to printing paper, bleached, unfilled or only slightly filled and unglazed, of the kind usually used for printing newspapers and magazines.

Titles of books published. This refers to first editions and further editions of original and translated works, unless otherwise indicated. According to the UNESCO definition, a book is a printed non-periodical publication containing at least 49 pages (not counting the cover), published in the country and made available to the public.

CONSUMO Y NUTRICION / CONSUMPTION AND NUTRITION

Disponibilidad de calorías y proteínas. Las estadísticas correspondientes provienen de la FAO, en que esta variable se denomina "consumo aparente de calorías y proteínas". Corresponde a la suma de la cantidad total de alimentos producidos en cada país, y la cantidad total importada, pero sin incluir la cantidad exportada y ajustada según las variaciones de existencias. La disponibilidad para el consumo por habitante de cada producto alimenticio se obtiene dividiendo la disponibilidad del producto por la población que participa en el consumo, y se expresa en términos de las calorías o proteínas que contiene. El total de calorías y proteínas disponibles por habitante en cada país se obtiene por agregación de la disponibilidad de cada alimento en términos de nutrientes.

Availability of calories and proteins. These statistics were provided by FAO, which calls this variable "apparent consumption of calories and proteins". This is the total quantity of food produced in each country and the total amount of imports, but excluding exports, adjusted according to changes in stocks. The per capita supply of each food product available for consumption is obtained by dividing the availability of the product by the consumer population, and is expressed in terms of calories or proteins contained in the product. The total per capita availability of calories and proteins in each country is obtained by adding together the availability of each food in terms of nutrients.

32

Es importante hacer notar que las cantidades de alimentos disponibles para el consumo no representan los alimentos realmente consumidos, debido a las pérdidas que se registran en el comercio o en los hogares durante su almacenamiento, preparación, etc.

Disponibilidad relativa de calorías. Se calculó confrontando, en cada caso, la disponibilidad de calorías por habitante con una estimación de los requerimientos mínimos de calorías por habitante. Dicha estimación se obtuvo aplicando las normas FAO/OMS[4] a la población estimada por cada país, por sexo y edad, alrededor de 1970.

A continuación figuran las cifras correspondientes a las estimaciones de necesidades para cada país.

Argentina	2 650	Honduras	2 260
Bolivia	2 390	Jamaica	2 240
Brasil	2 390	México	2 330
Colombia	2 320	Nicaragua	2 250
Costa Rica	2 240	Panamá	2 310
Cuba	2 310	Paraguay	2 310
Chile	2 440	Perú	2 350
Ecuador	2 290	República	
El Salvador	2 290	Dominicana	2 260
Guatemala	2 190	Uruguay	2 670
Guyana	2 270	Venezuela	2 470
Haití	2 260		

It is important to note that the quantities of food available for consumption do not represent food actually consumed, due to loss occurring in trade or in households during storage, preparation, etc.

Relative availability of calories. This is calculated by comparing in each case the per capita availability of calories with an estimate of minimum per capita calorie requirements. This estimate is obtained by applying the FAO/WHO norms[4] to the estimated population of each country, by sex and age, around 1970.

Following are the estimated minimum per capita calorie requirements for each country.

Argentina	2 650	Honduras	2 260
Bolivia	2 390	Jamaica	2 240
Brazil	2 390	Mexico	2 330
Colombia	2 320	Nicaragua	2 250
Costa Rica	2 240	Panama	2 310
Cuba	2 310	Paraguay	2 310
Chile	2 440	Peru	2 350
Ecuador	2 290	Dominican	
El Salvador	2 290	Republic	2 260
Guatemala	2 190	Uruguay	2 670
Guyana	2 270	Venezuela	2 470
Haiti	2 260		

SALUD / HEALTH

Dentro de esta sección se considera la mortalidad infantil como un indicador importante de la eficiencia del funcionamiento de los sistemas nacionales de salud, y se presentan series e indicadores sobre los niveles de recursos humanos y materiales de este sector a los que potencialmente podría acceder la población.

Mortalidad infantil. Se adoptó como medida la tasa de mortalidad infantil. Representa el número de niños que mueren antes de cumplir un año de edad, por cada mil niños que nacen vivos, y se calcula dividiendo las defunciones de los menores de un año, en un año y zona determinados, por el número de nacidos vivos en el mismo año y zona, y multiplicando el

In this section, infant mortality is considered to be an important indicator of the efficiency of the national health systems. Series and indicators are included on levels of human and material resources in the health sector that are potentially available to the population.

Infant mortality. The measure used was the infant mortality rate. This represents the number of children who die before reaching their first birthday for every 1 000 live-born children, and is calculated by dividing the deaths of children aged less than one year in a given year and zone by the number of live births in that year and zone and multiplying the result by 1 000. The main limitation of this indicator

---

[4]FAO/OMS, *Necesidades de energía y de proteínas.* Informe de un Comité Especial Mixto de Expertos, Serie de Informes Técnicos Nº 52.

[4]FAO/WHO, *Energy and protein requirements*, Report of a Joint FAO/WHO *Ad Hoc* Expert Committee, FAO Nutrition Meetings, Report Series No. 52.

resultado por mil. La limitación principal de este indicador es que generalmente las cifras se extraen de registros civiles que adolecen de omisiones, tanto de nacimientos como de defunciones, o que registran ambos hechos con diferentes grados de precisión. Para obviar estos problemas, se adoptaron las tasas de mortalidad infantil elaboradas por el CELADE las que se construyen sobre la base de los cuadros de vida implícitos en las proyecciones de población, en las que se han corregido las anomalías derivadas de errores en el registro de los datos.

Mortalidad de 1 a 4 años. Se midió a través del número de niños que mueren entre 1 y 4 años por cada mil niños de esas edades. Las cifras sobre defunciones se obtuvieron de los registros civiles, mientras que las de población corresponden a las proyecciones por sexo y edad que realiza el Centro Latinoamericano de Demografía (CELADE). Por lo tanto, al utilizar estos datos, el usuario deberá tener en cuenta tanto las limitaciones que plantea la calidad de la información proveniente de los registros civiles, como los problemas que surgen de la utilización en un mismo índice de fuentes cuyo nivel de rigurosidad es muy diferente.

Número de habitantes por médico. Con respecto a la información sobre el número de médicos, es necesario hacer presente que no existen métodos de recopilación uniformes, ni entre los países, ni dentro de un mismo país a través del tiempo. En algunos, la información se extrae de los registros de los colegios médicos, los que en muchos casos incluyen a médicos que han jubilado o que han fallecido. En otros casos, las cifras se obtienen de informes emitidos por los establecimientos hospitalarios. Debido a que estos profesionales trabajan en jornadas parciales en diferentes centros asistenciales, es posible que se los incluya más de una vez en la estadística final. Por estas razones, tanto la comparación entre países como la comparación, entre distintos momentos en un mismo país, de los valores de este indicador debe hacerse con cautela, y debe ser complementada y controlada sobre la base del comportamiento de otros indicadores del acceso potencial de la población a los servicios de salud.

Auxiliar médico. Bajo este término se incluyen a las enfermeras universitarias, las matronas y los auxiliares de enfermería. Respecto de estos grupos la información presenta en general las mismas dificultades que en el caso de los médicos.

is that the figures are generally obtained from civil records which suffer from omissions with regard to both births and deaths or do not note births and deaths with the same degree of accuracy. To get around these problems, the infant mortality rates prepared by CELADE were used. These were constructed from the life tables implicit in the population projections, in which the anomalies resulting from errors in the recording of data have been corrected.

Mortality rate between ages 1 and 4. This represents the number of children who die between the ages of 1 and 4 for every 1 000 children of those ages. The figures on deaths were obtained from civil records, while the population data are from projections by age and sex produced by the Latin American Demographic Centre (CELADE). Accordingly, when using these data it will be necessary to bear in mind both limitations in the quality of the information from the civil records and the problems which arise when sources of different degrees of accuracy are used in the same index.

Number of inhabitants per doctor. With regard to the information on the number of *doctors*, it should be borne in mind that compilation methods are not standard either between countries or within a single country over time. In some countries the information is taken from the registers of medical colleges, which in many cases include doctors who have retired or died. In other cases, the figures are obtained from reports issued by hospitals, and since doctors work part-time in different medical centres they may be included more than once in the final statistics. For these reasons, caution must be exercised in comparing the values shown for this indicator, both as between countries and as between different times within the same country. Such comparisons should be supplemented and monitored in the light of the behaviour of other indicators of the potential access of the population to health services.

Ancillary medical staff. This term includes university-trained nurses, midwives and ancillary nursing staff. Broadly speaking, the data on these groups suffer from the same problems as the information on doctors.

Camas de hospital. Se entiende por cama de hospital aquella instalada en una institución hospitalaria en la que hay personal y equipos necesarios como para que pueda ser utilizada regularmente durante las 24 horas del día por pacientes hospitalizados. La calidad de esta información depende de la estructura del sistema de prestación de servicios de salud. Cuando un organismo o ministerio tiene tuición sobre la mayoría de los hospitales, suele ser más fácil obtener datos completos y comparables, no así cuando esta responsabilidad está repartida entre muchas instituciones, ya sean públicas o privadas.

Gasto público en salud. Las cifras corresponden al porcentaje que representa el gasto en salud del gobierno central consolidado en el producto interno bruto a precios corrientes de mercado. En la comparación de las cifras, el lector deberá tener presente que éstas no incluyen los gastos en salud que no provienen del gobierno central.

Hospital beds. By "hospital bed" is meant a bed in an institution providing hospital care and having the staff and equipment needed to care for hospitalized patients 24 hours a day. The quality of this information depends on the structure of the health service system. When a particular body or ministry is responsible for most of the hospitals, it is usually easier to obtain full and comparable data than when this responsibility is shared between many institutions, whether public or private.

Public expenditure on health. The figures will correspond to the percentage of the consolidated central government expenditure on health in the gross domestic product at current market prices. In comparing the figures, the reader should bear in mind that they do not cover health expenditures which do not correspond to the central government.

EDUCACION / EDUCATION

En esta sección se aportan datos sobre el nivel educativo de la población potencialmente disponible para el mercado de trabajo, sobre la capacidad del sistema educativo para incorporar a los segmentos de población en edad escolar, y sobre los recursos humanos y materiales invertidos en la educación.

Analfabetismo. Se mide a través del porcentaje de personas de 15 años o más que no saben leer ni escribir, según lo declarado en el censo de población, sobre el total de la población de esa edad. Tal declaración está sujeta a sesgos subestimativos.

Matrícula en cada nivel de enseñanza. Para su medición se ha adoptado la tasa bruta de matrícula que representa la relación entre el total de matriculados en cada uno de los niveles de enseñanza —cualquiera sea la edad de los alumnos— y una población cuyos límites de edad se determinan según la duración legal de los estudios en cada uno de dichos niveles (excepto en el caso de la educación de tercer nivel para el cual se consideró el grupo de población de 20 a 24 años como denominador de la tasa).

La comparación internacional de estos datos debe considerar que los países no guardan uniformidad con respecto a los programas y

This section contains data on the educational level of the population that is potentially available for the labour market, on the capacity of the educational system to incorporate the school-age segments of the population, and on the human and material resources invested in education.

Illiteracy. The data refer to the percentage of persons aged 15 or more who cannot read or write, according to the population censuses on the total population of that age. Such census figures are subject to a tendency to under-estimation.

Enrolment at each level of education. This is the gross school enrolment ratio, which is the ratio between the total number of pupils enrolled in each level of education —whatever their age— and a population for which the age limits are determined on the basis of the legally required length of studies in each of the levels (except in the case of third-level education, for which the denominator of the ratio is the number of people in the age group 20-24 years).

In comparing these data internationally, it should be borne in mind that the countries vary with respect to the content and the length of each level. The information has been standardized in order to allow for historical

extensión de cada nivel. En cambio, la información ha sido homogeneizada para permitir la comparación histórica dentro de cada país y se han ajustado los datos de matrícula según la extensión de los niveles del último sistema de enseñanza en vigor.

Según la definición de la UNESCO, la enseñanza de segundo nivel es la que se imparte en escuelas de enseñanza general, normal y vocacional. Mientras el título obtenido en la primera permite el ingreso al tercer nivel, esto no es necesariamente así en el caso de las otras dos. La enseñanza de tercer nivel es aquella para cuya admisión se exige como condición mínima haber cursado con éxito el segundo nivel o estar en condiciones de demostrar la posesión de conocimientos equivalentes. La comparación de los datos de matrícula a nivel de tercer nivel deberá considerar el posible efecto de las diferencias en la proporción de estudiantes de tiempo parcial, así como las variaciones entre los países en cuanto al tipo de instituciones que se consideran de educación de tercer nivel.

Matrícula en cada grupo de edades. Debido a la escasa información proporcionada por los países sobre matrícula por edades, no figura en el presente *Anuario* la información sobre tasas netas de matrícula. Se han incluido en cambio, las tasas específicas de matrícula por grupos de edades esto es, la proporción de personas de un grupo de edades que están matriculadas en cualquier nivel de enseñanza, con respecto al total de la población en ese grupo de edades, al homogeneizarse los intervalos de edades. Estas tasas permiten comparar, entre países e históricamente dentro de cada país, la extensión de la matrícula en un determinado segmento de edad, con independencia de los logros educacionales que hayan alcanzado las personas en ese segmento. Este indicador apunta pues, a medir la capacidad del sistema educacional en su conjunto para absorber la población en distintos grupos de edades.

Diplomados de enseñanza de tercer nivel. Se entiende por diplomados a todos aquellos estudiantes que han recibido uno de los siguientes tipos de diplomas:

a) Diplomas de grado 5, que corresponden a diplomas y certificados no equivalentes a un primer título universitario;

b) Diplomas de grado 6, que corresponden a primeros títulos universitarios o diplomas equivalentes;

comparability within each country and enrolment data have been adjusted according to the length of the levels under the last educational system in force.

As defined by UNESCO, second-level education is education provided in general education schools, teachers' training schools and vocational schools. A diploma awarded by a general education school makes it possible to enter the third-level, but this is not necessarily true of the other two types of secondary school. Third-level education is education for admission to which it is necessary as a minimum condition to have successfully completed the second level or to be in a position to demonstrate the possession of equivalent knowledge. When comparing data on enrolment in third-level education, account should be taken of the possible effect of differences in the proportion of part-time students and of variations among countries from the standpoint of what type of institutions are considered to provide third-level education.

Enrolment by age groups. Because of the scanty information provided by the countries concerning enrolment by age, this *Yearbook* does not contain information on net enrolment ratios. It does, however, include specific enrolment ratios by age groups, i.e., the proportion of persons in a given age group who are enrolled at any level of education, with respect to the total population in that age group, as age groups were standardized. These ratios make it possible to compare, both between countries and historically within each country, the length of enrolment in a given age group, independently from the educational achievements of the persons in that age group. Thus, this indicator helps measure the capacity of the educational system as a whole to absorb the population in different age groups.

Graduates of third-level education. The word "graduates" refers to all students who have received one of the following types of diplomas.

a) Level 5 diplomas, corresponding to diplomas and certificates not equivalent to a first university degree;

b) Level 6 diplomas, corresponding to first university degrees or equivalent diplomas;

c) Diplomas de grado 7, que corresponden a títulos universitarios superiores o títulos equivalentes.

Las ramas de estudio se han clasificado de acuerdo a la Clasificación Internacional Normalizada de la Educación (CINE), adoptada por la UNESCO.

Recursos para la educación. Se utilizó como indicador el cociente de alumnos por maestro en la enseñanza de primero y segundo nivel.

Al comparar los datos relativos a los recursos del servicio educativo también deben tenerse en cuenta las posibles diferencias en cuanto a la intensidad de la dedicación de los maestros a sus cursos, tal como se manifiesta por ejemplo en las horas promedio por jornada de trabajo. Este fenómeno afecta particularmente la comparabilidad de los índices de alumnos por maestro en el segundo nivel.

Gasto público en educación. Se ha tomado como indicador el porcentaje del producto nacional bruto en monedas nacionales a precios corrientes del mercado dedicado a la educación. Comprende, en general, todos los gastos destinados a la educación que se efectúan en cualquier nivel de la administración pública.

Niveles de instrucción de la población económicamente activa. Se obtuvieron de tabulaciones especiales de las muestras de censos de población que mantiene el CELADE. La comparabilidad de los datos entre los países, y para cada país entre 1960 y 1970, está afectada por las diferencias entre los límites de edad establecidos para la población económicamente activa; solamente las cifras de los países que consideraron límites de edad inferiores a diez años fueron ajustadas a esa edad.

c) Level 7 diplomas, corresponding to higher university degrees or equivalent degrees.

The fields of study have been classified on the basis of the International Standard Classification of Education (ISCE), adopted by UNESCO.

Educational resources. The number of pupils per teacher in first and second-level education is used as an indicator.

When comparing the data relating to resources available to the education system, account must also be taken of the possible differences in the time spent by teachers at their jobs, e.g., the average number of hours worked daily in their courses. This phenomenon particularly affects the comparability of the pupil-teacher indexes at the second level.

Public spending on education. The indicator used is the percentage of the gross national product earmarked for education, expressed in local currency at current market prices. It includes, in general, all spending on education by the authorities at any level.

Educational levels of the economically active population. Special tabulations were obtained from the population census samples kept by CELADE. The comparability of the data between countries and for each country between 1960 and 1970 is affected by the differences in the age limits established for the economically active population; only the figures for countries which considered age limits under 10 were adjusted to age 10.

VIVIENDA / HOUSING

Se han incluido en esta sección estadísticas e indicadores sobre tipo de tenencia y condiciones habitacionales.

Unidad de vivienda. El término designa el local de habitación o vivienda destinado a alojar un hogar particular, pese a que en el momento de recoger los datos pueda haber estado ocupado por más de un hogar particular. También se incluyen locales que aun cuando no hayan sido originalmente concebidos como hogares particulares, de hecho están ocupados como tales.

This section includes statistics and indicators on types of tenancy and living conditions.

Housing unit. This term refers to dwellings or living quarters intended to house one household, even though at the time when the data were collected it may have been occupied by more than one household. Also included are premises which, although not originally considered as private housing units, are in fact occupied as such.

37

Cuarto. Se refiere a un espacio situado en una unidad de habitación que está cerrado por paredes desde el suelo hasta el techo, o por lo menos hasta una altura de dos metros a partir del suelo, y que tiene una superficie suficiente para dar cabida a una cama para una persona adulta. Deben estar disponibles para habitar, por lo que se excluyen aquellas habitaciones que si bien se ajustan a la definición, se utilizan exclusivamente con fines profesionales o comerciales. También se excluyen baños, pasillos, vestíbulos, etc.

Tipo de tenencia. Se refiere al tipo de convenio bajo el cual un hogar ocupa una vivienda, ya sea como dueño, inquilino, o de acuerdo con algún otro sistema.

Acceso a agua potable. La población que dispone de agua potable es aquella que puede acceder a agua no contaminada sin que ello demande el uso de una parte desproporcionadamente alta de su tiempo. En general para el sector urbano se suele establecer como criterio que la fuente de agua no esté a más de 200 metros de la vivienda del consumidor. Los problemas de definición operativa son mucho más complejos en el sector rural, lo que afecta la confiabilidad de los datos en ese sector. Los cuadros incluyen información sobre las viviendas y sobre la población que reside en ellas.

Sistemas de eliminación de excretas. Se incluyen datos sobre el número de viviendas conectadas a los sistemas de alcantarillado y sobre la población que, residiendo en ellas, tiene acceso por ese medio, a sistemas de recolección y eliminación (con o sin tratamiento) de excrementos humanos y de aguas servidas que son arrastrados por corrientes de agua.

También se incluye una estimación de la población que reside en aquellas áreas urbanas en que existen redes públicas de instalaciones para la eliminación de excretas y aguas servidas.

Instalaciones sanitarias. Se refiere al número de viviendas ocupadas con retretes, esto es, con instalaciones para la eliminación de excrementos humanos, con salida de agua y con instalaciones fijas para bañarse (bañeras y duchas).

Alumbrado. Se midió a través del número de viviendas y del tamaño de la población que reside en ellas, que cuentan con instalación de luz eléctrica.

Room. This means a space within a dwelling unit enclosed by walls from the floor to the ceiling, or at least to a height of 2 metres from the ground, with sufficient surface area for a bed for one adult. A room in this sense must be available for living purposes, thus excluding spaces which, although conforming to the definition, are used exclusively for professional or commercial purposes. Bathrooms, passages, vestibules, etc., are also excluded.

Type of tenancy. Refers to the type of agreement under which a household occupies a dwelling, either as owner, tenant or under some other system.

Access to drinking water. The population having drinking water is that which has access to non-polluted water without this requiring an excessive amount of time. Generally, the criterion for the urban sector is that the source of water should be no farther than 200 metres from the user's dwelling. The problems of establishing an operative definition are much more complex in the rural sector and this affects the reliability of the data for that sector. The tables include information on housing units and on the population residing in them.

System for the elimination of excreta. This includes data on the number of dwellings hooked up to sewerage system and on the population residing in them which thereby has access to system for the collection and elimination (with or without treatment) of human excreta and of sewage which are carried away by flowing water.

It also includes an estimate of the population residing in urban areas where there are public facilities for the elimination of excreta and sewage.

Sanitary facilities. This refers to the number of occupied dwellings that have bathrooms, i.e., facilities for the elimination of human excreta, running water, and permanent bathing facilities (bathtubs and showers).

Lighting. This was measured on the basis of the number of dwellings that have electric lighting and the size of the population living in them.

Los conceptos y clasificaciones que figuran en los cuadros corresponden a los de las últimas revisiones del Sistema de Cuentas Nacionales de las Naciones Unidas (SCN)[5] y de la Clasificación Internacional Industrial Uniforme de todas las actividades económicas (CIIU).[6] Como no todos los países de la región han adoptado aún estas recomendaciones, se ha procurado, en tales casos, adoptar los datos originales a estas revisiones para mantener el principio de comparabilidad internacional.

Teniendo en cuenta que la aplicación del SCN tiene distintos grados de desarrollo y uniformidad entre los países de la región, se han seleccionado las estimaciones de aquellos agregados de elaboración más generalizada en los cálculos nacionales y que sean importantes desde el punto de vista de los indicadores económicos. Asimismo, el detalle de las respectivas clasificaciones se ha simplificado y limitado a las aperturas que permitan presentar los datos por países en la forma más homogénea posible y efectuar su agregación para obtener las estimaciones correspondientes al conjunto de América Latina, así como facilitar el uso e interpretación de los datos a los usuarios.

Con tal propósito, la clasificación del producto por clase de actividad económica se presenta al nivel de las grandes divisiones de la CIIU (sectores económicos) y sin efectuar la separación propuesta en el SCN por tipos de productores (que distingue entre industrias, productores de servicios gubernamentales, productores de servicios privados sin fines de lucro que se prestan a los hogares y servicios domésticos). Como excepción y por la importancia que tienen, se presentan por separado las actividades correspondientes a los servicios de viviendas, en la gran división 8, y a los servicios gubernamentales, en la gran división 9.[7]

The concepts and classifications which appear in the tables correspond to the latest revisions of the United Nations System of National Accounts (SNA)[5] and the International Standard Industrial Classification of All Economic Activities (ISIC).[6] Since not all the countries of the region have yet adopted these recommendations, an effort has been made in these cases to adapt the original data to these revisions in order to maintain the principle of international comparability.

Bearing in mind that the application of the SNA has different levels of development and standardization among the countries of the region, the estimates of the most generalized aggregates in the national estimates which are of importance from the point of view of the economic indicators have been selected. The respective classifications have been simplified in their details and restricted to the approaches which make it possible to present the data by countries as homogeneously as possible and in aggregation so as to obtain the estimates for Latin America as a whole, and facilitate the use of the data for the users.

The classification of the product by kind of economic activity is presented at the level of the major divisions of ISIC (economic sectors) and without making the separation proposed in the SNA by type of producer (which distinguishes between: industries, producers of government services, producers of private non-profit services to households and domestic services). As exceptions, owing to their importance, the activities corresponding to household services in major division 8, and government services in major division 9 are presented separately.[7]

[5]Naciones Unidas, *Un sistema de cuentas nacionales*, Serie F, Nº 2, Rev. 3, Nueva York, 1970.

[6]Naciones Unidas, *Clasificación internacional industrial uniforme de todas las actividades económicas*, Serie M, Nº 4, Rev. 2, Nueva York, 1969.

[7]Cabe destacar que el conjunto de actividades incluidas en esta categoría de servicios gubernamentales equivale en la práctica a la categoría de productores de servicios gubernamentales del SCN, ya que normalmente los servicios comunales prestados por el gobierno general se refieren a actividades comprendidas en la gran división 9 de la CIIU.

[5]United Nations, *A system of national accounts*, Series F, No. 2, Rev. 3, New York, 1970.

[6]United Nations, *International Standard Industrial Classification of All Economic Activities*, Series M, No. 4, Rev. 2, New York, 1969.

[7]It should be noted that the group of activities included in this category of government services is equivalent in practice to the category of producers of government services of the SNA, since normally the community services provided by the general government refer to activities included in ISIC major division 9.

La base de valoración de las distintas estimaciones se indica en los respectivos cuadros, señalándose si están expresadas a precios de mercado o al costo de factores, a precios corrientes o a precios constantes. Cuando en un cuadro no figura la base de valoración, se entiende que las series de datos están medidas a precios de mercado y, si no se indica lo contrario, a precios corrientes.

Los valores a precios de mercado se diferencian de los valores al costo de factores por incluir los impuestos indirectos netos de subsidios. Los valores a precios corrientes indican que los flujos de bienes y servicios están valuados a los precios del año en que se realizaron las transacciones; los valores a precios constantes representan flujos de bienes y servicios que están valuados a los mismos precios del año que se ha tomado como base.

Por otra parte, corresponde aclarar que las estimaciones de los componentes del gasto final están valoradas a precios de comprador, en tanto que las series de los valores agregados sectoriales están medidas a precios de productor. Los valores de comprador se refieren al valor de los bienes y servicios en el punto de entrega al comprador, es decir, añadiendo al valor de productor los márgenes de distribución y de transporte. Los valores de productor corresponden al valor de los bienes en el establecimiento de los productores y el valor agregado de cada actividad a precio de productor es igual al valor de la correspondiente producción bruta a precio de productor menos el valor a precio de comprador del respectivo consumo intermedio.

Cuando el valor agregado sectorial está expresado a precios de mercado, la suma de todas las actividades en valores de productor alcanza al total del producto interno bruto a valores de comprador.[8] En consecuencia, para el producto total de la economía y agregados similares las expresiones "a precios de mercado" y "a valores de comprador" son equivalentes y de uso indistinto.

The valuation base of the different estimates is given in the respective tables, indicating whether they are expressed in market prices or at factor cost, in current prices or constant prices. When the valuation base does not appear in a table, it is understood that the data series are measured at market prices, and unless indicated to the contrary, at current prices.

The values at market prices are differentiated from the values at factor cost because they include net indirect taxes on subsidies. Values at current prices indicate that the flows of goods and services are valued at prices of the year when the transactions were made; values at constant prices represent flows of goods and services which are valued at the prices of the year taken as base year.

It should be clarified that the estimates of the components of final expenditure are valued at purchasers' prices, while the series of the sectoral values added are measured at producers' prices. Purchasers' values refer to the value of the goods and services at the point of delivery to the purchaser, i.e., adding to the producers' value the margins of distribution and transport. Producers' values correspond to the value of the goods in the establishment of the producers and the value added of each activity at producers' prices is equal to the value of the corresponding gross output at producers' prices less the value at purchasers' prices of the respective intermediate consumption.

When the sectoral value added is expressed in market prices, the sum of all activities in producers' values totals the gross domestic product at purchasers' values.[8] Consequently, for the total product of the economy and similar aggregates the expressions "at market prices" and "at purchasers' values" are equivalent and are used indiscriminately.

[8] Para los países que aplican la versión actual del SCN, a la suma de los valores agregados sectoriales se añaden los derechos de importación y se resta la comisión imputada de los servicios bancarios para obtener el producto interno bruto total. Para los países que mantienen la anterior revisión del SCN, ambos conceptos están comprendidos en los valores agregados sectoriales.

[8] For the countries which apply the present revision of the SNA, import duties are added to the sum of the sectoral values added and the imputed commission of the banking services deducted to obtain the total gross domestic product. For the countries which maintain the previous revision of the SNA, both concepts are included in the sectoral values added.

Series regionales

Las estimaciones realizadas por la CEPAL para los países de América Latina y para la región en su conjunto, están expresadas en dólares a precios constantes de 1970.

La comparación de las corrientes de bienes que constituyen el producto de diferentes países requiere la conversión de sus valores a una unidad monetaria común, mediante las relaciones existentes entre los respectivos niveles de precios, que a su vez reflejan las relaciones entre los poderes adquisitivos internos de las respectivas monedas nacionales, en términos del conjunto de bienes que constituyen el gasto en el producto interno bruto.

Es ampliamente reconocido que los tipos de cambio oficiales se apartan considerablemente de las paridades de poder adquisitivo de las monedas y que su utilización para efectuar la conversión indicada puede dar lugar a una subestimación comparativa del producto real de los países de menor desarrollo relativo.[9] Esto se debe a que los tipos de cambio oficiales reflejan, en el mejor de los casos, las relaciones de precios de los bienes y servicios que son objeto del comercio internacional, pero no representan las relaciones de precios de los bienes y servicios que no forman parte de ese comercio. Por estas razones, y a fin de obtener estimaciones comparables del producto real de los países de América Latina, la CEPAL utiliza paridades del poder adquisitivo de las respectivas monedas con el dólar, basadas en las relaciones entre los precios internos de los bienes y servicios.

Las estimaciones regionales incluidas en este *Anuario* están referidas al producto interno bruto, por tipo de gasto y por clase de actividad económica, y al ingreso bruto real. Además, están calculadas sobre la base de los datos originales de los 19 países[10] que tradicionalmente ha venido presentando la CEPAL y se expresan en dólares de paridad.

Regional series

The estimates made by ECLAC for the countries of Latin America and for the region as a whole are expressed in dollars at constant 1970 prices.

The comparison of the flows of goods which constitute the product of different countries requires the conversion of their values to a common monetary unit, by means of the relations existing between the respective price levels which in turn reflect the relations between the internal purchasing power of the respective national currencies, in terms of the group of goods constituting expenditure in the gross domestic product.

It is widely recognized that the official rates of exchange differ considerably from the rates of purchasing power of the currencies and that their utilization to make this conversion may give rise to a comparative under-estimate of the real product of the relatively less developed countries.[9] This is due to the fact that the official exchange rates at best reflect the terms of trade of goods and services which are the object of international trade, but do not represent the terms of trade of the goods and services which do not form part of this trade. Thus, in order to obtain comparable estimates of the real product of the Latin American countries, ECLAC uses dollar parities of the purchasing power of the respective currencies, based on the relations between the domestic prices of goods and services.

The regional estimates contained in the *Yearbook* refer to the gross domestic product, by type of expenditure and by kind of economic activity, and to real gross income. In addition, they are calculated on the basis of the original data from the 19 countries traditionally presented by ECLAC and are expressed in parity dollars.[10]

---

[9] Véanse I. Kravis, y L. Kenessey, *A System of International Comparisons of Gross Product and Purchasing Power*, Johns Hopkins University Press, Baltimore y Londres, 1975; I. Kravis, A. Heston, R. Summers, *International Comparisons of Real Product and Purchasing Power*, United Nations International Comparison Project, y datos de las Naciones Unidas y del Banco Mundial, 1978.

[10] De los países del Caribe sólo se incluye Haití y la República Dominicana.

[9] See I. Kravis and L. Kenessey, *A System of International Comparisons of Gross Product and Purchasing Power*, Johns Hopkins University Press, Baltimore and London, 1975; and I. Kravis, A. Heston, R. Summers, *International Comparisons of Real Product and Purchasing Power*, United Nations International Comparison Project; United Nations and the World Bank, 1978.

[10] Of the Caribbean countries only Haiti and the Dominican Republic are included.

El método general de cálculo consiste en transformar las series históricas a precios constantes de cada país a un año base común y luego, convertir los valores nacionales en dólares; los totales regionales se obtienen por agregación.

La transformación de las series de cada país a una base común se realiza por extrapolación de los valores corrientes en moneda nacional para 1970 (año adoptado como base para la región) mediante la aplicación de las variaciones anuales de las respectivas series a precios constantes.[11] La conversión a dólares de 1970 de los valores nacionales, con excepción de las series de exportaciones e importaciones, se efectúa utilizando las siguientes paridades de poder adquisitivo en relación con el dólar calculadas por la CEPAL para el producto total en dicho año:[12] Argentina, 2.95 pesos argentinos, Bolivia, 9.03 pesos bolivianos, Brasil, 4.14 nuevos cruceiros, Colombia, 10.68 pesos colombianos, Costa Rica, 5.09 colones costarricenses, Chile, 0.01087 pesos chilenos, Ecuador, 14.00 sucres, El Salvador, 1.70 colones salvadoreños, Guatemala, 0.81 quetzales, Haití, 3.99 gourdes, Honduras, 1.75 lempiras, México, 8.88 pesos mexicanos, Nicaragua, 6.41 córdobas, Panamá, 0.76 balboas, Paraguay, 85.41 guaraníes, Perú, 30.72 soles, República Dominicana, 0.87 pesos dominicanos, Uruguay, 0.19868 pesos uruguayos, y Venezuela, 3.96 bolívares.

Las series del producto por sectores de origen se presentan valuadas en forma uniforme a valores de productor y al costo de factores, para lo cual se ajustaron previamente los datos para 1970 de aquellos países que expresan sus estimaciones a precios de mercado. El cálculo a precios constantes para cada país se realiza mediante la extrapolación independiente del valor agregado de cada actividad y del producto total, razón por la cual la suma de los valores agregados sectoriales no siempre coincide con el producto interno bruto total; sin

The general method of calculation consists in transforming the historical series at constant prices for each country to a common base year, and then converting the national values to dollars; the regional totals were obtained by aggregation.

The change of each country's series to a common base is brought about by the extrapolation of the current values in the national currency for 1970 (adopted as the base year for the region) through the application of the annual variations of the respective series at constant prices.[11] The conversion of national values to dollars at 1970 prices, with the exception of the export and import series, is made by using the following purchasing power dollar parities calculated by ECLAC for the total product in that year:[12] Argentina, 2.95 Argentinian pesos, Bolivia, 9.03 Bolivian pesos, Brasil, 4.14 new cruzeiros, Colombia, 10.68 Colombian pesos, Costa Rica, 5.09 Costa Rican colones, Chile, 0.01087 Chilean pesos, Ecuador, 14.00 sucres, El Salvador, 1.70 Salvadorean colones, Guatemala, 0.81 quetzales, Haiti, 3.99 gourdes, Honduras, 1.75 lempiras, Mexico, 8.88 Mexican pesos, Nicaragua, 6.41 córdobas, Panama, 0.76 balboas, Paraguay, 85.41 guaraníes, Peru, 30.72 soles, Dominican Republic, 0.87 Dominican pesos, Uruguay, 0.19868 Uruguayan pesos, and Venezuela, 3.96 bolívares.

The product series by sectors of origin are shown evaluated in standard form at producers' values and factor cost, which mean the prior readjustment of the data for 1970 for those countries which express their estimates in market prices. The calculation at constant prices for each country is effected by means of the independent extrapolation of the value added of each activity and the total product, which means that the sum of the sectoral values added does not always coincide with the total gross domestic product; however, these

[11] Mayor información metodológica se incluye en el documento de la CEPAL titulado *Series históricas del crecimiento de América Latina*, Cuaderno Estadístico Nº 3, 1978.

[12] Véanse CEPAL, *Medición del nivel de precios y el poder adquisitivo de la moneda en América Latina, 1960-1962* (E/CN.12/653), 1963; "La medición del ingreso real latinoamericano en dólares estadounidenses", *Boletín Económico de América Latina*, vol. XII, Nº 2, octubre de 1967, y *Series históricas ...*, *ibid.*

[11] Further methodological information is contained in ECLA document *Series históricas del crecimiento de América Latina*, Cuaderno Estadístico No. 3, 1978.

[12] See ECLA, *A measurement of price levels and the purchasing power of currencies in Latin America, 1960-1962* (E/CN.12/643), 1963; "The measurement of Latin American real income in United States dollars", *Economic Bulletin for Latin America*, vol. XII, No. 2, October 1967, and *Series históricas ...*, *ibid.*

embargo, estas diferencias no son significativas y la aplicación de este procedimiento tiene el propósito de que las tasas de crecimiento oficiales para el total de la economía de cada país no resulten alteradas por el simple efecto del cambio de ponderaciones a niveles muy agregados.

Las series del producto por tipo de gasto se obtienen aplicando el mismo procedimiento general, con excepción de las series de exportaciones e importaciones, que se calculan utilizando los índices de volumen físico del comercio exterior que, para cada país, elabora la CEPAL. El consumo privado se obtiene por diferencia.

En el caso de la formación de capital, con el propósito de cumplir con la condición de aditividad y al mismo tiempo mantener las tasas de crecimiento oficiales de la inversión total y de la inversión fija, la variación de existencias se obtiene por diferencia. Un criterio similar se utiliza para desagregar la formación de capital fijo; para aquellos países que no disponen de información detallada, se estima el valor de las construcciones a base del valor agregado del respectivo sector y el de maquinarias y equipo resulta por diferencia.

Entre los indicadores del crecimiento económico global, que se incluyen en la primera parte del *Anuario*, se presenta el producto interno bruto por habitante de los países de la región, en dólares, con base de valoración y criterios de conversión alternativos. Se incluyen, en primer lugar, las estimaciones en dólares a precios constantes de 1970, que realiza la CEPAL mediante el uso de paridades del poder adquisitivo, para el año base de 1970 y para el último año disponible. En segundo lugar, se presentan los resultados obtenidos al convertir el producto a precios corrientes de cada país, para esos mismos años, a dólares mediante los tipos de cambio oficiales correspondientes a cada año.[13]

Esto último tiene el propósito de facilitar las comparaciones directas de los países de la región y de América Latina en su conjunto con otros países y regiones, para los cuales no se dispone de estimaciones comparables de su producto basadas en paridades de poder adquisi-

differences are not significant and the application of this procedure is aimed at ensuring that the official growth rates for the total of the economy of each country are not altered merely by the change of weightings at very aggregate levels.

The product series by type of expenditure are obtained by applying the same general procedure, with the exception of the export and import series, which are calculated using the indexes of the physical volume of external trade prepared by ECLAC for each country. Private consumption is obtained as a difference.

In the case of capital formation, so as to fulfil the condition of additionality and at the same time maintain the official growth rates of total investment and fixed investment, the variation in stocks is obtained as a difference. A similar criterion is used to disaggregate fixed capital formation; for countries which do not dispose of detailed information, the value of constructions is estimated on the basis of the value added of the respective sector and that of machinery and equipment is the resulting difference.

Among the indicators of global economic growth included in the first part of the *Yearbook* is the gross per capita domestic product of the countries of the region, in dollars, with alternative valuation bases and conversion criteria. They include in the first place the estimates in dollars at constant 1970 prices which ECLAC makes by using purchasing power parities for the base year 1970 and for the last year available. Secondly, the results are given of converting the product of each country at current prices for these same years into dollars using the official exchange rates corresponding to each year.[13]

This is aimed at facilitating the direct comparisons of the countries of the region and Latin America as a whole with other countries and regions which do not have comparable estimates of their product based on purchasing

---

[13] Para estos propósitos se utilizó, en general, el promedio anual de la tasa de cambio implícita de mercado (rf) que publica el Fondo Monetario Internacional.

[13] Generally speaking, the annual average of the implicit market exchange rate (rf) published by IMF was used for these purposes.

tivo.[14] Por otra parte, las diferencias que se obtienen al aplicar uno u otro método de conversión en moneda común resultan evidentes confrontando los valores de ambos cálculos para 1970.

Series por países

Como en versiones anteriores, el segundo grupo de cuadros de cuentas nacionales que se entrega en este *Anuario* contiene las estimaciones que los países miembros de la región pusieron a disposición de la CEPAL a la fecha de cierre de su publicación, y están referidas al producto interno bruto por tipo de gasto y por clase de actividad económica, a precios corrientes y a precios constantes, y sobre las transacciones de ingresos y gastos corrientes del gobierno general y de los hogares. En un cuadro resumen para cada país se presentan las relaciones entre los principales agregados de las cuentas nacionales a precios corrientes.

La presentación de los datos se efectúa de manera uniforme, como se señaló más arriba, y en la medida que la información disponible lo permite, adaptando las series de todos los países a las clasificaciones propuestas en las últimas revisiones del SCN y de la CIIU. En el caso especial de Cuba se publican sus estimaciones de acuerdo con el Sistema de Balances del Producto Material (SPM).[15]

Salvo el aspecto relativo a la forma de presentación, las series de datos son las oficialmente publicadas por cada país. Se han mantenido los criterios propios de valoración, los distintos períodos base elegidos para las estimaciones a precios constantes y las diferencias conceptuales, de alcance o cobertura derivadas de la aplicación práctica de las recomendaciones internacionales y que se señalan en los respectivos cuadros.

power parities.[14] The differences in applying either method of conversion to common currency are evident if the values of both calculations for 1970 are compared.

Country series

As in previous versions, the second group of National Accounts tables provided by this *Yearbook* contains the estimates which the members countries of the region placed at the disposal of ECLAC at the closing date of publication and refer to the gross domestic product by type of expenditure and by kind of economic activity, at current prices and at constant prices, and of incomes and current expenditure transactions of the general government and of households. A summary table for each country gives the relations between the main aggregates of the national accounts at current prices.

The presentation of this data takes a standard form, as was indicated above, and as the information available permits, by adapting the series of all the countries to the classifications proposed in the latest revisions of the SNA and ISIC. In the special case of Cuba the estimates are published according to the material balance.[15]

Except for this aspect as regards the form of presentation, the data series are those officially published by each country. Their own valuation criteria have been maintained as have the different base periods chosen for the estimates at constant prices and the differences in concept, scope or coverage stemming from the practical application of the international recommendations as indicated in the respective tables.

[14] Las Naciones Unidas ha venido realizando el Proyecto de Comparación Internacional (PCI) con el propósito de obtener estimaciones comparables del producto real de los diferentes países mediante el cálculo de paridades del poder adquisitivo de las divisas de todos los países del mundo. El proyecto se inició en 1968 y en sus tres primeras fases abarcó a 10, 16 y 34 países, respectivamente; actualmente está en ejecución la cuarta fase, que incluirá alrededor de 75 países.

[15] Naciones Unidas, *Principios fundamentales del sistema de balances de la economía nacional*, Serie F, N⁰ 17, Nueva York, 1971.

[14] The United Nations has been implementing the International Comparison Project (ICP) so as to obtain comparable estimates of the real product of the different countries by calculating the purchasing power parities of the currencies of all the countries of the world. The project was begun in 1968, covering in its first three phases 10, 16 and 34 countries respectively; the fourth phase, which will take in around 75 countries is now being implemented.

[15] United Nations, *Basic principles of the system of balances of the national economy*, Series F, No. 17, New York, 1971.

Esta edición incluye cambios respecto de los datos publicados anteriormente sobre algunos países de la región: Argentina, Brasil, Honduras y Paraguay modificaron sus series; además, por primera vez se incorpora a este *Anuario* información sobre Belice y San Cristóbal y Nieves. Finalmente, se han omitido algunos cuadros sobre ingresos y gastos de los hogares o del gobierno general que al no haber sido actualizados en los últimos años se mantienen sin modificaciones con respecto a por lo menos las dos últimas versiones de esta publicación.

En cuanto a la República Argentina, se entrega en esta ocasión la actualización de sus series a precios corrientes, las que se habían suspendido por un tiempo.

En el caso del Brasil, y como resultado de una reciente revisión metodológica de sus cálculos anteriores, se dispuso de nuevas series a partir de 1970.

Los cambios en las series de Honduras corresponden a la extensión de la revisión anterior, que alcanza en esta oportunidad hasta 1950.

En cuanto a los datos del Paraguay, el año base de sus estimaciones a precios constantes fue actualizado de 1977 a 1982; esto hace que las series actuales contengan modificaciones por los cambios y mejoras introducidas en las fuentes, métodos y procedimientos de cálculo utilizado.

This edition includes changes which were made in the data previously published for some of the countries of the region. Argentina, Brazil, Honduras, and Paraguay modified their series. In addition, information concerning Belize and St. Christopher and Nevis is included in this *Yearbook* for the first time. Finally, some tables of household or general government income and expenditure have been omitted; since these tables have not been updated in recent years, they have remained unchanged with respect to at least the last two editions of this publication.

Updated series at current prices for the Argentine Republic, which had been suspended for a time, are presented in this edition.

As regards Brazil, new series beginning in 1970 have become available due to a recent methodological revision of the previous calculations.

The changes made in the series for Honduras correspond to the extension of the previous revision, on this occasion up to 1950.

With respect to the data for Paraguay, the base year for estimates at constant prices was changed from 1977 to 1982; the present series therefore contain modifications based on the changes and improvements made in the sources, methods and procedures used for their calculation.

PRECIOS INTERNOS / DOMESTIC PRICES

Indices de precios implícitos en el producto interno bruto. Son los que se derivan de las cuentas nacionales y constituyen la relación entre el índice del producto interno bruto a precios corrientes y el índice del producto interno bruto a precios constantes.

Indices del nivel general de precios mayoristas por cada país. Estos varían considerablemente en cuanto a los bienes que comprenden y a la etapa de captación de los precios.

Indices de precios al consumidor. Representan, en general, el costo, relativo al período base, de una canasta típica de bienes y servicios efectivamente adquirida por un grupo representativo de consumidores.

Price indexes implicit in the gross domestic product. These are derived from the national accounts and constitute the ratio of the index of the gross domestic product at current prices to the same index at constant prices.

Indexes of the general level of wholesale prices in each country. These vary considerably in terms of the goods covered and the point at which the prices are measured.

Consumer price indexes. Generally speaking, these represent the cost, relative to the base period, of the typical basket of goods and services actually acquired by a representative group of consumers.

ENDEUDAMIENTO EXTERNO / EXTERNAL INDEBTEDNESS

La deuda externa total comprende el total de la deuda pública externa, la deuda privada garantizada por el sector público y la deuda privada de mediano, largo y corto plazo.

The total external debt includes the total public external debt, private debts guaranteed by the public sector, and the medium-, long- and short-term private debt.

COMERCIO EXTERIOR / EXTERNAL TRADE

Exportaciones e importaciones por países a precios constantes de 1970 e índices de quántum y de valor unitario. Para calcular los índices de comercio exterior se seleccionó una muestra para cada país considerando los siguientes criterios:

a) que los productos seleccionados fueran los más importantes en términos de su valor;
b) que los productos fueran homogéneos, y
c) que la muestra alcanzara la más amplia representatividad posible.

Una vez seleccionada la muestra se calcularon los valores constantes (quántum) a partir de la fórmula de Laspeyres para índices de cantidad. Con estos valores se obtuvieron índices implícitos de valor unitario según la fórmula de Passche. Una vez obtenido el índice de la muestra, se calcularon valores constantes para la parte excluida del universo, mediante indicadores internacionales u otros criterios de ajuste, procediéndose luego a obtener el índice implícito para el total de exportaciones e importaciones, respectivamente.

Los índices de valor unitario incluidos en este *Anuario* abarcan el período 1960-1983. Los índices para los años 1960 a 1969 se calcularon tomando como base el año 1963 y se reconvirtieron a 1970, empalmándose en este año. Para las importaciones, el empalme se efectuó para cada grupo de la clasificación CUODE, en tanto que para las exportaciones, se empalmaron los totales, al no disponerse de agrupaciones similares.

El valor unitario regional se obtuvo implícitamente dividiendo el valor corriente de la región por el valor constante correspondiente. El índice de quántum regional se calculó a base de los valores constantes de la región en su conjunto. Los valores globales de las exportaciones e importaciones que se presentan en este *Anuario* son valores fob de acuerdo con la

Exports and imports by countries at constant 1970 prices and quantum and unit value indexes. In calculating the external trade indexes, a sample was selected for each country bearing in mind the following criteria:

a) that the products selected were the most important in terms of their value;
b) that the products were homogeneous; and
c) that the sample was as widely representative as possible.

Once the sample had been selected, the constant values (quantum) were calculated using the Laspeyres formula for indexes of quantity. Based on these values, implicit unit value indexes were obtained using the Paasche formula. Once the sample index has been obtained, constant values were calculated for that portion which had been excluded from the universe using international indicators or other adjustment criteria; the implicit index was then obtained for total exports and imports, respectively.

The unit value indexes included in this *Yearbook* cover the period 1960-1983. The year 1963 was used as a base for calculating data for the period 1960-1969, which were recalculated according to 1970 by linking up the unit value indexes in that year. Import figures were linked up for each group of the "Foreign Trade Classification by Economic Use or Destination". For exports, the total unit value indexes were linked up, as no similar groupings were available.

The regional unit value was obtained implicitly by dividing the current value for the region by the corresponding constant value. The regional quantum index was calculated on the basis of the constant values for the region as a whole. The global values of exports and imports presented in this *Yearbook* are the FOB

balanza de pagos.[16] Por otra parte, los valores de las importaciones por agrupaciones de la clasificación CUODE son valores cif y se basan en declaraciones de aduana, al igual que en ediciones anteriores del *Anuario*.

Los índices por países que se presentan están sujetos a todas las limitaciones inherentes a los índices de los tipos Laspeyres y Paasche. En especial, por lo que toca al índice de quántum, los niveles en los diversos años dependen de la composición de los productos intercambiados en el año base, mientras que para el índice de valor unitario —en que las ponderaciones dadas a los precios son las cantidades de cada año— los niveles no reflejan sólo las fluctuaciones de los precios sino también los cambios que experimenta la composición por productos de un año a otro.

La medida en que los cambios estructurales influyen sobre el nivel del índice depende de la correlación que existe entre las variaciones de precio y cantidad, especialmente cuando las series abarcan varios años, por ejemplo, cinco o más. Las variaciones de composición tienden a ser importantes y pueden menoscabar la precisión de los índices.

Indices de la relación de precios del intercambio. Se obtuvieron dividiendo los índices de valor unitario de las exportaciones por el correspondiente índice de importación de cada país en cada año.

Indices del poder de compra de las exportaciones. Se calcularon multiplicando el índice de relación de precios del intercambio de cada año por el índice de quántum de las exportaciones en el mismo año.

Clasificación de las importaciones según su uso o destino económico. Se realizó de acuerdo con los criterios señalados en "Clasificación del comercio exterior según uso o destino económico (CUODE)", E/CN.12/739, que esencialmente hacen distinción entre los bienes de consumo, las materias primas y productos intermedios y los bienes de capital.

Exportaciones de productos primarios y manufacturados. Los datos que se presentan en este *Anuario* se compilaron sobre la base de las estadísticas oficiales de comercio exterior de los respectivos países. Los totales correspondientes a la ALALC, al Mercado Centroamericano, y al

values according to the balance of payments.[16] The values of imports by groupings under the Foreign Trade Classification mentioned above are CIF values and are based on customs declarations, as in previous editions of the *Yearbook*.

The country indexes presented here are subject to all the limitations inherent in the Laspeyres and Paasche indexes. In particular, as regards the quantum index, the levels for the various years depend on the composition of trade in the base year, while as regards the unit value index —where the prices are weighted by the quantities for each individual year— the levels reflect not only price fluctuations but also changes in the structure of trade from year to year.

The extent to which structural changes influence the level of the index depends on the correlation between variations in price and quantity; in particular, when the series cover a period of several years —for instance, five or more— variations in the composition of trade tend to be important and make the indexes less precise.

Indexes of the terms of trade. These were obtained by dividing the annual unit value indexes of exports by the corresponding import indexes for each country.

Indexes of the purchasing power of exports. These were obtained by multiplying the terms-of-trade index for each year by the quantum index of exports for the same year.

Classification of imports according to economic use or destination. This was done according to the criteria laid down in the "Foreign Trade Classification by Economic Use or Destination", E/CN.12/739, already mentioned, which basically distinguishes between consumer goods, raw materials and intermediate products, and capital goods.

Exports of primary products and manufactured goods. The data presented in this *Yearbook* were compiled on the basis of official foreign trade statistics of the respective countries. The totals for LAFTA, the Central American Common Market, and the region as a whole (excluding Cuba and Haiti, for which no information is available) were obtained by adding together the data for the individual

---

[16] Estos valores difieren de los publicados anteriormente, que se refieren a valores de aduana.

[16] These values differ from those published previously, which refer to customs values.

conjunto de la región (excluidos Cuba y Haití, para los cuales no se dispone de información), se obtuvieron agrupando los datos por países. Sin embargo, se ha considerado como exportado a la región lo dirigido a 24 países (incluidos Cuba y Haití). Los valores de la exportaciones totales al mundo incluyen ajustes por revaluación para varios países.

El criterio adoptado para clasificar tanto los productos primarios como los manufacturados corresponde al que utiliza la Oficina de Estadística de las Naciones Unidas para presentar los datos del comercio exterior mundial por regiones económicas. Para ello se agrupan las secciones de la CUCI modificada de la manera siguiente:

A. *Productos primarios*

Comprende el total de las secciones:

0. Productos alimenticios y animales vivos destinados principalmente a la alimentación
1. Bebidas y tabaco
2. Materiales crudos no comestibles, excepto los combustibles
3. Combustibles y lubricantes minerales
4. Aceites, grasas y ceras de origen animal y vegetal
9. Mercancías y operaciones no clasificadas en otro rubro de la CUCI.

Se incluye además el capítulo 68 denominado metales no ferrosos.

B. *Productos manufacturados*

Comprende el total de las secciones:

5. Productos químicos y conexos, n.e.p.
6. Artículos manufacturados, clasificados principalmente según el material (excluido el capítulo 68: metales no ferrosos)
7. Maquinaria y equipo de transporte
8. Artículos manufacturados diversos.

countries. Nevertheless, exports to the region were considered to be the goods consigned to 24 countries (including Cuba and Haiti). The values for total exports to the world include adjustments for revaluation in the case of several countries.

The criterion adopted for classifying both primary products and manufactured goods is that used by the Statistical Office of the United Nations in presenting world foreign trade data by economic regions. For this purpose the revised SITC sections are grouped as follows:

A. *Primary products*

This group includes all the products in sections:

0. Food and live animals chiefly for food
1. Beverages and tobacco
2. Crude materials, inedible, except fuels
3. Mineral fuels, lubricants and related materials
4. Animal and vegetable oils, fats and waxes
9. Commodities and transactions not classified elsewhere in the SITC.

Division 68 —non-ferrous metals— is also included.

B. *Manufactured goods*

This group includes all the products in sections:

5. Chemicals and related products, n.e.c.
6. Manufactured goods classified chiefly by material (excluding division 68: non-ferrous metals)
7. Machinery and transport equipment
8. Miscellaneous manufactured articles.

BALANCE DE PAGOS / BALANCE OF PAYMENTS

Los cuadros de balance de pagos publicados en este *Anuario*, se basan en el formato de presentación detallado del Fondo Monetario Internacional, que resume estas estadísticas siguiendo un plan uniforme de clasificación, lo que ha permitido hacer comparable la información contenida en los balances de pagos de 24 países de la región.

The balance of payments tables published in this *Yearbook* are based on the International Monetary Fund's detailed presentation which sets out these statistics following a standard plan of classification, so as to make the data contained in the balance of payments of 24 countries of the region comparable.

Las principales partidas del formato de los cuadros de balance de pagos están definidas, como se indica a continuación, de acuerdo con los componentes normalizados que utiliza el FMI.[17]

Bienes fob. Esta partida comprende todas las exportaciones e importaciones de mercancías y oro no monetario.

Servicios. Incluye las transacciones de fletes y seguros y otros transportes, viajes y otras transacciones oficiales y privadas.

Balance comercial. Este es el saldo del comercio en bienes y servicios; excluye utilidades e intereses.

Utilidades e intereses. Corresponde a los ingresos obtenidos por los residentes sobre sus inversiones financieras en el extranjero (crédito) y los ingresos obtenidos por los extranjeros sobre sus inversiones financieras en el país compilador (débito). Las utilidades se presentan en forma de saldo neto.

Otros servicios de factores. Corresponde a la renta del trabajo y de la propiedad excepto aquella que se registra como renta de inversión directa extranjera.

Transferencias unilaterales privadas. Comprende el saldo neto de las transacciones definidas como pagos de transferencias sin una contraprestación equivalente en bienes o servicios entre los sectores privados del país compilador y los países extranjeros.

Balance en cuenta corriente. Comprende el balance comercial, más las utilidades e intereses y las transferencias unilaterales privadas.

Transferencias unilaterales oficiales. Comprende el saldo neto de todas las transferencias definidas como pagos de transferencias sin una contraprestación equivalente en bienes y servicios entre el gobierno central del país compilador y el resto de los países extranjeros.

Capital a largo plazo. Incluye todo capital con un plazo de vencimiento contractual inicial superior a un año o el capital sin un plazo de vencimiento determinado (por ejemplo, las acciones y otras participaciones del capital social).

The main items given in the balance of payments tables are defined as indicated below, in keeping with the standard components used by IMF.[17]

Goods FOB. These include all exports and imports of merchandise and non-monetary gold.

Services. This item includes freight and insurance, other transportation, travel and other official and private services.

Trade balance. Balance of payments in goods and services, excluding profits and interests.

Profits and interest. This item corresponds to the residents' income from their financial investment abroad (credit) and the income of foreigners from financial investment in the compiling country (debit). Profits are shown as net balance.

Other factor services. This corresponds to rent in respect of labour or ownership, except that registered as rent in respect of direct foreign investment.

Private unrequited transfers. This item covers the net balance of transactions described as private transfer payments without an equivalent counterpart in goods and services between the private sectors of the compiling country and of the foreign countries.

Current account balance. It covers the trade balance, plus profits and interests and private unrequited transfers.

Official unrequited transfers. These consist of the net balance of all the transfers defined as transfer payments without an equivalent counterpart in goods and services between the central government of the compiling country and all foreign governments.

Long-term capital. Includes capital with and original contractual maturity of more than one year, or with no stated maturity (e.g., corporate equities).

Direct investment. Covers net investment in long-term capital invested, in direct-investment enterprises, by residents abroad and by non-residents in the country.

[17] Fondo Monetario Internacional, *Manual de balanza de pagos*, tercera edición, 1961 y cuarta edición, 1977.

[17] International Monetary Fund, *Balance of payments manual*, third edition, 1961, and fourth edition, 1977.

Inversión directa. Corresponde a las inversiones netas de capital a largo plazo invertido por residentes en el extranjero y por no residentes dentro del país.

Inversión de cartera. Incluye los bonos a largo plazo y acciones y otras participaciones del capital social no incluidas en las categorías de inversión directa y reservas.

Balance básico. Este balance comprende los componentes de la cuenta corriente más las transferencias unilaterales oficiales y el capital a largo plazo. Excluye todas las transacciones de carácter fugaz y que posiblemente se reviertan o sean al menos muy susceptibles de revertirse a corto plazo.

Capital a corto plazo. Comprende todo capital con un plazo de vencimiento contractual inicial de un año o menos e incluye billetes y moneda.

Asientos de contrapartida. Comprende las contrapartidas por variaciones en reservas que no se deben enteramente a una transacción entre dos partes. Por "contrapartida de variaciones por revalorizaciones" se entiende sobre todo las variaciones originadas por fluctuaciones del precio del activo. La asignación o cancelación de derechos especiales de giro (DEG) es la contrapartida del aumento o la disminución respectiva, de las tenencias de (DEG). Finalmente, las variaciones en las tenencias de oro de las autoridades centrales tienen una contrapartida de monetización o desmonetización que corresponde a un aumento o disminución de dichas tenencias.

Balance global. Incluye todos los componentes de la cuenta corriente y de la cuenta de capital, menos los activos de reservas y por lo común, determinados pasivos que pueden clasificarse como afines de uno u otro modo a dichas reservas. Este balance puede medirse con mayor facilidad como la suma neta, con signo contrario de activos de reserva y ciertas clases de pasivos.

Reservas. Comprende el oro monetario, los derechos especiales de giro (DEG), la posición de reserva en el Fondo, el uso del crédito del Fondo, como asimismo, los títulos de crédito constituidos frente a no residentes de que dispongan las autoridades centrales para financiar directamente desequilibrios de pagos o para

Portfolio investment. This covers long-term bonds and corporate equities other than those included in the categories for direct investment and reserves.

Basic balance. This balance covers all items of the current account and the unrequited official transfers and the long-term capital and excludes all transactions that are volatile and are likely to be reversed, or at least are rather susceptible to being reversed.

Short-term capital. Is capital with an original contractual maturity of one year or less and includes currency.

Counterparts items. This covers counterparts for changes in reserves that are not wholly the result of a transaction between two parties. The "counterpart to valuation changes" refers mainly to changes that have come about from fluctuations in the price of the item. The allocation or cancellation of SDRs is the counterpart or the rise or fall, respectively, of SDR holdings. Finally, changes in the gold holdings of the central authorities have a counterpart for monetization or demonetization that corresponds to an increase or decrease in these holdings.

Global balance. Covers all items of the current account and the capital account except reserve assets and, in most cases, certain selected liabilities that may be regarded as being related in some way to those reserves. This balance is most easily measured as the net sum with sign reversed of reserve assets and any selected liabilities.

Reserves. This covers the monetary gold, Special Drawing Rights (SDRs), reserve position in the Fund, use of Fund credit, and existing claims on non-residents, that are available to the central authorities either to finance payments imbalances directly or to manage the size of such imbalances by intervening to influence the exchange rate for the national currency.

Monetary gold. This consists of the net variation in the gold reserves of the central monetary authority.

Special Drawing Rights (SDRs). This consists of the net variations in holdings of Special Drawing Rights.

50

regular la magnitud de dichos desequilibrios mediante intervención destinada a influir en el tipo de cambio de la moneda nacional.

Oro monetario. Comprende las variaciones netas en las reservas de oro de la autoridad monetaria central.

Derechos especiales de giro (DEG). Comprende las variaciones netas en las tenencias de derechos especiales de giro.

Posición de reserva en el Fondo. Es la variación positiva del total de las compras que el país puede efectuar en el tramo de reserva más toda deuda del Fondo contraída en virtud de un convenio de préstamo cuyo reembolso puede obtener fácilmente el país miembro.

Activos en divisas. Comprende los activos clasificados en el rubro "divisas" de la serie de datos sobre "liquidez internacional", publicado por el FMI en sus *Estadísticas financieras internacionales.*

Otros activos. Incluye todos los demás activos que forman la categoría de activos de reserva.

Uso del crédito del FMI. Comprende los giros de un país miembro contra el Fondo, salvo los efectuados contra su posición de tramo de reserva.

Reserve position in the Fund. The positive changes in the sum of the reserve tranche purchases that a member could make and the amount of any indebtedness of the Fund under a loan agreement that is readily payable to the member.

Foreign exchange assets. This covers the claims that are shown as the "foreign exchange" element of the series for "international liquidity" published by the IMF in *International Financial Statistics.*

Other assets. Includes all other assets which form the category of reserve assets.

Use of Fund credit. Constitutes a member's drawing other than a drawing against its reserve tranche position.

RECURSOS NATURALES Y PRODUCCION DE BIENES
NATURAL RESOURCES AND PRODUCTION OF GOODS

Estadísticas agropecuarias

La mayoría de las series estadísticas y los correspondientes indicadores provienen de las estimaciones de la Organización de las Naciones Unidas para la Agricultura y la Alimentación (FAO), con excepción del crecimiento de la actividad agropecuaria y de la participación del sector agropecuario en la generación del producto, en cuyo cálculo se utilizaron los datos de cuentas nacionales.

Indices de producción agropecuaria e índices de productos alimenticios. Corresponden al concepto de producción neta.

Consumo de fertilizantes. Se refiere al consumo de abonos nitrogenados, fosfatados y potásicos.

Parque de tractores. Los datos representan el número total de tractores de rueda y oruga que se emplean en la agricultura.

Agricultural statistics

Most of the statistical series and the corresponding indicators are taken from estimates of the United Nations Food and Agriculture Organization (FAO), with the exception of those on the growth of agricultural activity and the share of the agricultural sector in the generation of the product, in the calculation of which national accounts data were used.

Indexes of agricultural production and indexes of food products. These correspond to net production.

Consumption of fertilizers. This refers to the consumption of nitrogenous, phosphate and potassium fertilizers.

Stock of tractors. The data represent the total number of wheeled and tracklaying tractors used in agriculture.

Tierras cultivables. Las cifras corresponden a las tierras destinadas a cultivos permanentes y a las tierras arables o de labranza (de cultivos temporales), aun cuando no se hallen cultivadas.

Estadísticas mineras

Indices de volumen físico de la producción minera de cada país. Son elaborados a partir de las series en cantidades absolutas con base 1970 = 100, e incluyen solamente los minerales producidos en 1970.

Para calcular los índices de volumen físico que representan el total de la producción minera, ya sea que se incluya o no el petróleo crudo, se estableció un sistema de ponderaciones en valores monetarios, sobre la base de las cantidades producidas y los precios internacionales de cada mineral, en dólares de 1970, año base del índice.

Tanto para calcular el índice de producción minera que excluye el petróleo crudo, como el índice general se utilizó la fórmula de Laspeyres.

Estadísticas de la industria manufacturera

Se incluyen series de producción expresadas en términos físicos para 20 productos principales. Las series se presentan por producto para cada uno de los países productores y para la región en su conjunto.

Concentración industrial. Sólo se consideraron aquellos países que presentaban información censal sobre ocupación por tamaño de establecimientos y siempre que incluyeran el estrato denominado "menos de cinco personas ocupadas".

Estadísticas de energía eléctrica

Consumo total de hidrocarburos. Se refiere al consumo bruto de los derivados combustibles del petróleo (gasolina, querosene, *jet-fuel,* gas y *diesel-oil, fuel-oil* y gas licuado) y del gas natural.

Energía comercial. Comprende los derivados combustibles del petróleo y del gas natural, el carbón mineral y la electricidad de origen hidráulico, nuclear y geotérmico.

Cultivable land. The figures refer to land under permanent crops and arable or ploughed land (for seasonal crops), even when it is not cultivated.

Mining statistics

Indexes of the physical volume of mining production in each country. These are prepared on the basis of the series in absolute quantities using the base year 1970=100, and only include minerals produced in 1970.

In order to calculate indexes of physical volume covering total mining production, whether or not crude oil is included, a system of weighting the monetary values was established, on the basis of the quantities produced and the international prices of each mineral, in dollars at 1970 prices (the base year of the index).

In order to calculate both the index of mining production excluding crude oil and the general index, the Laspeyres formula was used.

Manufacturing statistics

Production series expressed in physical terms are given for 20 main products. The series are presented by product for each of the producer countries and for the region as a whole.

Industrial concentration. Only countries which gave certain census information on employment by size of establishment were considered, and then only if they included the stratum "less than 5 persons employed".

Electrical energy statistics

Total consumption of hydrocarbons. This refers to the gross consumption of oil-based fuels (gasoline, kerosene, jet fuel, diesel oil, fuel oil, and liquefied gas) and of natural gas.

Commercial energy. This consists of fuels derived from oil, natural gas and coal, and hydroelectricity and nuclear and geothermal electricity.

Hydroelectricity, nuclear energy, geothermal energy. This was expressed in tons of petroleum equivalent (tpe), considering the quantity of heat consumed in thermal power stations to generate 1 kWh.

Energía eléctrica de origen hidráulico, nuclear y geotérmico. Fue expresada en toneladas equivalentes de petróleo (tep), considerando la cantidad de calor consumido en las centrales térmicas para generar 1 kWh.

Potencia instalada. Las cifras representan la capacidad de todos los generadores disponibles, al término del año, para operaciones simultáneas de plantas hidroeléctricas y termoeléctricas.

Producción total de electricidad. Se refiere a la producción de los servicios públicos y los establecimientos industriales que la generan para su propio uso, mediante plantas hidroeléctricas, termoeléctricas o de ambos tipos.

Installed capacity. The figures represent the capacity, at the end of the year, of all the generators available for simultaneous operation in hydroelectric and thermoelectric plants.

Total production of electricity. This covers both public service generation and that of industrial establishments which generate electricity for their own use, using hydroelectric and/or thermal plants.

SERVICIOS DE INFRAESTRUCTURA / INFRASTRUCTURE SERVICES

Las series estadísticas que se incluyen en esta sección se refieren a red de carreteras, ferrocarriles, marina mercante y tráfico aéreo.

En lo que se refiere a la información sobre la red de carreteras, se presentan datos de su longitud total y de la proporción pavimentada para el último año disponible.

Los datos sobre la marina mercante de cada país comprenden solamente barcos de 1 000 y más toneladas de registro bruto. Dada su escasa variabilidad con respecto a los ya publicados para años anteriores, la información se refiere sólo al año 1982. A continuación se ofrecen algunas definiciones de los indicadores utilizados en los cuadros de tráfico aéreo.

Kilómetros volados. Es la suma de los productos obtenidos al multiplicar el número de vuelos efectuados en cada etapa de vuelo por la distancia de la etapa.

Pasajeros transportados. El número de pasajeros transportados se obtiene contando sólo una vez cada pasajero de un vuelo determinado (con un solo número de vuelo) sin volver a contarlo en cada etapa de ese vuelo; cuando un pasajero realice etapas internacionales y del interior dentro del mismo vuelo debe contarse como pasajero del interior y también como internacional. Se excluyen a los pasajeros que pagan menos del 25% de la tarifa normal aplicable.

Pasajeros-kilómetro. Corresponde a la suma de los productos obtenidos al multiplicar el número de pasajeros transportados en cada etapa de vuelo por la distancia de la etapa (la

The statistical series included in this section refer to the road system, railways, the merchant navy and air traffic.

As regards the information on the road system, the data for the last available year on the total length and the proportion paved are presented.

The data on the merchant navy of each country only include vessels of 1 000 gross registered tons and over. In view of the slightness of the variation compared with data published in previous years, the information refers only to 1982. Some definitions of the indicators used in the air traffic tables are given below.

Kilometres flown. This is obtained by multiplying the number of flights effected over each flight stage by the length of the stage.

Passengers carried. The number of passengers carried is obtained by counting once only each passenger on a specific flight (with a single flight number) and not recounting them at each stage of the flight; when a passenger is flying over international and domestic stages on the same flight, however, he should be counted as both a domestic and an international passenger. Passengers paying less than 25% of the normal applicable fare are excluded.

Passenger-kilometres. This is obtained by multiplying the number of passengers carried

cifra resultante es igual al número de kilómetros recorridos por todos los pasajeros).

Toneladas-kilómetro realizadas. Es la suma de los productos obtenidos al multiplicar el número de toneladas de carga transportadas en cada etapa de vuelo por la distancia de la etapa.

over each stage of the flight by the length of the stage, the result being equal to the number of kilometres covered by all the passengers.

Ton-kilometres. This is obtained by multiplying the number of tons of cargo transported in each stage of the flight by the length of the stage.

FUENTES / SOURCES[18]

1. POBLACION / POPULATION[19]

A. *Fuentes generales / General sources*

Centro Latinoamericano de Demografía (CELADE), *Boletín Demográfico*, Nºs. 2, 7, 8, 13, 14, 15 al 30, 31, 32 y 33, e información directa.

Organización de Estados Americanos (OEA), Instituto Interamericano de Estadística (IASI), *América en Cifras*, 1977, tomo III: *Situación demográfica, social y cultural*, Washington, D.C., 1979.

United Nations. *Statistical Yearbook*, 1963-1979; 1981 *Demographic Yearbook*, 1967 a 1981; *Demographic Indicators of Countries: Estimates and Projections as Assessed in 1980*, N.Y., 1982 (Department of International Economic and Soci. 'ffairs), ST/ESA/SER.A/82.

B. *Fuentes por países / Sources by country*

Argentina: Instituto Na. .al de Estadística y Censos, *Censo nacional de población, familias y vivienda*, 1970, resultados obtenidos por muestra. Total del país; INEC, Censo Nacional de Población y Vivienda, 1980; serie D, Resumen nacional.

Bolivia: Instituto Nacional de Estadística, Ministerio de Planificación y Coordinación, *Censo nacional de población y vivienda*, 1976, vol. 10, resultados definitivos.

Brasil/Brazil: Instituto Brasileiro de Estatística, Departamento de Censos, *Censo Demográfico, VIII Recenseamento Geral*, 1970; cifras preliminares del Censo de 1980.

Costa Rica: Dirección General de Estadística y Censos, Ministerio de Economía, Industria y Comercio, *Censos Nacionales*, 1973, *Vivienda* (4).

Cuba: Junta Central de Planificación, *Censo de población y vivien... , i*970. Comité Estatal de Estadísticas, Oficina Nacional del Censo, "Censo de Población y Viviendas de 1981", vol. XVI, tomo 2.

Chile: Instituto Nacional de Estadís   *'IV Censo de población y III de viviendas*, 1970. *Viviendas, hogares y familias. Total del país*.

Ecuador: Instituto Nacional de Estadística y Censos, Junta Nacional de Planificación y Coordinación Económica, *III Censo de Población y II Censo de Vivienda*, 1974. *Resultados definitivos, Resumen nacional*.

El Salvador: Dirección General de Estadística y Censos, Ministerio de Economía, *Cuarto Censo Nacional de Población y III Censo de viviendas*, 1971.

Guatemala: Dirección General de Estadística, Ministerio de Economía, *III Censo de Habitación*, 1973. *Cifras definitivas*.

---

[18]Las fuentes se citan en el idioma en que se publicaron originalmente y están ordenadas por tema de acuerdo con los cuadros de la segunda parte.

[18]The sources are given in the language in which they were originally published and are arranged by subject in accordance with the tables included in Part Two.

[19]Incluye características demográficas.

[19]Includes demographic characteristics.

Honduras: Dirección General de Estadística y Censos, Secretaría de Economía, *Censo nacional de población y viviendas,* 1974.

México/Mexico: Dirección General de Estadística, Secretaría de Industria y Comercio, *IX Censo general de población,* 1970. *Resumen general.*

Panamá/Panama: Dirección de Estadística y Censos, Contraloría General de la República, *III Censo Nacional de vivienda,* 1970. Dirección de Estadística y Censo, Censos nacionales de 1980 (VIII de Población y IV de Vivienda), resultados avanzados por muestra, vol. II, Población.

Paraguay: Dirección General de Estadística y Censos, *Censo nacional de población y viviendas,* 1972.

Perú/Peru: Oficina Nacional de Estadística y Censos, *VII Censo de población y II de vivienda,* 1972, *Resultados definitivos. Total del país,* INE, "Censos nacionales, VIII de Población y III de Vivienda, 1981", tomos 1 y 2, nivel nacional.

Uruguay: Dirección General de Estadística y Censos, *Censo de población,* 1975, fascículo sobre Demografía.

2. CUENTAS NACIONALES / NATIONAL ACCOUNTS[20]

A. *Fuentes generales / General sources*

United Nations, *Monthly Bulletin of Statistics* (anticipo), julio de 1984, *Questionnaires,* 1982 y 1983; *Yearbook of National Accounts Statistics,* 1981, vol. I, *Individual Country Data.*

B. *Fuentes por países / Sources by country*

Argentina: Banco Central de la República Argentina, *Información directa,* noviembre de 1984; *Estimaciones trimestrales sobre oferta y demanda global,* octubre de 1984; *El sector público en el sistema de cuentas nacionales. Series estadísticas para el período 1970/1980,* Nº 21, octubre de 1982; *Sistema de cuentas del producto de ingreso, Cuadros estadísticos,* vol. II, y suplemento del *Boletín Estadístico,* diciembre de 1974.

Barbados: Naciones Unidas, *Cuestionario sobre cuentas nacionales,* edición 1983; Statistical Service, *Información directa,* noviembre de 1984; *National Income and Product,* 1960-1962 (con estimaciones provisionales para 1963 y 1964), noviembre de 1966.

Belice/Belize: Central Statistical Office, Ministry of Economic Development, *Abstract of Statistics. 1984,* noviembre de 1984.

Bolivia: Banco Central de Bolivia, División Técnica, Unidad de Cuentas Nacionales, *Información directa,* noviembre de 1984; *Boletín Estadístico,* Nº 247, junio de 1983, Nº 219, diciembre de 1975 y Nº 220, marzo de 1976.

Brasil/Brazil: Fundacao Getúlio Vargas, *Contas nacionais do Brasil. Metodologia e tabelas estatísticas. 1984,* octubre de 1984; *Información directa,* junio de 1983; "Contas Nacionais: parametros atualizados", en *Conjuntura Economica,* vol. 36, Nº 3, marzo de 1982; "Contas Nacionais", en *Conjuntura Economica,* vol. 34, Nº 2, febrero de 1980; "As Contas Nacionais do Brasil 1965-1978", en *Conjuntura Economica,* vol. 33, Nº 12, diciembre de 1979; "Contas nacionais, revisao e atualizacao", en *Conjuntura Economica,* vol. 32, Nº 7, julio de 1977; "Contas nacionais do Brasil, atualizacao", en *Conjuntura Economica,* vol. 26, Nº 9, septiembre de 1971.

---

[20]Comprende crecimiento económico y formación de capital y su financiamiento.

[20]Includes economic growth and capital formation and financing.

Colombia: Departamento Administrativo Nacional de Estadística (DANE), *Información directa*, noviembre de 1984; *Cuentas nacionales de Colombia, 1970-1981. Revisión 3*, abril de 1983; Banco de la República de Colombia, *Cuentas nacionales de Colombia, 1970-1979*, y *Estimación preliminar del producto interno bruto de 1980; Cuentas Nacionales*, 1967-1970 y 1950-1967.

Costa Rica: Banco Central de Costa Rica, *Cuentas Nacionales de Costa Rica*, 1974-1983, septiembre de 1984; 1973-1982, septiembre de 1983.

Chile: Banco Central de Chile. *Información directa*, diciembre de 1984; *Cuentas Nacionales de Chile*, 1960-1980, agosto de 1983.

Cuba: Comité Estatal de Estadísticas, *Información directa*, agosto de 1983; *Anuario Estadístico de Cuba*, 1981 y 1980, diciembre de 1982 y diciembre de 1981.

Dominica: Naciones Unidas, *Monthly Bulletin* (anticipo), julio de 1984.

Ecuador: Banco Central del Ecuador, *Información directa*, noviembre de 1984; *Cuentas Nacionales*, Nº 6, abril de 1984; Nº 2, 1982 y Nº 1, marzo de 1981.

El Salvador: Banco Central de Reserva de El Salvador, *Información directa*, junio de 1984; *Revista Mensual*, noviembre-diciembre de 1981; Consejo Nacional de Planificación y Coordinación Económica, *Indicadores económicos y sociales*, julio a diciembre de 1978 y julio a diciembre de 1972; Banco Central de Reserva de El Salvador, *Revista Mensual*, enero de 1979, enero de 1978 y septiembre de 1976.

Guatemala: Banco de Guatemala, *Información directa*, noviembre de 1984, *Boletín Estadístico*, octubre-diciembre de 1982; enero, febrero y marzo de 1976; Naciones Unidas, *Cuestionario sobre cuentas nacionales*, edición 1976.

Guyana: Naciones Unidas, *Cuestionario sobre cuentas nacionales*, edición 1983.

Granada/Grenada: Naciones Unidas, *Monthly Bulletin* (anticipo), julio de 1983.

Haití/Haiti: Département des finances et des affaires économiques, Institut Haitien de Statistique, *Información directa*, mayo de 1984; Naciones Unidas, *Cuestionario sobre cuentas nacionales*, edición 1983 y 1979.

Honduras: Banco Central de Honduras, Departamento de Estudios Económicos, *Información directa*, noviembre de 1984; *Cuentas nacionales de Honduras*, 1970-1980, noviembre de 1982; 1960-1975, octubre de 1977.

Jamaica: Department of Statistics, *National Income and Product*, 1982, 1980, 1978, 1973 y 1971, *Preliminary Estimates*, 1970; Naciones Unidas, *Cuestionario de cuentas nacionales*, edición 1970.

México/Mexico: Banco de México, S.A., Secretaría de Programación y Presupuesto y Programa de las Naciones Unidas para el Desarrollo, *Información directa*, noviembre de 1984; *Sistema de cuentas nacionales de México*, 1980-1982, 1978-1980 y *Sistema de cuentas nacionales*, febrero de 1982 y febrero de 1981.

Nicaragua: Ministerio de Planificación, *Información directa*, diciembre de 1984; Banco Central de Nicaragua, *Boletín Anual*, 1978, enero-diciembre, año XVIII, Nº 54, enero de 1980.

Panamá/Panama: Dirección de Estadística y Censos, *Información directa*, noviembre de 1984; *Estadística Panameña*, Sección 342, *Situación económica, Cuentas Nacionales*, 1970-1981, 1974-1976 y 1976; *Estadística Panameña*, Serie "C": *Ingreso Nacional*, 1972-1974, 1971-1972, 1970-1971, 1969-1970, 1968-1969 y 1960-1968.

Paraguay: Banco Central del Paraguay, Departamento de Estudios Económicos, División de Cuentas Nacionales, *Información directa*, octubre de 1984; *Cuentas Nacionales*, 1976-1983, Nº 20, julio de 1984; 1974-1981, Nº 18, julio de 1982; 1972-1979, Nº 16, julio de 1980.

Perú/Peru: Instituto Nacional de Planificación, Instituto Nacional de Estadística, *Información directa*, noviembre de 1984; Oficina Nacional de Estadística, *Comportamiento de la oferta y demanda global en el Perú. El año 1982*, mayo de 1983; *Cuentas nacionales del Perú*, 1950-1981, julio de 1982.

República Dominicana/Dominican Republic: Banco Central de la República Dominicana, *Información directa*, noviembre de 1984; *Boletín Mensual*, mayo de 1983 y Departamento de Estudios Económicos, División de Cuentas Nacionales, *Cuentas nacionales y producto nacional bruto*, 1977-1981, 1974-1978, 1973-1977, 1970-1975, 1968-1973 y 1960-1971.

San Cristóbal y Nieves/Saint Christopher and Nevis: Planning Unit, *National accounts 1977-1982*, octubre de 1983.

San Vicente y las Granadinas/Saint Vincent and the Grenadines: Naciones Unidas, *Cuestionario sobre cuentas nacionales*, edición 1983.

Santa Lucía/Saint Lucia: Statistical Department, *Información directa*, julio de 1983.

Suriname: Algemeen Bureau voor de Statistiek, *Información directa* diciembre de 1984; Comisión Económica para América Latina (CEPAL), *Cuestionario anual de cuentas nacionales*, abril de 1981.

Trinidad y Tabago/Trinidad and Tobago: Central Statistical Office, *Información directa*, diciembre de 1984; *Yearbook of National Accounts Statistics*, 1969; IASI, *América en cifras*, 1972.

Uruguay: Banco Central del Uruguay, *Información directa*, octubre de 1984 y de 1983, *Indicadores de la actividad económica y financiera*, septiembre de 1980; marzo de 1980; Naciones Unidas, *Cuestionario sobre cuentas nacionales*, edición 1980; Banco Central del Uruguay, *Formación bruta de capital*, diciembre de 1977; *Producto e ingreso nacional*, 1973; *Sistema de cuentas nacionales*, 1971.

Venezuela: Banco Central de Venezuela, *Información directa, octubre de 1984; Anuario de series estadísticas*, 1981, enero de 1983, e *Informe Económico*, 1969.

3. PRECIOS INTERNOS / DOMESTIC PRICES

Para calcular los índices de precios implícitos en el producto interno bruto se utilizaron las mismas fuentes que para cuentas nacionales.

Para calcular los índices de precios al consumidor y al por mayor se emplearon las siguientes fuentes:

For calculation of the indices of implicit prices in GDP the same sources were used as for national accounts.

For calculation of the indices of consumer and wholesale prices, the following sources were used:

A.   *Fuentes generales / General sources*

International Monetary Fund (IMF), *International financial statistics*; United Nations, *Monthly Bulletin of Statistics*.

B.   *Fuentes por países / Sources by country*

Argentina: Ministerio de Economía, Hacienda y Finanzas, *Boletín semanal de economía;* Instituto Nacional de Estadística, *Indice de precios al consumidor* (fascículo mensual).

Barbados: Barbados Statistical Service, *Monthly Digest of Statistics*.

Bolivia: Instituto Nacional de Estadística, Departamento de Estadísticas Económicas, División de Precios, e información directa, mensual.

Brasil/Brazil: Fundacao Getúlio Vargas, Instituto Brasileiro de Economía, *Conjuntura Economica*, publicación mensual.

Colombia: Departamento Administrativo Nacional de Estadística, *Indice de precios al consumidor* (boletín mensual); Banco de la República, *Revista del Banco de la República* y boletín mensual.

Chile: Instituto Nacional de Estadística, *Indice de precios al consumidor*, e información directa mensual.

Costa Rica: Dirección General de Estadística y Censos, e información directa mensual.

Ecuador: Instituto Nacional de Estadística y Censos, *Indice de precios al consumidor* (boletín mensual).

El Salvador: Dirección General de Estadística y Censos, a través del SIECA, series estadísticas seleccionadas de Centroamérica.

Guatemala: Banco de Guatemala, *Boletín Estadístico*, mensual.

Haití/Haiti: Institut Haitien de Statistique, *Bulletin trimestriel de statistique. Bulletin de la banque de la République d'Haiti*, Département des études économiques, abril de 1983.

Honduras: Banco Central de Honduras, Departamento de Estudios Económicos, índices de precios al consumidor. Información directa.

Jamaica: Department of Statistics, *Consumer Price Indices*, monthly bulletin.

México/Mexico: Secretaría de Programación y Presupuesto, Dirección General de Estadística, Oficina del Director, información directa mensual. Banco de México S.A., e información directa mensual.

Nicaragua: Banco Central, Indicadores económicos, vols. 1 y 2, diciembre de 1979. Instituto Nacional de Estadística y Censos: Indices de precios al consumidor, noviembre 1983.

Panamá/Panama: Contraloría General de la República, Dirección de Estadística y Censos, e información directa mensual.

Paraguay: Banco Central del Paraguay, Departamento de Estudios Económicos, División de Precios y mercado interno, e información directa.

Perú/Peru: Banco Central de Reserva del Perú, boletín mensual. Instituto Nacional de Estadística; Indices de precios al consumidor, boletín mensual.

República Dominicana/Dominican Republic: Banco Central de la República Dominicana, *Boletín Mensual*, e información directa.

Trinidad y Tabago/Trinidad and Tobago: Central Statistical Office, *Quarterly Economic Report;* Central Bank of Trinidad and Tobago, *Monthly Statistical Digest.*

Uruguay: Dirección de Estadística y Censos, *Indice de precios del consumo* (boletín mensual).

Venezuela: Banco Central de Venezuela, *Boletín Mensual*.

4. BALANCE DE PAGOS / BALANCE OF PAYMENTS[21]

Fuentes generales / General sources

Fondo Monetario Internacional (FMI), *Balance of Payments Yearbook*, vols. 17, 22, 23, 24, 25, 26, 27, 28, 29 y 30, y grabación en cinta magnética de diciembre de 1984.

[21]Incluye financiamiento externo.   [21]Includes external financing.

5. ENDEUDAMIENTO EXTERNO / EXTERNAL INDEBTEDNESS

Fuentes generales / General sources

IBRD (World Bank), World Debt Tables, External Debt of Developing Countries, 1982-1983 edition, cifras provisionales; BID, External Public Debt of the Latin American Countries, julio de 1981; BPI, The Maturity Distribution of International Bank Lending, julio de 1978, julio de 1979, julio de 1980, julio de 1981 y julio de 1982; FMI, Estadísticas financieras internacionales, vol. XXXIV, agosto de 1981; OECD, Development Co-operation, 1977 Review, 1978 Review; OECD, Geographical Distribution of Financial Flows to Developing Countries, París, 1980.

6. COMERCIO EXTERIOR / EXTERNAL TRADE

A. *Fuentes generales / General sources*

Asociación Latinoamericana de Integración (ALADI), *Estadísticas de comercio exterior.*

International Monetary Fund (IMF), *Direction of Trade,* publicaciones mensuales y anuales; *International Financial Statistics.*

Secretaría Permanente del Tratado General de Integración Económica Centroamericana (SIECA), *Anuario estadístico centroamericano de comercio exterior.*

United Nations, *Yearbook of International Trade Statistics*, publicaciones anuales.

United Nations, *Commodity Trade Statistics*, Series D, publicaciones anuales y por países.

B. *Fuentes por países / Sources by country*

Argentina: Instituto Nacional de Estadística y Censos, *Comercio Exterior.*

Bolivia: Instituto Nacional de Estadística, *Anuario de comercio exterior de la República*; Banco Central de Bolivia, *Boletín Estadístico.*

Brasil/Brazil: Coordenacao do sistema de informacoes económico-fiscais, *Comércio exterior do Brasil, Importacao* y Banco do Brasil (CACEX), *Comércio exterior, Exportacao.*

Colombia: Departamento Administrativo Nacional de Estadística (DANE), *Anuario de comercio exterior*; Instituto Colombiano de Comercio Exterior (INCOMEX), *Comercio exterior de Colombia.*

Chile: Superintendencia de Aduanas, *Listado de comercio exterior*; Banco Central de Chile, *Boletín mensual,* e *Indicadores de comercio exterior.*

Ecuador: Departamento de Estadísticas Fiscales, *Anuario de comercio exterior*; Banco Central del Ecuador, *Boletín.*

México/Mexico: Secretaría de Programación y Presupuesto, *Anuario estadístico del comercio exterior de los Estados Unidos Mexicanos,* y Banco Nacional de Comercio Exterior, S.A., *Comercio Exterior.*

Paraguay: Banco Central del Paraguay, *Boletín Estadístico.*

Perú/Peru: Dirección General de Aduanas, *Estadística del comercio exterior*; Banco Central de Reserva del Perú, *Boletín del Banco Central de Reserva del Perú.*

Uruguay: Banco de la República, *Exportaciones Cumplidas—Importaciones Cumplidas,* y Centro de Estadísticas Nacionales y Comercio Internacional del Uruguay (CENCI), *Importación-Exportación.*

Venezuela: Oficina Central de Estadística e Informática, *Estadística de comercio exterior* y *Anuario Estadístico*; Banco Central de Venezuela, *Boletín Mensual*.

Costa Rica: Dirección General de Estadística y Censos, *Anuario de comercio exterior de Costa Rica*; Banco Central, *Boletín Mensual* y *Memoria Anual*.

El Salvador: Dirección General de Estadística y Censos, *Anuario Estadístico*; Banco Central de Reserva de El Salvador, *Revista Mensual*.

Guatemala: Dirección General de Estadística, *Anuario de comercio exterior;* Banco de Guatemala, *Boletín Estadístico*.

Honduras: Dirección General de Estadística y Censos, *Comercio exterior de Honduras;* Banco Central de Honduras, *Boletín Estadístico*.

Nicaragua: Dirección General de Aduanas, *Comercio Exterior*; Banco Central de Nicaragua, *Boletín Semestral* e *Informe Anual*.

Haití/Haiti: Administration Générale des Douanes, Annuaire du Commerce Extérieur d'Haiti.

Panamá/Panama: Dirección de Estadística y Censos, *Estadística Panameña, Comercio Exterior* y *Panamá en cifras*.

República Dominicana/Dominican Republic: Secretariado Técnico de la Presidencia, Oficina Nacional de Estadística Dominicana, *Comercio Exterior*; Banco Central de la República Dominicana, *Boletín Mensual*.

Barbados: Statistical Service, *Monthly and Quarterly Digest of Statistics* y *Abstract of Statistics*.

Guyana: Statistical Bureau, *Annual Account Relating to External Trade*.

Jamaica: Department of Statistics, *External Trade*.

Trinidad y Tabago/Trinidad and Tobago: Central Statistics Office, *Overseas Trade*; Central Bank of Trinidad and Tobago, *Monthly Statistical Digest*.

7. RECURSOS NATURALES Y PRODUCCIONES DE BIENES / NATURAL RESOURCES AND PRODUCTION OF GOODS

a) Estadísticas agropecuarias / Agricultural statistics

A. *Fuentes generales / General sources*

Organización de las Naciones Unidas para la Agricultura y la Alimentación (FAO), *Anuario de Producción, Informe anual sobre los fertilizantes, Anuario FAO de fertilizantes,* 1979 y 1980, *El estado mundial de la agricultura y la alimentación*, 1968, 1971, 1972, y 1976, e información directa de la sede en Roma.

b) y c) Estadísticas mineras y de la industria manufacturera / Mining and manufacturing statistics

A. *Fuentes generales / General sources*

American Bureau of Metal Statistics, *Yearbook*, 1961, 1963 y 1974; *Non-Ferrous Metal Data*, 1975, 1977 y 1980.

American Metal Market Co., *Metal Statistics*, 1969, 1971, 1972 y 1973.

Banco Interamericano de Desarrollo (BID), Servicio Latinoamericano de Cooperación Empresarial, *Indicadores de actividad*.

CEPAL/FAO/SAT, Grupo Asesor en Papel y Celulosa para América Latina, *Evolución de la industria del papel y la celulosa en América Latina*, 1968-1970, e información directa.

Comisión Económica para América Latina (CEPAL), Oficina de Buenos Aires, Subsede de México, Oficina de Puerto España, e información directa.

Commodity Research Bureau, Inc., *Commodity Yearbook*, 1977, 1979.

Instituto Latinoamericano del Fierro y el Acero (ILAFA), *Anuario Estadístico*, 1981, 1982, 1983; *Informe Estadístico, Siderurgia Latinoamericana*, e información directa.

International Lead and Zinc Study Group, *Lead and Zinc Statistics* (publicación mensual).

International Tin Council, *Statistical Bulletin* (publicación mensual).

Metallgesellschaft Aktiengesellschaft, *Metal Statistics*, 1965-1975, 63ª edición, Francfort, 1976; 1967-1977, 64ª edición, Francfort, 1978; 1971-1981, 69ª edición, Francfort, 1982.

United Nations, *Monthly Bulletin of Statistics, Statistics Yearbook, Cuestionario sobre estadísticas de producción de artículos industriales*.

United States Bureau of Mines, *Mineral Yearbook*, 1960, 1972, 1974, 1977 y 1982 e información directa, octubre de 1974, diciembre de 1977.

World Bureau of Metal Statistics, *World Metal Statistics* (publicación mensual).

B.   *Fuentes por países / Sources by country*

Argentina: Dirección General de Estadística y Censos, *Boletín de Estadística*, primer trimestre de 1964, segundo trimestre de 1966 y cuarto trimestre de 1970.

Instituto Nacional de Estadística y Censos, *Censo Nacional económico*, 1963; *Boletín Estadístico Trimestral; Indicadores Industriales*, serie I, 5; *Anuario Estadístico*, 1978, e información directa.

Instituto Nacional de Geología, *Estadística minera de la República Argentina*, 1965 y 1968.

Ministerio de Economía, Secretaría de Minería, *Estadística minera de la República Argentina*, 1971.

Ministerio de Economía, Dirección Nacional de Economía Minera, *Estadística minera de la República Argentina*, 1977, 1978, 1979, 1980 y 1981.

Fundación de Investigaciones para el Desarrollo, *Coyuntura y desarrollo*, mensual.

Barbados: Statistical Service, *Quarterly Digest of Statistics*, septiembre de 1968, diciembre de 1970; *Monthly Digest of Statistics*, e información directa.

Bolivia: Agencia para el Desarrollo Internacional (AID), *Estadísticas económicas, Bolivia*, 1972.

Banco Central de Bolivia, *Boletín Estadístico; Indicadores Económicos; Memoria Anual*.

Banco Minero, *Memoria Anual*, 1969; revista minera *Bamin*.

Dirección General de Estadística y Censos, *Boletín Estadístico*, 1964, 1967, *Suplemento Estadístico*, Nº 4, octubre de 1969, Nº 5, junio de 1970, e información directa.

Instituto Nacional de Estadística, *Bolivia en cifras*, 1980; *Boletín estadístico trimestral, Resumen estadístico*, 1983.

Ministerio de Planificación y Coordinación, e información directa.

Yacimientos Petrolíferos Fiscales Bolivianos, *Memoria Anual*, 1970, 1971; *Revista*, enero a mayo de 1972.

Brasil/Brazil: Analise e perspectiva economica (APEC), *A economía brasileira e suas perspectivas*, 1972.

Banco do Brasil, S.A., *Relatório*, 1966, 1968, 1969.

Banco Nacional do Desenvolvimento Economico, *Relatório*, 1968.

Conselho Nacional de Estatística, *Anuário estatístico do Brasil, Boletím Estatístico*, Nº 108, octubre a diciembre de 1969; *Producao industrial brasileira*, 1960 a 1968, y *Series estatísticas retrospectivas*, 1970.

Conselho Nacional do Petróleo, e información directa.

Fundacao Getúlio Vargas, *Conjuntura Economica* (mensual).

Fundacao IBGE, Instituto Brasileiro de Geografía e Estatística, *Boletím estatístico; Anuário estatístico do Brasil; Sinopse estatística do Brasil; Censo Industrial*, 1960 y 1970.

Ministerio das Minas e Energía, *Anuário mineiro brasileiro*, 1975, 1977, 1978; *Relatório de atividades*, 1970 y 1976; *Programa para 1971*, e información directa.

Colombia: Banco de la República, *Revista del Banco de la República*, menual, *Indicadores Socioeconómicos*, 1970-1978.

Ministerio de Minas y Energía, *Memoria del Ministro de Minas y Petróleo al Congreso de la República*, 1960, 1963, 1965, 1968, 1970, 1973, 1974, e información directa.

Departamento Administrativo Nacional de Estadística, *Anuario general de estadística*, 1963, 1965, 1966, 1967; *Boletín mensual de estadística, Censo de minas y canteras*, 1969; *Indicadores Socioeconómicos*, vol. II, Nº 6, diciembre de 1970; Nº 9, enero de 1971; septiembre de 1971, e información directa.

Costa Rica: Dirección General de Estadística y Censos, *III Censo de industrias manufactureras*, 1964, *IV Censo de manufactura*, 1975, tomo 3.

Dirección General de Estadística, *Boletín Estadístico*, 1957 a 1968.

Junta Central de Planificación, *Boletín Estadístico*, 1970, e información directa.

Cuba: Comité Estatal de Estadística, *Anuario Estadístico de Cuba* 1980 y 1982; *La Economía cubana*, 1983, 1984. Junta Central de Planificación, *Boletín Estadístico*, 1970; *Anuario Estadístico*, 1974, e información directa.

Chile: Banco Central, *Boletín Mensual.*

Corporación del Cobre, *Boletín Estadístico*, Nº 10, octubre de 1969; *Indicadores del cobre y subproductos*, febrero y marzo de 1970, 1971; *Informe de Mercados*, Nº 8, septiembre de 1969 y 1970; *Memoria Anual*, 1974, e información directa.

Dirección General de Estadística y Censos, *Minería*, 1956 a 1969; *Síntesis Estadística*, abril a diciembre de 1970, octubre de 1971, diciembre de 1972.

Instituto Nacional de Estadística, *Compendio Estadístico, Síntesis Estadística*, enero a diciembre de 1973, 1974, enero a mayo de 1975; *Informativo Estadístico*, e información directa.

Empresa Nacional de Petróleo (ENAP), *Boletín Estadístico*, vol. 22, quinto trimestre de 1963; vol. 26, cuarto trimestre de 1964; vol. 46, cuarto trimestre de 1969; vol 53, tercer trimestre de 1971; *Boletín Anual*, 1976, e información directa.

Ministerio de Minería, *Anuario de la Minería*, 1964, 1968, 1970, 1972 y 1977; *Estadísticas de la minería del carbón de Chile*, 1968; e información directa.

ENDESA, *Producción y consumo de energía en Chile*, 1979.

Colegio de Ingenieros de Chile, *Ingenieros*, Nº 76, 1977.

Ecuador: Banco Central del Ecuador, *Boletín y Memoria*, 1968, 1975, 1979; *Anuario*, 1982; División de Petróleo, *Boletín Estadístico*, Nº 6, diciembre de 1975.

Ministerio de Recursos Naturales y Turismo, *Boletín de hidrocarburos*, enero de 1972; Instituto Nacional de Estadística, *Anuario de estadística*, 1964-1969, 1965-1970, e información directa.

Junta Nacional de Planificación y Coordinación, División de Estadística, *Segundo censo de manufactura y minería*, 1965, e información directa.

El Salvador: Consejo Nacional de Planificación y Coordinación Económica (CONAPLAN), *Indicadores económicos y sociales*.

Dirección General de Estadística y Censos, *Anuario Estadístico*, 1968 y 1969; *Boletín estadístico, El Salvador en gráficas*, 1970, septiembre de 1971; información directa; *Tercer censo industrial*, 1961; *Censos Nacionales*, 1972; *Censos Económicos*, vol. I; *El Salvador en cifras*, 1979.

Guatemala: Banco de Guatemala, *Boletín Estadístico, Memoria Anual*, 1967.

Dirección General de Estadística, *Censos económicos*, 1965; *IV Censo industrial*, tomo VI: *Establecimientos con contabilidad; Anuario Estadístico*, 1977, 1978.

Guyana: Ministry of Economic Development, *Economic Survey of Guyana*, 1966, 1968 y 1973.

The Statistical Bureau, *Quarterly Statistical Digest*, e información directa.

Haití/Haiti: Institut Haitien de Statistique, *Bulletin trimestriel de statistique*, e información directa.

Honduras: Banco Central de Honduras, *Boletín estadístico mensual*, enero a febrero de 1975; *Informe Económico*, 1970 a 1973; *Memoria*, 1972, e información directa.

Dirección General de Estadística, *Compendio Estadístico*, 1966-1967; *Honduras en cifras*, 1964, 1971, 1973; *Anuario Estadístico*, 1970 a 1973, e información directa.

Secretaría Técnica del Consejo Superior de Planificación Económica, *Boletín estadístico de indicadores económicos*, Nºs. 9 y 10.

Jamaica: Central Planning Unit, *Economic Survey*, 1964, 1968, 1972 y 1983.

Department of Statistics, *Annual Abstract*, 1965; *Quarterly Abstract of Statistics; External Trade of Jamaica*, 1965 a 1968; *Productive Statistics*, 1972 y 1977, *Pocket Book of Statistics*, 1983, e información directa.

Jamaica Public Service, *Annual Report*, 1972.

México/Mexico: Banco de México, *Informe Anual, Información Económica, Indicadores Económicos y Cuaderno Mensual*, marzo de 1980, diciembre de 1980.

Banco Nacional de México, S.A., *Examen de la situación económica de México*, marzo de 1972, junio de 1974 y abril de 1975.

Dirección General de Estadística y Censos, *Agenda Estadística*, 1971; *Anuario estadístico de los Estados Unidos Mexicanos*, 1960 a 1967; *Compendio Estadístico*, 1960 a 1968; *Anuario estadístico compendiado*, 1971 y 1972; *Estadística industrial anual*, 1963, 1967, 1970, 1972 y 1973; *Estadística industrial mensual*, enero de 1975, 1977; *Principales indicadores económicos de México; Revista de estadística*, octubre de 1970, enero de 1971, 1973, 1975, enero a marzo de 1976; *Información estadística básica*, agosto de 1976; información directa; *VII Censo Industrial*, 1961, *Resumen General; IX Censo Industrial, Resumen General; Boletín mensual de información económica*, vol. III, Nº 5, mayo de 1979.

Secretaría de Programación y Presupuesto, Instituto Nacional de Estadística, Geografía e Informática, *Boletín mensual de información económica*.

Nicaragua: Banco Central de Nicaragua, *Informe Anual*, e información directa.

Dirección General de Estadística y Censos, *Anuario Estadístico*, 1969.

Panamá/Panama: Dirección de Estadística y Censos, *Estadística panameña. Industrias*, primer y segundo trimestres de 1969, segundo y tercer trimestres de 1973, tercer trimestre de 1974; *Panamá en cifras, Censos nacionales de 1960, Industria manufacturera, construcción y electricidad*, vol. I; *Censos nacionales de 1970, Industria manufacturera, construcción y electricidad*, vol. I.

Paraguay: Banco Central, *Boletín estadístico mensual*.

Dirección General de Estadística, *Anuario Estadístico*, 1969, 1972 y 1973.

Ministerio de Industria y Comercio del Paraguay, *Producción Industrial,* 1964 a 1970 y *Censos Económicos,* 1963.

Perú/Peru: Banco Industrial del Perú, *Situación de la industria manufacturera,* 1965 a 1968; *Memoria Anual,* 1974, e información directa.

Dirección Nacional de Estadística y Censo, *Anuario estadístico del Perú,* 1976; *Primer censo nacional económico. Industria manufacturera,* 1963.

Dirección de Estadística e Información, *Producción industrial peruana,* 1969 a 1971; *Boletín Trimestral,* marzo de 1974.

Instituto Nacional de Promoción Industrial, Banco Industrial del Perú, *Situación de la industria peruana,* 1962 a 1964, y 1971 a 1972.

Ministerio de Energía y Minas, e información directa.

Instituto Nacional de Estadística, *II Censos Nacionales económicos,* 1974, tomo III, *Compendio Estadístico,* 1981, 1982, 1983; Informe estadístico trimestral.

Banco Central de Reserva del Perú, *Boletín.*

República Dominicana/Dominican Republic: Banco Central, *Boletín Mensual.*

Dirección General de Estadística, *Estadística industrial de la República Dominicana* y *República Dominicana en cifras.*

Trinidad y Tabago/Trinidad and Tobago: Central Statistical Office, *Annual Statistical Digest,* 1962, 1967 y 1969; *Quarterly Economic Report,* e información directa.

Central Bank of Trinidad and Tobago, *Monthly Statistical Digest.*

Uruguay: Banco de la República Oriental del Uruguay, *Evolución de algunas variables económicas y financieras,* 1967; *Boletín estadístico mensual, Indicadores de la actividad económica financiera.*

Usinas y Transmisiones del Estado (UTE), *Memoria Anual,* 1976.

Dirección General de Estadística y Censos, *Censo nacional económico,* 1968. *Industria manufacturera.*

Venezuela: Banco Central de Venezuela, *Boletín Mensual, Memoria,* 1968, y *Revista del Banco Central de Venezuela.*

Dirición General de Estadística y Censos Nacionales, *Anuario Estadístico,* 1967 a 1977 y 1979; *Boletín estadístico mensual,* julio de 1964, octubre de 1970; *Boletín trimestral de estadística,* enero a marzo de 1967; *Compendio Estadístico,* 1968; *III Censos económicos. Resultados definitivos. Manufactura,* I, II, III y IV.

Ministerio de Minas e Hidrocarburos, Oficina de Economía Petrolera, *Apéndice Estadístico,* separata de la *Memoria* correspondiente al ejercicio anual 1970; *Carta semanal de noticias,* 15 de enero de 1973, 27 de octubre de 1973; *Petróleo y otros datos estadísticos,* 1969.

Oficina Central de Estadística e Informática, *Indicadores de coyuntura.*

Venezuela en 1971, *Tercer mensaje del Presidente de la República, Dr. Rafael Caldera al Congreso Nacional,* 12 de marzo de 1972.

Venezuela en 1974, *Primer mensaje del Presidente de la República, Sr. Carlos Andrés Pérez al Congreso Nacional,* 12 de marzo de 1975.

d) Estadísticas de energía eléctrica / Electric energy statistics

A. *Fuentes generales / General sources*

Comisión Económica para América Latina (CEPAL), Subsede de México, *Estimación del potencial hidroeléctrico en México y los países del Istmo Centroamericano,* 1977.

Centre for Natural Resources, Energy and Transport, *Natural Resources and Energy*, vol. I, Nº 3, diciembre de 1976.

Organización Latinoamericana de Energía (OLADE), *Boletín Energético*, Nº 1, enero a marzo de 1977; Nº 2, marzo a mayo de 1977; Nº 5, noviembre a diciembre de 1977.

United Nations, *World Energy Supplies, 1973-1978*, *Yearbook of World Energy Statistics*, 1980 y 1981, *Energy Statistics Yearbook 1982*.

B. **Fuentes por países / Sources by country**

Argentina: World Bank, *Appraisal of the Fourth Buenos Aires Power Project*, septiembre de 1976, anexo I.

Brasil/Brazil: Fundacao Instituto Brasileiro de Geografía e Estatística, *Anuário estatístico do Brasil*, 1972, 1974 y 1976.

Nicaragua: Naciones Unidas, Proyecto OMM-PNUD, *Catastro de recursos hidroeléctricos de Nicaragua*.

Perú/Peru: Congreso Nacional de Ingeniería Mecánica, Eléctrica y Ramas Afines (CONIMERA), IV Reunión del Congreso, *La hidroelectricidad en el Perú*.

8. SERVICIOS DE INFRAESTRUCTURA / INFRASTRUCTURE SERVICES

A. **Fuentes generales / General sources**

Asociación Latinoamericana de Ferrocarriles (ALAF), *Anuario estadístico ferroviario latinoamericano*.

Instituto de Estudios de la Marina Mercante Iberoamericana, *La marina mercante iberoamericana*, 1982 y 1983.

International Road Federation, *Highway Expenditures: Road and Motor Vehicle Statistics for 1981 y 1983*.

Organización de Aviación Civil Internacional (OACI), *Compendio Estadístico*, Nº 169, serie T-Nº 31; Nº 189-B, serie T-Nº 33; Nº 199-B, serie T-Nº 34; Nº 218-B, serie T-Nº 36; Nº 270, serie T-Nº 40; Nº 283, serie T-Nº 41; Nº 292, serie T-Nº 42 y Nº 303, serie T-Nº 43; *Civil Avation Statistics of the World*, 1983.

Pan American Highway Union, *The Pan American Highway System*, 1963 y 1971.

9. EMPLEO / EMPLOYMENT[22]

A. **Fuentes generales / General sources**

Altimir, Oscar, *La dimensión de la pobreza en América Latina* (E/CEPAL/L.180), 22 de septiembre de 1978.

Centro Latinoamericano de Demografía (CELADE), *Boletín Demográfico*, Nºs. 2 y 16.

Comisión Económica para América Latina (CEPAL), *La población económicamente activa en los países de América Latina por sectores de actividad económica y categoría del empleo*, 1950, 1960, 1970.

---

[22]Incluye estructura ocupacional y distribución del ingreso.

[22]Includes employment structure and income distribution.

Comisión Económica para América Latina, United Nations Children's Fund (CEPAL/UNICEF), *Proyecto sobre estratificación y movilidad social en América Latina.*

Organización de Estados Americanos (OEA), Instituto Interamericano de Estadística (IASI), *América en Cifras, Situación Social*, 1972 y 1974; *América en cifras*, 1977, tomo III.

B. **Fuentes por países / Sources by country**

Argentina: Dirección Nacional del Servicio Estadístico, *IV Censo general de la nación*, 1947, tomo I.

Dirección Nacional de Estadística y Censos, *Censo nacional de población*, 1960. *Total del país*, tomo I.

Instituto Nacional de Estadística y Censos, *Censo nacional de población, familias y viviendas*, 1970. *Resultados anticipados por muestreo. Total del país.*

Bolivia: Dirección General de Estadística y Censos, Ministerio de Hacienda y Estadística, *Censo Demográfico*, 1950.

Instituto Nacional de Estadística, *Censo nacional de población y vivienda*, 1976, volumen 10.

Brasil/Brazil: Instituto Brasileiro Geral de Estatística, Conselho Nacional de Estatística, *Censo demográfico. VI Recenseamento geral do Brasil*, 1950. *Serie nacional*, vol. I.

Instituto Brasileiro Geral de Estatística, Servico Nacional de Recenseamento, *Censo Demográfico, VII Recenseamento geral do Brasil*, 1960. *Serie nacional*, vol. I.

Fundacao IBGE, Diretoria Técnica, Departamento de Censos, *Censo Demográfico*, 1970, *VIII Recenseamento geral*, 1970. *Serie nacional*, vol. I y Tabulacoes Araucadas do Censo Demográfico, IX Recenseamento Geral do Brasil, 1980. Resultados preliminares.

Colombia: Departamento Administrativo Nacional de Estadística (DANE), *Censo de población*, 1951. *Resumen.*

Departamento Administrativo Nacional de Estadística, *XIII Censo nacional de población*, 1964. *Resumen general.*

Departamento Administrativo Nacional de Estadística, *XIV Censo nacional de población y III de vivienda*, 1973, resumen nacional.

Costa Rica: Dirección General de Estadística y Censos, *Censo de población*, 1950, *Informe general; Censo de población*, 1963, y *Censo de población*, 1973 y *Encuesta nacional de hogares. Empleo y desempleo*, marzo, junio y noviembre de 1980.

Cuba: Oficina Nacional de los Censos Demográfico y Electoral, *Censos de población, viviendas y electoral*, 1953. *Informe general.*

Junta Central de Planificación, *Censo de población y viviendas*, 1970.

Chile: Servicio Nacional de Estadística y Censos, *XII Censo general de población y I de vivienda*, 1952. *Resumen del país*, tomo I.

Dirección de Estadísticas y Censos, *XIII Censo de población*, 1960. *Resumen del país*, Serie A.

Instituto Nacional de Estadísticas, *XIV Censo de población y III de vivienda*, 1970. *Resultados definitivos del censo de población, viviendas, hogares y familias. Total del país* y *Encuesta nacional del empleo*, abril-junio y octubre, diciembre de 1980.

Ecuador: Dirección General de Estadística y Censos, *Información censal: resumen de los resultados definitivos del primer censo nacional de población de 1950 y resumen de características*, volumen único.

Junta Nacional de Planificación y Coordinación Económica, División de Estadística y Censos, *II Censo de población y I de vivienda*, 1962, tomos I, II y III.

Instituto Nacional de Estadística y Censos, *III Censo de población*, 1974. *Resultados definitivos. Resumen nacional* y *IV Censo de Población, III de Vivienda. Resultados anticipados por muestreo.*

El Salvador: Dirección General de Estadística y Censos, *II Censo de población,* 1950; *III Censo nacional de población,* 1961. *Cifras definitivas,* y *IV Censo nacional de población,* 1971. *Cifras definitivas,* vols. I y II.

Guatemala: Dirección General de Estadística, *VI Censo de población,* 1950, *Datos definitivos; VII Censo de población,* 1964, *Datos definitivos,* tomo III, y *VIII Censo de población,* 1973, *Cifras definitivas,* serie III, tomo I.

Haití/Haiti: Institut Haitien de Statistique, *Recensement général,* 1950. Recensement Général de la Population et du Logement, vol. I.

Honduras: Dirección General de Censos y Estadísticas, *Resumen general del censo de población,* 1950; *XIII Censo de población y II de vivienda,* 1961, *Resultados definitivos,* vols. I, II y III, y *XIV Censo nacional de población y III Censo nacional de vivienda,* 1974, *Resultados definitivos,* tomos I y III.

México/Mexico: Dirección General de Estadística, *VII Censo general de población,* 1950. *Resumen general; VIII Censo General de población,* 1960. *Resumen general,* y *IX Censo general de población,* 1970. *Resumen general;* Oscar Altimir, "La medición de la población económicamente activa de México, 1950-1970", *Demografía y Economía,* Colegio de México, México, D.F., pp. 50 a 83.

Nicaragua: Dirección General de Estadística y Censos, *Censo general de población,* 1950, vol. XVII, *Informe general y cifras definitivas,* y *Censo nacional de población,* 1963. *Resultados definitivos.*

Convenio Banco Central—Ministerio de Economía, Industria y Comercio, *Censos Nacionales,* 1971, *Población,* vol. III.

Panamá/Panama: Dirección de Estadística y Censos, *Censo nacional,* 1950; *V Censo de población,* 1950; *Características económicas,* vol. III; *Censo Nacional,* 1960; *VI Censo de población y II de vivienda,* 1960; *Características económicas,* vol. V; *Censo nacional,* 1970, *VII Censo de población y III de vivienda,* 1970; *Compendio general de población,* vol. III, y Censos Nacionales de 1980, VIII censo de población y IV censo de vivienda. Resultados avanzados por muestra, vol. II; Población.

Paraguay: Dirección General de Estadística y Censos, *Censo de población y viviendas,* 1950, cuadros generales; *Censo de población y vivienda,* 1962, y *Censo nacional de población y viviendas,* 1972 e información directa del censo de 1982.

Perú/Peru: Dirección Nacional de Estadística y Censos, Instituto Nacional de Planificación, *VI Censo nacional de población,* 1961. Resultados de primera prioridad.

Oficina Nacional de Estadística y Censos, *VII Censo de población y II de vivienda,* 1972. Resultados definitivos a nivel nacional.

Instituto Nacional de Estadística y Censos Nacionales, VIII Censo de población y III de vivienda. Resultados de prioridad, tomos I y II.

República Dominicana/Dominican Republic: Dirección General de Estadística, Oficina Nacional del Censo, *III Censo nacional de población,* 1950, y *IV Censo nacional de población,* 1960. *Resumen general.*

Oficina Nacional de Estadística, *V Censo nacional de población,* 1970, vols. I, II, III y IV.

Uruguay: Dirección General de Estadística y Censos, Ministerio de Hacienda, *IV Censo de población y II de vivienda,* 1963, y *V Censo de población y III de vivienda,* 1975. *Resultados anticipados por muestreo. Cifras y comentarios.*

Venezuela: Dirección General de Estadística y Censos, *VIII Censo general de población,* 1950. *Resumen general de la República,* parte A: *Población.*

Oficina Central del Censo, *IX Censo general de población,* 1961. *Resumen general de la República,* partes B y C, y *X Censo general de población y vivienda,* 1971. *Resumen nacional. Fuerza de trabajo,* tomo VI.

Oficina Central de Estadística e Informática, Encuesta de hogares por muestreo. Resumen nacional, primer y segundo semestres de 1980.

10. CONDICIONES SOCIALES / SOCIAL CONDITIONS

a) Salud / Health

A. *Fuentes generales / General sources*

Centro Latinoamericano de Demografía (CELADE), "Mortalidad y políticas de salud" (contribución del CELADE a la Reunión del Grupo de Expertos sobre Mortalidad y Políticas de Salud, Roma, 30 de mayo al 3 de junio de 1983), E/CEPAL/CELADE/L.3.

Organización Mundial de la Salud (OMS), *Anuario de estadísticas sanitarias mundiales*, 1977 y 1978, vol. III.

Organización Mundial de la Salud y Oficina Panamericana de la Salud (OMS/OPS), *Las condiciones de salud en las Américas*, 1957-1960, 1961-1964, 1965-1968, 1969-1972, 1973-1976 y 1977-1980. Oficina de Etadísticas de Salud, OPS (regional Santiago de Chile), información directa.

Organización de las Naciones Unidas para la Agricultura y la Alimentación (FAO), *Anuario de Producción* 1977, 1979, 1980, 1981, 1982 y 1983 y *El estado mundial de la agricultura y la alimentación,* 1976, 1977, 1978 y 1980.

United Nations, *Statistical Yearbook*, 1963 a 1979, 1981, *Demographic Yearbook,* special issues, historical supplement, N.Y., 1979. *Demographic Yearbook*, 1979, 1980 y 1981.

Naciones Unidas, Oficina de Estadística, Cuestionarios relativos al movimiento demográfico.

B. *Fuentes por países / Sources by country*

Bolivia: Instituto Nacional de Estadística, *Resumen Estadístico*, 1982, 1983, e información directa.

Colombia: Ministerio de Salud, *Macroindicadores de salud 1970-1979*, e información directa. DANE.

Cuba: información directa, Comité Estatal de Estadísticas, *Anuario Estadístico*, 1980 a 1982, *Boletín mensual*, Nº 12, diciembre 1982, e información directa.

Chile: Instituto Nacional de Estadística, *Series Estadísticas*, 1981. *Compendio Estadístico 1983*, e información directa.

Ecuador: Ministerio de Salud, *Serie Estadística,* 1970-1975. Instituto Nacional de Estadística y Censos, *Anuario de estadísticas hospitalarias*, 1977 y 1979, *Encuesta Anual de Recursos y Actividades de Salud*, 1976-1979, e información directa.

El Salvador: Dirección General de Estadística y Censos, *Anuario Estadístico*, 1969-1980, vol. II, y 1965-1979.

Guatemala: Dirección General de Estadística, *Anuario Estadístico,* 1978, 1980, e información directa.

Honduras: Dirección General de Estadística y Censos, *Anuario Estadístico*, 1979.

Jamaica: Department of Statistics, *Pocketbook of Statistics,* 1979. Demographic Statistics 1981 y 1983. *Statistical Yearbook 1981. Statistical Abstract 1980*, e información directa.

Panamá/Panama: Dirección General de Estadística y Censos, *Estadística Panameña,* boletín Nº 867. "Estadísticas Vitales", 1960, 1979, 1981 y 1982, e información directa.

Paraguay: Dirección General de Estadística y Censos, *Anuario Estadístico del Paraguay*, 1979, 1981, e información directa.

Venezuela: Oficina Central de Estadística e Informática, *Anuario Estadístico,* 1978, e información directa.

b) Educación / Education

A. *Fuentes generales / General sources*

Centro Latinoamericano de Demografía (CELADE), *Boletín Demográfico*, Nº 33, e información directa.

Comisión Económica para América Latina y United Nations Children's Fund (CEPAL/UNICEF), *Proyecto sobre estratificación y movilidad social en América Latina*, cuadros básicos.

International Monetary Fund (IMF), *Government Finance Statistics Yearbook*, 1977-1982.

Junta del Acuerdo de Cartagena, Sistema Subregional de Información, *Indicadores socioeconómicos*, 1970-1979, edición 1981.

Organización de Estados Americanos (OEA), Instituto Interamericano de Estadísticas (IASI), *América en Cifras. Situación cultural*, 1970, 1972 y 1974; *América en Cifras, Situación demográfica, Situación social, Situación cultural*, 1977, tomo III.

Organización de las Naciones Unidas para la Educación, la Ciencia y la Cultura (UNESCO), *Anuario Estadístico*, 1963 a 1983; *La enseñanza en América Latina y el Caribe, Matrícula y tasas de escolarización 1960-1976*, CSR-E-33, junio de 1979; *Evolución cuantitativa y proyecciones de matrícula de los sistemas educativos de América Latina y el Caribe. Análisis Estadístico*. UNESCO/MINESLAC/PRE/6, París, enero de 1979.

United Nations, *Demographic Yearbook*, formularios para el *Demographic Yearbook*, 1978.

B. *Fuentes por países / Sources by country*

Argentina: Dirección Nacional de Estadística y Censos, *Censo nacional de población*, 1960, *Total del país*.

Instituto Nacional de Estadística y Censos, Censo nacional de población, familias y viviendas, 1970, *Resultados anticipados por muestreo. Total del país; Anuario estadístico de la República Argentina*, 1973 y 1978.

Ministerio de Cultura y Educación, Departamento de Estadística, *Estadísticas educacionales. Síntesis 1970-1974, Síntesis 1971-1975, Síntesis 1972-1976 y Síntesis 1973-1977; Comunicaciones para la prensa*, Nºs. 8 al 21 y 21 al 38, 1979, e información directa.

Bolivia: Instituto Nacional de Estadística, *Censo nacional de población y vivienda*, 1976, vol. 10, e información directa.

Brasil/Brazil: Fundacao Instituto Brasileiro de Geografía e Estatística (IBGE), *Anuario estatístico do Brasil*, 1974, 1975, 1976, 1977 y 1978, e información directa.

Colombia: Departamento Administrativo Nacional (DANE), *Boletín mensual de estadística*, Nºs 311, 316, 330 y 324, e información directa.

Cuba: Información directa; Comité Estatal de Estadística, *Anuario estadístico de Cuba*, 1974, 1976, 1977, 1980, 1981 y 1982, *Boletín Estadístico Mensual*, diciembre de 1982.

Ecuador: Instituto Nacional de Estadística, *Series Estadísticas*, 1970-1975, abril de 1980.

Guatemala: Dirección General de Estadística, *VII Censo de población*, 1964. *Datos Definitivos*, tomo III, *VIII Censo de población*, 1973, serie III, tomo I, *Cifras Definitivas*, y *Anuario Estadístico*, 1978, 1980, e información directa.

Honduras: Dirección General de Estadística y Censos, *XIII Censo de población y II de vivienda*, 1961, vols. I, II y III, *Resultados definitivos*, y *XIV Censo nacional de población y III Censo nacional de vivienda*, 1974, tomos I y III, *Resultados definitivos; Anuario Estadístico*, 1975 y 1976, 1968-1979, e información directa.

Paraguay: Dirección General de Estadística y Censos, *Censo de población y viviendas*, 1962, y *Censo nacional de población y vivienda*, 1972. *Anuario Estadístico 1981*, e información directa.

Perú/Peru: Dirección Nacional de Estadística y Censos, *Anuario Estadístico*, 1966, vol. XXVIII, *VI Censo nacional de población*, 1961, *Compendio Estadístico 1981*.

Oficina Nacional de Estadística y Censos, *VII Censo de población y II de vivienda*, 1972, *Resultados definitivos a nivel nacional*, e información directa.

Uruguay: Dirección General de Estadística y Censos, Ministerio de Hacienda, *IV Censo de población y II de vivienda*, 1963, y *V Censo de población y III de vivienda*, 1975, *Resultados finales*. *Anuario Estadístico 1983*, e información directa.

Venezuela: Dirección General de Estadística y Censos Nacionales, Oficina Central del Censo, *IX Censo General de Población*, 1961, *Resumen general de la República*, partes B y C, y *X Censo general de población y vivienda*, 1971, *Resumen nacional. Fuerza de trabajo*, tomo VI, e información directa. Seguridad Social, *El Desarrollo de la Seguridad Social en América Latina*, Estudios e informes de la CEPAL Nº 43, Santiago de Chile, 1985.

c) Niveles de vida y medios de comunicación / Levels of living and mass communication media

A. *Fuentes generales / General sources*

Centro Latinoamericano de Demografía (CELADE), *Boletín Demográfico*, Nº 33 e información directa.

Organización de Estados Americanos (OEA), Instituto Interamericano de Estadísticas (IASI), *América en cifras. Situación cultural*, 1970 y 1974; *América en cifras*, 1977, tomo III.

Organización de las Naciones Unidas para la Educación, la Ciencia y la Cultura (UNESCO), *Statistical Yearbook*, 1970, 1971, 1972, 1973, 1974, 1975, 1976, 1977 y 1978-1979, 1980, 1981, 1982 y 1983; *Statistics on Radio and Television*, 1960-1976, *Statistical Report and Studies*, Nº 23, Division of Statistics on Culture and Communication, Office of Statistics, París, 1978.

d) Vivienda / Housing

A. *Fuentes generales / General sources*

Organización de Estados Americanos (OEA), Instituto Interamericano de Estadística (IASI), *América en cifras*, 1977, tomo III, *Situación demográfica, social y cultural*.

Organización Mundial de la Salud (OMS), *Informe al Director General, Abastecimiento de agua y evacuación de aguas residuales* (informe sobre la mitad del decenio, marzo de 1976).

Organización Panamericana de la Salud (OPS), *Resumen de los informes cuadrienales sobre las condiciones de salud en las Américas*, 1957-1960; *Las condiciones de salud en las Américas*, 1961-1964, 1965-1968, 1969-1972, 1973-1976 y 1977-1980.

United Nations (UN), *Compendium of Housing Statistics*, 1975-1977; *Statistical Yearbook*, 1979 y 1980.

B. *Fuentes por países / Sources by country*

Argentina: Dirección Nacional de Estadística y Censos, *Censo nacional de población*, 1960.

Instituto Nacional de Estadística y Censos, Censo nacional de población, familias y viviendas, 1970. Resultados para el total del país obtenidos por muestra.

INEC, *Censo nacional de población y vivienda 1980*, serie D, Resumen nacional.

Bolivia: Instituto Nacional de Estadística, Ministerio de Planificación y Coordinación, *Censo nacional de población y vivienda*, 1976, vol. 10., resultados definitivos.

Brasil/Brazil: Instituto Brasileiro de Estatística, Servico Nacional de Recenseamento, *Censo Demográfico*, 1960.

Instituto Brasileiro de Estatística, Departamento de Censos, *Censo Demográfico, VIII Recenseamento Geral*, 1970; cifras preliminares del censo de 1980.

Colombia: Departamento Administrativo Nacional de Estadística, *Censo nacional de población*, 1964.

Costa Rica: Dirección General de Estadística y Censos, *Censo de población*, 1963. Dirección General de Estadística y Censos, Ministerio de Economía, Industria y Comercio, *Censos Nacionales, 1973 - Vivienda* (4).

Cuba: Junta Central de Planificación, *Censo de planificación y viviendas*, 1970, e información directa. Comité Estatal de Estadísticas, oficina nacional del censo, *Censo de población y viviendas 1981*, vol. XVII, tomo 2.

Chile: Dirección de Estadística y Censos, *Censo de población*, 1960.

Instituto Nacional de Estadística, *XIV Censo de población y III de viviendas*, 1970. *Viviendas, hogares y familias. Total del país.*

Ecuador: Junta Nacional de Planificación y Coordinación Económica, División de Estadística y Censos, *II Censo de población y I de vivienda*, 1962, tomos I, II y III.

Instituto Nacional de Estadística y Censos, Junta Nacional de Planificación y Coordinación Económica, *III Censo de población y II Censo de vivienda*, 1974. *Resultados definitivos. Resumen nacional.*

El Salvador: Dirección General de Estadística y Censos, *Censo nacional de población*, 1961. *Resultados definitivos.*

Dirección General de Estadística y Censos, Ministerio de Economía, *III Censo nacional de viviendas*, 1971.

Guatemala: Dirección General de Estadística, *Censo de población*, 1964. *Resultados definitivos.*

Dirección General de Estadística, Ministerio de Economía, *III Censo de habitación*, 1973. *Resultados definitivos*, tomo II.

Haití/Haiti: Institut Haitien de Statistique, Recensement général de la population et du logement, vol I (Résultats pour l'ensemble du pays).

Honduras: Dirección General de Estadística y Censos, *XIII Censo de población y II de vivienda*, 1961. *Resultados definitivos*, vols. I, II y III.

Dirección General de Estadística y Censos, Secretaría de Economía, *Censo nacional de vivienda*, 1974, tomo III.

México/Mexico: Dirección General de Estadística, Secretaría de Industria y Comercio, *IX Censo general de población*, 1970. *Resumen General.*

Nicaragua: Dirección General de Estadística y Censos, *Censo nacional de población*, 1963. *Resultados definitivos.*

Convenio Banco Central-Ministerio de Economía, Industria y Comercio, *Censo nacional de vivienda*, 1971.

Panamá/Panama: Dirección de Estadística y Censos, Censos Nacionales, 1960, *VI Censo de Población y II de vivienda*, 1960.

Dirección de Estadística y Censos, Contraloría General de la República, *III Censo nacional de vivienda*, 1970. D.E.C., *Censos nacionales de 1980* (VIII de Población y IV de Vivienda), resultados anticipados avanzados por muestreo, vol. II, *Población.*

Paraguay: Dirección General de Estadística y Censos, *Censos de población y vivienda*, 1962, y *Censo nacional de población y viviendas*, 1972, resultados finales.

Perú/Peru: Oficina Nacional de Estadística y Censos, *I Censo nacional de vivienda*, 1961, tomo III (véase *Anuario Estadístico del Perú*, 1966, vol. Z), y *VII Censo de población y II de viviendas*, 1972. *Resultados definitivos. Total del país.* INE, *Censos nacionales, VIII de Población y III de Vivienda*, 1981, tomos 1 y 2, Nivel nacional.

República Dominicana/Dominican Republic: Dirección General de Estadística, Oficina Nacional del Censo, *Censo nacional de población*, 1960.

Uruguay: Dirección General de Estadística y Censos, Ministerio de Hacienda, *IV Censo de población y II de vivienda*, 1963.

Dirección General de Estadística y Censos, Secretaría de Planeamiento, Coordinación y Difusión, *V Censo de población y III de viviendas*, 1975. *Resultados finales.*

Venezuela: Dirección General de Estadística y Censos Nacionales, Oficina Central del Censo, *IX Censo general de población*, 1961. *Resumen general de la República*, partes B y C.

Dirección General de Estadística y Censos Nacionales, Ministerio de Fomento, *X Censo de población y vivienda*, 1971. *Resumen nacional. Características de las viviendas.*

PRIMERA PARTE
INDICADORES DEL DESARROLLO SOCIOECONOMICO DE AMERICA LATINA

PART ONE
INDICATORS OF ECONOMIC AND SOCIAL DEVELOPMENT IN LATIN AMERICA

I. DESARROLLO SOCIAL Y BIENESTAR / *SOCIAL DEVELOPMENT AND WELFARE*

1. CRECIMIENTO DE LA POBLACION TOTAL / *TOTAL POPULATION GROWTH*

(Tasas anuales medias por cada 100 habitantes / *Average annual rates per 100 inhabitans*)

País / *Country*	1950-1955	1955-1960	1960-1965	1965-1970	1970-1975	1975-1980	1980-1985
Argentina	2.0	1.7	1.6	1.5	1.7	1.6	1.6
Bahamas	2.9	4.4	4.8	4.4	2.9	3.4	2.1
Barbados	0.9	0.9	0.3	0.3	0.5	1.4	1.0
Belice / *Belize*	3.1	3.4	2.9	2.5	3.1	3.0	2.6
Bolivia	2.1	2.2	2.3	2.4	2.5	2.6	2.7
Brasil / *Brazil*	3.2	3.0	3.0	2.6	2.4	2.3	2.3
Colombia	2.9	3.0	3.1	2.8	2.2	2.2	2.2
Costa Rica	3.6	3.8	3.7	3.2	2.6	3.0	2.7
Cuba	1.9	1.8	2.1	1.9	1.7	0.8	0.6
Chile	2.1	2.4	2.4	2.0	1.8	1.5	1.6
Dominica	2.2	0.7	2.0	1.8	1.4	1.8	1.4
Ecuador	2.8	3.0	3.2	3.2	3.1	2.9	2.9
El Salvador	2.7	3.0	3.1	3.6	3.0	3.0	3.0
Granada / *Grenada*	2.3	0.9	0.7	0.4	2.2	1.1	1.2
Guatemala	2.9	2.9	2.9	2.8	2.8	2.8	2.9
Guyana	3.6	3.8	2.9	2.7	2.2	2.2	2.1
Haití / *Haiti*	1.7	2.0	2.1	2.2	2.3	2.4	2.5
Honduras	3.3	3.4	3.5	2.8	3.2	3.6	3.4
Jamaica	1.9	1.1	1.6	1.2	1.8	1.4	1.5
México / *Mexico*	3.0	3.2	3.2	3.3	3.3	2.9	2.6
Nicaragua	3.1	3.2	3.2	3.2	3.2	2.8	3.4
Panamá / *Panama*	2.6	2.9	3.0	3.0	2.8	2.8	2.2
Paraguay	2.7	2.6	2.6	2.6	3.2	3.4	3.0
Perú / *Peru*	2.6	2.7	2.9	2.8	2.8	2.7	2.6
República Dominicana / *Dominican Republic*	2.8	3.1	3.0	2.8	2.9	2.4	2.4
Santa Lucía / *Saint Lucia*	1.9	1.3	0.6	1.0	2.1	1.0	1.5
Suriname	3.1	3.0	2.7	2.2	-0.4	1.3	2.8
Trinidad y Tabago / *Trinidad and Tobago*	2.5	3.2	3.0	1.0	1.0	1.5	1.4
Uruguay	1.2	1.4	1.2	0.8	0.1	0.6	0.7
Venezuela	4.2	4.1	3.6	3.4	3.6	3.5	2.9

I. DESARROLLO SOCIAL Y BIENESTAR

2. DEPENDENCIA DEMOGRAFICA / *DEMOGRAPHIC DEPENDENCY*

(Porcentaje de la población menor de 15 años y mayor de 64 años sobre la población de 15 a 64 años /
Population under 15 and over 64 as a percentage of the population between 15 and 64 years of age)

País / *Country*	1950	1960	1965	1970	1975	1980	1981	1982	1983
Argentina	53.2	57.0	57.3	57.0	58.3	61.8	62.6	63.4	64.1
Bahamas	71.4	89.0	92.2	90.7	82.0	75.8	74.7	73.7	72.6
Barbados	63.6	79.8	85.0	83.8	71.3	61.3	60.1	58.9	57.7
Belice / *Belize*	85.6	96.6	100.4	99.0	96.9	92.2	91.1	90.1	88.9
Bolivia	82.3	85.3	85.5	86.2	86.8	87.7	87.9	88.1	88.2
Brasil / *Brazil*	80.1	86.9	88.6	84.1	77.9	71.7	70.9	70.3	69.7
Colombia	87.9	97.5	98.8	93.6	84.4	75.2	73.8	72.4	71.2
Costa Rica	88.3	101.9	104.0	97.2	83.3	72.5	71.2	70.2	69.3
Cuba	68.5	64.4	69.7	75.7	76.7	62.9	60.5	58.1	55.9
Chile	72.9	77.6	79.0	76.4	69.6	60.4	59.2	58.2	57.4
Dominica	80.9	99.3	111.0	122.6	115.9	95.8	93.3	91.3	88.9
Ecuador	86.9	95.4	97.4	96.4	93.5	88.5	87.5	86.4	85.3
El Salvador	82.1	92.2	96.7	97.2	96.1	94.6	94.2	93.8	93.4
Granada / *Grenada*	81.0	99.6	111.5	122.7	115.6	95.8	93.5	91.1	89.0
Guatemala	87.4	94.9	96.7	95.1	94.3	95.1	95.2	95.3	95.5
Guyana	82.5	107.7	110.5	104.6	89.7	78.9	76.9	74.9	72.9
Haití / *Haiti*	77.2	81.3	84.5	87.5	88.9	89.1	89.1	89.0	88.9
Honduras	87.5	91.4	96.8	99.7	102.6	102.3	101.8	101.4	100.8
Jamaica	66.4	85.1	95.3	110.7	104.2	87.3	84.4	81.6	78.9
México / *Mexico*	86.9	96.1	100.0	100.6	99.1	93.2	91.6	89.8	88.0
Nicaragua	89.0	101.3	104.9	102.9	101.4	99.4	99.0	98.5	98.1
Panamá / *Panama*	81.4	90.5	92.9	93.3	88.8	80.6	78.9	77.3	75.6
Paraguay	85.6	97.3	99.3	96.0	90.2	85.7	85.0	84.4	83.8
Perú / *Peru*	81.9	87.8	91.0	90.4	87.9	83.0	82.1	81.3	80.4
República Dominicana / *Dominican Republic*	91.4	104.6	107.7	106.4	100.1	87.9	85.7	83.6	81.5
Santa Lucía / *Saint Lucia*	80.8	99.6	111.5	122.5	115.8	95.7	93.4	91.2	89.0
Suriname	85.3	107.1	107.5	118.2	135.7	123.0	119.1	115.5	111.9
Trinidad y Tabago / *Trinidad and Tobago*	79.7	88.8	85.7	81.9	72.5	60.2	58.5	56.8	55.2
Uruguay	56.5	56.2	57.3	58.2	59.5	59.9	60.0	60.1	60.2
Venezuela	83.3	94.4	96.3	94.4	87.1	79.5	78.4	77.5	76.6

3. CRECIMIENTO DE LA POBLACION EN EDAD ACTIVA[1] /
GROWTH OF THE POPULATION OF ACTIVE AGE [1]

(Tasas anuales medias por cada 100 personas en edad activa /
Average annual rates per 100 persons of active age)

País / Country	1950-1955	1955-1960	1960-1965	1965-1970	1970-1975	1975-1980	1980-1985
Argentina	1.7	1.5	1.5	1.5	1.5	1.2	1.2
Bahamas	1.7	3.6	4.5	4.5	3.9	4.1	2.8
Barbados	0.0	0.0	-0.3	0.5	1.9	2.7	1.9
Belice / Belize	2.4	2.8	2.5	2.7	3.3	3.5	3.2
Bolivia	1.9	2.1	2.3	2.3	2.4	2.5	2.6
Brasil / Brazil	2.9	2.6	2.8	3.1	3.1	3.1	2.6
Colombia	2.3	2.6	3.0	3.4	3.2	3.2	2.9
Costa Rica	2.9	3.1	3.5	3.9	4.1	4.3	3.2
Cuba	2.1	2.1	1.5	1.2	1.6	2.5	2.0
Chile	1.8	2.2	2.2	2.3	2.6	2.6	2.2
Dominica	2.1	-1.1	0.8	0.7	2.0	3.8	2.6
Ecuador	2.3	2.6	3.0	3.3	3.4	3.5	3.5
El Salvador	2.2	2.4	2.7	3.5	3.1	3.1	3.2
Granada / Grenada	2.1	-0.9	-0.5	-0.6	2.9	3.1	2.4
Guatemala	2.5	2.6	2.7	3.0	2.9	2.7	2.8
Guyana	2.1	2.6	2.7	3.2	3.8	3.4	3.3
Haití / Haiti	1.6	1.7	1.8	1.8	2.1	2.4	2.6
Honduras	3.2	3.0	2.9	2.5	2.9	3.6	3.8
Jamaica	1.4	-0.6	0.5	-0.3	2.4	3.1	3.1
México / Mexico	2.5	2.7	2.8	3.2	3.4	3.5	3.6
Nicaragua	2.4	2.5	2.9	3.4	3.4	3.0	3.6
Panamá / Panama	2.1	2.5	2.8	3.0	3.2	3.7	3.1
Paraguay	2.1	2.0	2.4	2.9	3.9	3.8	3.4
Perú / Peru	2.3	2.3	2.6	2.9	3.1	3.2	3.1
República Dominicana / Dominican Republic	2.2	2.4	2.6	3.0	3.5	3.7	3.5
Santa Lucía / Saint Lucia	1.8	-0.5	-0.5	0.0	2.7	3.0	2.6
Suriname	2.3	1.5	2.7	1.2	-2.0	2.5	4.5
Trinidad y Tabago / Trinidad and Tobago	1.9	2.9	3.3	1.4	2.1	3.1	2.5
Uruguay	1.3	1.3	1.1	0.7	-0.03	0.5	0.7
Venezuela	3.5	3.5	3.4	3.6	4.4	4.3	3.4

[1] Se define como población en edad activa la población comprendida entre 15 y 64 años de edad.

[1] The population of active age is defined as the population between 15 and 64 years of age.

4. URBANIZACION / *URBANIZATION*

(Porcentaje de la población total / *Percentage of total population*)

País / *Country*	Población en localidades de 20 mil habitantes y más, alrededor de *Population in localities with 20 thousand or more inhabitants, around*			Población en localidades de 100 mil habitantes y más, alrededor de *Population in localities with 100 thousand or more inhabitants, around*			Población en localidades que en 1970 tenían 20 mil habitantes y más, alrededor de *Population in localities which in 1970 had 20 thousand or more inhabitants, around*		
	1950	1960	1970	1950	1960	1970	1950	1960	1970
Argentina	49.9	59.0	66.3	41.7	50.6	55.6	52.7	60.7	66.3
Barbados	39.6	35.3	37.0	-	-	-	39.6	35.3	37.0
Bolivia	19.4	22.9	27.2	9.9	15.3	20.9	20.4	23.4	27.2
Brasil / *Brazil*	20.3	28.1	39.5	13.3	18.8	27.8	24.4	30.8	39.5
Colombia	23.0	36.6	46.2	15.4	27.5	35.7	26.7	38.6	46.2
Costa Rica	17.7	24.4	27.0	17.7	18.4	19.2	26.6	27.2	27.0
Cuba	36.1	38.9	43.4	23.5	24.5	30.8	38.4	40.1	43.4
Chile	42.6	50.6	60.6	28.5	32.9	41.7	47.5	52.7	60.6
Ecuador	17.8	27.9	35.3	14.6	19.3	23.4	22.8	30.3	35.3
El Salvador	13.0	17.7	20.5	8.7	10.2	9.5	16.7	19.1	20.5
Guatemala	11.2	15.5	16.1	10.2	13.4	13.5	12.5	15.9	16.1
Guyana	-	12.5	26.2	-	-	23.4	4.9	12.5	26.2
Haití / *Haiti*	5.1	7.5	12.7	4.3	6.6	10.4	5.9	8.4	12.7
Honduras	6.8	11.5	20.2	-	7.1	15.8	10.1	13.8	20.2
Jamaica	7.4	9.1	12.3	7.4	7.7	6.2	9.4	10.9	12.3
México / *Mexico*	23.6	28.9	35.2	15.2	18.4	23.3	27.6	31.5	35.2
Nicaragua	15.2	23.0	31.0	10.3	15.3	20.8	19.6	24.9	31.0
Panamá / *Panama*	22.4	33.1	39.4	15.9	25.4	30.3	25.3	34.4	39.4
Paraguay	15.2	15.9	21.5	15.2	15.9	16.7	17.0	18.5	21.5
Perú / *Peru*	18.1	28.5	40.3	13.8	19.3	30.0	22.2	29.9	40.3
República Dominicana / *Dominican Republic*	11.1	18.7	30.2	8.5	12.1	20.7	17.9	22.4	30.2
Trinidad y Tabago / *Trinidad and Tobago*	22.1	16.2	13.1	-	-	-	22.1	16.2	13.1
Uruguay	53.1	61.4	64.7	40.4	44.7	44.5	57.6	62.8	64.7
Venezuela	31.0	47.0	59.4	16.6	25.5	40.4	38.7	50.6	59.4
Total	**25.1**	**32.6**	**41.1**	**17.5**	**22.8**	**29.6**	**29.0**	**34.9**	**41.1**

5. CONCENTRACION URBANA / *URBAN CONCENTRATION*

a) Porcentaje de la población en la ciudad principal con respecto a la población total /
Percentage of the total population in the main city

País / *Country*	Ciudad principal / *Main city*	Alrededor de / *Around*		
		1950	1960	1970
Argentina	Gran Buenos Aires / *Greater Buenos Aires*	31.0	34.0	36.1
Barbados	Bridgetown	39.6	35.3	37.0
Bolivia	La Paz	9.9	12.3	14.5
Brasil / *Brazil*	Rio de Janeiro [1]	4.5 [1]	4.5 [1]	4.6 [1]
Colombia	Bogotá, D.E. / *Bogotá*	6.2	9.7	12.8
Costa Rica	San José	17.7	18.4	19.2
Cuba	La 'Habana / *Havana*	18.8	19.5	20.6
Chile	Santiago	22.8	25.9	30.7
Ecuador	Guayaquil	8.1	11.4	12.6
El Salvador	San Salvador	8.7	10.2	9.5
Guatemala	Guatemala	10.2	13.4	13.5
Guyana	Georgetown	4.9	12.5	23.4
Haití / *Haiti*	Puerto Príncipe / *Pourt-au-Prince*	4.3	6.6	10.4
Honduras	Tegucigalpa	5.3	7.1	10.2
Jamaica	Kingston	7.4	7.7	6.2
México / *Mexico*	Ciudad de México, D.F. / *México City*	8.7	8.1	6.0
Nicaragua	Managua	10.3	15.3	20.8
Panamá / *Panama*	Panamá	15.9	25.4	30.3
Paraguay	Asunción	15.2	15.9	16.7
Perú / *Peru*	Lima	11.2	15.4	21.7
República Dominicana / *Dominican Republic*	Santo Domingo, D.F. / *Santo Domingo*	8.5	12.1	16.8
Trinidad y Tabago / *Trinidad and Tobago*	Puerto España / *Port-of-Spain*	16.9	11.4	9.1
Uruguay	Montevideo	40.4	44.7	44.5
Venezuela	Caracas, D.F. / *Caracas*	9.8	10.5	9.7
Total		11.0	12.0	12.5

[1] En los censos de 1950 y 1960 Rio de Janeiro aparece como la ciudad más populosa del Brasil. Si bien en 1970 São Paulo pasó a tener mayor cantidad de habitantes que Rio, para efectos de este cuadro se siguió considerando a Rio de Janeiro como la ciudad principal. Como dato ilustrativo, los porcentajes de la población total de Sao Paulo durante los tres años fueron: 3.9, 4.5 y 5.6.

[1] *The 1950 and 1960 censuses indicate that Rio de Janeiro was the most populous city in Brazil. Although by 1970 São Paulo had more inhabitants than Rio, for the purpose of this table Rio de Janeiro is still considered as the main city. The percentages of the total population represented by São Paulo during the three years shown were: 3.9, 4.5 and 5.6.*

5. CONCENTRACION URBANA (conclusión) /
URBAN CONCENTRATION (concluded)

b) Porcentaje de la población en las dos ciudades principales con respecto a la población total /
Percentage of the total population in the two main cities

País / *Country*	Dos ciudades principales / *Two main cities*	Alrededor de / *Around*		
		1950	1960	1970
Argentina	Gran Buenos Aires y Gran Rosario / *Greater Buenos Aires and Greater Rosario*	33.9	37.4	39.6
Barbados	Bridgetown	39.6	35.3	37.0
Bolivia	La Paz y Cochabamba / *La Paz and Cochabamba*	12.6	15.3	18.0
Brasil / *Brazil*	Rio de Janeiro y São Paulo / *Rio de Janeiro and São Paulo*	8.4	9.0	10.2
Colombia	Bogotá, D.E. y Medellín / *Bogotá and Medellín*	9.0	13.8	17.9
Costa Rica	San José y Limón / *San José and Limón*	19.8	20.6	21.4
Cuba	La Habana y Santiago de Cuba / *Havana and Santiago de Cuba*	21.6	22.5	23.9
Chile	Santiago y Valparaíso / *Santiago and Valparaíso*	26.4	29.3	33.6
Ecuador	Guayaquil y Quito / *Guayaquil and Quito*	14.6	19.3	21.8
El Salvador	San Salvador y Santa Ana / *San Salvador and Santa Ana*	11.5	13.1	12.2
Guatemala	Guatemala y Quezaltenango / *Guatemala and Quezaltenango*	11.2	14.4	14.6
Guyana	Georgetown	4.9	12.5	23.4
Haití / *Haiti*	Puerto Príncipe y Cap. Haitien / *Port-au-Prince and Cap. Haitien*	5.1	7.5	11.5
Honduras	Tegucigalpa y San Pedro Sula / *Tegucigalpa and San Pedro Sula*	6.8	10.2	15.8
Jamaica	Kingston y Montego Bay[1] / *Kingston and Montego Bay*[1]	8.3 [1]	9.1 [1]	8.6 [1]
México / *Mexico*	Ciudad de México, D.F. y Guadalajara / *México City and Guadalajara*	10.1	10.2	8.5
Nicaragua	Managua y León / *Managua and León*	13.2	18.2	23.8
Panamá / *Panama*	Panamá y Colón / *Panamá and Colón*	22.4	31.0	35.1
Paraguay	Asunción y Encarnación[2] / *Asunción and Encarnación*[2]	16.2 [2]	16.9 [2]	18.2 [2]
Perú / *Peru*	Lima y Callao / *Lima and Callao*	12.5	17.0	24.0
República Dominicana / *Dominican Republic*	Santo Domingo, D.F. y Santiago de los Caballeros / *Santo Domingo and Santiago de los Caballeros*	11.1	15.0	20.7
Trinidad y Tabago / *Trinidad and Tobago*	Puerto España y San Fernando / *Port-of-Spain and San Fernando*	22.1	16.2	13.1
Uruguay	Montevideo y Salto / *Montevideo and Salto*	42.4	46.9	47.1
Venezuela	Caracas, D.F. y Maracaibo / *Caracas and Maracaibo*	14.5	16.1	15.7
Total		**14.0**	**15.5**	**16.7**

[1] En 1950 la segunda ciudad más poblada de Jamaica era Spanish Town, y en 1960 y 1970 fue Montego Bay.
[2] En 1950 y 1960 la segunda ciudad más poblada de Paraguay era Encarnación, y en 1970 fue Fernando de la Mora.

[1] *In 1950, the second largest city in Jamaica was Spanish Town, while in 1960 and 1970 it was Montego Bay.*
[2] *In 1950 and 1960, the second largest city in Paraguay was Encarnación, while in 1970 it was Fernando de la Mora.*

6. CRECIMIENTO DE LA POBLACION URBANA / *URBAN POPULATION GROWTH*

a) Tasas anuales medias del crecimiento de la ciudad principal /
Average annual growth rates in the main city

País / *Country*	Ciudad principal / *Main city*	1950-1960	1960-1970	1950-1970
Argentina	Gran Buenos Aires / *Greater Buenos Aires*	2.4	2.2	2.3
Barbados	Bridgetown	0.5	0.7	0.6
Bolivia	La Paz	5.6	4.0	4.8
Brasil / *Brazil*	Rio de Janeiro [1]	3.2 [1]	2.8 [1]	3.0 [1]
Colombia	Bogotá, D.E. /*Bogotá*	6.8	5.1	6.1
Costa Rica	San José	4.4	3.8	4.1
Cuba	La Habana / *Havana*	2.5	2.8	2.7
Chile	Santiago	4.1	3.9	4.0
Ecuador	Guayaquil	5.8	4.1	5.0
El Salvador	San Salvador	4.3	2.8	3.5
Guatemala	Guatemala	5.1	2.3	4.0
Guyana	Georgetown	10.0	9.0	9.6
Haití / *Haiti*	Puerto Principe / *Port-au-Prince*	5.9	5.9	5.9
Honduras	Tegucigalpa	5.9	5.6	5.7
Jamaica	Kingston	1.8	-1.0	0.1
México / *Mexico*	Ciudad de México, D.F. / *México City*	2.4	0.3	1.3
Nicaragua	Managua	6.1	6.9	6.4
Panamá / *Panama*	Panamá	7.9	5.0	6.5
Paraguay	Asunción	3.0	3.2	3.1
Perú / *Peru*	Lima	5.2	6.2	5.7
República Dominicana / *Dominican Republic*	Santo Domingo, D.F. / *Santo Domingo*	7.4	6.6	7.0
Trinidad y Tabago / *Trinidad and Tobago*	Puerto España / *Port-of-Spain*	-0.02	-0.8	-0.4
Uruguay	Montevideo	1.8	0.5	1.2
Venezuela	Caracas, D.F. / *Caracas*	4.6	2.6	3.6
Total		3.5	3.0	3.2

[1] En los censos de 1950 y 1960 Rio de Janeiro aparece como la ciudad más populosa de Brasil. Si bien en 1970 Sao Paulo pasó a tener mayor cantidad de habitantes que Rio, para los efectos de este cuadro se siguió considerando Rio de Janeiro como la ciudad principal. Como dato ilustrativo las tasas de crecimiento de Sao Paulo alcanzaron a 4.53 en el primer decenio y 5.17 en el segundo.

[1] *The 1950 and 1960 censuses indicate that Rio de Janeiro was the most populous city in Brazil. Although by 1970 São Paulo had more inhabitants than Rio, for the purposes of this table Rio de Janeiro is still considered as the main city. The growth rates for Sao Paulo were 4.53 in the former decade and 5.17 in the latter.*

6. CRECIMIENTO DE LA POBLACION URBANA

b) Tasas anuales medias del crecimiento de las dos ciudades principales /
Average annual growth rates in the two main cities

País	Dos ciudades principales / *Two main cities*	1950-1960	1960-1970	1950-1970
Argentina	Gran Buenos Aires y Gran Rosario / *Greater Buenos Aires and Greater Rosario*	2.5	2.1	2.3
Barbados	Bridgetown	0.5	0.7	0.6
Bolivia	La Paz y Cochabamba / *La Paz and Cochabamba*	5.3	4.0	4.6
Brasil / *Brazil*	Rio de Janeiro y São Paulo / *Rio de Janeiro and São Paulo*	3.8	4.0	3.9
Colombia	Bogotá, D.E. y Medellín / *Bogotá and Medellín*	6.6	4.9	5.9
Costa Rica	San José y Limón / *San José and Limón*	4.4	3.8	4.1
Cuba	La Habana y Santiago de Cuba / *Havana and Santiago de Cuba*	2.6	2.8	2.7
Chile	Santiago y Valparaíso / *Santiago and Valparaíso*	3.8	3.5	3.6
Ecuador	Guayaquil y Quito / *Guayaquil and Quito*	5.2	4.3	4.8
El Salvador	San Salvador y Santa Ana / *San Salvador and Santa Ana*	4.0	2.8	3.4
Guatemala	Guatemala y Quezaltenango / *Guatemala and Quezaltenango*	5.0	2.3	3.9
Guyana	Georgetown	10.0	9.0	9.6
Haití / *Haiti*	Puerto Principe y Cap. Haitien / *Port-au-Price and Cap. Haitien*	5.5	5.6	5.6
Honduras	Tegucigalpa y San Pedro Sula / *Tegucigalpa and San Pedro Sula*	6.9	6.2	6.5
Jamaica	Kingston y Montego Bay [1] /*Kingston and Montego Bay* [1]	3.0 [1]	0.6 [1]	1.5 [1]
México / *Mexico*	Ciudad de México D.F. y Guadalajara México City and Guadalajara	3.2	1.4	2.3
Nicaragua	Managua y León / *Managua and León*	5.5	6.3	5.8
Panamá / *Panama*	Panamá y Colón / *Panamá and Colón*	6.3	4.4	5.4
Paraguay	Asunción y Encarnación [2] / *Asunción and Encarnación* [2]	3.0 [2]	3.5 [2]	3.2 [2]
Perú / *Peru*	Lima y Callao / *Lima and Callao*	5.1	6.2	5.6
República Dominicana / *Dominican Republic*	Santo Domingo, D.F. y Santiago de los Caballeros / *Santo Domingo and Santiago de los Caballeros*	6.7	6.5	6.6
Trinidad y Tabago *Trinidad and Tobago*	Puerto España y San Fernando / *Puerto España and San Fernando*	0.6	-0.8	0.0
Uruguay	Montevideo y Salto / *Montevideo and Salto*	1.8	0.6	1.3
Venezuela	Caracas, D.F. y Maracaibo /*Caracas and Maracaibo*	5.0	3.2	4.1
Total		**3.6**	**3.3**	**3.5**

[1] En 1950 la segunda ciudad más poblada de Jamaica era Spanish Town, y en 1960 y 1970 fue Montego Bay.
[2] En 1950 y 1960 la segunda ciudad más poblada de Paraguay era Encarnación, y en 1970 fue Fernando de la Mora.

[1] *In 1950 the second largest city in Jamaica was Spanish Town, while in 1960 and 1970 it was Montego Bay.*
[2] *In 1950 and 1960 the second largest city in Paraguay was Encarnación, while in 1970 it was Fernando de la Mora.*

c) Tasas anuales medias del crecimiento de la población de las localidades
que en 1970 tenían más de 20 000 habitantes /
*Average annual growth rates of the population in localities with more than
20 000 inhabitants in 1970*

País / *Country*	1950-1960	1960-1970	1950-1970
Argentina	2.8	2.4	2.7
Barbados	0.5	0.7	0.6
Bolivia	4.7	3.9	4.3
Brasil / *Brazil*	5.5	5.4	5.4
Colombia	6.1	4.0	5.3
Costa Rica	4.2	3.3	3.8
Cuba	2.7	3.0	2.9
Chile	3.8	3.5	3.7
Ecuador	5.3	4.6	5.0
El Salvador	4.1	4.1	4.1
Guatemala	4.9	2.2	3.9
Guyana	10.0	10.3	10.1
Haití / *Haiti*	5.2	5.4	5.3
Honduras	6.0	5.8	5.9
Jamaica	3.7	2.4	2.9
México / *Mexico*	4.4	4.6	4.5
Nicaragua	4.9	5.6	5.2
Panamá / *Panama*	6.1	4.6	5.4
Paraguay	3.4	4.3	3.8
Perú / *Peru*	5.0	5.8	5.4
República Dominicana / *Dominican Republic*	6.0	6.2	6.1
Trinidad y Tabago / *Trinidad and Tobago*	0.6	-0.8	0.0
Uruguay	1.7	0.8	1.3
Venezuela	6.7	4.9	5.8
Total	4.4[1]	4.3[1]	4.3[1]

[1] Tasa calculada suponiendo un período intercensal de 10 años.   [1] *Rate calculated on the assumption of a ten-year intercensal period.*

7. NATALIDAD / *NATALITY*

(Tasas anuales medias por cada mil habitantes [1] / *Average annual rates per thousand inhabitants* [1])

País / Country	1950-1955	1955-1960	1960-1965	1965-1970	1970-1975	1975-1980	1980-1985
Argentina	25.4	24.3	23.2	22.6	23.4	25.0	24.6
Barbados	32.5	31.8	29.6	24.1	21.6	22.4	19.1
Bolivia	47.1	46.6	46.1	45.6	45.4	44.8	44.0
Brasil / *Brazil*	44.6	43.3	42.1	36.4	33.7	32.0	30.6
Colombia	47.6	46.0	44.6	39.6	33.3	32.1	31.0
Costa Rica	47.6	48.3	45.3	38.3	31.0	30.7	30.5
Cuba	29.7	28.2	35.3	32.0	25.8	17.0	16.9
Chile	35.8	37.7	36.4	30.4	27.0	22.4	22.7
Ecuador	46.8	46.1	45.6	44.5	41.2	38.2	36.8
El Salvador	48.8	49.3	47.5	44.9	43.2	42.1	40.2
Guatemala	51.3	49.4	47.8	45.6	44.6	44.3	42.7
Guyana	48.1	48.3	43.9	39.1	32.4	31.0	27.9
Haití / *Haiti*	45.5	45.1	44.5	43.7	42.7	41.8	41.3
Honduras	51.3	51.2	50.9	50.0	48.6	47.1	43.9
Jamaica	34.8	39.2	39.6	37.3	33.2	28.1	26.3
México / *Mexico*	46.7	45.8	44.9	44.2	42.7	37.6	33.9
Nicaragua	54.1	52.1	50.3	48.4	46.8	45.6	44.2
Panamá / *Panama*	40.3	41.0	40.8	39.3	35.7	31.0	28.0
Paraguay	45.5	43.8	42.2	40.4	37.5	36.8	36.0
Perú / *Peru*	47.1	46.8	46.3	43.6	40.5	38.0	36.7
República Dominicana / *Dominican Republic*	49.1	49.5	47.7	45.5	41.9	34.6	33.1
Suriname	43.8	44.4	44.0	43.6	41.6	37.1	41.1
Trinidad y Tabago / *Trinidad and Tobago*	37.7	38.3	37.0	28.0	25.3	22.1	20.7
Uruguay	21.2	21.9	21.9	20.5	21.1	20.3	19.5
Venezuela	47.0	45.3	44.2	40.6	36.1	34.4	33.0

[1] Tasas brutas de natalidad por cada mil habitantes, que se definen como el cociente entre el número de nacimientos ocurridos durante un período determinado (generalmente un año calendario) y la población media del mismo período, implícitas en las proyecciones de población elaboradas según la hipótesis de fecundidad recomendada.

[1] *Gross birth rates per thousand inhabitants, which are defined as the quotient of the number of births occurring during a given period (generally one calendar year) and the average population in the same period, are implicit in the population projections prepared on the basis of the recommended fertility hypothesis.*

(Tasas anuales medias por cada mil habitantes [1] / *Average annual rates per thousand inhabitants* [1])

País / *Country*	1950-1955	1955-1960	1960-1965	1965-1970	1970-1975	1975-1980	1980-1985
Argentina	9.2	8.7	8.8	9.1	9.0	8.9	8.7
Barbados	13.2	10.7	9.7	9.1	8.9	8.8	8.5
Bolivia	24.0	22.7	21.4	20.2	18.9	17.5	15.8
Brasil / *Brazil*	15.1	13.6	12.3	10.8	9.7	8.9	8.4
Colombia	16.4	14.1	12.2	10.4	9.0	8.2	7.7
Costa Rica	12.4	10.8	9.1	7.2	5.8	4.6	4.2
Cuba	11.0	9.6	8.7	7.3	6.4	5.9	6.4
Chile	13.8	12.8	11.8	10.0	8.6	7.1	6.7
Ecuador	18.9	16.5	14.3	12.8	11.2	9.5	8.1
El Salvador	20.3	18.0	15.3	12.9	11.0	9.4	8.0
Guatemala	22.4	20.6	18.3	15.9	13.4	12.0	10.5
Guyana	13.5	11.0	8.9	7.3	5.9	5.5	5.2
Haití / *Haiti*	26.8	24.0	21.5	19.2	17.4	15.7	14.1
Honduras	21.8	19.8	17.8	15.7	13.7	11.8	10.1
Jamaica	11.5	9.8	9.1	8.0	7.1	6.7	6.4
México / *Mexico*	16.2	13.2	11.3	10.2	9.2	7.9	7.1
Nicaragua	22.6	19.7	17.0	14.6	12.6	11.6	9.7
Panamá / *Panama*	13.2	10.9	9.6	8.4	7.3	6.0	5.4
Paraguay	15.4	13.3	11.9	10.1	8.1	7.7	7.2
Perú / *Peru*	21.6	19.7	17.6	15.6	12.8	11.7	10.7
República Dominicana / *Dominican Republic*	21.8	18.5	15.4	13.0	11.0	9.1	8.0
Suriname	12.6	11.4	10.3	8.8	7.5	6.9	6.1
Trinidad y Tabago / *Trinidad and Tobago*	11.3	9.6	7.3	6.9	5.9	5.9	6.0
Uruguay	10.5	10.1	9.6	9.6	10.0	10.1	10.2
Venezuela	12.4	10.7	9.2	7.7	6.5	5.9	5.6

[1] Tasas implícitas en las proyecciones de población. Se definen como el cuociente entre el número total de defunciones ocurridas durante un período determinado (generalmente un año calendario) y la población media del mismo período.

[1] *Rates implicit in population projections. Defined as the quotient of the total number of deaths occurring during a given period (generally one calendar year) and the average population for the same period.*

I. DESARROLLO SOCIAL Y BIENESTAR

9. ESPERANZA DE VIDA AL NACER [1] / LIFE EXPECTANCY AT BIRTH [1]

(Años / Years)

País / Country	1950-1955	1955-1960	1960-1965	1965-1970	1970-1975	1975-1980	1980-1985
Argentina	62.7	64.7	65.5	66.0	67.3	68.7	69.7
Barbados	57.5	62.7	66.0	67.6	69.1	70.0	71.1
Bolivia	40.4	41.9	43.5	45.1	46.7	48.6	50.7
Brasil / Brazil	51.0	53.4	55.9	57.9	59.8	61.8	63.4
Colombia	50.7	53.5	56.2	58.4	60.4	62.2	63.6
Costa Rica	57.3	60.2	63.0	65.6	68.1	71.4	73.0
Cuba	58.8	61.8	65.1	68.5	70.9	72.8	73.5
Chile	53.7	56.2	58.0	60.6	63.8	67.6	69.7
Ecuador	48.4	51.4	54.7	56.8	58.9	61.4	64.3
El Salvador	45.3	48.6	52.3	55.9	59.1	62.2	64.8
Guatemala	42.1	44.2	47.0	50.1	54.0	56.4	59.0
Guyana	56.0	59.5	62.4	65.2	67.9	69.1	70.5
Haití / Haiti	37.6	40.7	43.6	46.3	48.5	50.7	52.7
Honduras	42.2	45.0	47.9	50.9	54.1	57.1	59.9
Jamaica	57.9	62.7	65.8	67.8	69.5	70.1	71.2
México / Mexico	50.8	55.4	58.6	60.3	62.2	64.1	65.7
Nicaragua	42.3	45.4	48.5	51.6	54.7	56.3	59.8
Panamá / Panama	55.3	59.3	62.0	64.3	66.3	69.2	71.0
Paraguay	51.9	54.5	56.6	59.6	63.1	64.1	65.1
Perú / Peru	43.9	46.3	49.1	51.5	55.5	56.9	58.6
República Dominicana / Dominican Republic	45.1	49.1	52.6	55.4	57.9	60.3	62.6
Suriname	56.0	58.7	61.5	63.6	65.5	67.2	68.8
Trinidad y Tabago / Trinidad and Tobago	57.8	62.3	65.8	67.8	69.5	68.9	70.0
Uruguay	66.3	67.2	68.4	68.6	68.8	69.6	70.3
Venezuela	55.2	58.1	61.0	63.8	66.2	67.7	69.0

[1] Es el número medio de años que viviría en promedio cada recién nacido de una cohorte hipotética sometida durante su vida a una determinada ley de mortalidad.

[1] The average life expectancy in years of a newborn child belonging to a hypothetical cohort which is subject to a given rate of mortality throughout life.

(Tasas globales de fecundidad expresadas en número de hijos [1] /
Global fertility rates expressed in number of children [1])

País / *Country*	1950-1955	1955-1960	1960-1965	1965-1970	1970-1975	1975-1980	1980-1985
Argentina	3.2	3.1	3.1	3.1	3.2	3.4	3.4
Barbados	4.1	...	2.0	1.6	3.0	2.6	2.0
Bolivia	6.8	6.7	6.6	6.6	6.5	6.4	6.3
Brasil / *Brazil*	6.2	6.2	6.2	5.3	4.7	4.2	3.8
Colombia	6.7	6.7	6.7	6.0	4.8	4.3	3.9
Costa Rica	6.7	7.1	6.9	5.8	4.3	3.7	3.5
Cuba	4.0	3.8	4.7	4.3	3.5	2.2	2.0
Chile	4.9	5.2	5.1	4.1	3.5	2.7	2.6
Ecuador	6.9	6.9	6.9	6.7	6.1	5.4	5.0
El Salvador	6.5	6.8	6.9	6.6	6.3	6.0	5.6
Guatemala	7.1	6.9	6.8	6.6	6.5	6.4	6.1
Guyana	6.6	...	6.5	5.7	4.5	3.9	3.2
Haití / *Haiti*	6.2	6.2	6.2	6.2	6.1	5.9	5.7
Honduras	7.1	7.2	7.4	7.4	7.4	7.1	6.5
Jamaica	4.2	...	2.7	2.7	5.4	4.1	3.3
México / *Mexico*	6.8	6.8	6.8	6.7	6.4	5.4	4.6
Nicaragua	7.3	7.3	7.3	7.1	6.7	6.3	5.9
Panamá / *Panama*	5.7	5.9	5.9	5.6	4.9	4.1	3.5
Paraguay	6.6	6.6	6.6	6.4	5.7	5.2	4.9
Perú / *Peru*	6.9	6.9	6.9	6.6	6.0	5.4	5.0
República Dominicana / *Dominican Republic*	7.5	7.5	7.3	7.0	6.3	4.8	4.2
Suriname	6.6	...	3.2	3.2	6.6	6.2	5.7
Trinidad y Tabago / *Trinidad and Tobago*	5.0	...	2.4	1.9	3.4	2.7	2.3
Uruguay	2.7	2.8	2.9	2.8	3.0	2.9	2.8
Venezuela	6.6	6.8	6.7	6.0	5.2	4.7	4.3

[1] La tasa global de fecundidad es el número de hijos que en promedio tendría cada mujer de una cohorte hipotética de mujeres que durante el período fértil tuvieran sus hijos de acuerdo a las tasas de fecundidad por edad de la población en estudio y no estuvieran expuestas a riesgos de mortalidad desde el nacimiento hasta el término del período fértil. 1950-1980, tasas estimadas; 1980-1985, tasas implícitas en las proyecciones de población elaboradas según la hipótesis de fecundidad recomendada.

[1] *The global fertility rate is the average number of children which would be born to each woman of a hypothetical cohort of women whose childbearing during their period of fertility was consistent with the fertility rates by age of the population concerned and who were not exposed to mortality risks between birth and the end of their period of fertility. 1950-1980, estimated rates; 1980-1985, rates implicit in the population projections based on the recommended fertility hypothesis.*

11. TAMAÑO DE LOS HOGARES PARTICULARES

(Porcentaje sobre el total de hogares)

País	Fecha de la última información disponible[1][2] Date of latest information available[1][2]	Tamaño medio[3] Average size[3]	Distribución de los hogares según su tamaño	
			Total	1 persona person
Argentina	1970	3.8	100.0	10.2
Argentina	1980	3.9	100.0	10.3
Barbados	1970	4.0	100.0	21.4
Bolivia	1976	4.3	100.0	11.8
Brasil	1970	5.1[6]	100.0	5.2
Brasil	1980	4.4	100.0	6.1
Colombia	1973	6.1	100.0	5.8
Costa Rica	1973	5.6	100.0	4.7
Cuba	1970	4.5	100.0	9.1
Cuba	1981	4.0	100.0	8.5
Chile	1970	5.1[7]	100.0[7]	5.5[7]
Ecuador	1974	5.4	100.0	7.0
El Salvador	1971	5.4	100.0	8.4
Guatemala	1973	5.5	100.0	4.2
Guyana	1970	5.4	100.0	10.7
Haití	1971	5.0	100.0	...
Honduras	1974	5.7	100.0	4.2
Jamaica	1970	4.3	100.0	19.0
México	1970	4.9	100.0	7.8
Nicaragua	1971	5.9	100.0	...
Panamá	1970	4.9[8]	100.0	11.5
Panamá	1980	3.7	100.0	11.7
Paraguay	1972	5.4	100.0	6.2
Perú	1972	4.8[9]	100.0	10.5
República Dominicana	1970	5.3	100.0	8.1
Trinidad y Tabago	1970	4.8	100.0	14.6
Uruguay	1975	3.4	100.0	14.6
Venezuela	1971	5.8	100.0	6.7

[1] Salvo indicación contraria, en la investigación del hogar censal, los países aplicaron el concepto de "hogar-vivienda".
[2] Se refiere a las fechas de los Censos de Población y Vivienda en las rondas de 1970 y 1980.
[3] Promedio de personas por cada hogar particular.
[4] De 5 a 7 personas.
[5] De 8 y más personas.
[6] No se considera la población indígena selvática, estimada en 150 000 personas en el año 1956.
[7] Resultados obtenidos de una muestra del 5% de las boletas censales.
[8] Excluye la población indígena agrupada en tribus.
[9] Excluye la población indígena selvática estimada en 39 800 personas en el año 1972; excluye además el ajuste por subenumeración, estimado en un 3.86 por ciento.

(Percentage of total number of households)

Distribution of households according to size				
2 personas *persons*	3-4 personas *persons*	5-8 personas *persons*	9 y más personas *9 persons and over*	*Country*
18.6	41.0	27.4	2.8	*Argentina*
19.1	39.0	26.5 [4]	5.2 [5]	*Argentina*
18.0	25.5	27.5	7.6	*Barbados*
13.7	31.1	32.7 [4]	10.7 [5]	*Bolivia*
12.1	30.5	40.2	12.0	*Brazil*
13.6	34.9	37.2	8.1	*Brazil*
9.2	24.8	42.8	17.4	*Colombia*
9.6	27.0	41.8	16.9	*Costa Rica*
13.7	35.0	35.1	7.1	*Cuba*
14.0	39.4	33.2	4.8	*Cuba*
11.1 [7]	29.7 [7]	42.5 [7]	11.2 [7]	*Chile*
10.2	25.8	42.1	14.8	*Ecuador*
8.5	24.9	44.1	14.0	*El Salvador*
8.5	27.4	47.1	12.8	*Guatemala*
11.6	22.2	38.2	17.3	*Guyana*
...	...	...	...	*Haiti*
7.9	---------------- 72.3 ----------------		15.6	*Honduras*
15.6	25.5	30.6	9.3	*Jamaica*
14.4	27.8	38.5	11.4	*Mexico*
...	...	...	...	*Nicaragua*
12.2	25.7	38.9	11.7	*Panama*
12.5	29.2	38.4	8.2	*Panama*
9.9	25.9	42.7	15.2	*Paraguay*
11.7	27.6	41.4	8.8	*Peru*
11.5	25.3	40.3	14.8	*Dominican Republic*
13.7	24.2	34.7	12.9	*Trinidad and Tobago*
22.6	39.2	21.6	2.0	*Uruguay*
8.7	23.9	42.3	18.3	*Venezuela*

[1] *Unless otherwise indicated, the countries applied the "household-domicile" concept to household census research.*
[2] *Refers to the dates of the Population and Housing Censuses in the 1970 and 1980 census rounds.*
[3] *Average number of persons per private household.*
[4] *Five to seven persons.*
[5] *Eight persons and over.*
[6] *The indigenous forest population, estimated at 150 000 persons in 1956, was not taken into account.*
[7] *Results obtained from a sample of 5 per cent of the census forms.*
[8] *Excluding the indigenous population grouped in tribes.*
[9] *Excluding the indigenous forest population, estimated at 39 800 persons in 1972; also excludes adjustment for undercounting, estimated at 3.86 per cent.*

12. PARTICIPACION EN LA ACTIVIDAD ECONOMICA

(Tasas refinadas) [1]

País	Ambos sexos / *Both sexes*				Hombres /	
	1950	1960	1970	1980	1950	1960
Argentina	52.0	49.7	48.6	46.0	81.2	78.3
Bolivia	72.8	56.1	49.3	...	86.0	80.4
Brasil	47.7	47.1	44.9	49.2	81.4	77.9
Colombia	49.0	45.9	44.1	...	80.9	75.5
Costa Rica	50.2	46.9	44.9	46.7	85.5	79.3
Cuba	47.1	44.1	42.5	45.1	80.1	72.7
Chile	51.9	45.3	41.7	40.2	79.2	72.5
Ecuador	56.0	49.4	46.2	43.1	83.7	82.1
El Salvador	50.0	47.8	48.9	...	84.7	80.7
Guatemala	49.6	47.3	45.0	41.7	85.6	82.0
Haití	82.9	77.8	73.0	...	87.8	84.0
Honduras	72.9	47.8	45.0	...	87.7	82.7
México	46.1	43.1	41.4	...	81.8	72.5
Nicaragua	48.8	47.9	43.3	...	86.6	80.5
Panamá	49.9	48.4	50.2	44.8	78.8	75.8
Paraguay	49.5	48.9	47.3	46.6	79.9	78.5
Perú	51.1	46.4	42.3	43.3	74.7	73.1
República Dominicana	49.7	42.8	47.4	...	85.1	75.9
Uruguay	51.4	49.2	48.1	...	77.0	74.3
Venezuela	49.5	47.6	42.9	45.6	80.7	77.1

[1] Porcentaje de la población económicamente activa de 10 años y más sobre el total de la población de 10 años y más.

(Refined rates)[1]

Male		Mujeres / Female				Country
1970	1980	1950	1960	1970	1980	
73.4	68.3	21.4	21.4	24.4	24.7	Argentina
75.8	...	60.6	33.2	24.1	...	Bolivia
71.8	72.4	14.7	16.8	18.5	26.6	Brazil
69.8	...	17.9	17.6	20.3	...	Colombia
73.7	72.8	15.6	15.0	16.4	20.7	Costa Rica
67.5	62.4	12.4	13.9	16.2	27.3	Cuba
66.5	59.6	25.9	19.7	18.4	21.6	Chile
77.6	69.8	28.9	17.3	15.1	16.7	Ecuador
78.6	...	16.6	16.5	20.4	...	El Salvador
77.7	72.1	13.1	12.0	12.1	12.0	Guatemala
80.4	...	78.4	72.1	66.2	...	Haiti
78.2	...	58.3	13.7	12.9	...	Honduras
68.2	...	12.2	14.3	15.2	...	Mexico
70.5	...	13.2	17.3	17.8	...	Nicaragua
73.6	64.6	19.8	20.2	26.0	24.5	Panama
75.9	74.7	21.5	21.3	19.9	19.0	Paraguay
67.3	65.8	28.3	20.4	17.5	21.3	Peru
71.5	...	14.3	9.3	23.7	...	Dominican Republic
71.6	...	24.3	24.2	25.4	...	Uruguay
67.3	67.4	17.6	17.2	18.8	24.0	Venezuela

[1] Economically active population aged 10 years and over as a percentage of the total population aged 10 years and over.

13. PARTICIPACION EN LA ACTIVIDAD ECONOMICA POR SEXO Y EDADES, 1970

a) **Ambos sexos**
(Tasas específicas) [1]

País	Grupos de edades /					
	10-14	15-19	20-24	25-29	30-34	35-39
Argentina	8.9	47.2	65.7	66.3	64.7	64.1
Bolivia	14.1	42.7	56.7	62.2	62.6	62.0
Brasil	12.8	42.5	57.1	58.6	58.5	57.7
Colombia	15.1	40.8	55.8	57.8	57.9	56.3
Costa Rica	11.3	45.2	58.9	60.1	60.3	58.8
Cuba	0.7	34.2	56.0	59.1	59.2	58.5
Chile	2.8	30.9	57.8	62.0	60.6	59.9
Ecuador	16.7	42.6	54.5	57.2	58.2	56.8
El Salvador	18.7	48.3	63.0	60.5	61.0	59.5
Guatemala	17.0	44.8	53.7	54.0	55.0	54.3
Haití	41.9	65.4	82.1	85.2	85.4	86.4
Honduras	17.3	45.7	55.3	55.8	56.6	55.7
México	6.2	35.2	53.6	54.9	56.0	56.2
Nicaragua	13.3	38.1	55.3	57.0	58.4	57.9
Panamá	8.7	46.1	67.4	66.9	66.1	65.9
Paraguay	12.0	51.5	61.7	61.7	61.7	59.5
Perú	4.6	30.8	54.2	58.9	60.2	58.4
República Dominicana	18.7	37.9	55.8	60.2	62.8	62.0
Uruguay	7.0	46.4	66.1	67.6	66.8	66.2
Venezuela	6.6	35.6	55.7	61.0	61.6	61.2

[1] Porcentaje de la población económicamente activa de un determinado grupo de edad y sexo sobre el total de la población en ese mismo grupo de edad y sexo.

13. PARTICIPATION IN ECONOMIC ACTIVITY BY SEX AND AGE, 1970

a) **Both sexes**
(Specific rates) [1]

		Age groups				Country
40-44	45-49	50-54	55-59	60-64	65 y más 65 and over	
64.2	60.1	56.2	47.4	33.2	15.7	*Argentina*
61.9	62.9	59.2	58.1	53.7	45.5	*Bolivia*
58.2	56.3	52.6	48.3	42.1	26.8	*Brazil*
56.8	55.6	54.4	50.6	49.7	30.2	*Colombia*
58.6	57.3	54.9	52.7	47.9	30.3	*Costa Rica*
57.6	56.5	53.8	48.4	38.5	16.0	*Cuba*
59.0	56.4	52.4	47.3	40.0	22.5	*Chile*
58.0	57.2	57.0	55.8	52.9	44.7	*Ecuador*
59.7	58.0	57.0	55.4	54.5	38.8	*El Salvador*
55.6	55.6	54.3	53.6	50.4	39.2	*Guatemala*
88.5	88.6	88.1	86.9	82.3	62.0	*Haiti*
55.5	55.2	53.7	51.9	48.9	34.4	*Honduras*
56.7	57.6	55.9	52.6	49.5	39.4	*Mexico*
58.7	57.2	55.6	52.4	47.9	34.9	*Nicaragua*
65.8	64.8	61.9	57.9	48.2	30.8	*Panama*
60.3	57.7	57.1	53.3	49.3	34.2	*Paraguay*
60.0	58.2	57.3	54.8	48.6	33.3	*Peru*
64.7	63.2	63.6	61.2	58.7	48.6	*Dominican Republic*
65.1	62.4	57.4	46.3	34.8	11.5	*Uruguay*
61.1	59.3	55.9	50.6	41.7	26.5	*Venezuela*

[1] *Economically active population of a given age and sex group as a percentage of the total population in the same age and sex group.*

13. PARTICIPACION EN LA ACTIVIDAD ECONOMICA POR SEXO Y EDADES, 1970

b) Hombres

(Tasas específicas) [1]

País	Grupos de edades /					
	10-14	15-19	20-24	25-29	30-34	35-39
Argentina	11.5	62.2	87.4	96.7	98.2	98.5
Bolivia	16.7	60.6	87.3	96.4	98.9	99.2
Brasil	19.2	61.9	87.5	95.3	96.4	96.1
Colombia	21.1	59.2	84.9	94.1	95.9	96.0
Costa Rica	18.9	70.5	91.1	97.3	98.2	98.4
Cuba	1.1	51.1	85.7	92.5	93.6	93.8
Chile	4.0	45.8	85.5	96.7	98.1	98.0
Ecuador	27.8	68.0	88.9	96.7	98.7	98.9
El Salvador	31.5	71.8	93.3	98.3	98.8	98.9
Guatemala	28.9	75.4	91.8	95.5	96.2	96.4
Haití	42.0	66.1	89.7	97.5	98.7	99.2
Honduras	31.0	78.4	94.3	97.5	98.1	98.1
México	8.7	49.9	85.7	95.0	97.1	98.0
Nicaragua	21.9	59.1	88.0	94.9	95.9	96.2
Panamá	12.0	61.5	94.6	98.1	98.4	98.4
Paraguay	18.1	78.8	94.5	98.1	98.8	98.8
Perú	5.0	42.2	82.6	94.9	97.8	98.3
República Dominicana	24.9	55.1	86.0	95.0	97.2	96.1
Uruguay	9.9	64.6	91.1	95.8	97.2	97.4
Venezuela	9.1	51.4	84.0	94.6	96.8	97.1

[1] Porcentaje de la población económicamente activa de un determinado grupo de edad y sexo sobre el total de la población en ese mismo grupo de edad y sexo.

13. *PARTICIPATION IN ECONOMIC ACTIVITY BY SEX AND AGE, 1970*

b) Male
(Specific rates)[1]

Age groups						Country
40-44	45-49	50-54	55-59	60-64	65 y más 65 and over	
97.8	95.8	91.7	80.4	57.2	29.1	Argentina
99.0	98.7	97.7	95.6	91.1	80.8	Bolivia
94.9	92.7	87.9	81.9	72.7	49.6	Brazil
94.6	94.6	90.8	85.2	83.6	53.8	Colombia
98.2	97.9	96.5	94.6	87.3	57.2	Costa Rica
93.2	92.1	88.9	82.3	65.5	27.9	Cuba
96.6	94.0	88.5	82.6	72.1	42.4	Chile
98.8	98.5	97.6	96.0	93.9	83.4	Ecuador
99.0	98.6	97.8	96.8	94.1	71.7	El Salvador
96.1	95.8	94.6	93.1	88.6	71.2	Guatemala
98.9	98.7	98.1	97.4	95.3	82.2	Haiti
97.8	97.4	95.8	92.9	87.6	65.0	Honduras
97.7	97.8	96.8	90.6	86.1	70.4	Mexico
95.8	95.6	93.9	89.8	83.9	65.2	Nicaragua
97.8	96.9	94.3	90.3	77.9	54.3	Panama
98.3	97.6	96.6	93.4	88.9	68.4	Paraguay
97.9	97.6	96.2	93.6	85.5	62.7	Peru
96.0	95.6	94.1	89.9	86.9	76.2	Dominican Republic
96.6	94.6	88.5	73.9	59.9	21.6	Uruguay
96.6	95.9	92.9	88.0	75.2	51.9	Venezuela

[1] *Economically active population of a given age and sex group as a percentage of the total population in the same age and sex group.*

13. PARTICIPACION EN LA ACTIVIDAD ECONOMICA POR SEXO Y EDADES, 1970

c) Mujeres
(Tasas específicas)[1]

País	Grupos de edades /					
	10-14	15-19	20-24	25-29	30-34	35-39
Argentina	6.2	31.9	44.2	36.6	31.8	29.3
Bolivia	11.3	24.7	28.1	30.2	28.5	28.2
Brasil	6.4	24.2	28.3	23.2	21.2	20.5
Colombia	9.1	24.4	30.7	26.0	22.9	21.4
Costa Rica	3.5	20.2	27.9	24.6	22.5	20.8
Cuba	0.4	16.7	25.5	24.4	23.3	22.5
Chile	1.5	16.7	31.9	29.7	25.5	24.6
Ecuador	5.2	17.7	21.7	19.4	17.6	16.6
El Salvador	5.2	26.0	34.6	26.3	24.0	22.2
Guatemala	4.4	14.9	16.6	14.3	13.5	13.4
Haití	41.8	64.7	75.6	75.2	74.8	75.9
Honduras	2.9	14.9	19.7	18.0	16.6	15.7
México	3.5	20.9	24.1	17.4	15.7	15.8
Nicaragua	4.5	18.5	26.0	24.0	23.4	23.2
Panamá	5.3	30.9	40.5	35.7	33.1	32.0
Paraguay	5.5	24.6	30.8	28.0	25.9	23.8
Perú	4.1	19.1	26.1	24.2	21.7	20.6
República Dominicana	12.5	22.4	28.5	28.5	28.9	28.3
Uruguay	3.9	28.3	41.5	40.6	37.1	36.3
Venezuela	4.0	20.1	29.0	28.9	26.4	24.7

[1] Porcentaje de la población económicamente activa de un determinado grupo de edad y sexo sobre el total de la población en ese mismo grupo de edad y sexo.

13. PARTICIPATION IN ECONOMIC ACTIVITY BY SEX AND AGE, 1970

c) Female
(Specific rates)[1]

	Age groups					Country
40-44	45-49	50-54	55-59	60-64	65 y más 65 and over	
27.1	25.2	22.1	16.2	10.3	4.7	*Argentina*
28.4	29.3	25.5	23.7	20.3	15.7	*Bolivia*
20.6	18.8	16.5	14.0	11.2	6.2	*Brazil*
20.6	19.8	18.6	16.5	17.8	9.9	*Colombia*
18.7	16.2	13.3	10.6	8.0	4.0	*Costa Rica*
21.4	19.2	16.3	12.4	7.1	2.2	*Cuba*
23.0	21.4	19.3	15.5	11.1	6.5	*Chile*
16.7	16.2	15.7	14.6	13.2	10.2	*Ecuador*
21.5	19.8	18.5	16.5	15.3	9.7	*El Salvador*
13.6	13.3	12.7	11.8	10.1	7.3	*Guatemala*
78.1	78.0	77.5	76.0	70.3	46.5	*Haiti*
14.5	13.8	12.7	11.7	9.6	5.6	*Honduras*
16.2	16.4	15.9	15.1	14.1	10.9	*Mexico*
22.8	21.3	19.4	17.9	14.8	9.8	*Nicaragua*
31.4	29.3	25.2	21.0	15.0	8.0	*Panama*
23.2	21.5	19.4	17.2	14.3	7.7	*Paraguay*
21.1	19.7	18.4	16.6	14.2	9.0	*Peru*
29.6	27.9	28.2	26.8	27.5	20.9	*Dominican Republic*
34.0	31.2	25.9	18.5	11.5	3.3	*Uruguay*
23.5	20.7	17.0	13.6	9.9	6.0	*Venezuela*

[1] *Economically active population of a given age and sex group as a percentage of the total population in the same age and sex group.*

14. PARTICIPACION EN LA ACTIVIDAD ECONOMICA POR SEXO Y EDADES, 1980

(Tasas específicas) [1]

País	Grupos de edades /					
	10-14	15-19	20-24	25-29	30-34	35-39
Ambos sexos						
Argentina	5.1	39.7	63.6	65.3	65.2	64.8
Brasil	14.5	47.8	64.2	65.5	64.4	63.3
Costa Rica	9.6	43.0	60.5	64.1	65.4	61.7
Cuba	0.7	25.0	63.2	71.3	72.7	72.4
Chile	1.5	22.5	58.5	66.4	65.5	62.4
Ecuador	8.4	33.0	50.2	58.4	59.8	59.1
Guatemala	11.4	38.2	50.2	52.6	54.4	53.0
Panamá	5.0	28.6	60.3	67.5	68.1	66.8
Paraguay	11.7	45.8	59.3	61.8	62.3	60.2
Perú	4.3	27.6	52.2	60.4	63.6	62.6
Venezuela	7.2	30.8	57.0	64.8	68.6	67.3
Hombres						
Argentina	7.0	51.6	85.5	93.8	95.6	95.6
Brasil	20.2	64.8	90.0	96.1	95.7	95.4
Costa Rica	16.6	64.8	89.1	95.7	97.5	97.2
Cuba	1.1	34.1	83.1	94.6	96.5	96.0
Chile	2.1	30.4	78.3	92.9	96.7	97.1
Ecuador	12.7	51.1	78.5	92.8	97.1	97.9
Guatemala	18.9	64.5	86.2	92.4	93.8	94.0
Panamá	7.0	40.2	83.3	93.7	96.1	95.7
Paraguay	18.5	71.5	91.0	96.1	97.7	97.6
Perú	4.9	36.7	76.6	92.2	97.6	98.7
Venezuela	9.3	46.6	81.5	93.1	98.1	98.2
Mujeres						
Argentina	3.2	27.8	42.2	37.5	35.2	34.5
Brasil	8.6	31.2	39.1	36.0	33.8	32.1
Costa Rica	2.6	20.1	32.4	32.3	33.8	28.1
Cuba	0.4	15.6	43.2	48.3	49.0	48.2
Chile	0.8	14.0	38.3	40.6	37.2	30.4
Ecuador	4.0	15.0	22.7	25.5	22.8	21.8
Guatemala	3.6	13.5	17.2	15.8	15.2	14.0
Panamá	2.8	17.0	38.1	41.4	39.8	37.7
Paraguay	4.6	20.9	28.3	27.8	25.6	24.3
Perú	3.7	18.7	29.0	30.5	30.0	28.4
Venezuela	5.0	14.2	33.2	39.1	40.0	38.4

[1] Porcentaje de la población económicamente activa de un determinado grupo de edad y sexo sobre el total de la población en ese mismo grupo de edad y sexo.

14. PARTICIPATION IN ECONOMIC ACTIVITY BY SEX AND AGE, 1980

(Specific rates) [1]

Age groups						Country
40-44	45-49	50-54	55-59	60-64	65 y más 65 and over	
Both sexes						
63.9	61.3	55.6	46.7	29.5	9.5	Argentina
61.9	58.8	53.9	47.3	37.7	24.3	Brazil
60.6	58.2	54.4	52.5	42.2	22.6	Costa Rica
70.8	66.5	60.8	51.9	35.1	12.3	Cuba
60.1	59.2	51.8	42.8	35.4	16.1	Chile
59.5	57.3	56.7	55.0	51.3	41.6	Ecuador
54.0	52.7	52.2	51.2	49.5	36.7	Guatemala
66.1	63.3	57.2	49.2	40.4	22.7	Panama
60.4	57.6	55.4	53.3	46.5	28.8	Paraguay
63.1	61.8	61.2	58.9	54.6	36.0	Peru
67.2	63.0	60.1	53.9	48.5	27.8	Venezuela
Male						
94.6	92.4	87.6	77.6	51.9	17.9	Argentina
93.2	89.5	83.4	74.3	63.3	45.6	Brazil
96.8	95.4	93.3	89.1	75.0	42.1	Costa Rica
96.1	94.9	91.8	95.7	61.3	22.0	Cuba
95.2	92.5	84.0	73.1	63.0	28.2	Chile
97.7	97.3	95.7	93.7	89.3	74.8	Ecuador
93.6	93.4	92.0	90.5	86.0	67.1	Guatemala
95.5	94.2	90.3	80.3	65.5	40.1	Panama
97.0	96.2	93.7	91.0	84.2	56.4	Paraguay
98.5	98.5	97.2	94.7	88.0	63.0	Peru
97.7	97.0	93.5	89.0	80.9	53.5	Venezuela
Female						
33.3	30.2	25.4	17.6	9.8	3.2	Argentina
30.7	28.8	24.9	20.7	13.6	5.6	Brazil
25.5	20.0	16.4	14.1	9.9	3.3	Costa Rica
45.3	38.1	29.2	17.5	7.7	2.0	Cuba
29.1	28.1	22.0	14.8	10.7	6.6	Chile
20.7	18.7	17.2	15.8	14.2	11.0	Ecuador
13.6	12.4	11.8	10.3	9.0	6.6	Guatemala
35.3	30.6	22.9	16.0	12.5	5.0	Panama
23.4	21.3	18.0	15.9	12.8	7.0	Paraguay
27.2	25.9	25.0	22.6	22.0	12.0	Peru
35.2	29.8	24.7	18.5	14.0	5.6	Venezuela

[1] *Economically active population of a given age and sex group as a percentage of the total population in the same age and sex group.*

15. POBLACION ECONOMICAMENTE ACTIVA POR CLASES DE ACTIVIDAD ECONOMICA, 1950[1] / ECONOMICALLY ACTIVE POPULATION BY CLASSES OF ECONOMIC ACTIVITY, 1950[1]

(Porcentaje de la población económicamente activa total[2] /
Percentage of total economically active population[2])

País / *Country*	(1)	(2)	(3)	(4)	(5)	(6)	(7)	(8)
Argentina	25.3	0.5	25.3	4.9	0.6	14.0	6.5	22.8
Bolivia	72.5	3.3	8.2	1.8	0.1	4.2	1.6	8.3
Brasil / *Brazil*	59.7	0.7	12.9	3.5	0.7	6.4	4.1	12.0
Colombia	56.8	1.7	12.5	3.6	0.3	5.4	3.5	16.2
Costa Rica	56.8	0.3	11.2	4.4	0.6	8.1	3.6	15.1
Cuba	42.7	0.5	16.4	3.2	0.4	11.8	5.1	19.9
Chile	36.2	5.0	19.4	4.6	1.0	10.6	4.4	22.4
Ecuador	64.4	0.4	10.1	3.6	0.1	6.6	2.6	12.1
El Salvador	65.6	0.3	11.9	3.0	0.2	5.5	1.6	11.9
Guatemala	68.7	0.1	10.9	2.6	0.1	5.5	1.7	10.4
Haití / *Haiti*	84.5	0.0	4.9	0.6	0.1	3.6	0.4	6.0
Honduras	71.4	0.9	11.5	2.1	0.3	2.7	2.3	8.8
México / *Mexico*	61.2	1.2	12.2	2.8	0.3	8.6	2.6	11.1
Nicaragua	62.4	0.9	11.4	3.1	0.3	6.4	2.4	13.2
Panamá / *Panama*	56.3	0.2	8.7	4.1	0.6	9.1	3.3	17.7
Paraguay	56.0	0.1	15.5	3.7	0.2	6.9	2.3	15.3
Perú / *Peru*	58.2	2.1	14.9	2.6	0.2	6.6	2.6	12.9
República Dominicana / *Dominican Republic*	69.9	0.1	8.5	2.9	0.2	6.3	1.9	10.2
Uruguay	21.3	0.3	21.7	4.3	1.6	14.1	6.9	29.8
Venezuela	43.0	3.1	11.2	6.6	0.4	9.7	3.5	22.4
Total	54.0	1.1	14.4	3.5	0.5	8.1	3.8	14.6

[1] De acuerdo con la Clasificación Industrial Internacional Uniforme de Todas las Actividades Económicas (CIIU), revisión 1:
    (1) = Agricultura, silvicultura, caza y pesca.
    (2) = Explotación de minas y canteras.
    (3) = Industrias manufactureras.
    (4) = Construcción.
    (5) = Electricidad, gas, agua y servicios sanitarios.
    (6) = Comercio.
    (7) = Transportes, almacenaje y comunicaciones.
    (8) = Servicios.
[2] Se refiere a la población económicamente activa de 10 años y más, excluidas las personas que buscan trabajo por primera vez.

[1] *In accordance with International Standard Industrial Classification of All Economic Activities (ISIC), rev. 1:*
    (1) = Agriculture, forestry, hunting and fishing.
    (2) = Mining and quarrying.
    (3) = Manufacturing.
    (4) = Construction.
    (5) = Electricity, gas, water and sanitary services.
    (6) = Commerce.
    (7) = Transport, storage and communications.
    (8) = Services.
[2] *Refers to economically active population aged 10 years and over, excluding persons seeking work for the first time.*

16. POBLACION ECONOMICAMENTE ACTIVA POR CLASES DE ACTIVIDAD ECONOMICA, 1960[1] /
ECONOMICALLY ACTIVE POPULATION BY CLASSES OF ECONOMIC ACTIVITY, 1960[1]

(Porcentaje de la población económicamente activa total[2] /
Percentage of total economically active population[2])

País / *Country*	(1)	(2)	(3)	(4)	(5)	(6)	(7)	(8)
Argentina	20.2	0.6	27.7	6.3	1.2	13.6	7.6	22.9
Bolivia	63.8	3.6	9.8	3.0	0.1	5.4	2.4	11.8
Brasil / *Brazil*	52.1	0.7	13.7	3.7	0.7	8.0	5.1	16.0
Colombia	51.4	1.7	13.0	4.2	0.3	7.7	3.8	17.9
Costa Rica	51.5	0.3	11.5	5.5	1.0	9.5	3.7	17.1
Cuba	36.7	0.5	18.4	4.5	0.3	8.6	5.8	25.2
Chile	30.0	4.1	19.1	5.9	0.8	10.8	5.2	24.1
Ecuador	57.8	0.3	13.9	3.4	0.3	6.8	3.0	14.6
El Salvador	61.6	0.1	12.9	4.0	0.2	6.2	2.1	12.9
Guatemala	66.7	0.1	10.5	2.6	0.1	6.1	2.2	11.7
Haití / *Haiti*	78.9	0.0	6.3	1.0	0.1	5.8	0.7	7.2
Honduras	70.2	0.3	7.9	2.0	0.1	4.5	1.4	13.6
México / *Mexico*	55.1	1.3	13.7	3.6	0.4	9.4	3.1	13.4
Nicaragua	62.2	0.9	11.5	3.1	0.3	6.5	2.4	13.3
Panamá / *Panama*	50.9	0.1	8.6	4.7	0.5	10.0	3.3	21.9
Paraguay	56.3	0.1	15.3	3.4	0.2	7.1	2.5	15.1
Perú / *Peru*	52.1	2.4	13.7	3.5	0.4	9.4	3.1	15.4
República Dominicana / *Dominican Republic*	66.2	0.3	8.6	2.7	0.4	7.1	2.7	12.0
Uruguay	19.6	0.4	23.4	4.9	2.0	13.9	6.6	29.2
Venezuela	33.7	2.5	13.0	6.0	1.1	13.3	5.3	25.2
Total	**48.3**	**1.1**	**15.3**	**4.1**	**0.6**	**9.1**	**4.5**	**17.1**

[1] De acuerdo con la Clasificación Industrial Internacional Uniforme de Todas las Actividades Económicas (CIIU), revisión 1:
- (1) = Agricultura, silvicultura, caza y pesca.
- (2) = Explotación de minas y canteras.
- (3) = Industrias manufactureras.
- (4) = Construcción.
- (5) = Electricidad, gas, agua y servicios sanitarios.
- (6) = Comercio.
- (7) = Transportes, almacenaje y comunicaciones.
- (8) = Servicios.

[2] Se refiere a la población económicamente activa de 10 años y más, excluidas las personas que buscan trabajo por primera vez.

[1] *In accordance with International Standard Industrial Classification of All Economic Activities (ISIC), rev. 1:*
- *(1) = Agriculture, forestry, hunting and fishing.*
- *(2) = Mining and quarrying.*
- *(3) = Manufacturing.*
- *(4) = Construction.*
- *(5) = Electricity, gas, water and sanitary services.*
- *(6) = Commerce.*
- *(7) = Transport, storage and communications.*
- *(8) = Services.*

[2] *Refers to economically active population aged 10 years and over, excluding persons seeking work for the first time.*

17. POBLACION ECONOMICAMENTE ACTIVA POR CLASES DE ACTIVIDAD ECONOMICA, 1970[1] /
ECONOMICALLY ACTIVE POPULATION BY CLASSES OF ECONOMIC ACTIVITY, 1970[1]

(Porcentaje de la población económicamente activa total[2] /
Percentage of total economically active population[2])

País / Country	(1)	(2)	(3)	(4)	(5)	(6)	(7)	(8)
Argentina	16.4	0.6	24.0	8.7	1.2	14.8	7.3	27.2
Bolivia	53.7	3.8	11.3	4.7	0.1	6.7	3.5	16.2
Brasil / *Brazil*	45.6	0.6	14.8	5.9	1.0	9.3	4.3	18.5
Colombia	37.9	1.0	17.3	5.1	0.4	12.4	4.6	21.3
Costa Rica	42.0	0.3	13.7	6.7	1.2	10.7	4.3	21.2
Cuba	30.3	0.5	19.9	6.1	0.2	6.1	6.3	30.7
Chile	23.8	3.1	21.8	6.3	0.9	11.5	6.5	26.1
Ecuador	51.0	0.4	15.6	4.3	0.5	8.7	3.2	16.3
El Salvador	56.1	0.0	11.3	2.7	0.4	8.3	3.0	18.2
Guatemala	61.0	0.2	12.9	3.7	0.2	7.1	2.4	12.5
Haití / *Haiti*	71.5	0.0	7.9	1.7	0.1	9.2	1.3	8.4
Honduras	66.5	0.3	10.5	2.6	0.3	6.1	2.3	11.4
México / *Mexico*	45.2	1.1	18.5	4.4	0.5	10.0	3.3	17.0
Nicaragua	50.0	0.6	14.6	4.0	0.9	9.4	3.4	17.1
Panamá / *Panama*	41.6	0.2	9.9	6.4	1.0	11.8	3.8	25.3
Paraguay	52.6	0.1	16.0	3.8	0.3	8.0	2.9	16.3
Perú / *Peru*	46.2	1.7	11.6	4.8	0.2	10.2	4.5	20.7
República Dominicana / *Dominican Republic*	54.2	0.1	13.4	3.1	0.2	8.2	4.7	16.1
Uruguay	18.2	0.3	23.0	5.5	1.7	13.8	6.1	31.4
Venezuela	25.6	1.5	15.6	6.1	1.3	14.7	4.8	30.4
Total	41.4	0.9	16.6	5.5	0.8	10.3	4.5	20.2

[1] De acuerdo con la Clasificación Industrial Internacional Uniforme de Todas las Actividades Económicas (CIIU), revisión 1:
  (1) = Agricultura, silvicultura, caza y pesca.
  (2) = Explotación de minas y canteras.
  (3) = Industrias manufactureras.
  (4) = Construcción.
  (5) = Electricidad, gas, agua y servicios sanitarios.
  (6) = Comercio.
  (7) = Transportes, almacenaje y comunicaciones.
  (8) = Servicios.
[2] Se refiere a la población económicamente activa de 10 años y más, excluidas las personas que buscan trabajo por primera vez.

[1] *In accordance with International Standard Industrial Classification of All Economic Activities (ISIC), rev. 1:*
  (1) = *Agriculture, forestry, hunting and fishing.*
  (2) = *Mining and quarrying.*
  (3) = *Manufacturing.*
  (4) = *Construction.*
  (5) = *Electricity, gas, water and sanitary services.*
  (6) = *Commerce.*
  (7) = *Transport, storage and communications.*
  (8) = *Services.*
[2] *Refers to economically active population aged 10 years and over, excluding persons seeking work for the first time.*

18. POBLACION ECONOMICAMENTE ACTIVA POR CLASES DE ACTIVIDAD ECONOMICA, 1980[1] / *ECONOMICALLY ACTIVE POPULATION BY CLASSES OF ECONOMIC ACTIVITY, 1980*[1]

(Porcentaje de la población económicamente activa total[2] / *Percentage of total economically active population*[2])

País / *Country*	(1)	(2)	(3)	(4)	(5)	(6)	(7)	(8)	(9)
Argentina	13.1	0.5	21.3	1.1	10.7	18.3	4.9	4.2	25.8
Brasil / *Brazil*	30.4	0.6	17.9	1.0	7.6	12.0	4.6	2.4	23.6
Costa Rica	28.7	0.2	16.2	1.2	7.3	15.1	4.4	2.6	24.4
Chile	16.3	2.3	16.7	0.8	5.3	17.9	6.5	3.0	31.4
Ecuador	34.8	0.3	12.5	0.6	6.9	11.7	4.5	1.7	26.9
Guatemala	56.2	0.2	11.1	0.5	5.3	9.2	2.7	1.3	13.6
Panamá/*Panama*	31.5	0.2	10.4	1.5	6.0	13.1	5.6	3.7	28.2
Paraguay	45.0	0.1	12.3	0.2	6.6	8.5	2.6	1.7	23.1
Perú / *Peru*	39.6	2.0	11.7	0.4	4.0	13.5	4.3	2.6	22.1

[1] De acuerdo con la Clasificación Industrial Internacional Uniforme de Todas las Actividades Económicas (CIIU), revisión 2:
- (1) = Agricultura, caza, silvicultura y pesca.
- (2) = Explotación de minas y canteras.
- (3) = Industrias manufactureras.
- (4) = Electricidad, gas y agua.
- (5) = Construcción.
- (6) = Comercio al por mayor y al por menor y restaurantes y hoteles.
- (7) = Transportes, almacenamiento y comunicaciones.
- (8) = Establecimientos financieros, seguros, bienes inmuebles y servicios prestados a las empresas.
- (9) = Servicios comunales, sociales y personales.

[2] Se refiere a la población económicamente activa de 10 años y más, excluidas las personas que buscan trabajo por primera vez.

[1] *In accordance with International Standard Industrial Classification of All Economic Activities (ISIC), rev. 2:*
- (1) = *Agriculture, hunting, forestry and fishing.*
- (2) = *Mining and quarrying.*
- (3) = *Manufacturing.*
- (4) = *Electricity, gas and water.*
- (5) = *Construction.*
- (6) = *Wholesale and retail trade and restaurants and hotels.*
- (7) = *Transport, storage and communications.*
- (8) = *Financing, insurance, real estate and business services.*
- (9) = *Community, social and personal services.*

[2] *Refers to economically active population aged 10 years and over, excluding persons seeking work for the first time.*

19. CRECIMIENTO SECTORIAL DEL EMPLEO, 1950-1960[1] / SECTORAL GROWTH OF EMPLOYMENT, 1950-1960[1]

(Tasas anuales medias[2] / *Average annual rates[2]*)

País / *Country*	Total	(1)	(2)	(3)	(4)	(5)	(6)	(7)	(8)
Argentina	1.1	-1.1	2.0	2.1	3.8	8.4	0.9	2.7	1.2
Bolivia	-1.6	-2.9	0.7	0.2	3.5	-0.7	1.0	2.6	2.0
Brasil / *Brazil*	2.7	1.3	2.7	3.3	3.3	2.7	5.0	5.0	5.7
Colombia	2.0	1.0	2.0	2.4	3.6	2.1	5.7	2.8	3.0
Costa Rica	2.1	1.1	5.2	2.4	4.5	7.5	3.8	2.6	3.4
Cuba	1.1	0.4	1.3	2.8	4.6	-2.4	-2.0	2.3	3.5
Chile	0.8	0.1	-1.1	0.7	3.4	-1.4	1.1	2.6	1.6
Ecuador	1.0	0.0	3.2	4.3	0.4	8.9	1.3	2.5	3.0
El Salvador	2.1	1.4	-10.0	2.9	5.0	2.0	3.3	4.8	2.9
Guatemala	2.2	1.9	1.8	1.8	2.2	1.8	3.3	4.9	3.4
Haití / *Haiti*	1.1	0.4	1.8	3.7	6.7	4.8	6.2	7.7	3.1
Honduras	2.6	2.4	-7.8	1.2	2.1	-8.1	7.9	2.6	7.1
México / *Mexico*	2.7	1.7	3.6	3.9	5.3	5.7	3.6	4.6	4.7
Nicaragua	2.6	2.6	2.8	2.7	2.7	2.9	2.7	2.6	2.7
Panamá / *Panamá*	2.2	1.2	-4.0	2.1	3.6	1.2	3.1	2.3	4.4
Paraguay	2.0	2.1	1.8	1.9	1.1	1.8	2.3	2.8	1.9
Perú / *Peru*	1.1	0.1	2.6	0.3	4.2	6.6	4.8	2.9	3.0
República Dominicana/ *Dominican Republic*	1.2	0.6	12.9	1.3	0.5	8.4	2.4	4.8	2.8
Uruguay	0.7	-0.1	2.8	1.4	2.2	2.9	0.6	0.2	0.5
Venezuela	3.2	0.7	0.8	4.7	2.1	12.9	6.6	7.7	4.4
Total	2.0	0.9	1.6	2.6	3.6	4.2	3.2	3.9	3.6

[1] De acuerdo con la Clasificación Industrial Internacional Uniforme de Todas las Actividades Económicas (CIIU), revisión 1:
  (1) = Agricultura, silvicultura, caza y pesca.
  (2) = Explotación de minas y canteras.
  (3) = Industrias manufactureras.
  (4) = Construcción.
  (5) = Electricidad, gas, agua y servicios sanitarios.
  (6) = Comercio.
  (7) = Transportes, almacenaje y comunicaciones.
  (8) = Servicios.
[2] Se refiere a la población económicamente activa de 10 años y más, excluidas las personas que buscan trabajo por primera vez.

[1] *In accordance with International Standard Industrial Classification of All Economic Activities (ISIC), rev. 1:*
  (1) = *Agriculture, forestry, hunting and fishing.*
  (2) = *Mining and quarrying.*
  (3) = *Manufacturing.*
  (4) = *Construction.*
  (5) = *Electricity, gas, water and sanitary services.*
  (6) = *Commerce.*
  (7) = *Transport, storage and communications.*
  (8) = *Services.*
[2] *Refers to economically active population aged 10 years and over, excluding persons seeking work for the first time.*

20. CRECIMIENTO SECTORIAL DEL EMPLEO, 1960-1970[1] / SECTORAL GROWTH OF EMPLOYMENT, 1960-1970[1]

(Tasas anuales medias[2] / Average annual rates[2])

País / Country	Total	(1)	(2)	(3)	(4)	(5)	(6)	(7)	(8)
Argentina	1.4	-0.7	0.7	-0.1	4.7	1.2	2.2	0.9	3.2
Bolivia	1.6	-1.0	2.2	3.0	6.4	3.3	3.8	5.6	4.8
Brasil / Brazil	2.6	1.3	1.1	3.4	7.5	6.4	4.2	1.0	4.1
Colombia	2.8	-2.6	-2.5	5.8	4.8	5.8	7.8	4.8	4.6
Costa Rica	3.6	1.5	3.4	5.4	5.6	5.4	4.9	5.0	5.7
Cuba	1.0	-0.9	0.8	1.8	4.1	-2.3	-2.4	1.9	3.0
Chile	1.7	-0.6	-1.1	3.1	2.4	2.9	2.3	4.0	2.5
Ecuador	2.2	0.9	4.5	3.4	4.5	7.3	4.8	3.0	3.3
El Salvador	3.6	2.6	-17.7	2.2	-0.4	10.7	6.6	7.3	8.1
Guatemala	2.7	1.8	10.3	4.9	6.4	10.3	1.9	3.6	3.4
Haití / Haiti	1.5	0.5	4.1	3.8	6.9	5.0	6.3	7.8	3.2
Honduras	2.5	2.0	2.4	5.5	5.2	14.4	5.7	7.9	0.7
México / Mexico	2.7	0.7	1.0	5.8	4.8	5.0	3.3	3.3	5.1
Nicaragua	0.9	-1.3	-3.6	3.8	3.4	13.9	4.8	4.6	3.5
Panamá / Panama	3.3	1.2	9.6	4.8	6.6	10.3	5.0	1.8	4.8
Paraguay	2.2	1.5	2.9	2.7	3.3	6.2	3.4	3.8	3.0
Perú / Peru	1.7	0.5	-1.6	0.0	5.0	-3.0	2.6	5.7	4.7
República Dominicana / Dominican Republic	4.1	2.1	-6.4	8.8	5.6	-2.8	5.6	10.1	7.2
Uruguay	1.1	0.4	-2.4	1.0	2.2	-0.8	1.1	0.3	1.8
Venezuela	2.9	0.1	2.2	4.8	3.2	5.0	3.9	1.8	4.8
Total	2.3	0.8	0.0	3.2	5.5	4.4	3.7	2.2	4.1

[1] De acuerdo con la Clasificación Industrial Internacional Uniforme de Todas las Actividades Económicas (CIIU), revisión 1:
(1) = Agricultura, silvicultura, caza y pesca.
(2) = Explotación de minas y canteras.
(3) = Industrias manufactureras.
(4) = Construcción.
(5) = Electricidad, gas, agua y servicios sanitarios.
(6) = Comercio.
(7) = Transportes, almacenaje y comunicaciones.
(8) = Servicios.
[2] Se refiere a la población económicamente activa de 10 años y más, excluidas las personas que buscan trabajo por primera vez.

[1] In accordance with International Standard Industrial Classification of All Economic Activities (ISIC), rev. 1:
(1) = Agriculture, forestry, hunting and fishing.
(2) = Mining and quarrying.
(3) = Manufacturing.
(4) = Construction.
(5) = Electricity, gas, water and sanitary services.
(6) = Commerce.
(7) = Transport, storage and communications.
(8) = Services.
[2] Refers to economically active population aged 10 years and over, excluding persons seeking work for the first time.

21. CRECIMIENTO SECTORIAL DEL EMPLEO, 1970-1980[1] / *SECTORAL GROWTH OF EMPLOYMENT, 1970-1980*[1]

(Tasas anuales medias[2] / *Average annual rates*[2])

País / *Country*	Total	(1)	(2)	(3)	(4)	(5)	(6)	(7)	(8)	(9)
Argentina	1.2	-1.0	0.5	1.1	0.6	3.4	2.5	-2.6	4.5	1.3
Brasil / *Brazil*	3.8	-0.2	3.7	6.9	10.0	6.3	6.6	4.6	8.8	6.1
Costa Rica	4.3	0.0	-1.0	8.2	7.6	4.9	7.6	4.0	5.3	6.3
Chile	2.9	-0.7	-0.9	2.1	2.2	-0.1	6.9	2.6	8.2	4.7
Ecuador	2.3	-2.2	1.3	2.4	6.6	7.4	4.0	8.0	8.3	7.5
Guatemala	1.2	0.7	3.1	-0.4	8.5	4.2	2.9	1.5	17.4	1.3
Panamá / *Panama*	1.6	-0.8	4.6	3.9	7.0	1.6	2.3	6.1	7.6	2.3
Paraguay	2.9	1.3	0.9	1.4	1.8	8.1	3.1	2.0	10.6	6.0
Perú / *Peru*	3.4	2.3	6.8	1.7	10.6	1.4	5.5	2.6	11.7	5.1

[1] De acuerdo con la Clasificación Industrial Internacional Uniforme de Todas las Actividades Económicas (CIIU), revisión 2:
  (1) = Agricultura, caza, silvicultura y pesca.
  (2) = Explotación de minas y canteras.
  (3) = Industrias manufactureras.
  (4) = Electricidad, gas y agua.
  (5) = Construcción.
  (6) = Comercio al por mayor y al por menor y restaurantes y hoteles.
  (7) = Transportes, almacenamiento y comunicaciones.
  (8) = Establecimientos financieros, seguros, bienes inmuebles y servicios prestados a las empresas.
  (9) = Servicios comunales, sociales y personales.
[2] Se refiere a la población económicamente activa de 10 años y más, excluidas las personas que buscan trabajo por primera vez.

[1] *In accordance with International Standard Industrial Classification of All Economic Activities (ISIC), rev. 2:*
  (1) = *Agriculture, hunting, forestry and fishing.*
  (2) = *Mining and quarrying.*
  (3) = *Manufacturing.*
  (4) = *Electricity, gas and water.*
  (5) = *Construction.*
  (6) = *Wholesale and retail trade and restaurants and hotels.*
  (7) = *Transport, storage and communications.*
  (8) = *Financing, insurance, real estate and business services.*
  (9) = *Community, social and personal services.*
[2] *Refers to economically active population aged 10 years and over, excluding persons seeking work for the first time.*

22. DESEMPLEO URBANO / *URBAN UNEMPLOYMENT*

(Tasas anuales medias / *Average annual rates*)

País / *Country*	1970	1975	1980	1981	1982	1983
Argentina [1]	4.9	2.6	2.3	4.5	4.8	4.1
Bolivia [2]	...	...	7.5	9.7	9.4	12.1
Brasil [3] / *Brazil* [3]	6.5	...	7.2	7.9	6.3	6.7
Colombia [4]	10.6	11.0	9.7	8.2	9.3	11.8
Costa Rica [5]	3.5	...	6.0	9.1	9.9	8.5
Chile [6]	4.1	15.0	11.7	9.0	20.0	19.0
México [7] / *Mexico* [7]	7.0	7.2	4.5	4.2	4.1	6.9
Panamá [8] / *Panama* [8]	10.3	8.6	9.8	11.8	10.3	11.2
Paraguay [9]	...	...	4.1	2.2	5.6	8.4
Perú [10] / *Peru* [10]	6.9	7.5	7.1	6.8	7.0	9.2
Uruguay [11]	7.5	...	7.4	6.7	11.9	15.5
Venezuela [12]	7.8	8.3	6.6	6.8	7.8	10.5

[1] Gran Buenos Aires, promedio abril-octubre; 1984, abril.

[2] La Paz, 1980 promedio mayo-octubre; 1983, segundo semestre; 1984, primer semestre.

[3] Areas Metropolitanas de Rio de Janeiro, São Paulo, Bello Horizonte, Porto Alegre, Salvador y Recife, promedio de doce meses; 1980, promedio de junio a diciembre; 1984, promedio enero-septiembre.

[4] Bogotá, Barranquilla, Medellín y Cali, promedio de marzo, junio, septiembre y diciembre; 1984, promedio marzo, junio y septiembre.

[5] Nacional urbano, promedio de marzo, julio y noviembre; 1984, marzo.

[6] Gran Santiago, promedio de cuatro trimestres; 1984, promedio tres trimestres. A partir de agosto de 1983 la información se refiere al área Metropolitana de Santiago.

[7] Areas Metropolitanas de Ciudad de México, Guadalajara y Monterrey, promedio de cuatro trimestres; 1984, promedio de los dos primeros trimestres.

[8] Nacional urbano: 1980 corresponde a la desocupación del área urbana que registró el censo de población de ese año; 1981, 1982 y 1983 al área metropolitana.

[9] Asunción, Fernando de la Mora, Lambaré y áreas urbanas de Luque y San Lorenzo, promedio anual; 1981, primer semestre; 1982, segundo semestre.

[10] Lima Metropolitana, 1970 agosto-septiembre; 1980, abril; 1981, junio; 1982, 1983 y 1984, estimaciones oficiales para el total del país.

[11] Montevideo, promedio de dos semestres; 1984, promedio enero-septiembre.

[12] Nacional urbano, promedio de dos semestres; 1984, primer semestre.

[1] *Greater Buenos Aires, April-October average; 1984, April*

[2] *La Paz, 1980, May-October; 1983, second semester; 1984, first semester.*

[3] *Metropolitan areas of Rio de Janeiro, São Paulo, Bello Horizonte, Porto Alegre, Salvador and Recife. Twelve-month average; 1980, June-December average; 1984, January-September average.*

[4] *Bogotá, Barranquilla, Medellín and Cali. Average for March, June, September and December; 1984, average for March, June and September.*

[5] *National urban. Average for March, July and November; 1984, March.*

[6] *Greater Santiago. Four-quarter average; 1984, average for three quarters. As from August 1983 data relate to Metropolitan area of Santiago.*

[7] *Metropolitan areas of México City, Guadalajara and Monterrey. Four-quarter average; 1984, average for first two quarters.*

[8] *National urban; the data for 1980 correspond to the urban area unemployment recorded in the Population Census, and the data for 1981, 1982 and 1983 correspond to the metropolitan area.*

[9] *Asunción, Fernando de la Mora, Lambaré and the urban areas of Luque and San Lorenzo: annual average; 1981, first semester; 1982, second semester.*

[10] *Lima Metropolitan Area: 1970, August-September; 1980, April; 1981, June; and 1982, 1983 and 1984 official estimates.*

[11] *Montevideo. Two-semester average; 1984, January-September average.*

[12] *National urban. Two-semester average; 1984, first semester.*

109

23. DIMENSIONES DE LA POBREZA / *DIMENSIONS OF POVERTY*

País / *Country*	Año de referencia *Reference year*	Líneas de pobreza (monedas nacionales) Poverty lines (*national currencies*)		Hogares en situación de pobreza (porcentajes) *Households in conditions of poverty (percentages)*
		Por habitante *Per capita*	Por hogar *Per household*	
		a) Pobreza absoluta / *Absolute poverty*		
Argentina	1970	874	1 923	8
Brasil / *Brazil*	1972	1 148	5 625	49
Colombia	1972	3 641	22 644	45
Costa Rica	1971	1 050	5 775	24
Chile	1968	1 016	4 379	17
Honduras	1967	283	1 726	65
··México / *Mexico*	1967	1 768	9 984	34
Panamá / *Panama*	1970	206	974	39
Perú / *Peru*	1972	6 445	39 960	50
Venezuela	1971	1 136	5 664	25
		b) Pobreza relativa [1] / *Relative poverty* [1]		
Brasil / *Brazil*	1972		6 461	54
Colombia	1972		19 746	48
Costa Rica	1971		8 622	36
Chile	1968		8 352	39
Honduras	1967		1 142	58
México / *Mexico*	1967		15 108	48
Panamá / *Panama*	1970		1 227	47
Perú / *Peru*	1972		37 267	48
Venezuela	1971		9 660	38

[1] Definida como la mitad del ingreso medio familiar.   [1] *Defined as half the average family income.*

24. AUTOMOVILES [1] / *PASSENGER MOTORCARS* [1]

(Por cada mil habitantes / *Per thousand inhabitants*)

País / *Country*	1960	1965	1970	1975	1980	1981	1982
Argentina	23.0	41.2	60.1	...	...	...	...
Barbados	34.6 [2]	56.2 [2]	80.8 [2]	93.5 [2]	193.5 [2]	...	...
Belice / *Belize*	...	...	34.2	39.6	...	...	...
Bolivia	2.8	2.6	4.4	6.0	9.0	10.6	11.4
Brasil / *Brazil*	7.6	15.3	24.3	44.7	67.7	68.7	...
Colombia	5.8 [3 4]	6.8 [3 4]	11.5 [5]	16.2 [5]	15.2	16.3	17.7
Costa Rica	12.9 [2 3]	15.3 [2 3]	13.1	15.5	21.0	21.3	...
Cuba	25.6	20.7	13.8	15.2	16.4	17.5	18.5
Chile	7.6	11.4	18.6	24.7	40.3	50.8	52.9
Ecuador	2.1	3.3	4.5 [6]	7.3 [6]	...	...	...
El Salvador	7.8	8.7	9.5	...	15.1	14.6	...
Granada / *Grenada*	...	...	39.4	...	...	...	...
Guatemala	6.6	6.3	8.1	12.6	...	...	...
Guyana	18.2	16.7	25.5	32.6	...	...	...
Haití / *Haiti*	2.2	2.1	2.5	3.5	...	...	...
Honduras	2.8 [2 3]	4.5 [2 3]	4.8 [2 3]	5.9 [2 3]	6.9 [2 3]	7.1 [2 3]	...
Jamaica	20.3 [2]	26.1 [2]	38.6 [2]	...	...	...	...
México / *Mexico*	12.9	17.5	24.1	39.9	61.3	66.6	...
Nicaragua	5.8 [7]	7.4	16.8	15.2	13.6	...	...
Panamá / *Panama*	15.9 [7]	23.5 [8]	30.6 [8]	38.8 [8]	50.1 [8]	52.2 [8]	53.9 [8]
Paraguay	2.1	2.5	6.7	4.3	12.4	...	...
Perú / *Peru*	8.0	13.5	17.5	16.9	16.1	16.7	17.6
República Dominicana / *Dominican Republic*	3.4 [7]	8.1	9.2	14.5	15.3	...	...
Trinidad y Tabago / *Trinidad and Tobago*	43.7	56.7	72.9	93.6	...	...	...
Uruguay	39.3	42.3	43.1	...	...	...	...
Venezuela	35.8	42.7	61.2 [9]	76.7 [9]	91.7 [9]	96.9 [9]	...

[1] Se refiere a vehículos automotores en circulación con una capacidad inferior a 10 pasajeros (comprendido el chofer), e incluye taxis, jeeps y station wagons.
[2] Incluye vehículos de la policía y de otros servicios gubernamentales de orden público.
[3] Incluye vehículos para usos especiales.
[4] Incluye los vehículos del cuerpo diplomático.
[5] Incluye vehículos retirados de circulación.
[6] Con una capacidad máxima de 12 pasajeros.
[7] Excluye los vehículos del gobierno.
[8] Automóviles para pasajeros hasta 8 personas; incluye camionetas, jeeps, y modelos sedán y cupé; excluye aquellos que tienen placa oficial, y, para los años 1975 a 1978, los automóviles con placas expedidas por las autoridades del Area del Canal de Panamá.
[9] Se refiere a automóviles particulares con una capacidad de 6 pasajeros, incluso el chofer.

[1] *Motor vehicles in circulation with a capacity of less than ten passengers (including the driver); including taxis, jeeps and station wagons.*
[2] *Including police and other government vehicles of public order.*
[3] *Including vehicles for spcial uses.*
[4] *Excluding vehicles of the diplomatic corps.*
[5] *Including vehicles withdrawn from circulation.*
[6] *Vehicles with a capacity of up to a maximum of 12 passengers.*
[7] *Excluding government vehicles.*
[8] *Vehicles with a capacity of up to 8 passengers; including station wagons, jeeps, and sedan and coupe models; excluding those with official number-plates, and, for 1975-1978, vehicles with number-plates issued the Panama Canal Zone authorities.*
[9] *Data relate to private cars with a capacity of 6 passengers, including the driver.*

25. TELEVISORES / *TELEVISION RECEIVERS*

(Por cada mil habitantes / *Per thousand inhabitants*)

País / *Country*	1960	1965	1970	1975	1980	1981
Argentina	21.8	71.8	146.1	172.7	182.0	193.1
Barbados	-	25.5	66.9	163.3	190.1	199.2
Bolivia	-	...	...	8.9	53.9	59.6
Brasil / *Brazil*	16.5	28.5	63.6	98.9	123.7	124.9
Colombia	9.7	19.3	38.9	69.0	87.2	94.9
Costa Rica	2.4	33.7	57.7	76.3	71.1	70.0
Cuba	71.1	70.7	67.9	64.3	130.8	153.1
Chile	0.1	6.1	52.9	67.7	110.1	110.6
Ecuador	0.5	8.1	24.8	35.8	61.6	63.4
El Salvador	7.8	11.6	25.7	32.6	62.5	62.8
Guatemala	8.1	12.0	13.7	18.3	25.3	25.3
Haití / *Haiti*	0.5	1.7	2.4	2.6	2.8	2.9
Honduras	0.7	1.0	8.3	15.2	13.3	12.8
Jamaica	-	14.2	37.5	53.8	76.3	81.1
México / *Mexico*	17.5	28.0	58.5	...	108.1	110.8
Nicaragua	3.3	9.1	26.8	34.5	63.2	64.7
Panamá / *Panama*	10.0	54.6	95.5	108.6	112.5	116.6
Paraguay	-	...	14.8	20.1	21.5	22.9
Perú / *Peru*	3.3	18.3	29.9	33.0	49.1	50.7
República Dominicana / *Dominican Republic*	...	13.4	23.3	32.0	69.3	69.6
Suriname	...	21.1	75.5	93.7	103.1	103.3
Trinidad y Tabago / *Trinidad and Tobago*	0.0	20.5	58.4	97.0	179.8	223.6
Uruguay	9.9	74.3	91.9	124.1	124.8	125.0
Venezuela	33.3	72.5	74.9	101.4	113.8	116.2

(Por cada mil habitantes / *Per thousand inhabitants*)

País / *Country*	1960	1965	1970	1975	1980	1981	1982	1983
Argentina	62.9	67.2	66.4	76.6	76.4	...	...	...
Barbados	41.6	65.9	121.3	171.4	254.8	...	...	...
Belice / *Belize*	...	...	25.8[1]	35.7[1]	...	...	...	...
Bolivia	7.0	6.6	...	12.5	24.1	24.7	25.9	...
Brasil / *Brazil*	14.1	15.7	20.7	31.2	61.2	...	...	...
Colombia	19.0	24.5	38.9	55.5	66.6	...	...	...
Costa Rica	12.9	14.7	35.8	57.0	103.6	...	...	...
Cuba	28.7	29.6	31.4	32.0	40.1	41.4	44.8	...
Chile	25.4	30.7	37.4	42.0	49.5	50.9	50.3	...
Dominica	...	...	28.2[1]	39.5[1]	12.0[1,2]	35.7[1]	...	...
Ecuador	6.6	8.4	17.2	25.9	33.5	...	...	...
El Salvador	6.2	6.6	10.9	12.0	14.7	15.2	15.6	...
Granada / *Grenada*	...	...	...	47.6	54.1	...	...	...
Guatemala	4.5	5.5	9.3	...	...	...	...	...
Guyana	...	17.1	21.2	26.5	...	...	...	...
Haití / *Haiti*	1.2	1.1	...	...	...	...	...	...
Honduras	3.0	3.8	5.3	5.5	7.3	8.4	8.3	8.3
Jamaica	21.5	28.0	38.5	50.4	54.4	...	...	...
México / *Mexico*	14.1	18.9	29.6	48.7	72.4	77.7	81.7	...
Nicaragua	5.5	7.0	12.7	15.0	...	...	...	...
Panamá / *Panama*	25.9	36.8	57.2	78.1	88.4	92.5	96.4	...
Paraguay	6.1	7.0	10.5	13.8	18.6	19.6	...	...
Perú / *Peru*	10.9	11.9	16.8	24.6	27.3	27.3	27.5	...
República Dominicana / *Dominican Republic*	6.3	8.4	11.0	21.8	29.7	...	...	...
Suriname	...	...	...	49.6	...	...	...	...
Trinidad y Tabago / *Trinidad and Tobago*	36.6	39.9	54.5	61.9	...	...	...	...
Uruguay	55.8	68.8	76.6	88.4	98.7	100.4	...	...
Venezuela	26.9	31.5	26.2	39.2	51.3	56.2	59.5	...

[1] Al 31 de marzo del año indicado.
[2] Cifra menor debido a huracán.

[1] *As at 31 March of year given.*
[2] *Lower figure on account of hurricane damage.*

113

27. CONSUMO APARENTE DE PAPEL PERIODICO /
APPARENT NEWSPRINT CONSUMPTION

(Kilogramos anuales por habitante / *Kilogrammes per capita per year*)

País / *Country*	1960	1965	1970	1975	1980	1981
Argentina	8.3	10.1	11.6	5.7	9.6	9.4
Barbados	3.5	3.0	3.8	2.0	2.7	6.0
Belice / *Belize*	...	0.9	1.7	1.4	1.2	1.2
Bolivia	1.1 [1]	0.8	1.1	1.0	1.3	1.2
Brasil / *Brazil*	3.2	2.0	2.6	1.4	1.8	1.3
Colombia	2.2	2.5	2.8	1.9	2.0	3.6
Costa Rica	2.9	4.1	6.4	5.7	6.9	4.5
Cuba	5.9	2.4	2.7	2.9	3.4	3.4
Chile	3.1	4.8	4.9	4.0	5.9	7.8
Ecuador	1.9	2.6	2.3	1.5	4.0	3.8
El Salvador	1.9	2.9	3.6	2.5	3.0	3.0
Guatemala	1.0	1.2	1.6	1.3	2.5	2.4
Guyana	2.0	1.6	1.7	1.8	2.2	2.1
Haití / *Haiti*	0.1	0.1	0.2	0.2	0.1	0.1
Honduras	0.4	0.7	1.0	0.7	1.6	1.5
Jamaica	2.9	3.6	4.6	4.3	3.3	2.7
México / *Mexico*	2.7	2.6	3.1	3.6	4.6	4.4
Nicaragua	1.1	1.7	1.8	1.7	1.5	1.4
Panamá / *Panama*	2.2	2.7	4.0	2.0	1.3	2.5
Paraguay	0.7	0.7	1.8	1.2	2.5	1.5
Perú / *Peru*	1.8	3.5	3.7	3.4	0.4	1.8
República Dominicana / *Dominican Republic*	0.5	0.2	1.0	1.3	2.2	2.6
Suriname	...	1.2	1.3	1.1	2.6	3.8
Trinidad y Tabago / *Trinidad and Tobago*	5.8	4.5	5.5	5.8	4.4	4.3
Uruguay	7.9	6.6	7.4	3.7	6.0	7.4
Venezuela	3.1	4.9	7.9	6.8	9.3	9.0

[1] Incluye todas las categorías de papel para imprimir. [1] *Including all categories of printing paper.*

28. CRECIMIENTO DEL CONSUMO PRIVADO POR HABITANTE [1] /
GROWTH OF PER CAPITA PRIVATE CONSUMPTION [1]

(Tasas anuales medias / *Average annual rates*)

País / *Country*	1950-1960	1960-1965	1965-1970	1970-1975	1975-1980	1980	1981	1982	1983
Argentina	-0.2	4.0	2.3	1.9	0.0	3.5	-7.0	-11.5	2.9
Bolivia	-1.4	2.3	2.4	3.4	2.6	-0.6	-1.5	-9.9	-6.2
Brasil / *Brazil*	3.2	1.1	5.4	6.6	5.4	2.0	-3.2	1.8	-4.9
Colombia	1.6	1.8	2.7	3.6	3.0	0.9	-1.6	-0.6	0.4
Costa Rica	3.4	1.7	4.3	1.6	1.2	-5.9	-4.3	-13.2	-0.7
Chile	2.4	-0.2	2.8	-5.2	3.8	3.2	8.3	-17.8	-5.7
Ecuador	1.4	2.3	1.9	8.0	4.2	-0.3	4.6	-0.2	-8.1
El Salvador	1.6	3.4	0.3	1.6	-1.5	-10.1	-10.6	-7.7	-5.4
Guatemala	0.7	2.0	1.8	2.3	4.0	1.6	-2.5	-8.0	-7.3
Haití / *Haiti*	0.7	-1.9	-0.6	-0.8	2.8	7.2	0.1	-10.3	-2.3
Honduras	-0.2	2.1	0.5	-0.8	0.4	-0.8	0.4	2.9	-3.3
México / *Mexico*	2.4	2.4	3.6	2.5	3.1	3.5	3.7	1.9	-7.5
Nicaragua	2.4	6.2	-0.2	2.2	-7.5	-0.1	-16.1	-12.5	-21.2
Panamá / *Panama*	3.3	4.5	2.0	0.6	3.5	1.6	-3.3	4.4	-0.2
Paraguay	-0.3	1.6	0.9	2.7	4.4	2.1	3.1	4.5	-4.8
Perú / *Peru*	1.6	4.7	2.5	2.0	-1.4	1.0	2.8	-2.3	-13.1
República Dominicana / *Dominican Republic*	2.2	1.0	6.7	4.9	2.8	7.4	-0.7	-2.2	2.5
Uruguay	1.7	-1.9	2.1	1.0	2.8	9.7	-1.5	-13.0	-5.0
Venezuela	4.2	2.5	2.0	4.8	3.6	-1.1	-2.6	2.6	-11.0
Total	1.8	2.1	3.3	3.4	3.1	2.2	-0.8	-1.2	-5.4

I. DESARROLLO SOCIAL Y BIENESTAR

29. DISPONIBILIDAD DE CALORIAS / *CALORIES AVAILABLE*

(Calorías diarias por habitante, promedios trienales /
Calories per day per capita, three-year averages)

País / Country	1961-1963	1964-1966	1966-1968	1969-1971	1972-1974	1975-1977	1977-1979	1978-1980	1979-1981
Argentina	3 237	3 201	3 252	3 354	3 290	3 362	3 345	3 386	3 380
Bahamas	...	2 392	2 456	2 529	...	2 247	...	2 328	2 200
Barbados	2 647	2 602	2 670	2 893	3 082	2 934	...	3 054	3 020
Belice / *Belize*	...	2 513	2 423	2 614	...	2 562	...	2 659	2 714
Bolivia	1 630	1 840	1 915	1 972	2 103	2 042	2 090	2 086	2 082
Brasil / *Brazil*	2 381	2 430	2 488	2 491	2 478	2 492	2 498	2 517	2 580
Colombia	2 161	2 154	2 084	2 133	2 235	2 346	...	2 473	2 494
Costa Rica	2 153	2 330	2 313	2 408	2 417	2 479	2 571	2 635	2 653
Cuba	2 410	2 364	2 381	2 568	2 652	2 678	2 672	2 717	2 795
Chile	2 553	2 651	2 744	2 696	2 694	2 616	2 662	2 738	2 759
Dominica	...	2 105	2 128	2 237	...	2 160	...	2 196	2 018
Ecuador	1 842	1 924	1 924	1 988	2 064	2 087	...	2 092	2 114
El Salvador	1 805	1 834	1 840	1 852	1 914	2 076	2 145	2 163	2 155
Granada / *Grenada*	...	2 160	2 176	2 342	...	2 052	...	2 103	2 168
Guatemala	1 903	2 013	1 971	2 063	2 200	2 035	2 062	2 064	2 138
Guyana	2 358	2 377	2 312	2 311	2 296	2 456	2 444	2 483	2 359
Háití / *Haiti*	1 961	1 994	1 855	1 918	2 036	1 793	1 835	1 882	1 904
Honduras	1 936	1 959	2 059	2 152	2 065	2 081	2 151	2 175	2 135
Jamaica	1 983	2 195	2 286	2 475	2 625	2 601	...	2 570	2 542
México / *Mexico*	2 534	2 591	2 685	2 642	2 628	2 756	2 771	2 803	2 890
Nicaragua	2 185	2 502	2 523	2 536	2 409	2 445	2 368	2 284	2 188
Panamá / *Panama*	2 312	2 298	2 427	2 448	2 322	2 396	2 331	2 290	2 338
Paraguay	2 462	2 611	2 658	2 778	2 713	2 774	2 891	2 902	2 839
Perú / *Peru*	2 230	2 261	2 225	2 258	2 303	2 209	2 106	2 166	2 195
República Dominicana / *Dominican Republic*	1 872	1 865	1 919	1 971	2 101	2 117	...	2 133	2 131
Santa Lucía / *Saint Lucia*	...	1 905	2 056	2 132	...	2 226	...	2 388	2 390
Suriname	...	2 354	2 372	2 407	...	2 464	...	2 468	2 524
Trinidad y Tabago / *Trinidad and Tobago*	2 418	2 305	2 300	2 385	2 557	2 518	...	2 702	2 837
Uruguay	2 916	2 816	2 837	2 982	3 039	2 918	2 822	2 868	2 886
Venezuela	2 160	2 282	2 316	2 336	2 349	2 538	2 625	2 649	2 649

30. DISPONIBILIDAD DE PROTEINAS / *PROTEINS AVAILABLE*

(Gramos diarios de proteínas por habitante, promedios trienales /
Grammes of protein per day per capita, three-year averages)

País / *Country*	1961-1963	1964-1966	1966-1968	1969-1971	1972-1974	1974-1976	1977-1979	1978-1980	1979-1981
Argentina	108.4	100.8	104.9	106.1	101.1	108.0	109.9	111.9	112.7
Bahamas	...	73.5	76.5	75.2	...	65.6	...	68.8	62.5
Barbados	64.3	70.0	70.8	81.0	80.3	82.3	...	85.2	86.8
Belice / *Belize*	...	62.6	59.8	65.1	...	67.0	...	66.4	67.8
Bolivia	44.9	49.3	50.0	50.2	55.4	53.0	53.2	52.8	54.6
Brasil / *Brazil*	61.6	61.0	63.9	61.2	61.4	59.5	58.1	59.4	59.4
Colombia	50.5	50.2	48.9	49.0	48.6	49.6	...	55.0	55.3
Costa Rica	52.1	56.1	56.0	57.0	54.5	59.4	57.5	60.8	63.8
Cuba	57.8	59.1	62.4	69.2	69.2	71.1	65.6	71.1	74.7
Chile	65.8	71.2	73.5	70.8	73.2	71.8	68.4	75.0	75.7
Dominica	...	55.0	53.3	57.6	...	54.0	...	55.5	56.0
Ecuador	45.9	50.7	50.2	49.7	48.4	48.5	...	48.7	50.1
El Salvador	51.6	50.6	50.6	49.7	50.5	53.3	56.2	57.6	56.3
Granada / *Grenada*	...	54.0	54.5	61.5	...	55.2	...	60.3	62.5
Guatemala	52.6	56.2	54.4	56.6	59.6	55.1	55.2	55.9	58.2
Guyana	56.5	59.6	59.4	58.2	54.0	57.5	52.5	58.8	57.5
Haití / *Haiti*	46.2	46.1	44.6	44.4	48.8	44.8	42.2	44.5	45.4
Honduras	52.1	51.0	53.4	53.8	52.5	50.5	50.9	51.5	52.1
Jamaica	55.0	57.6	60.9	65.4	69.9	67.3	...	63.4	62.6
México / *Mexico*	62.7	64.7	68.6	66.8	66.3	67.4	69.3	72.2	74.9
Nicaragua	64.1	71.6	72.9	76.8	68.5	70.7	66.1	64.7	57.9
Panamá / *Panama*	57.3	58.5	59.5	59.8	56.8	58.7	54.4	56.1	56.4
Paraguay	72.1	70.9	73.7	74.8	75.4	73.2	79.6	81.3	79.9
Perú / *Peru*	61.6	60.8	61.0	60.2	59.6	57.7	51.8	56.3	58.7
República Dominicana / *Dominican Republic*	39.9	41.1	41.4	42.6	43.6	43.7	...	46.6	47.3
Santa Lucía / *Saint Lucia*	...	45.8	49.7	53.8	...	52.9	...	64.4	64.7
Suriname	...	60.7	60.9	59.5	...	60.3	...	58.1	62.0
Trinidad y Tabago / *Trinidad and Tobago*	62.1	61.6	59.2	61.2	65.6	64.4	...	75.1	75.6
Uruguay	97.8	83.9	85.2	90.4	90.3	88.7	82.4	86.8	86.6
Venezuela	56.8	59.1	58.9	59.8	60.0	60.9	67.5	70.8	71.7

31. DISPONIBILIDAD RELATIVA DE CALORIAS / *RELATIVE AVAILABILITY OF CALORIES*

(Suministro medio de calorías como porcentaje de las necesidades nutricionales mínimas, promedios trienales[1] / *Average supply of calories as a percentage of minimum nutritional needs, three-year averages[1]*)

País / *Country*	1961-1963	1964-1966	1966-1968	1969-1971	1972-1974	1974-1976	1977-1979	1978-1980	1979-1981
Argentina	122.2	120.8	122.7	126.6	124.2	127.3	126.2	127.8	127.5
Bolivia	68.2	77.0	80.1	82.5	88.0	84.3	87.4	87.3	87.1
Brasil / *Brazil*	99.6	101.7	104.1	104.2	103.7	104.3	104.5	105.3	107.9
Colombia	93.1	92.8	89.8	91.9	96.3	99.8	...	106.6	107.5
Costa Rica	96.1	104.0	103.3	107.5	107.9	114.1	114.8	117.6	118.4
Cuba	104.3	102.3	103.1	111.2	114.8	115.6	115.7	117.6	121.0
Chile	104.6	108.6	112.5	110.5	110.4	108.4	109.1	112.2	113.1
Ecuador	80.4	84.0	84.0	86.8	90.1	90.7	...	91.4	92.3
El Salvador	78.8	80.1	80.3	80.9	83.6	89.6	93.7	94.5	94.1
Guatemala	86.9	91.9	90.0	94.2	100.5	95.0	94.2	94.2	97.6
Guyana	103.9	104.7	101.9	101.8	101.1	104.2	107.7	109.4	103.9
Haití / *Haiti*	86.8	88.2	82.1	84.9	90.1	85.6	81.2	83.3	84.2
Honduras	85.7	86.7	91.1	95.2	91.4	91.8	95.2	96.2	94.5
Jamaica	88.5	98.0	102.1	110.5	117.2	115.6	...	114.7	113.5
México / *Mexico*	108.8	111.2	115.2	113.4	112.8	116.6	118.9	120.3	124.0
Nicaragua	97.1	111.2	112.1	112.7	107.1	108.8	105.2	101.5	97.2
Panamá / *Panama*	100.1	99.5	105.1	106.0	100.5	104.1	100.9	99.1	101.2
Paraguay	106.6	113.0	115.1	120.3	117.4	118.1	125.2	125.6	122.9
Perú / *Peru*	94.9	96.2	94.7	96.1	98.0	95.4	89.6	92.2	93.4
República Dominicana / *Dominican Republic*	82.8	82.5	84.9	87.2	93.0	93.3	...	94.4	94.3
Uruguay	109.2	105.5	106.3	111.7	113.8	110.6	105.7	107.4	108.1
Venezuela	87.4	92.4	93.8	94.6	95.1	95.5	106.3	107.2	107.2

[1] Necesidades mínimas diarias de calorías por persona. Las necesidades nutricionales mínimas para cada país utilizadas como base para la construcción del índice aparecen en las Notas Metodológicas referidas a este cuadro.

[1] *Minimum daily calorie needs per capita. The minimum nutritional needs for each country used as a basis for constructing the index are given in the Methodological Notes relating to this table.*

32. MORTALIDAD EN NIÑOS MENORES DE 5 AÑOS /
MORTALITY AMONG CHILDREN UNDER FIVE YEARS OLD

a) Mortalidad infantil [1] / *Infant mortality* [1]

(Tasas anuales medias por cada mil / *Average annual per 1 000*)

País / Country	1950-1955	1955-1960	1960-1965	1965-1970	1970-1975	1975-1980	1980-1985	1995-2000
Argentina	65.9	60.3	59.7	57.4	49.0	40.5	36.0	26.1
Bolivia	175.7	169.7	163.6	157.5	151.3	138.2	124.4	74.4
Brasil / *Brazil*	134.7	121.9	109.4	100.1	90.5	78.7	70.6	50.6
Colombia	123.2	102.2	84.5	74.2	66.9	59.4	53.3	40.5
Costa Rica	88.6 [2]	81.6 [2]	70.6 [2]	60.3 [2]	67.1 [2]	29.6	20.2	16.3
Cuba	79.0	34.0	38.7	39.2	33.8	22.5	20.4	15.8
Chile	127.2	117.0	107.0	89.8	72.0	62.3	54.0	35.1
Ecuador	167.7	147.6	132.3	114.5	100.0	83.2	68.8	38.5
El Salvador	...	...	...	...	101.0	84.8	71.0	42.2
Guatemala	131.0 [2]	130.7 [2]	128.1 [2]	115.3 [2]	90.2	79.0	67.7	40.4
Haití / *Haiti*	219.6	193.4	170.5	150.3	134.9	120.9	108.1	76.8
Honduras	...	...	...	...	110.7	95.4	81.5	46.3
México / *Mexico*	113.9	97.7	86.3	78.5	69.3	60.5	53.0	36.7
Nicaragua	...	...	...	...	108.9	96.5	84.5	51.4
Panamá / *Panama*	70.2 [2]	61.3 [2]	55.5 [2]	46.7 [2]	43.8	36.2	32.5	25.3
Paraguay	105.7	91.2	80.6	66.9	52.6	48.6	45.0	35.7
Perú / *Peru*	195.1	173.4	152.2	132.7	106.5	93.4	81.9	71.7
República Dominicana / *Dominican Republic*	...	...	...	...	83.6	73.1	63.5	41.8
Uruguay	57.4	53.6	47.9	47.1	46.3	41.6	37.5	28.9
Venezuela	110.9	92.2	76.9	64.9	52.4	44.8	38.6	27.7

[1] Defunciones de niños de 0 a 1 año de edad por cada mil niños nacidos vivos.
[2] Estimaciones elaboradas por la División de Población de las Naciones Unidas ("Infant mortality rates: estimates and projections by country and region, 1970-2000").

[1] *Deaths of children aged 0 to 1 years per thousand live births.*
[2] *Estimates prepared by the United Nations Population Division ("Infant mortality rates: estimates and projections by country and region, 1970-2000").*

32. MORTALIDAD EN NIÑOS MENORES DE 5 AÑOS / *MORTALITY AMONG CHILDREN UNDER FIVE YEARS OLD*

b) Mortalidad de 1 a 4 años de edad [1]/ *Mortality between ages 1 and 4*[1]
(Tasas anuales medias por cada mil / *Average annual rates per 1000*)

País / *Country*	1957	1960	1965	1970	1975	1980
Argentina	4.9	4.3	3.3	3.3	0.9	...
Barbados	...	3.5	2.1	2.2	1.2	0.8
Belice / *Belize*	...	6.7	...	4.3	...	...
Bolivia	...	...	11.0	...	...	...
Brasil / *Brazil*	...	...	6.6[2]	...	...	...
Colombia	20.0	16.3	13.1	6.8	4.9	...
Costa Rica	11.7	6.9	6.0	4.6	2.1	...
Cuba	2.8	...	1.5	1.2	1.0	...
Chile	10.6	9.7	5.1	4.1	2.2	1.3
Dominica	...	19.9	...	4.9	...	...
Ecuador	25.3	21.5	17.3	14.9	8.6	...
El Salvador	28.5	17.5	13.9	11.1	5.5	...
Granada / *Grenada*	...	12.8	...	4.4	...	1.4
Guatemala	42.5	29.0	30.3	24.0	24.2	12.4
Guyana	...	5.8	...	...	...	...
Haití / *Haiti*	...	...	...	...	...	...
Honduras	19.1	13.9	12.8	9.9	9.2	...
Jamaica	...	6.5	4.5	6.3	...	...
México / *Mexico*	21.6	13.1	9.9	9.5	...	...
Nicaragua	12.3	9.1	7.6	...	...	...
Panamá / *Panama*	10.4	9.6	7.2[3]	7.5	3.1	2.1
Paraguay	...[4][5]	...[4][5]	7.4[4]	6.7[4]	5.6[4]	4.1[4]
Perú / *Peru*	21.7	...	...	12.5	...	...
República Dominicana / *Dominican Republic*	12.5	11.8	6.9	5.9	4.8	...
Santa Lucía / *Saint Lucia*	...	21.7	...	4.0	...	...
Suriname	...	...	...	4.3	...	...
Trinidad y Tabago / *Trinidad and Tobago*	...	3.2	2.4	1.8	...	...
Uruguay	...[5]	1.8	2.1	1.3	1.5	...
Venezuela	11.0	5.9	5.7	5.2	3.8	...

[1] Defunciones de niños de 1 a 4 años por cada mil niños de 1 a 4 años de edad.
[2] Se refiere solamente a cuatro municipios de las capitales estatales en el año 1965, a tres en el año 1966, a seis en el año 1967 y a siete en el año 1968.
[3] Excluye la población indígena.
[4] Area de información solamente.
[5] No se calculó la tasa por no disponer de información referente a población de 1 a 4 años.

[1] *Deaths per thousand among children aged 1 to 4.*
[2] *Refers to only 4 state capital municipalities in 1965, 3 in 1966, 6 in 1967 and 7 in 1968.*
[3] *Excluding the indigenous population.*
[4] *Area of information only.*
[5] *The rate was not calculated as no data were available on the population aged 1 to 4 years.*

(Número de habitantes por cada médico / *Number of inhabitants per doctor*)

País / Country	1960	1965	1970	1975	1980	1981	1982	1983
Argentina	681 [1]	...	528	535	388	...	...	...
Barbados	3 000	2 489 [2]	...	1 476	1 241	1 220	1 217	...
Bolivia	5 218 [3]	...	2 018	3 387 [3]	1 952	...	...	...
Brasil / *Brazil*	2 214	2 392 [2]	2 081 [4]	...	1 278 [4]	...	...	...
Colombia	2 603	2 478	2 237	2 017	1 773	1 727	...	...
Costa Rica	2 699	2 044	1 623	...	...	...	1 198	...
Cuba	1 064	1 252 [3]	1 393 [3]	1 000 [3]	638 [3]	604 [3]	579 [3]	...
Chile	1 647 [3]	1 731 [3,2]	2 149 [3]	2 342 [3]	1 141 [5]	2 738 [3]	...	...
Ecuador	2 665 [4]	3 040 [4]	2 906 [4]	2 144 [4]	...	...	...	...
El Salvador	5 329	4 609	4 209	4 114	3 032	3 081	3 163	...
Guatemala	...	4 108	3 656	2 441	...	...	...	...
Guyana	3 710	...	...	6 592 [6]	...	...	...	...
Haití / *Haiti*	...	13 175	...	12 049	...	12 353 [3]	...	...
Honduras	12 617 [3]	6 583	4 011	3 340	3 045	2 888	2 768	2 529
Jamaica	...	2 029 [2]	2 632 [6]	...	...	...	...	...
México / *Mexico*	1 833	2 055	1 506	1 229	1 045	...	...	...
Nicaragua	2 849	2 246	2 136	1 953	2 286	1 857	1 516	1 484
Panamá / *Panama*	2 756	2 125 [2]	1 735	1 362	1 074	1 012	1 000	...
Paraguay	3 606 [1]	1 668 [2]	892	1 207 [6]	...	...	1 622	...
Perú / *Peru*	1 962 [1]	2 118 [2]	...	1 643	1 391	1 311	1 236	...
República Dominicana / *Dominican Republic*	7 294 [3]	1 683 [2]	...	4 701				
Trinidad y Tabago / *Trinidad and Tobago*	2 395	3 824	...	1 967	1 486	...	...	...
Uruguay	2 180 [3]	873 [2]	915	710	...	534	...	...
Venezuela	1 487	1 316 [2]	1 120	931	925	889	830	...

[1] Calculado sobre la base de número de médicos registrados, ya que no todos son residentes o trabajan en el país.
[2] Corresponde al año 1964.
[3] Calculado sobre la base de número de médicos del Ministerio de Salud solamente.
[4] Calculado sobre la base de número de médicos que trabajan en establecimientos de salud.
[5] Calculado sobre la base de número de médicos inscritos en el Colegio Médico y que trabajan en el país.
[6] Se desconoce la cobertura de la cifra de médicos.

[1] *Calculated on the basis of the number of registered doctors, since not all reside or work in the country.*
[2] *1964.*
[3] *Calculated on the basis of the number of Ministry of Health doctors only.*
[4] *Calculated on the basis of the number of doctors working in health establishments.*
[5] *Calculated on the basis of the number of doctors enrolled in the Medical Association and working in the country.*
[6] *Coverage of figure on doctors unknown.*

34. AUXILIARES MEDICOS [1] / *MEDICAL ASSISTANTS* [1]

(Número de habitantes por cada auxiliar médico /
Number of inhabitants per medical assistant)

País / Country	1960	1965	1970	1975	1980	1981	1982	1983
Argentina	...	735[2]	628[3]	...	392[4]	...	...	...
Barbados	514	289[2 5]	...	308	221	224	227	...
Bolivia	4 170	2 464[2]	2 395[4]	2 743[4 6]	993	...	...	...
Brasil / *Brazil*	...	...	2 749[4]	...	1 584[4]	...	...	...
Colombia	...	1 500	2 158	1 422	1 047	1 027	1 020	...
Costa Rica	785[4 5]	684	504	...	...	...	313	...
Cuba	...	810	726	440	358	333	309	...
Chile	740	570[4]	488[4 5]	427[4 5]	446[5 7]	452[5 7]	...	...
Ecuador	...	2 333	1 631	1 028	666	...	...	...
El Salvador	1 991[5]	1 062	1 477	1 302	1 185	1 206	1 249	...
Guatemala	...	1 643	1 236	...	1 453	...	1 356	...
Guyana	1 655[5 8]	...	...	...	477[4]	...	...	...
Haití / *Haiti*	...	11 922[4]	...	3 331[5]	3 059[4]	4 302[5]	...	...
Honduras	3 114	1 735	1 493	1 019[4]	472[4]	418[4]	390[4]	4 825[8]
Jamaica	...	...	1 718[5 9]	...	...	...	...	...
México / *Mexico*	8 042	902	1 389	943[4]	708[4]	...	...	...
Nicaragua	3 546	1 093	803	928	591	588	617	569
Panamá / *Panama*	764	668	554	431	443	409	406	...
Paraguay	...	1 258	1 796[10]	1 597[10]	259[4 8]	250[4 8]	...	...
Perú / *Peru*	3 630[9]	1 222	...	2 002[8]	...	...	...	...
República Dominicana / *Dominican Republic*	3 243[5]	1 924	...	...	1 240	...	...	...
Trinidad y Tabago / *Trinidad and Tobago*	672[8]	616	490[3]	420	412	...	...	...
Uruguay	...	633[2]	...	...	...	7 847[11]	...	...
Venezuela	...	...	431	403	343	336	...	...

[1] Incluye enfermeras graduadas y auxiliares de enfermería.
[2] Corresponde al año 1964.
[3] Corresponde al año 1969.
[4] Incluye matronas.
[5] Sólo funcionarios del Ministerio de Salud.
[6] Incluye laboratoristas, técnicos y otros.
[7] Sólo auxiliares de enfermería.
[8] Sólo enfermeras graduadas.
[9] No especifica si se trata de enfermeras graduadas, de auxiliares de enfermería o de ambos grupos.
[10] Cobertura desconocida.
[11] Sólo matronas.

[1] *Including graduate nurses and nursing auxiliaries.*
[2] *1964.*
[3] *1969.*
[4] *Including midwives.*
[5] *Ministry of Health officials only.*
[6] *Including laboratory workers, technicians and others.*
[7] *Nursing auxiliaries only.*
[8] *Graduates nurses only.*
[9] *Does not specify whether these figures cover graduate nurses, nursing auxiliaries or both groups.*
[10] *Coverage unknown.*
[11] *Midwives only.*

(Camas de hospital por cada mil habitantes / *Number of hospital beds per thousand inhabitants*)

País / *Country*	1960	1965	1970	1975	1980	1981	1982	1983
Argentina	6.4	6.4	5.6	...	5.4	...	...	...
Barbados	5.9	6.9	10.2	8.8	8.1	8.1	8.0	...
Bolivia	1.8	2.4	2.2	2.2	1.8	...	...	...
Brasil / *Brazil*	3.2	3.4	3.7	3.9	4.2	...	...	...
Colombia	2.8	2.6	2.3	1.9	...	...	...	...
Costa Rica	4.5	4.2	4.0	3.8	3.3	...	...	...
Cuba	4.3	6.2	6.7	5.5	5.5	5.8	5.9	...
Chile	3.7	4.2	3.8	3.7	3.4	3.3	...	...
Ecuador	1.9	2.3	2.3	1.9	...	...	...	...
El Salvador	2.2	1.8	2.0	1.5	1.2	1.3	1.2	...
Guatemala	2.6	2.4	2.3	1.9	1.8	1.6	...	...
Guyana	5.9	6.4	4.8	5.0	...	...	...	...
Haití / *Haiti*	0.6	0.6	0.8 [1]	0.8	...	0.9 [1]	...	...
Honduras	1.6	1.4	1.7	1.5	1.3	1.3	...	...
Jamaica	4.1	4.0	4.1	3.8	...	...	...	...
México / *Mexico*	1.7	2.0	1.4	1.4	1.2	...	...	...
Nicaragua	2.2	2.1	2.4	2.0	1.7	1.7	1.6	1.6
Panamá / *Panama*	3.8	3.5 [2]	3.3 [2]	3.7 [2]	3.8 [2]	3.7 [2]	3.7 [2]	...
Paraguay	2.5	2.1	1.7	1.2	1.0	1.0	...	...
Perú / *Peru*	2.4	2.5	2.2	2.2	1.7	...	1.6	...
República Dominicana / *Dominican Republic*	2.3	2.8	2.7	2.6	...	...	...	...
Trinidad y Tabago / *Trinidad and Tobago*	5.6	4.4	4.7	4.5	...	...	...	...
Uruguay	5.5	5.1	5.9	4.2	6.0	...	...	...
Venezuela	3.5	3.2	3.1	2.8	2.7	2.8	2.7	...

[1] Sólo incluye camas en establecimientos gubernamentales.
[2] Incluye camas de recién nacidos.

[1] *Includes beds in government establishments only.*
[2] *Includes hospital beds for new-born infants.*

36. GASTO PUBLICO EN SALUD [1] / *PUBLIC EXPENDITURE ON HEALTH* [1]

(Porcentaje del producto interno bruto a precios corrientes en moneda nacional /
Percentage of the gross domestic product at current prices in national currency)

País / Country	1970	1974	1975	1976	1977	1978	1979	1980	1981
Argentina	0.7	0.6	0.5	0.7	0.4	0.4	0.3	0.3	...
Barbados	...	3.6	3.3	3.7	3.5	3.4	3.0	3.6	...
Bolivia	...	1.0	1.0	1.0	1.0	1.1	1.1	...	...
Brasil / *Brazil*	1.2	1.1	1.1	1.3	1.4	1.5	1.4	1.3	...
Colombia	...	0.7	0.8	0.7	0.7	0.8	0.8	0.9	...
Costa Rica	...	0.8	0.9	1.0	0.6	0.9	0.6	1.3	...
Chile	...	2.5	2.4	2.1	2.2	2.2	1.9	2.1	2.0
Ecuador	...	0.9	0.9	0.9	0.9	0.9	0.9	1.1	1.1
El Salvador	...	1.3	1.1	1.4	1.4	1.3	1.3	1.5	...
Guatemala	...	0.8	0.8	0.8	0.8	0.8	0.9	1.4	...
Guyana	...	2.0	2.2	2.6	...	...	...	...	...
Haití / *Haiti*	...	0.8	0.7	0.7	0.7	0.8	...	...	...
Honduras	...	2.2	2.1	2.5	1.5	1.7	1.6	...	...
Jamaica	...	1.9	2.9	2.9	2.8	2.7	...	...	...
México / *Mexico*	...	0.5	0.6	0.6	0.7	0.6	0.6	0.4	...
Nicaragua	0.7	1.0	1.5	1.9	1.8	1.7	...	...	...
Panamá / *Panama*	...	4.2	4.6	4.2	4.6	4.5	4.6	...	...
Paraguay	...	0.3	0.3	0.3	0.3	0.3	0.4	0.4	...
Perú / *Peru*	...	0.9	0.9	1.0	1.0	0.9	0.9	0.8	...
República Dominicana / *Dominican Republic*	...	2.0	1.2	1.4	1.3	1.5	1.6	1.6	...
Trinidad y Tabago / *Trinidad and Tobago*	...	1.6	1.5	1.6	2.8	...	2.1	...	...
Uruguay	...	1.4	0.9	0.9	0.9	1.2	0.9	1.0	0.9
Venezuela	2.4	1.8	2.1	2.2	2.2	2.1	1.8	1.9	...

[1] El año fiscal comienza el primero de enero de cada año, excepto en Barbados y Jamaica, en que comienza el primero de abril, y en Haití, donde comienza el primero de octubre.

[1] *The fiscal year begins on 1 January of each year, except in Barbados and Jamaica, where it begins on 1 April, and in Haiti, where it begins on 1 October.*

37. ANALFABETISMO / ILLITERACY

(Porcentaje de la población de 15 años y más /
Percentage of the population aged 15 years and over)

País / Country	Alrededor de / *Around*							
	1950		1960		1970		1980	
	Año *Year*	Porcentaje *Percentage*	Año *Year*	Porcentaje *Percentage*	Año *Year*	Porcentaje *Percentage*	Año *Year*	Porcentaje *Percentage*
Argentina	1947	13.6[1]	1960	8.6	1970	7.4	1980	6.1
Bahamas	...	...	1963	10.3[2]	...	...	...	...
Barbados	1946	8.9	1960	1.8	1970	0.7[2,3]	...	...
Belice / *Belize*	...	...	...	...	1970	8.8[2]		
Bolivia	1950	67.9	1960	61.2[2]	1976	36.8	...	...
Brasil / *Brazil*	1950	50.5	1960	39.7	1970	33.8	1980	25.5
Colombia	1951	37.7	1964	27.1	1973	19.2	...	...
Costa Rica	1950	20.6	1963	15.6	1973	11.6	...	...
Cuba	1953	22.1	-	-	1970	...	1981	2.15[4]
Chile	1952	19.8	1960	16.4	1970	11.0		
Dominica	...	...	...	...	1970	5.9[2]		
Ecuador	1950	44.3	1962	32.5	1974	25.8	...	...
El Salvador	1950	60.6	1961	51.0	1971	42.9	...	...
Granada / *Grenada*	...	...	...	...	1970	2.2[2,3]		
Guatemala	1950	70.7	1964	62.2	1973	54.0	1981	44.2
Guyana	1946	24.1[3]	1960	12.9	1970	8.4[2,3]	...	...
Haití / *Haiti*	1950	89.5	1960	85.5[2]	1971	78.7	...	...
Honduras	1950	64.8[5]	1961	55.0	1974	43.1	...	...
Jamaica	1953	23.0[2]	1960	18.1	1970	3.9[2,3]		
México / *Mexico*	1950	43.2[6]	1960	34.5	1970	25.8	1980	16.0[7]
Nicaragua	1950	61.6	1963	50.2	1971	42.5	...	...
Panamá / *Panama*	1950	30.1	1960	23.3	1970	18.7	1980	12.9
Paraguay	1950	34.2	1962	25.5	1972	20.0	...	...
Perú / *Peru*	-	-	1961	38.9	1972	27.5	1981	17.4
República Dominicana / *Dominican Republic*	1950	57.1	1960	35.5	1970	33.0	...	...
Santa Lucía / *Saint Lucia*	...	...	...	...	1970	18.3[2,3]	...	...
Suriname	...	...	...	...	...	...	1978	35.0[8]
Trinidad y Tabago / *Trinidad and Tobago*	1946	26.2	1961	6.6[2]	1970	7.8	...	...
Uruguay	-	-	1963	9.5	1975	6.1	...	...
Venezuela	1950	50.5	1961	37.3	1971	23.5	...	...

[1] Se refiere a la población de 14 y más años de edad.
[2] Estimación de la UNESCO.
[3] Las personas sin escolaridad han sido consideradas como analfabetas.
[4] Se refiere a la población de 10 a 49 años de edad.
[5] Se refiere a la población de 10 y más años de edad.
[6] Se refiere a la población de 6 y más años de edad.
[7] Cifras preliminares del censo de 1980.
[8] Se refiere a la población de 15 a 59 años de edad.

[1] *Population aged 14 years and over.*
[2] *UNESCO estimate.*
[3] *Persons without schooling are considered to be illiterate.*
[4] *Population from 10 to 49 years of age.*
[5] *Population aged 10 years and over.*
[6] *Population aged 6 years and over.*
[7] *Provisional figures from 1980 census.*
[8] *Population from 15 to 59 years of age.*

38. MATRICULA POR NIVEL DE ENSEÑANZA

a) Enseñanza de primer nivel / *First level*
(Tasas brutas de matrícula[1] / *Gross enrolment rates*[1])

País / Country	Grupos de edades[2] Age groups[2]	1960	1965	1970	1975	1980	1981	1982	1983
Argentina	6 - 12	98.5	101.0	113.6	113.0	111.4	111.2	112.1	111.9
Barbados	5 - 10	108.0	110.0	108.0	101.0	117.0	115.0	...	...
Bolivia	6 - 13	56.4	68.8	76.2	86.9	74.5	85.7	...	...
Brasil / *Brazil*	7 - 14	57.2	66.4	78.7	87.8	96.9	...	...	...
Colombia	6 - 10	73.7	84.7	105.0	116.9	128.5	129.3	...	...
Costa Rica	6 - 11	92.6	104.7	111.9	109.5	107.5	106.3	...	...
Cuba	6 - 11	120.9	128.9	120.9	124.4	108.4	108.4	110.8	...
Chile	6 - 13	86.6	97.9	105.1	115.0	123.6	121.4	119.8	...
Ecuador	6 - 11	77.4	91.8	99.4	101.0	...	...	...	...
El Salvador	7 - 15	60.0	55.9	62.3	64.9	76.9	61.1	...	...
Guatemala	7 - 12	43.4	55.9	60.3	62.4	72.8	...	...	...
Guyana	6 - 11	107.0	111.0	99.0	93.0	95.0	...	...	...
Haití / *Haiti*	7 - 12	44.0	45.5	44.1	55.2	62.5	67.6	67.6	...
Honduras	7 - 12	67.9	75.8	87.3	87.5	95.3	93.9	99.3	...
Jamaica	6 - 11	92.0[3]	109.0[3]	119.0[3]	98.0	99.0	...	...	...
México / *Mexico*	6 - 11	78.2	91.4	103.5	108.4	119.7	120.0	...	...
Nicaragua	7 - 12	64.9	67.1	80.0	84.1	36.1	41.5	42.2	38.8
Panamá / *Panama*	6 - 11	90.9	96.3	102.0	119.1	106.2	104.7	104.8	...
Paraguay	7 - 12	102.0	102.0	111.1	101.8	103.1	102.9	...	...
Perú / *Peru*	6 - 11	89.2	101.9	106.6	113.5	114.0	113.8	116.3	116.1
República Dominicana / *Dominican Republic*	7 - 12	95.7	86.6	100.5	103.6	113.8	117.3	...	...
Suriname	6 - 11	...	...	131.0	99.0	...	...	...	...
Trinidad y Tabago / *Trinidad and Tobago*	5 - 11	88.0[4]	93.0[4]	107.0	99.0	...	...	...	...
Uruguay	6 - 11	117.0	113.4	112.1	106.6	106.4	107.0	108.8	...
Venezuela	7 - 12	98.7	97.2	98.6	99.7	108.7	109.3	110.3	...

[1] Total de matriculados sobre la población del grupo de edades correspondiente, multiplicado por cien.
[2] Límites para las edades legales de la población considerada en el denominador de la tasa bruta de matrícula.
[3] Límite de edad: 6 a 10 años.
[4] Límite de edad: 5 a 13 años.

[1] *Total number enrolled over population in age group concerned, multiplied by 100.*
[2] *Legal age limits for the population considered in the denominator of the gross enrolment rate.*
[3] *Age limit: 6 to 10 years.*
[4] *Age limit: 5 to 13 years.*

b) Enseñanza de segundo nivel / *Second level*

(Tasas brutas de matrícula[1] / *Gross enrolment rates*[1])

País / *Country*	Grupos de edades[2] *Age groups*[2]	1960	1965	1970	1975	1980	1981	1982	1983
Argentina	13 - 17	31.9	38.7	44.6	54.0	56.0	57.1	58.8	59.7
Barbados	11 - 16	44.0	58.0	71.0[3]	77.0	85.0	85.0	...	...
Bolivia	14 - 17	9.6	14.4	24.0	30.8	35.6	33.8	...	...
Brasil / *Brazil*	15 - 17	6.2	9.6	15.7	26.2	33.6	...	...	...
Colombia	11 - 16	11.9	16.4	24.0	37.7	46.0	48.0	...	...
Costa Rica	12 - 16	20.3	23.8	34.8	51.4	60.5	59.5	...	
Cuba	12 - 17	14.2	25.4	29.8	53.8	80.5	80.7	78.0	...
Chile	14 - 17	22.9	34.2	39.3	47.3	62.4	63.7	64.5	...
Ecuador	12 - 17	11.9	16.8	25.9	39.2	...	...	...	...
El Salvador	16 - 18	10.8	29.4	39.4	47.8	...	...	...	...
Guatemala	13 - 18	6.1	8.0	10.4	15.0	18.4	...	...	...
Guyana	12 - 17	40.0	44.0	56.0	56.0	59.0	...	...	...
Haití / *Haiti*	13 - 18	4.3	5.2	5.4	7.8	11.3	12.2	11.7	...
Honduras	13 - 17	7.4	9.5	13.7	14.9	29.9	...	32.3	...
Jamaica	12 - 18	46.0	53.0	46.0[3]	58.0	58.0	...	...	...
México / *Mexico*	12 - 17	10.7	17.1	22.0	33.2	47.7	51.3	...	...
Nicaragua	13 - 17	7.3	13.4	20.9	28.0	22.5	27.8	31.2	31.1
Panamá	12 - 17	26.9	32.3	39.2	52.9	61.0	60.1	59.0	...
Paraguay	13 - 18	11.1	13.0	16.9	19.8	26.8	27.6	29.4	...
Perú	12 - 16	18.6	25.8	36.2	45.5	58.8	57.9	58.4	60.1
República Dominicana / *Dominican Republic*	13 - 18	7.3	13.4	20.2	28.9	43.0	44.6	...	...
Suriname	12 - 17	...	...	43.0	47.0	...	...	...	...
Trinidad y Tabago / *Trinidad and Tobago*	12 - 16	26.0	41.0	42.0	48.0	...	...	...	...
Uruguay	12 - 17	36.6	45.5	60.9	62.0	57.6	58.4	61.3	...
Venezuela	13 - 18	17.7	22.6	29.6	38.1	40.6	41.2	43.0	...

[1] Total de matriculados sobre la población correspondiente, multiplicado por cien.
[2] Límites para las edades legales de la población considerada en el denominador de la tasa bruta de matrícula.
[3] Límite de edad: 11 a 17 años.

[1] *Total number enrolled over the population concerned, multiplied by 100.*
[2] *Legal age limits for the population considered in the denominator of the gross enrolment rate.*
[3] *Age limit: 11 to 17 years.*

38. MATRICULA POR NIVEL DE ENSEÑANZA

c) **Enseñanza de tercer nivel**
(Tasas brutas de matrícula)[1]

País	1960	1965	1970	1975
Argentina	10.7	14.1	14.9	26.0
Barbados	0.8	2.8	4.0	9.4
Bolivia	4.2	5.2	9.3	11.7
Brasil	1.5	2.3	5.1	10.7
Colombia	1.8	3.0	4.8	8.5
Costa Rica	4.8	5.0	8.8	17.3
Cuba	4.1	3.9	4.9	11.2
Chile	4.2	5.9	9.4	16.2
Ecuador	2.6	3.4	7.6	26.9
El Salvador	1.1	1.6	3.1	7.5
Guatemala	1.6	2.1	3.8	5.2
Guyana	...	0.7	2.0	3.8
Haití	0.4	0.5	0.4	0.5
Honduras	1.0	1.1	2.3	4.6
Jamaica	1.7	3.4	5.5	6.7
México	2.6	3.8	5.9	10.3
Nicaragua	1.2	2.3	5.5	4.1
Panamá	4.5	8.3	7.0	17.6
Paraguay	2.4	3.7	4.2	6.6
Perú	3.6	6.9	9.9	...
República Dominicana	1.3	2.4	6.7	6.5
Suriname	...	...	1.3	2.2
Trinidad y Tabago	0.8	2.3	2.8	4.8
Uruguay	7.6	8.4	10.0	16.0
Venezuela	4.4	6.6	11.0	18.8

[1] Total de matriculados de 20 a 24 años sobre la población de esa misma edad, multiplicado por cien.

c) Third level
(Gross enrolment rates) [1]

1980	1981	1982	1983	Country
21.6	23.0	24.0	25.3	Argentina
13.6	...	...	...	Barbados
...	...	11.1	...	Bolivia
11.9	...	...	...	Brazil
10.9	12.0	...	...	Colombia
22.6	24.1	...	...	Costa Rica
19.5	20.0	19.3	...	Cuba
10.7	10.3	10.1	...	Chile
35.7	33.7	...	...	Ecuador
2.0	...	...	...	El Salvador
8.4	...	...	...	Guatemala
2.8	3.2	...	...	Guyana
0.7	0.8	0.7	...	Haiti
8.5	9.2	9.7	...	Honduras
6.4	...	...	...	Jamaica
14.7	15.3	...	...	Mexico
22.9	23.3	27.4	32.8	Nicaragua
22.0	22.6	23.7	...	Panama
8.3	8.6	9.2	...	Paraguay
19.8	21.6	22.2	23.4	Peru
...	...	...	...	Dominican Republic
...	...	...	...	Trinidad and Tobago
4.6	...	...	...	Suriname
15.1	15.8	20.5	...	Uruguay
21.4	22.3	22.7	...	Venezuela

[1] Total number enrolled between ages 20 and 24 over population in that age group, multiplied by 100.

39. MATRICULA POR GRUPOS DE EDADES

a) **Matriculados de 6 a 23 años** / *Enrolment between ages 6 and 23*
(Porcentaje sobre la población de esa edad / *Percentage of population in that age group*)

País / *Country*	1960	1965	1970	1975	1980	1985
Argentina	54.2	57.4	59.4	66.4	70.9	74.7
Barbados	56.2	64.6	64.8	55.7	55.9	59.1
Bolivia	28.8	35.1	40.9	47.5	52.7	58.8
Brasil / *Brazil*	30.4	36.3	44.2	51.3	58.0	62.7
Colombia	30.5	35.4	43.8	49.2	55.1	60.3
Costa Rica	45.5	51.2	55.0	56.8	59.4	63.6
Cuba	44.9	52.4	57.3	68.5	74.6	74.2
Chile	49.8	58.6	65.1	72.0	70.3	72.2
Ecuador	38.4	44.1	50.0	56.9	64.4	68.7
El Salvador	35.4	38.1	42.1	47.1	51.8	57.1
Guatemala	19.9	23.3	26.9	30.5	34.8	39.2
Guyana	61.4	65.2	60.1	55.7	59.6	63.7
Haití / *Haiti*	18.8	20.8	21.1	22.3	23.9	26.4
Honduras	29.3	34.5	40.8	43.5	48.3	51.1
Jamaica	50.1	59.8	64.9	66.1	63.4	63.4
México / *Mexico*	37.7	45.8	52.0	58.6	64.7	69.0
Nicaragua	28.8	32.2	39.9	42.1	47.3	51.4
Panamá / *Panama*	47.9	52.4	56.9	70.5	76.7	80.2
Paraguay	45.6	46.9	49.3	47.3	49.9	52.3
Perú / *Peru*	40.6	52.0	59.6	65.3	70.0	73.8
República Dominicana / *Dominican Republic*	41.7	39.7	48.0	54.2	60.0	64.4
Trinidad y Tabago / *Trinidad and Tobago*	45.4	51.8	52.9	47.3	44.7	45.9
Uruguay	55.0	56.0	60.4	55.3	54.0	53.4
Venezuela	47.2	47.7	50.7	54.9	58.3	62.9

b) Matriculados de 6 a 11 años / *Enrolment between ages 6 and 11*
(Porcentaje sobre la población de esa edad / *Percentage of population in that age group*)

País / *Country*	1960	1965	1970	1975	1980	1985
Argentina	91.2	93.6	98.5	100.0	99.9	99.9
Barbados	93.5	98.8	95.7	94.3	98.5	99.5
Bolivia	45.1	53.7	60.7	70.3	76.6	81.8
Brazil / *Brazil*	47.7	54.7	63.1	70.1	76.2	81.4
Colombia	47.9	52.4	62.2	64.3	70.0	74.9
Costa Rica	74.4	81.4	89.0	94.5	97.5	98.7
Cuba	77.7	86.0	93.7	100.0	100.0	100.0
Chile	76.4	84.6	93.0	100.0	100.0	100.0
Ecuador	66.3	73.1	78.0	76.0	80.0	83.4
El Salvador	48.7	51.1	55.1	63.2	69.2	73.8
Guatemala	32.0	35.0	41.7	48.0	53.3	58.2
Guyana	90.5	94.4	88.4	83.8	95.6	98.5
Haití / *Haiti*	33.6	36.3	36.2	39.0	41.4	43.7
Honduras	49.5	57.5	67.8	67.0	71.3	75.3
Jamaica	74.7	88.9	94.8	90.5	94.8	97.6
México / *Mexico*	58.4	69.2	81.4	89.2	94.2	96.7
Nicaragua	42.9	45.3	54.6	55.7	60.8	65.3
Panamá / *Panama*	68.3	70.9	77.3	94.4	95.7	97.6
Paraguay	69.7	71.6	77.1	74.6	77.6	80.0
Perú / *Peru*	56.7	68.7	78.6	80.7	83.9	86.5
República Dominicana / *Dominican Republic*	66.8	59.8	65.7	76.9	82.2	86.1
Trinidad y Tabago / *Trinidad and Tobago*	66.1	75.5	72.9	73.1	77.5	81.2
Uruguay	89.9	80.3	78.8	68.3	68.1	68.1
Venezuela	68.8	65.2	70.3	77.6	83.2	86.3

39. MATRICULA POR GRUPOS DE EDADES

c) **Matriculados de 12 a 17 años / *Enrolment between ages 12 and 17***
(Porcentaje sobre la población de esa edad / *Percentage of population in that age group*)

País / *Country*	1960	1965	1970	1975	1980	1985
Argentina	48.1	52.7	56.3	66.4	72.7	77.2
Barbados	50.5	64.1	75.5	60.1	65.2	70.4
Bolivia	29.0	35.1	40.6	48.5	54.2	61.1
Brasil / *Brazil*	29.6	36.1	46.5	53.3	58.6	62.5
Colombia	28.8	35.7	46.3	57.0	63.8	71.0
Costa Rica	35.7	44.3	46.8	49.5	54.7	61.0
Cuba	43.0	55.2	54.0	71.1	83.4	86.4
Chile	54.7	69.5	74.6	85.2	86.5	92.8
Ecuador	30.3	35.5	42.3	55.7	60.8	64.3
El Salvador	40.3	42.5	46.6	49.4	58.1	65.1
Guatemala	17.7	22.4	25.0	28.5	33.8	38.0
Guyana	62.8	66.4	62.4	61.5	65.9	76.1
Haití / *Haiti*	16.4	17.8	18.0	19.6	21.9	24.8
Honduras	24.6	29.4	35.8	39.8	44.7	46.8
Jamaica	57.3	65.9	61.3	69.3	71.6	74.1
México / *Mexico*	37.4	44.6	47.3	57.9	67.3	72.6
Nicaragua	29.7	34.3	43.6	47.5	53.7	58.2
Panamá / *Panama*	50.3	57.7	62.0	71.2	83.2	86.7
Paraguay	44.8	44.5	47.1	45.2	48.5	51.9
Perú / *Peru*	43.2	57.1	63.4	73.6	84.0	86.5
República Dominicana / *Dominican Republic*	39.4	39.0	51.8	55.8	64.4	69.6
Trinidad y Tabago / *Trinidad and Tobago*	51.8	57.3	63.4	49.7	47.6	52.7
Uruguay	53.2	64.3	75.1	70.9	67.2	67.6
Venezuela	49.0	51.5	52.3	56.4	60.9	69.3

d) Matriculados de 18 a 23 años / *Enrolment between ages 18 and 23*
(Porcentaje sobre la población de edad / *Percentage of population in that age group*)

País / *Country*	1960	1965	1970	1975	1980	1985
Argentina	13.2	17.5	18.2	29.8	36.7	43.0
Barbados	1.3	4.9	5.9	7.0	8.6	10.1
Bolivia	5.0	7.0	12.2	14.6	17.1	22.2
Brasil / *Brazil*	4.7	7.6	13.6	23.3	32.0	36.8
Colombia	4.4	6.3	10.5	16.3	22.9	27.4
Costa Rica	8.0	7.0	10.4	15.7	21.4	25.8
Cuba	6.6	8.6	7.4	15.7	29.9	32.9
Chile	7.2	10.2	14.3	20.7	22.2	21.8
Ecuador	5.1	7.6	14.4	28.1	45.7	53.3
El Salvador	8.5	10.3	13.9	18.4	18.9	24.3
Guatemala	3.6	5.0	6.5	8.1	10.1	13.0
Guyana	4.7	6.1	7.5	8.7	10.9	12.9
Haití / *Haiti*	1.9	2.4	3.0	3.5	4.3	5.4
Honduras	3.2	4.3	6.0	10.3	14.8	18.4
Jamaica	2.7	4.1	5.9	12.4	10.4	13.1
México / *Mexico*	4.7	7.0	9.2	13.6	18.2	23.6
Nicaragua	3.6	6.6	11.1	14.9	18.6	21.4
Panamá / *Panama*	12.7	16.8	18.6	34.1	43.3	49.7
Paraguay	5.8	7.1	8.1	10.1	11.9	13.3
Perú / *Peru*	13.0	19.9	26.8	32.3	32.6	40.0
República Dominicana / *Dominican Republic*	3.7	6.3	13.4	16.7	20.6	24.7
Trinidad y Tabago / *Trinidad and Tobago*	3.3	6.1	7.3	8.1	7.6	7.5
Uruguay	14.1	16.2	20.5	23.0	24.3	23.5
Venezuela	8.6	10.2	15.1	20.0	24.0	27.2

I. DESARROLLO SOCIAL Y BIENESTAR

40. MAESTROS POR NIVEL DE ENSEÑANZA

a) Enseñanza de primer nivel / *First level*
(Número de alumnos por cada maestro / *Number of pupils per teacher*)

País / *Country*	1960	1965	1970	1975	1980	1981	1982	1983
Argentina	22	20	19	18	19	19	19	19
Barbados	46	...	29	23	25	25	24	25
Belice / *Belize*	...	...	28	28	...	...	...	...
Bolivia	29	31	27	23	18	23	...	...
Brasil / *Brazil*	37	33	24	22	25	...	...	...
Colombia	38	36	38	32	31	31	...	...
Costa Rica	26	41	30	30	25	25	...	...
Cuba	38	29	25	22	20	20	19	...
Chile	...	56	50	35	...	...	...	...
Dominica	...	...	...	25	...	...	...	...
Ecuador	37	37	38	38	...	...	...	...
El Salvador	39	32	37	45	50	41	...	...
Granada / *Grenada*	...	...	38	...	...	...	...	...
Guatemala	29	35	36	35	34	...	...	...
Guyana	33	26	29	32	33	...	...	...
Haití / *Haiti*	43	46	41	40	43	44	44	...
Honduras	32	29	35	35	37	39	37	...
Jamaica	43	47	44	32	41	...	...	...
México / *Mexico*	44	47	46	45	39	37	...	...
Nicaragua	35	37	37	40	12	14	15	12
Panamá / *Panama*	29	32	27	27	23	22	22	...
Paraguay	28	30	32	28	27	27	...	...
Perú / *Peru*	34	36	35	39	37	37	37	37
República Dominicana / *Dominican Republic*	58	53	55	50	...	...	...	...
Suriname	...	...	37	31	...	...	...	...
Trinidad y Tabago / *Trinidad and Tobago*	23	24	25	31	...	...	...	...
Uruguay	33	31	29	24	21	21	20	...
Venezuela	35	34	35	30	27	27	26	...

b) Enseñanza de segundo nivel / *Second level*

(Número de alumnos por cada maestro / *Number of pupils per teacher*)

País /*Country*	1960	1965	1970	1975	1980	1981	1982	1983
Argentina	7	7	7	8	7	7	7	8
Barbados	29	25	19	20	19	23	20	23
Bolivia	7	9	15	18	...	...	...	...
Brasil / *Brazil*	3	4	9	15	14	...	...	...
Colombia	11	13	17	19	20	21	...	...
Costa Rica	17	19	23	27	16	16	...	...
Cuba	18	16	12	14	13	13	12	...
Chile	9	11	17	15	...	...	...	...
Ecuador	11	13	14	16	...	...	...	...
El Salvador	7	16	30	45	24	...	...	...
Granada / *Grenada*	...	...	25	...	...	...	...	...
Guatemala	8	8	14	17	18	...	...	...
Guyana	47	29	26	23	...	...	...	...
Haití / *Haiti*	13	16	15	16	24	24	23	...
Honduras	10	12	15	17	28	...	28	...
Jamaica	92	75	49	33	...	...	...	...
México / *Mexico*	13	13	14	17	18	18	...	...
Nicaragua	13	16	26	33	18[1]	22	27	27
Panamá / *Panama*	23	21	21	22	21	20	20	...
Paraguay	8	8	9	10	...	...	...	...
Perú / *Peru*	12	15	17	24	27	26	25	25
República Dominicana / *Dominican Republic*	9	28	26	24	...	...	...	...
Suriname	...	...	17	17	...	...	...	...
Trinidad y Tabago / *Trinidad and Tobago*	29	24	26	29	...	...	...	...
Uruguay	13	12	11	12	...	...	...	...
Venezuela	17	18	19	17	16	15	11	...

[1] En el presente cuadro se toman en cuenta cambios en los sistemas de enseñanza en algunos países lo que determina que muchas veces las cifras no sean comparables a través del tiempo. Los cambios son los siguientes: Bolivia: a partir del año 1969, la duración de la enseñanza de primer nivel aumentó de seis a ocho años y la duración de la enseñanza de segundo nivel disminuyó de seis a cuatro años. Brasil: a partir del año 1971, la duración de la enseñanza de primer nivel aumentó de cuatro a ocho años y la duración de la enseñanza de segundo nivel disminuyó de siete a tres años. Cuba: a partir del año 1977, la duración de la enseñanza general de segundo nivel disminuyó de siete a seis años. Chile: a partir del año 1967, la duración de la enseñanza de primer nivel aumentó de seis a ocho años y la duración de la enseñanza de segundo nivel disminuyó de seis a cuatro años. El Salvador: a partir del año 1971, la duración de la enseñanza de primer nivel aumentó de seis a nueve años y la duración de la enseñanza de segundo nivel disminuyó de cinco a dos años; a partir de 1973 aumentó a tres años. Haití: a partir del año 1976, la duración de la enseñanza general de segundo nivel disminuyó de siete a seis años. Nicaragua: a partir del año 1980, la duración de la enseñanza general de segundo nivel disminuyó de seis a cinco años.

[1] *In the present table changes in some countries education systems are taken into account which means that in many cases the figures are not comparable through time. The changes are as follows: Bolivia: as from 1969, the duration of first level education increased from six to eight years and the duration of second level education decreased from six to four years. Brazil: as from 1971, the duration of first level education increased from four to eight years and the duration of second level education decreased from seven to three years. Cuba: as from 1977, the duration of second level general education decreased from seven to six years. Chile: as from 1967, the duration of first level education increased from six to eight years and the duration of second level education decreased from six to four years. El Salvador: as from 1971, the duration of first level education increased from six to nine years and the duration of second level education decreased from five to two years; as from 1973, it increased to three years. Haiti: as from 1976, the duration of second level general education decreased from seven to six years. Nicaragua: as from 1980, the duration of second level general education decreased from six to five years.*

41. NIVEL DE INSTRUCCION DE LA POBLACION ECONOMICAMENTE ACTIVA

a) Alrededor de 1960 / *Around 1960*
(Porcentaje del total de la población económicamente activa /
Percentage of the total economically active population)

País / Country	Total	Número de años de estudio aprobados *Number of years of education completed*						
		Ninguno *None*	1-3 *1 to 3*	4-6 *4 to 6*	7-9 *7 to 9*	10-12 *10 to 12*	13 y más *13 and over*	No declarado *Not declared*
Argentina [1]	100.0	6.9	24.4	45.8	4.7	9.6	4.4	4.2
Bolivia	-	-	-	-	-	-	-	-
Brasil [2] / *Brazil* [2]	100.0	41.6	30.6	19.2	1.9	3.0	3.2	0.5
Colombia	...	...	...	...	...	...	...	...
Costa Rica [3]	100.0	15.8	34.8	36.2	5.6	4.0	3.4	0.2
Cuba	-	-	-	-	-	-	-	-
Chile [3]	100.0	14.1	21.3	35.2	12.3	10.0	2.3	4.8
Ecuador [3]	100.0	30.4	29.3	30.0	4.2	3.7	1.4	1.0
El Salvador [2]	100.0	54.6	24.2	14.2	3.2	2.3	0.5	1.0
Guatemala [4]	100.0	3.3	21.0	11.4	2.3	1.8	0.9	59.3
Haití / *Haiti*	-	-	-	-	-	-	-	-
Honduras [2]	100.0	53.5	26.9	12.3	1.6	2.5	0.6	2.6
México [3] / *Mexico* [3]	100.0	35.4	32.0	24.3	4.6	2.1	1.6	0.0
Panamá [2] / *Panama* [2]	100.0	21.3	19.5	36.9	9.4	9.5	3.2	0.2
Paraguay [3]	100.0	15.3	42.3	29.7	3.1	3.4	4.9	1.3
Perú [5] / *Peru* [5]	100.0	32.8	······52.2········		······11.6·······		2.5 [6]	0.9
República Dominicana [2] / *Dominican Republic* [2]	100.0	33.3	37.9	18.0	7.2	2.6	1.0	00.
Uruguay [2]	100.0	9.3	23.5	44.4	12.2	6.5	3.0	1.1
Venezuela [2]	100.0	48.3 [7]	18.6	24.8	········6.5········		1.8	[8]

[1] Población económicamente activa de 14 años y más.
[2] Población económicamente activa de 10 años y más.
[3] Población económicamente activa de 12 años y más.
[4] Población económicamente activa de 7 años y más.
[5] Población económicamente activa de 6 años y más.
[6] Se refiere a educación universitaria.
[7] Incluye otros tipos de educación y no declarados.
[8] Incluido en "ninguno".

[1] *Economically active population aged 14 years and over.*
[2] *Economically active population aged 10 years and over.*
[3] *Economically active population aged 12 years and over.*
[4] *Economically active population aged 7 years and over.*
[5] *Economically active population aged 6 years and over.*
[6] *University education.*
[7] *Including other types of education and cases not declared.*
[8] *Included under "none".*

41. EDUCATION LEVEL OF THE ECONOMICALLY ACTIVE POPULATION

b) Alrededor de 1970 / *Around 1970*

(Porcentaje del total de la población económicamente activa /
Percentage of the total economically active population)

País / *Country*	Total	Número de años de estudio aprobados *Number of years of education completed*						
		Ninguno *None*	1-3 *1 to 3*	4-6 *4 to 6*	7-9 *7 to 9*	10-12 *10 to 12*	13 y más *13 and over*	No declarado *Not declared*
Argentina [1]	100.0	0.0	15.8	20.3	36.7	13.1	5.9	8.3
Bolivia [2]	100.0	31.3	21.7	20.2	13.6	6.5	3.1	3.5
Brasil [1] / *Brazil* [1]	100.0	36.0	27.6	22.9	6.1	4.9	2.3	0.1
Colombia	100.0	21.6	31.1	27.8	10.0	5.6	2.8	1.1
Costa Rica [3]	100.0	10.8	24.4	43.8	8.2	10.1	2.6	0.1
Chile [3]	100.0	8.2	15.4	31.6	13.0	13.5	4.0	14.3
Ecuador [3]	100.0	22.7	21.8 [4]	36.1	7.0	6.0	3.7	1.5
El Salvador [1]	100.0	45.4	24.6	20.9	4.1	3.1	0.8	1.1
Guatemala [1]	100.0	50.5	24.7	16.2	2.7	3.4	1.4	1.2
Honduras [1]	100.0	42.5	27.0	21.9	2.3	4.6	1.2	0.3
México [3] / *Mexico* [3]	100.0	27.1	30.3	29.7	5.9	3.7	3.3	0.0
Nicaragua [1]	100.0	47.8	18.5	19.8	4.5	3.4	2.3	3.7
Panamá [1] / *Panama* [1]	100.0	17.2	16.3	39.3	11.3	10.8	5.2	0.1
Paraguay [3]	100.0	10.3	35.1	37.0	7.7	5.4	2.6	1.9
Perú [5] / *Peru* [5]	100.0	19.3	27.3	28.1	7.9	9.4	4.8	3.2
República Dominicana [1] / *Dominican Republic* [1]	100.0	36.5	20.8	18.6	8.2	4.5	1.1	10.3
Uruguay [3]	100.0	4.9	32.1 [6]	28.7 [7]	14.1 [8]	4.8 [9]	12.0 [10]	3.4
Venezuela [5]	100.0	29.3	11.0	33.3	10.4	6.5	2.5	7.0

[1] Población económicamente activa de 10 años y más.
[2] Población económicamente activa de 7 años y más.
[3] Población económicamente activa de 12 años y más.
[4] Incluye alfabetizados.
[5] Población económicamente activa de 15 años y más.
[6] Educación de primer grado incompleta.
[7] Educación de primer grado completa.
[8] Educación de segundo grado incompleta.
[9] Educación de segundo grado completa.
[10] Educación de tercer grado.

[1] *Economically active population aged 10 years and over.*
[2] *Economically active population aged 7 years and over.*
[3] *Economically active population aged 12 years and over.*
[4] *Including those taught through literacy campaigns.*
[5] *Economically active population aged 15 years and over.*
[6] *First level education incomplete.*
[7] *First level education complete.*
[8] *Second level education incomplete.*
[9] *Second level education complete.*
[10] *Third level education.*

42. GASTO PUBLICO EN EDUCACION / *PUBLIC EXPENDITURE ON EDUCATION*

(Porcentaje del producto interno bruto a precios corrientes en moneda nacional /
Percentage of the gross domestic product at current prices in national currency)

País / *Country*	1970	1974	1975	1976	1977	1978	1979	1980	1981
Argentina	1.8	2.5	2.1	1.3	1.3	1.7	1.5	1.7	...
Barbados	...	5.7	7.3	6.8	6.3	6.1	6.3	6.3	...
Bolivia	...	2.7	2.7	3.3	3.2	3.7	3.9	...	...
Brasil / *Brazil*	1.1	1.2	1.2	1.0	1.1	1.0	1.0	0.7	...
Colombia	...	1.5 [1]	1.6 [1]	1.4 [1]	1.5 [1]	1.7	1.9	2.1	...
Costa Rica	...	5.4	5.5	5.9	5.5	6.0	6.2	6.2	...
Chile	...	4.1	4.1	4.1	4.7	4.4	4.2	4.1	4.3
Ecuador	...	2.8	3.3	2.9	3.4	3.0	3.0	4.9	4.9
El Salvador	...	3.3	3.2	3.1	2.9	3.0	2.9	3.4	...
Guatemala	...	1.8	1.5	1.6	1.4	1.4	1.4	1.6	...
Guyana	...	5.9	4.6	6.2	...	...	...	...	...
Honduras	...	3.1	3.5	3.6	3.1	3.1	3.5	...	...
Jamaica	...	...	6.0	6.9	6.5	...	...	...	...
México / *Mexico*	...	2.2	2.7	2.8	3.1	3.1	3.1	3.1	...
Nicaragua	2.3	2.2	2.5	2.7	2.6	2.2	...	...	...
Panamá / *Panama*	...	5.9	5.3	5.2	5.6	5.1	4.8	...	...
Paraguay	...	1.3	1.5	1.4	1.5	1.6	1.3	1.3	...
Perú / *Peru*	...	3.7	3.5	3.6	3.2	2.6	2.0	2.1	...
República Dominicana / *Dominican Republic*	...	2.2	1.8	1.9	1.7	2.0	2.4	2.1	...
Uruguay	...	2.9	2.6	2.7	2.6	1.8	1.9	1.9	1.8
Venezuela	3.5	3.1	4.0	3.9	4.3	4.2	3.9	4.7	...

[1] Gobiernos estatales, regionales o provinciales.   [1] *State, regional or provincial governments.*

43. PERSONAS POR CUARTO EN EL AREA URBANA / *PERSONS PER ROOM IN THE URBAN AREA*

(Promedio / *Average*)

País /*Country*	Alrededor de 1960 *Around 1960*		Alrededor de 1970 *Around 1970*	
	Año *Year*	Promedio *Average*	Año *Year*	Promedio *Average*
Argentina	1960	1.3	1970	1.4 [1]
Barbados	1960	1.2 [1]	1970	1.0 [1]
Brasil / *Brazil*	...	...	1970	1.0
Colombia	1964	...	1973	1.6
Costa Rica	1963	1.3	1973	1.4 [1]
Cuba	...	...	1970	1.1
Chile	1960	1.6 [2]	1970	1.3
Ecuador	1962	2.1	1974	1.9
El Salvador	1961	...	1971	2.4
Guatemala	1964	1.9	1973	1.6
Guyana	1960	1.7	1970	2.1 [1]
Honduras	1961	1.8	1974	...
Jamaica	1960	1.6	1970	...
México / *Mexico*	1960	2.6	1970	2.2
Nicaragua	1963	2.2	1971	...
Panamá / *Panama*	1960	2.1	1970	1.8
Paraguay	1962	2.6 [1]	1972	1.7
Perú / *Peru*	1961	2.0	1972	1.7
República Dominicana / *Dominican Republic*	1960	1.6	1970	1.2
Trinidad y Tabago / *Trinidad and Tobago*	1957-1958	1.6	1970	1.7 [1]
Uruguay	1963	1.5 [1]	1975	2.1
Venezuela	1961	1.6 [1]	1971	1.5 [1][3]

[1] Total del país.
[2] Excluye las viviendas semipermanentes.
[3] Viviendas ocupadas; excluye viviendas no destinadas a habitación que son utilizadas como tal.

[1] *Country total.*
[2] *Excluding semi-permanent housing.*
[3] *Occupied dwellings; excluding those not designed for habitation but used as such.*

139

44. POBLACION QUE DISPONE DE AGUA POTABLE [1]

(Porcentajes sobre total urbano y total rural)

País	Alrededor de 1960 [2] Around 1960 [2]			Alrededor de 1964 [2] Around 1964 [2]			1969	
	Año Year	Urbana [3] Urban [3]	Rural	Año Year	Urbana [3] Urban [3]	Rural [4]	Urbana Urban	Rural
Argentina	1961	65.3	1.3	1963	78.6	5.5	70.3	12.0
Bahamas	...	...	...	...	...	...	...	...
Barbados	...	...	...	...	...	...	100.0	100.0
Belice	...	...	...	...	...	...	...	...
Bolivia	1960	55.8	...	1964	45.5	0.8	58.3	1.0
Brasil	1960	54.7	...	1964	64.8	...	52.9	4.4
Colombia	1960	78.8 [5]	23.2	1960	78.8 [5]	23.2	97.5	47.6
Costa Rica	1961	97.9	36.4	1964	96.6	42.8	100.0	53.6
Cuba	1961	56.6	15.2	1964	74.1	2.0	89.4	60.4
Chile	1961	73.6	16.1	1964	70.7	1.8	80.6	7.4
Dominica	...	...	...	...	...	...	...	...
Ecuador	1960	58.2	...	1964	70.4	1.8	92.0	8.9
El Salvador	1960	50.2	2.6	1964	66.1	1.5	79.8	25.0
Guatemala	1961	42.3	12.0	1964	43.0	0.6	86.5	11.0
Guyana	...	...	...	...	...	...	96.5	36.5
Haití	1961	25.1	-	1964	21.2	-	44.9	2.9
Honduras	1961	34.3	7.5	1963	49.3	3.2	96.8	18.5
Jamaica	...	...	...	1963	····· 30.9 ········		97.8	26.1
México	1959	67.5	43.0	1964	73.0	3.5	81.6	21.8
Nicaragua	1961	37.9	0.3	1964	46.4	1.3	87.3	5.9
Panamá	1960	84.2	26.3	1964	82.2	2.1	95.2	6.7
Paraguay	1960	27.6	-	1964	20.7	-	31.0	6.0
Perú	1960	59.5	-	1964	66.3 [6]	7.3 [6]	69.1	8.4
República Dominicana	1960	63.0	...	1961	57.9	...	75.8	9.0
Suriname	...	...	...	...	...	...	...	...
Trinidad y Tabago	...	...	...	1964	····· 38.9 ········		99.4	93.0
Uruguay	1961	73.7	2.4	1964	70.4	8.4	81.6	11.4
Venezuela	1960	54.5 [5]	15.8	1964	60.2	8.5	100.0	55.5
Total	...	63.3	17.7	...	69.2	3.5	72.5	15.9

[1] Se refiere a población servida ya sea mediante conexión en domicilio o con "acceso fácil". Según la definición de la OMS, se entiende por "acceso fácil" el abastecimiento de agua o la disponibilidad de agua potable a una distancia de no más de 200 metros desde una vivienda hasta una fuente pública, en zonas urbanas; y en las zonas rurales, significa que el ama de casa no debe dedicar una parte desproporcionada del día a la tarea de buscar agua para atender las necesidades de la familia.
[2] Población con conexión de agua en sus domicilios.
[3] El término "urbano" se refiere generalmente a localidades de 2 000 habitantes o más.
[4] En algunos casos el número dado se refiere a localidades de menos de 2 000 habitantes y no a la totalidad de la población rural.
[5] Incluye localidades de 5 000 habitantes y más.
[6] Datos sobre localidades con una población de 3 911 000 habitantes con sistemas que funcionan bajo la Dirección del Ministerio de Fomento y la Municipalidad. Para el resto de la población urbana se estimó la población servida sobre la base del mismo porcentaje.

44. POPULATION WITH ACCESS TO PIPED WATER [1]

(Percentages of urban total and rural total)

1973		Alrededor de 1977 *Around 1977*			Alrededor de 1979 *Around 1979*			Country
Urbana *Urban*	Rural	Año *Year*	Urbana *Urban*	Rural	Año *Year*	Urbana *Urban*	Rural	
78.3	19.8	1977	77.5	30.3	1979	69.3	15.8	*Argentina*
...	...	1975	97.5	-	...	...	...	*Bahamas*
100.0	99.2	1977	100.0	100.0	1979	100.0	100.0	*Barbados*
...	...	1977	97.5	27.3	...	...	...	*Belize*
74.8	5.3	1976	81.9	8.7	1977	71.6	13.1	*Bolivia*
77.0	30.3	1976	74.6	45.6	...	...	...	*Brazil*
88.8	34.5	1977	85.5	33.0	1979	86.9	22.6[2]	*Colombia*
100.0	66.0	1977	100.0	62.7	1979	99.9	64.0	*Costa Rica*
85.0	4.5	1976	90.9	5.7	1978	91.7	7.0	*Cuba*
93.7	8.2	1977	92.4	30.3	1979	92.9	20.2	*Chile*
...	...	...	...	...	1979	100.0	78.9	*Dominica*
65.2	9.3	1977	82.4	12.9	1979	89.3	14.2	*Ecuador*
85.2	34.6	1977	82.4	36.8	1979	66.8	34.1	*El Salvador*
86.8	2.2	1977	86.0	14.4	1979	89.4	15.6	*Guatemala*
92.3	70.5	1977	98.5	97.5	1979	97.1	91.1	*Guyana*
45.3	2.3	1977	37.0	1.2	1979	44.5	0.6	*Haiti*
97.4	11.9	1976	99.0	13.8	1979	91.5	35.1	*Honduras*
97.7	83.7	1976	100.0	74.4	...	...	...	*Jamaica*
72.5	35.7	1977	73.2	32.5	...	...	...	*Mexico*
100.0	11.1	1977	100.0	43.3	1979	80.9	9.4	*Nicaragua*
100.0	51.4	1976	100.0	63.1	1977	100.0	63.8	*Panama*
36.2	6.2	1975	31.8	0.3	1979	59.1	9.9	*Paraguay*
73.0	10.4	1976	71.8	9.8	1979	79.0	13.2	*Peru*
79.7	19.1	1976	88.0	28.8	...	...	...	*Dominican Republic*
...	...	...	...	...	1979	100.0	66.1	*Suriname*
87.4	89.8	...	...	...	...	...	...	*Trinidad and Tobago*
95.9	31.3	1977	89.4	13.2	1979	93.2	13.2	*Uruguay*
87.9	42.2	1976	94.1	46.9	...	...	...	*Venezuela*
79.0	26.9	...	78.4	33.8	...	78.3	32.3	*Total*

[1] *Refers to population either served by a connection in the home or with "easy access". According to the WHO definition, "easy access" to water supply means the availability of piped water at a distance of not more than 200 metres from a dwelling unit to a public hydrant, in urban areas; and in rural areas, it means that the housewife does not have to spend a disproportionate part of the day on fetching water to meet the family's needs.*

[2] *Population with a connection in the home.*
[3] *The term "urban" generally refers to communities of 2 000 or more inhabitants.*
[4] *In a few cases the number given refers to communities of less than 2 000 inhabitants and not to the total rural population.*
[5] *Including communities of 5 000 or more inhabitants.*
[6] *Data on communities with a population of 3 911 000 inhabitants with systems operating under the management of the Ministry of Economic Development and the Municipality. For the rest of the urban population, the population served was estimated on the basis of the same percentage.*

141

45. POBLACION URBANA SERVIDA POR SISTEMAS DE ALCANTARILLADO

(Porcentaje de la población urbana total)

País	Alrededor de 1960 Around 1960		Alrededor de 1964 Around 1964		1969	
	Año Year	Urbana[1] Urban[1]	Año Year	Urbana Urban	Año Year	Urbana Urban
Argentina	1961	42.1	1963	45.0	1969	33.7
Bahamas	...	...	...	...	...	...
Belice	...	...	...	...	...	...
Bolivia	...	...	1964	40.4	1969	21.7
Brasil	...	...	1964	54.5	1969	25.1
Colombia	1960	61.4[2]	1960	61.4	1969	71.7
Costa Rica	1961	28.7	1964	29.7	1969	21.7
Cuba	...	...	1964	32.4	1969	33.9
Chile	1961	59.5	1964	44.8	1969	33.8
Ecuador	1960	53.2	1964	52.8	1969	53.5
El Salvador	...	...	1964	39.0	1969	73.7
Guatemala	1961	29.5	1964	30.3	1969	38.9
Guyana	...	...	...	...	1969	39.0
Haití	1961	-	1964	-	1969	18.5
Honduras	1961	20.4	1964	50.5	1969	48.6
Jamaica	...	...	1963	10.8	1969	15.6
México	...	...	1964	70.4	1969	50.1
Nicaragua	1961	16.2	1964	21.9	1969	32.4
Panamá	...	...	1964	59.0	1969	64.5
Paraguay	1960	24.0	1964	22.8	1969	13.7
Perú	1960	51.3	1964	57.3[3]	1969	61.9
República Dominicana	1960	17.2	...	...	1969	12.4
Suriname	...	...	...	...	...	...
Trinidad y Tabago	...	...	1964	...	1969	50.3
Uruguay	1961	50.8	1964	47.7	1969	52.1
Venezuela	1960	30.2[2]	1964	42.6	1969	48.8
Total	...	45.0	...	52.9	1969	39.4

[1] El término "urbano suele referirse a ciudades con 2 000 habitantes o más.
[2] Bajo la denominación de "urbana" se incluyen las ciudades con 5 000 o más habitantes.
[3] Datos sobre localidades con sistemas que funcionan bajo la Dirección del Ministerio de Fomento y la Municipalidad. Para el resto de la población se estimó la población servida sobre la base del mismo porcentaje.

45. URBAN POPULATION SERVED BY SEWERAGE SYSTEMS

(Percentage of the total urban population)

1973		Alrededor de 1977 Around 1977		Alrededor de 1979 Around 1979		Country
Año Year	Urbana Urban	Año Year	Urbana Urban	Año Year	Urbana Urban	
1973	35.7	1977	39.8	1979	33.4	*Argentina*
...	...	1975	11.7	...	...	*Bahamas*
...	...	1977	5.0	...	...	*Belize*
1973	23.3	1976	46.3	1977	42.4	*Bolivia*
1973	29.0	1976	34.3	...	...	*Brazil*
1973	64.3	1977	65.0	1979	67.8	*Colombia*
1973	40.1	1977	42.2	1979	43.0	*Costa Rica*
1973	40.2	1976	46.2	1978	46.6	*Cuba*
1973	39.9	1977	66.7	1979	62.4	*Chile*
1973	58.2	1977	63.0	1979	71.7	*Ecuador*
1973	37.3	1977	36.3	1979	46.9	*El Salvador*
...	...	1977	31.5	1979	33.7	*Guatemala*
...	...	1977	43.4	1979	42.8	*Guyana*
1973	-	1977	-	1979	-	*Haiti*
1973	45.5	1977	47.8	1979	42.9	*Honduras*
1973	26.7	1976	21.5	...	...	*Jamaica*
1973	48.0	1977	41.1	...	...	*Mexico*
1973	22.5	1977	31.3	1979	31.1	*Nicaragua*
1973	70.6	1976	97.2	...	...	*Panama*
1973	16.0	1975	15.1	1979	23.6	*Paraguay*
1973	55.4	1976	49.9	1979	54.9	*Peru*
1973	19.5	1976	26.5	...	...	*Dominican Republic*
...	...	...	...	1979	36.3	*Suriname*
1973	68.9	1976	68.9	...	...	*Trinidad and Tobago*
1973	51.2	1977	57.9	1979	61.7	*Uruguay*
1973	46.8	1976	52.3	...	...	*Venezuela*
1973	**39.5**	...	**42.9**	...	**42.9**	**Total**

[1] *The term "urban" usually refers to cities with 2 000 or more inhabitants.*
[2] *The designation "urban" includes cities with 5 000 or more inhabitants.*
[3] *Data on communities with systems operating under the management of the Ministry of Economic Development and the Municipality. For the rest of the population, the population served was estimated on the basis of the same percentage.*

46. UNIDADES DE VIVIENDA PARTICULARES OCUPADAS QUE DISPONEN DE LUZ ELECTRICA /
OCCUPIED PRIVATE DWELLING UNITS WITH ELECTRIC LIGHT

(Porcentaje del total de unidades de viviendas ocupadas /
Percentage of total occupied dwelling units)

País /*Country*	Alrededor de 1960 *Around 1960*			Alrededor de 1970 *Around 1970*			Alrededor de 1980 *Around 1980*		
	Año *Year*	Urbana *Urban*	Rural	Año *Year*	Urbana *Urban*	Rural	Año *Year*	Urbana *Urban*	Rural
Argentina	1960	84.7[1]	18.6[1]	...	...	...	...	...	...
Barbados	...	...	...	1970	69.9[2][3]	50.5[2]	...	...	...
Bolivia	1963	76.4[4]	7.6[4]	1976	76.2[5]	5.8[5]	...	...	...
Brasil / *Brazil*	1960	71.5	7.6	1970	75.6[6]	8.4[6]	...	...	...
Colombia	1964	83.4[1]	8.3[1]	1973	87.5[4]	13.2[4]	...	...	...
Costa Rica	1963	93.5	31.6	1973	------ 68.8[6] -------		...	...	...
Cuba	1953	82.9[2]	8.7[2]	1970	98.1[5]	19.6[5]	1981	98.6	45.7
Chile	1960	86.3[6]	23.9[6]	...	...	...	...	...	...
Ecuador	1962	78.5	8.5	1974	84.3	11.6	...	...	...
El Salvador	1961	60.2[1]	...[1]	1971	73.0	6.8	...	...	...
Guatemala	1964	56.0	4.1	1973	67.8[4]	5.4[4]	...	...	...
Haití / *Haiti*	1950	27.3	0.7	1971	27.0	0.2	...	...	...
Honduras	1961	56.7	1.9	1974	67.1	5.5	...	...	...
México / *Mexico*	...	...	...	1970	80.7	27.8	...	...	...
Nicaragua	1963	71.0	4.3	1971	76.7	6.9	...	...	...
Panamá / *Panama*	1960	82.7[7]	11.3[7]	1970	90.4[1]	16.0[1]	...	...	...
Paraguay	1962	59.5[8]	4.2[8]	1972	41.7	1.2	...	...	...
Perú / *Peru*	1961	50.7	4.2	1972	54.3	2.7	1981	58.3	4.2
República Dominicana / *Dominican Republic*	1960	57.7	3.0	...	...	...	...	...	...
Trinidad y Tabago / *Trinidad and Tobago*	1957-1958	70.8	29.9	1966	------ 66.0[4] -------		...	...	...
Uruguay	1963	87.8	29.1	1975	89.2[1]	27.8[1]	...	...	...
Venezuela	1961	------ 62.4[6] -------		1971	------ 76.8[6] -------		...	...	...

[1] Se refiere únicamente a viviendas convencionales.
[2] Incluye las viviendas desocupadas.
[3] Se refiere a la Parroquia de Saint Michael.
[4] Corresponde a hogares.
[5] Hogares en viviendas particulares cuyos ocupantes estaban presentes en el momento del censo.
[6] Excluye viviendas improvisadas o semipermanentes.
[7] Excluye viviendas de la población indígena y viviendas no destinadas a habitación que son utilizadas como tal.
[8] La parte urbana corresponde a Asunción; la rural al resto del país.

[1] *Refers to conventional dwellings only.*
[2] *Including unoccupied dwellings.*
[3] *Refers to Saint Michael parish.*
[4] *Households.*
[5] *Households in private dwellings whose occupants were present at the time of the census.*
[6] *Excluding semi-permanent or improvised housing.*
[7] *Excluding housing of the indigenous population and housing not designed for habitation but used as such.*
[8] *The urban portion corresponds to Asunción; the rural portion to the rest of the country.*

47. CRECIMIENTO DEL PRODUCTO INTERNO BRUTO, A PRECIOS DE MERCADO / *GROWTH OF GROSS DOMESTIC PRODUCT, AT MARKET PRICES*

(Tasas anuales medias / *Average annual rates*)

País / Country	1950-1960	1960-1965	1965-1970	1970-1975	1975-1980	1980	1981	1982	1983
Argentina	2.8	4.4	4.3	2.9	1.9	0.7	-6.2	-5.1	3.1
Bolivia	0.4	5.1	6.1	5.8	3.2	0.6	-0.9	-8.7	-7.6
Brasil / *Brazil*	6.8	4.5	7.7	10.3	6.8	7.2	-1.6	0.9	-3.2
Colombia	4.6	4.7	5.8	5.7	5.4	4.1	2.3	0.9	1.0
Costa Rica	7.1	6.5	7.0	6.0	5.3	0.8	-2.3	-7.3	2.3
Chile	4.0	3.8	4.7	-2.2	7.5	7.8	5.5	-14.1	-0.7
Ecuador	4.9	5.1	4.4	11.4	6.5	4.9	3.9	1.8	-3.3
El Salvador	4.7	6.8	4.4	5.5	1.0	-8.7	-8.3	-5.6	0.0
Guatemala	3.8	5.3	5.8	5.6	5.7	3.8	0.7	-3.5	-2.7
Haití / *Haiti*	1.9	-0.6	1.8	3.8	5.7	7.7	-2.8	-2.5	1.3
Honduras	3.1	5.4	4.5	2.3	7.3	2.7	1.2	-1.8	-0.5
México / *Mexico*	6.1	7.1	6.9	6.5	6.7	8.4	7.9	-0.5	-5.3
Nicaragua	5.3	10.1	3.8	5.1	-3.2	10.0	5.3	-1.2	4.7
Panamá / *Panama*	4.8	8.2	7.7	4.7	6.3	15.1	4.2	5.5	0.4
Paraguay	2.7	4.7	4.7	7.1	10.5	11.4	8.7	-1.0	-3.0
Perú / *Peru*	5.5	6.4	3.7	4.6	1.9	3.8	3.9	0.4	-10.9
República Dominicana / *Dominican Republic*	5.7	2.6	7.6	9.0	4.9	6.1	4.0	1.7	3.9
Uruguay	2.1	0.8	2.3	1.6	4.5	6.0	1.9	-9.7	-4.7
Venezuela	7.6	7.3	4.7	4.9	3.3	-2.0	-0.3	0.7	-4.8
Total	5.1	5.4	6.0	6.4	5.5	5.6	1.7	-1.0	-3.1

II. CRECIMIENTO ECONOMICO

48. CRECIMIENTO DEL PRODUCTO INTERNO BRUTO A PRECIOS DE MERCADO, POR HABITANTE / GROWTH OF PER CAPITA GROSS DOMESTIC PRODUCT, AT MARKET PRICES

(Tasas anuales medias / *Average annual rates*)

País / Country	1950-1960	1960-1965	1965-1970	1970-1975	1975-1980	1980	1981	1982	1983
Argentina	1.0	2.8	2.8	1.2	0.3	-0.8	-7.7	-6.6	1.5
Bolivia	-1.7	2.8	3.7	3.3	0.6	-2.0	-3.5	-11.1	-10.0
Brasil / Brazil	3.6	1.5	5.0	7.8	4.4	4.8	-3.7	-1.3	-5.3
Colombia	1.7	1.6	2.9	3.5	3.2	1.9	0.1	-1.2	-1.1
Costa Rica	3.3	2.8	3.7	3.4	2.2	-2.0	-4.8	-9.7	-0.3
Chile	1.7	1.4	2.7	-3.9	6.0	6.2	4.0	-15.4	-2.2
Ecuador	2.0	1.9	1.2	8.1	3.5	2.0	1.0	-1.1	-6.0
El Salvador	1.8	3.6	0.9	2.5	-1.8	-11.3	-10.9	-8.2	-2.8
Guatemala	0.9	2.4	2.9	2.8	2.9	0.9	-2.1	-6.2	-5.3
Haití / Haiti	0.1	-2.6	-0.3	1.5	3.3	5.1	-5.2	-4.8	-1.1
Honduras	-0.2	2.0	1.8	-0.8	3.6	-0.7	-2.2	-5.0	-3.8
México / Mexico	3.0	3.8	3.5	3.2	3.7	5.5	5.1	-3.1	-7.6
Nicaragua	2.1	6.7	0.6	1.8	-5.8	6.8	2.0	-4.3	1.3
Panamá / Panama	2.0	5.1	4.6	1.9	3.5	10.6	2.0	3.3	-1.7
Paraguay	0.1	2.1	2.1	3.8	6.9	8.0	5.4	-3.9	-5.8
Perú / Peru	2.8	3.4	0.9	1.8	-0.7	1.2	1.2	-2.2	-13.1
República Dominicana / Dominican Republic	2.7	-0.3	4.7	6.0	2.5	3.7	1.6	-0.6	1.6
Uruguay	0.9	-0.3	1.5	1.5	4.0	5.4	1.3	-10.3	-5.3
Venezuela	3.4	3.7	1.3	1.3	-0.1	-5.0	-3.2	-2.1	-7.4
Total	2.3	2.5	3.2	3.7	3.0	3.2	-0.7	-3.3	-5.3

49. CRECIMIENTO DEL QUANTUM DE LAS IMPORTACIONES DE BIENES Y SERVICIOS[1,2] / GROWTH OF QUANTUM OF IMPORTS OF GOODS AND SERVICES[1,2]

(Tasas anuales medias / Average annual rates)

País / Country	1955-1960	1960-1965	1965-1970	1970-1975	1975-1980	1980	1981	1982	1983
Argentina	4.3	-1.6	5.2	1.6	15.8	40.2	-15.9	-44.3	-8.4
Bolivia	-2.1	10.8	0.4	14.9	-1.3	-20.4	0.5	-36.2	15.1
Brasil / Brazil	7.2	-8.6	19.2	15.1	2.6	3.3	-10.6	-6.7	-18.9
Colombia	-2.6	-0.8	9.8	1.4	11.9	17.0	3.1	13.9	-5.1
Costa Rica	4.9	10.3	9.5	2.8	7.4	-5.8	-25.9	-22.9	6.8
Chile	10.9	0.1	8.0	-1.9	14.2	13.4	7.9	-34.8	-17.0
Ecuador	1.7	4.6	12.0	18.7	9.0	-0.7	-0.7	-6.7	-33.9
El Salvador	4.4	8.5	-1.0	8.0	2.5	-20.1	-6.9	-15.6	1.7
Guatemala	3.4	8.3	2.0	4.8	10.3	-5.9	-2.8	-24.6	-22.4
Haití / Haiti	-1.8	0.2	0.6	5.0	15.2	30.0	9.2	-12.2	-1.7
Honduras	3.5	10.6	7.0	0.2	9.9	3.7	-11.6	-23.4	11.8
México / Mexico	2.7	2.4	8.3	7.9	15.3	36.4	22.7	-40.0	-39.4
Nicaragua	-2.1	15.1	0.1	7.4	-0.8	44.0	8.9	-23.8	8.6
Panamá / Panama	5.8	10.3	10.3	2.5	0.3	2.5	4.7	-2.6	-13.6
Paraguay	5.6	5.7	2.4	7.5	15.3	-1.4	11.5	7.4	-33.0
Perú / Peru	2.6	11.0	2.0	13.7	-4.3	38.6	16.5	-4.2	-25.9
República Dominicana / Dominican Republic	0.2	6.1	15.3	8.9	3.6	7.5	-9.9	-18.3	3.3
Uruguay	1.4	-9.4	11.9	1.9	14.5	16.1	-10.6	-19.4	-21.4
Venezuela	-1.1	-0.9	2.4	15.1	6.9	-7.2	1.7	17.5	-48.4
Total	3.3	1.1	7.4	8.8	8.2	13.2	2.7	-17.9	-27.7

[1] Según valores del Balance de pagos.
[2] 1970 = 100.

[1] According to Balance of payments values.
[2] 1970 = 100.

II. CRECIMIENTO ECONOMICO

50. COEFICIENTES DE LAS IMPORTACIONES DE BIENES Y SERVICIOS
COEFFICIENTS OF IMPORTS OF GOODS AND SERVICES

(Porcentajes del producto interno bruto en dólares a precios constantes de 1970 /
Percentages of the gross domestic product in dollars at constant 1970 prices)

País / *Country*	1950	1960	1965	1970	1975	1980	1981	1982	1983
Argentina	9.9	8.6	6.4	6.7	6.3	11.9	10.7	6.4	5.7
Bolivia	11.7	13.3	17.3	13.1	19.8	15.8	16.1	11.2	14.0
Brasil / *Brazil*	11.8	8.2	4.2	7.0	8.6	7.1	6.5	6.0	5.0
Colombia	11.6	9.9	7.6	9.1	7.4	10.0	10.1	11.4	10.7
Costa Rica	18.4	20.0	23.8	26.7	22.8	25.3	19.2	16.0	16.6
Chile	10.0	13.0	10.9	12.7	13.0	17.5	17.9	13.6	11.3
Ecuador	8.1	10.4	10.2	14.4	19.8	22.2	21.2	19.5	13.3
El Salvador	15.1	20.2	21.8	16.7	18.8	20.3	20.6	18.4	18.7
Guatemala	14.8	14.9	17.2	14.4	13.9	17.2	16.6	13.0	10.4
Haití / *Haiti*	15.9	17.2	17.9	16.8	17.8	27.4	30.8	27.7	26.9
Honduras	17.2	20.7	26.4	29.6	26.7	30.1	26.3	20.6	23.1
México / *Mexico*	11.5	8.0	6.4	6.9	7.3	10.8	12.3	7.4	4.8
Nicaragua	18.9	25.7	32.1	26.7	29.7	32.3	33.4	25.7	26.7
Panamá / *Panama*	28.9	25.5	29.5	31.5	31.3	29.1	27.9	26.8	23.9
Paraguay	8.4	12.1	12.5	11.3	11.5	14.2	14.5	15.8	10.9
Perú / *Peru*	9.8	9.9	12.2	11.2	17.0	12.5	14.0	13.4	11.2
República Dominicana / *Dominican Republic*	12.6	12.8	15.1	21.4	21.2	20.0	17.3	13.9	13.8
Uruguay	14.5	11.3	6.6	10.4	10.6	16.7	14.7	13.1	10.8
Venezuela	41.5	28.4	19.0	17.1	27.1	32.1	32.7	38.2	20.7
Total	13.0	10.8	8.5	9.3	10.6	12.2	12.3	10.2	7.6

51. CRECIMIENTO DEL QUANTUM DE LAS EXPORTACIONES DE BIENES Y SERVICIOS [1 2] /
GROWTH OF QUANTUM OF EXPORTS OF GOODS AND SERVICES [1 2]

(Tasas anuales medias / *Average annual rates*)

País / *Country*	1955-1960	1960-1965	1965-1970	1970-1975	1975-1980	1980	1981	1982	1983
Argentina	3.3	3.3	4.3	-3.2	11.4	-10.3	14.5	2.8	6.2
Bolivia	-5.2	3.8	8.4	4.5	0.3	-7.7	-3.1	-6.2	-8.5
Brasil / *Brazil*	4.0	2.9	9.3	10.0	10.5	22.0	23.9	-8.3	15.3
Colombia	3.7	3.2	5.1	8.8	2.7	1.6	-8.8	-4.4	-5.9
Costa Rica	7.2	4.0	14.7	6.9	2.3	-3.4	20.3	1.1	-3.8
Chile	1.6	5.4	0.8	6.3	14.5	15.2	-7.7	10.7	2.9
Ecuador	6.2	7.7	2.3	12.9	4.1	-3.1	4.1	-1.4	2.8
El Salvador	6.9	12.8	2.5	7.4	2.1	-6.3	-19.1	-15.6	14.9
Guatemala	8.9	11.1	7.5	8.2	4.0	2.2	-14.1	-3.1	2.0
Haití / *Haiti*	8.1	-5.6	1.1	2.7	12.5	22.9	-19.4	8.5	0.2
Honduras	9.3	9.6	6.5	1.2	8.7	-6.3	0.1	-10.9	4.4
México / *Mexico*	-0.1	5.9	3.6	4.1	14.8	12.7	11.2	-0.5	11.7
Nicaragua	0.7	15.0	2.8	7.1	-9.5	-36.6	22.3	-15.9	12.7
Panamá / *Panama*	3.1	11.2	14.5	5.6	7.1	17.3	0.8	-0.7	-3.2
Paraguay	11.1	5.0	6.0	3.3	11.7	1.5	-8.5	16.0	17.7
Perú / *Peru*	10.8	4.5	3.0	-4.5	8.8	-7.0	-7.7	10.3	-9.2
República Dominicana / *Dominican Republic*	10.5	-6.6	7.4	6.3	1.8	-18.0	10.2	-4.2	-0.2
Uruguay	1.3	10.1	-3.1	4.2	7.9	6.3	11.0	0.9	4.7
Venezuela	6.6	4.1	1.6	-6.3	-0.8	-7.6	-5.7	-6.9	-5.2
Total	4.5	4.9	4.1	3.3	8.7	6.6	8.2	-1.9	7.0

[1] Según valores del Balance de pagos.
[2] 1970 = 100.

[1] *According to Balance of payments values.*
[2] *1970 = 100.*

II. CRECIMIENTO ECONOMICO

52. COEFICIENTES DE LAS EXPORTACIONES DE BIENES Y SERVICIOS / *COEFFICIENTS OF EXPORTS OF GOODS AND SERVICES*

(Porcentajes del producto interno bruto en dólares a precios constantes de 1970 /
Percentages of the gross domestic product in dollars at constant 1970 prices)

País / *Country*	1950	1960	1965	1970	1975	1980	1981	1982	1983
Argentina	8.1	7.5	7.1	7.1	5.3	8.2	10.0	10.8	11.1
Bolivia	21.5	14.4	13.5	15.0	14.0	12.2	12.0	12.3	12.2
Brasil / *Brazil*	9.4	6.5	6.1	6.5	6.4	7.6	9.5	8.7	10.3
Colombia	8.9	8.8	8.2	7.9	9.1	8.1	7.2	6.8	6.4
Costa Rica	21.8	17.3	15.3	21.7	22.6	19.6	24.1	26.2	24.7
Chile	19.3	15.5	16.7	13.8	21.0	28.7	25.1	32.4	33.6
Ecuador	8.4	10.1	11.5	10.4	11.1	10.0	10.0	9.7	10.3
El Salvador	14.7	14.2	18.6	17.0	18.6	19.6	17.3	15.5	17.7
Guatemala	9.4	10.5	13.7	14.9	16.9	15.5	13.3	13.3	14.0
Haití / *Haiti*	14.1	17.1	13.2	12.8	12.1	16.4	13.6	15.1	14.9
Honduras	19.6	17.9	21.7	23.8	22.6	24.2	24.0	21.8	22.8
México / *Mexico*	8.1	6.8	6.5	5.5	4.9	7.1	7.3	7.3	8.7
Nicaragua	19.1	21.0	26.2	24.9	27.4	21.8	25.3	21.6	23.2
Panamá / *Panama*	33.8	24.4	28.9	28.9	27.7	33.3	31.0	31.7	31.9
Paraguay	8.9	9.5	9.6	10.2	8.6	9.0	7.6	8.9	7.6
Perú / *Peru*	10.9	15.9	14.6	14.1	9.0	12.5	11.1	12.2	12.4
República Dominicana / *Dominican Republic*	19.6	24.4	15.2	15.1	14.9	12.8	13.6	12.8	12.3
Uruguay	13.6	8.0	12.4	9.5	10.7	12.6	13.7	15.3	16.8
Venezuela	29.9	28.7	24.6	21.2	12.1	9.9	9.3	8.6	8.6
Total	11.3	10.1	9.8	9.0	7.9	9.3	9.9	9.9	10.9

53. COEFICIENTES DE LA INVERSION INTERNA BRUTA /
COEFFICIENTS OF GROSS DOMESTIC INVESTMENT

(Porcentajes del producto interno bruto en dólares a precios constantes de 1970 /
Percentages of the gross domestic product in dollars at constant 1970 prices)

País / *Country*	1950	1960	1965	1970	1975	1980	1981	1982	1983
Argentina	12.7	20.8	18.7	21.3	20.3	22.9	18.8	16.8	14.9
Bolivia	10.4	13.7	17.8	17.1	22.0	12.3	10.6	5.2	4.2
Brasil / *Brazil*	24.5	24.8	24.4	25.6	32.1	27.5	24.4	22.6	19.4
Colombia	22.2	20.9	18.2	20.3	16.8	19.4	21.5	22.4	21.2
Costa Rica	15.3	17.4	25.0	20.6	20.8	29.0	18.5	14.9	18.2
Chile	10.5	10.3	12.7	16.5	9.9	16.9	19.5	7.9	6.6
Ecuador	14.9	20.3	17.2	18.2	21.1	20.9	17.5	15.8	11.7
El Salvador	10.4	16.8	16.1	13.3	17.0	13.8	14.5	13.1	13.6
Guatemala	12.0	11.6	13.4	12.9	12.8	12.3	14.1	11.8	9.9
Haití / *Haiti*	9.3	7.8	9.0	10.1	16.3	19.4	20.1	19.2	19.9
Honduras	13.6	14.5	16.7	20.9	18.2	29.1	23.8	14.8	15.7
México / *Mexico*	16.4	18.9	21.8	22.8	24.8	28.1	30.1	21.6	17.1
Nicaragua	9.9	13.6	20.0	18.6	17.1	16.8	24.6	20.6	21.4
Panamá / *Panama*	16.4	16.8	18.8	27.9	29.6	23.6	25.5	22.5	18.0
Paraguay	5.0	9.7	13.5	14.8	22.6	33.8	36.4	30.6	25.8
Perú / *Peru*	20.8	21.5	19.7	13.3	20.9	15.2	17.1	14.4	11.6
República Dominicana / *Dominican Republic*	13.3	10.1	9.4	19.2	26.8	25.4	21.8	19.8	19.9
Uruguay	17.6	13.6	9.2	11.3	11.7	19.8	17.7	15.1	11.2
Venezuela	49.2	31.2	31.0	30.3	35.9	29.5	29.2	32.0	17.1
Total	18.9	20.8	21.0	22.3	25.5	25.3	24.7	20.9	17.1

II. CRECIMIENTO ECONOMICO

54. COEFICIENTES DE LOS PAGOS NETOS DE FACTORES AL EXTERIOR / *COEFFICIENTS OF NET FACTOR PAYMENTS ABROAD*

(Porcentajes del producto interno bruto en dólares a precios constantes de 1970 / *Percentages of the gross domestic product in dollars at constant 1970 prices*)

País / Country	1950	1960	1965	1970	1975	1980	1981	1982	1983
Argentina	0.0	0.3	0.3	0.9	0.7	1.5	3.6	4.9	5.8
Bolivia	0.5	0.1	0.4	1.9	0.4	4.4	5.5	7.4	8.2
Brasil / *Brazil*	1.1	0.9	0.8	1.3	1.3	1.8	2.4	3.2	2.8
Colombia	1.1	0.6	1.1	1.4	0.9	0.3	0.7	1.3	1.5
Costa Rica	4.8	0.6	1.7	1.2	2.0	3.3	4.5	6.2	5.3
Chile	2.0	1.3	1.9	2.2	1.8	2.6	3.4	5.5	5.1
Ecuador	1.1	1.5	1.3	1.2	1.0	3.9	4.8	5.4	4.7
El Salvador	0.4	0.6	0.7	0.6	1.1	1.1	1.3	1.9	2.6
Guatemala	0.5	0.5	0.8	1.6	1.1	0.4	0.7	0.9	0.9
Haití / *Haiti*	1.9	1.2	1.5	0.8	1.0	0.8	0.7	0.7	0.6
Honduras	8.6	-2.4	2.5	2.7	1.7	4.1	3.8	5.0	3.8
México / *Mexico*	0.6	0.6	0.8	0.9	1.5	2.6	3.5	4.0	3.4
Nicaragua	3.6	0.8	2.2	3.5	3.0	3.2	3.0	4.3	1.7
Panamá / *Panama*	3.5	2.1	1.8	2.0	0.6	1.9	1.2	2.0	0.0
Paraguay	0.2	0.3	0.5	1.4	1.1	0.2	-0.5	-0.8	0.3
Perú / *Peru*	0.4	1.5	1.3	1.5	1.4	2.7	2.9	2.9	3.4
República Dominicana / *Dominican Republic*	2.6	1.0	1.1	1.5	2.4	2.2	2.8	2.3	2.6
Uruguay	0.3	0.3	0.6	0.8	1.1	0.8	0.5	1.6	2.6
Venezuela	20.9	9.8	7.5	4.2	-0.4	-0.7	-1.1	3.0	4.7
Total	1.9	1.3	1.3	1.4	1.2	1.8	2.6	3.5	3.4

55. CRECIMIENTO DE LA AGRICULTURA, SILVICULTURA, CAZA Y PESCA / *GROWTH OF AGRICULTURE, FORESTRY, HUNTING AND FISHING*

(Tasas anuales medias / *Average annual rates*)

País / Country	1950-1960	1960-1965	1965-1970	1970-1975	1975-1980	1980	1981	1982	1983
Argentina	2.1	3.6	1.1	2.8	1.2	-6.7	2.4	7.3	0.9
Bolivia	-0.1	3.4	3.1	5.6	2.2	1.4	7.0	-2.2	-22.0
Brasil / *Brazil*	4.4	5.7	0.4	6.3	4.6	6.3	6.4	-2.5	2.2
Colombia	3.1	2.8	4.8	4.4	4.1	1.8	3.3	-1.8	1.7
Costa Rica	4.3	3.2	8.1	3.6	1.8	-0.5	5.1	-4.7	3.9
Chile	2.5	0.4	3.5	1.6	2.9	3.8	3.8	-1.2	-2.5
Ecuador	4.1	4.2	3.7	4.2	1.9	5.3	6.8	2.2	-13.5
El Salvador	3.3	4.0	3.9	4.7	1.3	-5.2	-6.4	-4.7	-2.8
Guatemala	2.9	4.1	4.7	6.2	3.2	1.6	1.2	-3.0	-0.1
Haití / *Haiti*	1.3	0.6	1.3	2.3	0.8	0.8	-1.4	-4.2	3.3
Honduras	0.5	7.7	3.2	-0.9	6.7	4.1	1.7	0.7	2.7
México / *Mexico*	4.5	4.7	2.7	3.0	3.8	7.1	6.1	-0.6	2.9
Nicaragua	3.0	11.8	0.5	4.9	-4.2	-16.3	10.1	2.9	6.3
Panamá / *Panama*	2.5	6.7	4.0	1.2	1.8	-4.0	8.3	0.3	3.1
Paraguay	1.8	4.4	1.7	7.4	6.1	8.5	10.1	0.4	-2.5
Perú / *Peru*	2.8	3.7	4.7	-0.9	0.0	-5.5	10.7	2.1	-11.2
República Dominicana / *Dominican Republic*	5.5	-1.1	5.8	3.0	3.9	4.9	5.5	4.3	3.8
Uruguay	0.0	3.2	2.8	-1.3	2.6	16.2	5.5	-11.4	2.6
Venezuela	5.9	5.1	5.5	3.6	2.4	1.9	-1.9	3.6	0.4
Total	3.5	4.3	2.6	3.8	3.3	2.7	4.8	-1.2	0.7

56. PARTICIPACION DE LA AGRICULTURA, SILVICULTURA, CAZA Y PESCA EN LA GENERACION DEL PRODUCTO / *SHARE OF AGRICULTURE, FORESTRY, HUNTING AND FISHING IN THE GENERATION OF THE PRODUCT*

(Porcentajes del producto interno bruto total a precios constantes de 1970 / *Percentages of the total gross domestic product at constant 1970 prices)*

País / Country	1950	1960	1965	1970	1975	1980	1981	1982	1983
Argentina	16.5	15.6	15.3	13.2	13.1	12.7	13.8	15.6	15.3
Bolivia	25.9	24.0	22.2	19.3	19.0	17.9	19.3	20.7	17.5
Brasil / *Brazil*	19.1	15.2	16.6	11.7	9.8	8.8	9.4	9.1	9.6
Colombia	35.6	30.7	27.9	26.5	24.6	23.8	23.7	23.1	23.2
Costa Rica	31.8	25.9	23.7	25.0	22.1	18.7	20.1	20.7	21.0
Chile	10.6	9.3	7.8	7.5	8.6	7.1	7.1	7.8	7.8
Ecuador	30.5	28.2	26.3	24.6	19.4	15.1	15.3	15.1	13.2
El Salvador	41.0	35.7	31.5	30.6	29.4	29.6	30.1	30.3	29.5
Guatemala	35.3	32.6	31.5	30.1	30.9	27.5	27.5	27.6	28.1
Haití / *Haiti*	48.6	45.1	48.0	46.9	42.4	33.7	34.2	33.5	34.2
Honduras	38.9	31.4	34.3	32.4	27.5	27.2	27.5	27.8	28.8
México / *Mexico*	19.0	16.8	15.2	12.6	10.6	9.3	9.1	9.1	9.9
Nicaragua	36.4	28.9	31.6	27.5	27.0	25.2	26.3	27.2	27.5
Panamá / *Panama*	22.7	18.2	17.0	14.4	11.8	9.5	9.8	9.3	9.6
Paraguay	44.5	40.5	39.3	34.3	34.0	27.9	28.2	28.6	28.7
Perú / *Peru*	23.7	18.5	16.7	17.5	13.2	11.9	12.7	12.9	12.9
República Dominicana / *Dominican Republic*	34.7	33.9	27.2	25.8	19.5	18.6	18.8	19.4	19.3
Uruguay	13.9	11.2	12.6	12.9	11.2	10.1	10.4	10.3	11.1
Venezuela	7.8	7.4	7.3	7.5	6.8	6.4	6.2	6.5	6.7
Total	19.9	17.1	16.5	14.1	12.5	11.2	11.5	11.9	12.4

57. CRECIMIENTO DE LA PRODUCCION DE ALIMENTOS / GROWTH OF FOOD PRODUCTION

(Tasas anuales medias / *Average annual rates*)

País / Country	1952-1960	1960-1965	1965-1970	1970-1975	1975-1980	1980	1981	1982	1983
Argentina	0.1	2.2	3.7	1.5	3.2	-6.5	7.0	5.7	-5.4
Barbados	...	...	-2.0	-6.1	7.0	12.7	-2.39	-9.2	-1.7
Bolivia	7.0	2.2	3.8	5.3	0.5	6.1	4.8	2.7	-26.5
Brasil / *Brazil*	5.0	5.4	3.9	4.8	5.0	10.6	1.6	5.5	-
Colombia	1.8	3.8	3.2	4.6	3.7	1.7	5.0	-0.8	-0.8
Costa Rica	3.0	0.2	6.5	5.5	1.0	-3.6	0.9	-4.6	4.8
Cuba	-1.0	-0.6	5.5	-5.0	4.1	-9.0	7.4	1.5	-1.5
Chile	2.6	-0.5	3.3	0.4	0.6	-	7.5	-	-1.8
Ecuador	8.7	6.0	3.2	2.5	2.8	9.5	2.6	0.8	-6.7
El Salvador	...	...	3.3	4.0	2.2	-3.4	-6.1	-	3.7
Guatemala	2.8	4.2	4.7	4.4	4.6	5.0	2.4	-0.8	-
Guyana	...	...	1.7	2.4	-	-	7.9	0.9	-8.2
Haití / *Haiti*	...	...	1.3	1.6	0.4	-6.5	3.0	1.9	0.9
Honduras	2.2	2.4	5.7	-3.1	6.1	6.8	6.4	3.8	-0.7
Jamaica	...	...	-0.4	1.4	1.0	1.0	1.0	-3.9	2.0
México / *Mexico*	6.5	4.2	3.5	3.2	4.3	6.8	7.1	-5.9	7.1
Nicaragua	...	...	5.1	4.0	-4.2	-23.1	9.6	1.1	5.4
Panamá / *Panama*	4.3	5.3	5.6	4.3	2.2	1.8	3.5	3.4	-1.6
Paraguay	1.1	4.1	2.7	1.7	6.0	2.3	3.1	4.4	4.3
Perú / *Peru*	3.3	2.3	3.9	1.1	-1.5	-9.0	6.6	6.2	-5.8
República Dominicana / *Dominican Republic*	8.5	-4.0	5.9	1.9	2.0	-3.7	1.9	6.5	5.3
Trinidad y Tabago / *Trinidad and Tobago*	...	...	0.9	-0.2	-4.8	-6.2	-19.7	11.5	4.4
Uruguay	-0.4	3.6	3.3	-0.8	-0.2	5.6	17.0	-3.6	4.7
Venezuela	6.1	6.1	6.2	3.9	1.5	-4.2	-7.0	3.8	7.3
Total	...	**3.6**	**3.5**	**2.8**	**3.7**	**3.5**	**4.2**	**2.4**	-

58. CONSUMO DE FERTILIZANTES POR HECTAREA DE TIERRA [1]

(Cien gramos por hectárea de tierra)

País	1961-1965	1970	1975	1977	1978
Argentina	9	26	16	21	31
Barbados	2 304	1 727	1 697	1 088	1 788
Bolivia	8	7	10	11	14
Brasil	91	283	540	496	482
Colombia	240	284	421	512	520
Costa Rica	557	1 001	1 353	1 358	1 421
Cuba	940	1 517	1 071	1 335	1 423
Chile	226	285	162	189	235
Ecuador	53	89	91	329	273
El Salvador	536	1 043	1 442	1 510	1 640
Guatemala	115	300	285	575	553
Guyana	245	268	295	223	272
Haití	1	4	24	36	41
Honduras	90	286	226	160	133
Jamaica	671	873	819	558	602
México	113	216	393	460	459
Nicaragua	86	283	200	393	393
Panamá	157	387	455	401	406
Paraguay	13	95	11	7	17
Perú	400	300	291	411	404
República Dominicana	109	393	843	407	418
Trinidad y Tabago	456	652	471	388	536
Uruguay	197	273	231	331	400
Venezuela	49	113	262	485	536
Total	105	219	319	381	439

[1] Tierras de labranza y cultivos permanentes.

58. CONSUMPTION OF FERTILIZERS PER HECTARE OF LAND[1]

(100 grams per hectare of land)

1979	1980	1981	1982	Country
37	33	27	31	Argentina
1 727	1 758	1 818	1 818	Barbados
10	9	20	8	Bolivia
512	591	375	365	Brazil
525	553	504	538	Colombia
1 614	1 229	1 514	1 134	Costa Rica
1 454	1 655	1 872	1 726	Cuba
218	239	202	189	Chile
303	277	262	277	Ecuador
1 030	832	1 220	830	El Salvador
555	489	537	498	Guatemala
219	120	361	170	Guyana
44	4	65	51	Haiti
111	162	176	137	Honduras
503	661	718	571	Jamaica
489	531	666	778	Mexico
185	435	480	186	Nicaragua
416	533	521	469	Panama
33	33	48	39	Paraguay
345	347	375	266	Peru
585	363	471	353	Dominican Republic
492	505	417	304	Trinidad and Tobago
480	558	333	376	Uruguay
599	642	388	408	Venezuela
416	433	365	356	*Total*

[1] Land for plowing and permanent crops.

59. MECANIZACION / *MECHANIZATION*

(Hectáreas de tierra cultivable por tractor / *Hectares of arable land per tractor*)

País / Country	1961-1965	1970	1975	1978	1979	1980	1981	1982
Argentina	202	197	184	203	205	211	222	232
Barbados	96	80	69	62	61	60	59	58
Bolivia	6 832	6 400	4 327	4 583	4 449	93	4 500	4 500
Brasil / *Brazil*	326	205	231	202	203	188	216	216
Colombia	210	181	212	211	204	199	198	199
Costa Rica	112	97	90	96	95	101	97	105
Cuba	90	51	57	48	45	47	50	47
Chile	200	241	278	163	160	160	160	159
Ecuador	1 491	824	510	470	463	456	383	365
El Salvador	364	249	244	216	218	211	218	217
Guatemala	641	490	469	442	458	438	458	442
Guyana	110	102	112	136	110	143	142	141
Haití / *Haiti*	2 590	2 250	1 955	1 844	1 770	1 712	1 689	1 661
Honduras	4 529	912	571	570	556	541	538	536
Jamaica	203	143	104	98	96	95	92	91
México / *Mexico*	346	238	215	214	204	203	164	148
Nicaragua	5 340	1 830	912	650	720	566	558	546
Panamá / *Panama*	710	226	151	145	144	144	141	142
Paraguay	568	430	370	547	575	600	588	571
Perú / *Peru*	305	256	258	255	237	245	246	241
República Dominicana / *Dominican Republic*	369	230	355	455	459	451	439	446
Trinidad y Tabago / *Trinidad and Tobago*	95	73	75	70	69	67	65	64
Uruguay	75	69	68	52	52	44	43	43
Venezuela	399	275	185	105	100	99	96	94
Total	**268**	**205**	**179**	**179**	**186**	**195**	**192**	**195**

60. EXPORTACIONES AGROPECUARIAS / *AGRICULTURAL EXPORTS*

(Porcentajes del valor fob de las exportaciones totales de bienes /
Percentages of the FOB value of total exports of goods)

País / *Country*	1960	1965	1970	1975	1980	1981
Argentina	94.7	93.6	84.3	73.4	69.3	70.5
Barbados	84.9	74.1	53.6	57.0	35.6	18.8
Bolivia	...	3.6	4.3	20.9	11.3	5.1
Brasil / *Brazil*	88.4	78.0	72.0	56.2	46.8	41.8
Colombia	79.2	74.4	81.2	74.4	77.2	71.1
Costa Rica	95.6	84.1	78.8	73.2	65.9	68.4
Chile	...	6.5	3.3	8.9	8.0	9.6
Ecuador	96.5	95.7	86.9	32.9	25.2	20.6
El Salvador	94.3	79.8	67.7	68.7	77.4	72.1
Guatemala	...	85.1	70.3	72.4	69.8	62.8
Guyana	...	...	38.7	61.8	57.8	44.5
Haití / *Haiti*	...	...	58.8	46.1	49.9	25.4
Honduras	92.8	72.3	72.8	56.7	76.9	71.6
Jamaica	44.2	40.4	22.7	25.7	12.8	13.1
México / *Mexico*	...	56.2	54.2	34.1	11.1	7.9
Nicaragua	94.5	88.4	73.8	73.9	76.3	80.9
Panamá / *Panama*	93.5	56.2	66.5	42.0	48.1	52.0
Paraguay	...	...	77.4	79.9	75.0	82.9
Perú / *Peru*	...	54.8	16.9	33.2	9.7	8.3
República Dominicana / *Dominican Republic*	...	87.2	87.7	77.3	53.5	65.5
Trinidad y Tabago / *Trinidad and Tobago*	12.8	9.6	7.5	6.4	2.0	2.2
Uruguay	...	...	83.8	59.8	56.4	63.3
Venezuela	1.3	1.1	1.4	0.7	0.4	0.4
Total	50.7	47.7	44.3	37.2	29.3	26.9

61. CRECIMIENTO DE LA PRODUCCION MINERA

a) Incluido petróleo / *Including petroleum*
(Tasas anuales medias / *Average annual rates*)

País / Country	1950-1960	1960-1965	1965-1970	1970-1975	1975-1980	1980	1981	1982	1983
Argentina	10.2	7.5	7.4	-0.3	3.6	1.5	1.7	-1.1	10.2
Bolivia	-3.6	4.1	6.8	2.9	-3.1	3.6	5.0	-9.6	-3.6
Brasil / *Brazil*	10.1	8.9	11.6	13.9	6.9	24.5	-30.0	10.1	10.1
Colombia	5.3	3.9	0.2	-2.7	1.8	13.7	3.0	5.4	5.3
Cuba	-22.0	11.2	4.3	0.5	0.6	17.3	5.5	-4.8	-22.0
Chile	3.2	2.7	2.4	3.5	4.9	0.8	4.9	11.9	3.2
Ecuador	-5.5	0.1	-7.3	91.5	5.2	-0.1	2.5	-0.6	-5.5
El Salvador	-27.9	-23.8	101.6	12.2	-10.5	-0.5	-5.2	-29.4	-27.9
Guatemala	-17.8	-36.5	86.8	-10.3	-8.3	-13.0	-6.9	-4.0	0.6
Guyana	2.6	6.4	8.7	-2.6	-4.5	-8.8	-20.0	-26.4	2.6
Haití / *Haiti*	-	21.0	1.3	-15.9	-2.4	-17.5	16.6	-29.4	-
Honduras	-0.4	9.7	6.0	4.3	-11.3	-20.0	-2.4	26.6	0.4
Jamaica	-	8.2	6.8	-0.9	0.8	4.9	-3.8	-29.7	-.8
México / *Mexico*	1.8	1.4	3.3	5.9	11.8	7.2	19.8	21.0	1.8
Nicaragua	-0.8	7.1	16.3	-14.1	-6.9	-10.9	-20.9	-5.8	-0.8
Perú / *Peru*	1.5	2.2	3.5	-2.0	11.3	-1.1	-3.4	9.2	1.5
República Dominicana / *Dominican Republic*	-	5.3	4.9	-7.5	-7.9	-2.6	-20.5	-62.5	-
Suriname	-	4.8	6.6	-4.7	0.7	3.4	-18.3	-18.2	-.1
Venezuela	7.1	3.7	1.4	-8.3	-2.0	-7.4	-2.6	-11.0	7.1
Total	4.0	3.7	3.1	0.0	4.7	3.3	0.3	6.8	4.0

61. GROWTH OF MINING PRODUCTION

b) Excluido petróleo / *Excluding petroleum*
(Tasas anuales medias / *Average annual rates*)

País / Country	1950-1960	1960-1965	1965-1970	1970-1975	1975-1980	1980	1981	1982	1983
Argentina	9.3	1.6	4.9	-2.8	-0.7	18.6	7.8	1.5	-2.5
Bolivia	-4.1	4.4	6.0	2.1	-2.4	5.3	5.9	10.9	-8.9
Brasil / Brazil	5.4	11.6	11.4	17.6	7.8	26.6	-36.0	7.5	3.9
Colombia	5.2	0.9	-3.4	4.9	8.6	25.3	0.6	4.8	-2.3
Cuba	-22.8	11.1	4.2	0.3	0.6	18.3	4.7	-6.8	4.2
Chile	3.0	2.6	2.5	3.6	4.9	0.0	4.6	12.0	0.0
Ecuador	-16.1	-2.8	11.2	-11.1	28.1	21.7	-20.2	34.7	-4.1
El Salvador	-37.5	-23.8	101.6	12.2	-10.5	0.5	-5.2	-29.4	0.0
Guatemala	-17.8	-36.5	86.8	-10.3	-8.3	13.0	-6.9	-4.0	0.6
Guyana	2.6	6.4	8.7	-2.6	-4.5	20.2	-20.3	26.4	-38.4
Haití / Haiti	-	21.0	1.3	-15.9	-2.4	-17.5	16.6	-29.4	0.7
Honduras	-0.6	9.7	6.0	4.3	-11.3	-20.0	-2.4	26.9	4.4
Jamaica	-	8.2	6.8	-0.9	0.8	4.9	-3.8	29.7	-5.3
México / Mexico	0.1	0.2	1.5	1.9	6.8	12.8	12.8	0.4	-2.8
Nicaragua	-0.8	7.1	-16.3	-14.1	-6.9	-20.9	-20.9	-5.8	-1.2
Perú / Peru	1.4	2.1	3.6	-2.2	10.1	-3.9	-3.9	10.5	-4.3
República Dominicana / Dominican Republic	-	5.3	4.9	-7.5	-7.9	-2.6	-20.5	-62.5	-1.4
Suriname	-	4.8	6.6	-4.7	0.7	3.4	-18.3	-18.2	-14.7
Venezuela	43.6	2.3	4.6	1.8	-8.2	5.2	-4.6	23.4	-20.0
Total	1.4	3.0	3.7	3.2	5.1	7.1	-4.4	5.2	-1.6

62. CONSUMO DE HIDROCARBUROS POR HABITANTE /
PER CAPITA CONSUMPTION OF HYDROCARBONS

(Kilogramos de petróleo equivalente / *Kilograms of petroleum equivalent*)

País / *Country*	1960	1965	1970	1975	1977	1979	1980	1981	1982
Argentina	671	860	1 071	1 061	1 119	1 155	1 065	1 023	1 001
Barbados	232	260	695	686	681	722	734	810	779
Bolivia	88	124	121	180	230	242	235	253	268
Brasil / *Brazil*	174	188	247	330	390	393	378	331	328
Colombia	193	225	290	333	338	333	351	424	407
Costa Rica	152	179	255	298	366	338	280	289	283
Cuba	523	583	690	786	810	881	918	963	925
Chile	327	420	586	499	523	471	495	495	473
Ecuador	120	139	199	289	340	432	447	442	449
El Salvador	77	100	124	150	157	133	109	114	113
Guatemala	117	138	133	145	169	193	171	150	146
Guyana	384	542	726	794	699	767	572	551	541
Haití / *Haiti*	23	22	20	15	39	22	34	34	31
Honduras	96	99	148	133	153	126	134	142	137
Jamaica	273	564	854	929	1 123	894	1 151	1 063	980
México / *Mexico*	431	511	642	755	737	883	1 029	1 013	1 069
Nicaragua	145	148	227	287	325	221	191	192	166
Panamá / *Panama*	322	373	459	663	651	428	585	445	417
Paraguay	58	81	83	87	156	129	102	113	134
Perú / *Peru*	254	336	369	424	392	375	376	374	357
República Dominicana / *Dominican Republic*	98	104	193	271	396	331	309	293	259
Trinidad y Tabago / *Trinidad and Tobago*	1 135	1 979	3 103	2 444	2 340	2 959	4 182	3 664	3 661
Uruguay	478	565	548	589	615	631	560	503	470
Venezuela	1 037	1 159	1 311	1 484	1 646	1 818	1 965	2 009	2 064
Total	319	379	471	534	570	611	643	623	629

63. CRECIMIENTO DEL CONSUMO TOTAL DE HIDROCARBUROS / *GROWTH OF TOTAL CONSUMPTION OF HYDROCARBONS*

(Tasas anuales medias / *Average annual rates*)

País / Country	1950-1960	1960-1965	1965-1970	1970-1975	1975-1980	1980	1981	1982
Argentina	5.9	6.6	5.9	1.1	14.8	-2.4	-2.5	-0.5
Barbados	9.4	2.5	22.2	0.2	2.2	3.2	3.6	-1.5
Bolivia	9.2	9.7	2.2	11.1	8.3	-0.2	10.4	8.6
Brasil / *Brazil*	11.2	4.5	8.7	9.0	4.8	-2.6	-10.3	1.2
Colombia	12.6	6.5	8.2	5.2	2.7	7.7	23.3	-2.0
Costa Rica	6.8	7.1	10.7	5.9	1.7	-12.6	5.8	0.6
Cuba	7.2	4.4	5.4	5.4	4.0	5.0	5.5	-3.4
Chile	8.1	7.5	9.0	-1.5	1.6	7.0	1.8	-3.0
Ecuador	8.7	6.2	10.7	10.9	12.5	6.7	3.1	4.6
El Salvador	7.8	8.8	8.0	7.0	-3.4	-15.6	7.6	2.1
Guatemala	6.6	6.5	2.2	5.0	6.5	-8.6	-14.0	-0.2
Guyana	9.7	10.3	8.0	4.0	-4.3	-23.8	-1.6	0.2
Haití / *Haiti*	9.6	1.6	0.4	-3.4	19.8	59.8	3.1	-4.5
Honduras	18.5	4.2	11.2	1.0	3.8	9.6	9.7	-
Jamaica	19.5	17.4	10.1	3.2	6.0	30.6	-6.3	-6.3
México / *Mexico*	6.3	6.9	8.1	6.7	9.8	19.7	1.1	0.8
Nicaragua	12.1	3.4	12.1	8.3	-4.5	-9.6	3.6	-10.2
Panamá / *Panama*	8.6	6.1	7.3	10.7	0.6	44.4	-22.3	-4.3
Paraguay	25.1	9.6	3.3	3.4	7.1	-18.2	14.6	22.2
Perú / *Peru*	8.9	8.9	4.8	5.7	-0.2	1.2	1.9	-1.9
República Dominicana / *Dominican Republic*	11.9	4.4	16.9	10.5	4.4	-4.5	-2.7	-9.8
Trinidad y Tabago / *Trinidad and Tobago*	18.3	13.4	10.5	-3.6	14.7	43.5	-11.1	1.3
Uruguay	5.1	4.7	0.4	1.6	-0.6	-10.7	-9.6	-5.9
Venezuela	11.5	6.0	5.8	6.0	10.3	11.8	1.4	5.6
Total	**8.2**	**6.4**	**7.3**	**5.3**	**6.3**	**11.8**	**-1.0**	**3.2**

64. CONSUMO DE ENERGIA ELECTRICA POR HABITANTE / PER CAPITA CONSUMPTION OF ELECTRIC POWER

(Kilovatio-horas (kWh) / *Kilowatt-hour (KWH)*)

País / Country	1950	1955	1960	1965	1970	1975	1980	1981	1982
Argentina	309	379	513	694	915	1 164	1 406	1 361	1 367
Barbados	52	88	163	307	613	877	1 307	1 363	1 302
Bolivia	75	116	121	131	184	216	281	293	290
Brasil / *Brazil*	158	227	325	373	491	744	1 149	1 144	1 196
Colombia	101	171	244	323	426	594	890	921	950
Costa Rica	212	266	355	443	595	778	977	1 008	1 039
Cuba	214	296	432	443	572	705	1 017	1 080	1 096
Chile	486	569	598	720	806	857	1 058	1 061	1 033
Ecuador	37	69	89	111	159	234	386	391	394
El Salvador	34	65	99	143	190	264	322	299	295
Guatemala	28	42	74	101	144	187	223	216	213
Guyana	83	113	163	344	456	490	484	488	489
Haití / *Haiti*	6	15	25	25	28	34	54	55	59
Honduras	32	35	47	80	119	176	250	264	274
Jamaica	120	191	312	453	825	1 139	1 035	1 058	1 055
México / *Mexico*	173	235	313	420	569	725	972	1 036	1 101
Nicaragua	71	85	125	192	342	432	380	381	355
Panamá / *Panama*	131	156	221	368	585	868	1 255	1 265	1 321
Paraguay	33	42	55	67	95	163	268	301	311
Perú / *Peru*	...	173	265	330	411	484	567	569	571
República Dominicana / *Dominican Republic*	35	74	113	142	247	544	494	510	509
Trinidad y Tabago / *Trinidad and Tobago*	266	387	566	932	1 170	1 116	1 904	2 023	2 091
Uruguay	281	433	490	642	772	875	1 579	1 690	2 095
Venezuela	229	372	601	974	1 237	1 632	2 298	2 319	2 336
Total	...	...	324	405	531	720	1 025	1 039	1 076

65. CRECIMIENTO DEL CONSUMO TOTAL DE ENERGIA ELECTRICA / *GROWTH OF TOTAL CONSUMPTION OF ELECTRIC POWER*

(Tasas anuales medias / *Average annual rates*)

País / Country	1950-1960	1960-1965	1965-1970	1960-1970	1970-1975	1980	1981	1982
Argentina	7.3	5.9	9.3	6.3	6.1	5.4	-1.6	2.1
Barbados	13.2	14.6	14.7	7.9	9.2	3.3	5.1	-3.7
Bolivia	7.0	4.9	6.8	6.1	8.2	9.2	7.2	1.6
Brasil / *Brazil*	10.8	5.7	8.6	12.1	12.0	10.5	1.9	6.9
Colombia	12.6	9.2	8.5	9.9	11.4	8.3	5.7	5.4
Costa Rica	9.3	8.5	9.3	8.3	7.8	12.1	6.1	5.8
Cuba	9.5	2.8	7.4	6.1	8.5	5.2	6.8	2.0
Chile	4.5	6.0	4.3	3.0	6.1	5.6	1.9	-0.9
Ecuador	12.6	8.1	10.7	11.7	13.4	6.7	4.4	4.0
El Salvador	14.4	10.9	9.9	9.6	7.8	-0.3	-4.5	1.8
Guatemala	13.4	9.8	11.7	9.0	6.7	2.9	-0.2	1.6
Guyana	10.1	19.0	9.4	3.5	1.8	4.4	2.6	2.3
Haití / *Haiti*	16.2	1.3	4.2	6.0	14.8	12.5	3.2	10.8
Honduras	7.1	14.0	12.8	11.6	11.1	9.5	9.3	7.5
Jamaica	11.8	9.5	14.1	8.6	-0.7	-1.0	3.6	1.1
México / *Mexico*	9.5	9.0	10.6	8.6	9.1	7.4	9.4	9.1
Nicaragua	8.9	10.7	15.1	8.3	2.5	11.8	3.5	-3.8
Panamá / *Panama*	8.5	14.0	13.1	11.7	11.0	43.2	3.1	6.7
Paraguay	8.1	7.2	9.9	15.0	14.2	31.2	15.8	6.6
Perú / *Peru*	11.8 [1]	7.6	7.6	6.2	5.5	6.0	3.0	3.0
República Dominicana / *Dominican Republic*	16.0	7.4	13.0	20.6	1.4	9.9	5.7	2.3
Trinidad y Tabago / *Trinidad and Tobago*	10.8	14.1	5.8	0.1	11.0	11.8	6.7	4.2
Uruguay	7.3	7.0	4.8	2.1	13.2	23.3	7.8	24.8
Venezuela	14.3	12.0	9.0	9.0	12.9	13.0	4.4	4.1
Total	10.0	7.5	8.5	9.1	.10.0	9.0	3.8	6.0

[1] Se refiere al período 1957-1960.

[1] *Covers the period 1957-1960.*

II. CRECIMIENTO ECONOMICO

66. PARTICIPACION DE LA ENERGIA HIDROELECTRICA EN LA GENERACION DE ELECTRICIDAD /
SHARE OF HYDROELECTRIC POWER IN GENERATION OF ELECTRICY

(Porcentajes / *Percentages*)

País / *Country*	1960	1965	1970	1975	1980	1981	1982
Argentina	8.9	8.0	7.2	17.6	38.2	37.6	44.2
Bolivia	86.4	78.7	81.4	75.7	69.1	68.9	68.9
Brasil / *Brazil*	80.4	84.7	87.3	91.6	92.4	91.8	92.0
Colombia	69.0	67.0	71.0	70.2	68.3	68.9	92.9
Costa Rica	89.7	83.2	91.4	85.0	95.6	96.4	97.2
Cuba	0.7	1.7	1.9	0.9	1.0	0.6	0.9
Chile	64.8	64.5	57.0	70.3	62.5	63.3	66.3
Ecuador	45.2	43.5	42.7	39.2	28.8	29.5	29.6
El Salvador	94.8	88.5	70.6	38.1	69.9	51.8	53.3
Guatemala	44.8	21.8	43.2	32.7	17.2	21.3	21.3
Guyana	...	...	...	...	1.2	1.2	1.1
Haití / *Haiti*	-	-	-	77.8	69.8	69.2	69.4
Honduras	17.6	59.4	62.2	76.9	84.4	81.0	79.8
Jamaica	24.8	16.5	7.9	5.6	5.3	5.4	5.5
México / *Mexico*	47.8	51.4	52.3	34.9	25.3	33.5	28.4
Nicaragua	27.8	65.6	51.0	39.8	49.1	46.4	48.8
Panamá / *Panama*	7.7	6.1	8.6	6.8	48.2	65.3	44.4
Paraguay	-	-	70.6	90.0	88.0	87.8	86.4
Perú / *Peru*	65.1	68.4	69.1	73.1	77.7	77.2	76.9
República Dominicana / *Dominican Republic*	16.6	11.0	8.5	2.1	1.7	1.3	1.6
Uruguay	54.3	35.0	56.5	46.3	76.3	78.5	81.4
Venezuela	2.0	16.7	32.3	45.4	39.9	40.2	40.3
Total	49.2	51.1	54.0	56.9	60.3	61.2	61.4

67. CRECIMIENTO DE LA INDUSTRIA MANUFACTURERA / *GROWTH OF MANUFACTURING*

(Tasas anuales medias / *Average annual rates*)

País / Country	1950-1960	1960-1965	1965-1970	1970-1975	1975-1980	1980	1981	1982	1983
Argentina	4.1	6.2	5.1	3.4	-0.2	-3.8	-16.0	-4.7	10.8
Bolivia	-0.4	7.2	8.7	6.8	4.7	1.3	-3.8	-15.3	-7.5
Brasil / *Brazil*	9.1	3.7	10.1	11.0	7.4	7.6	-6.5	0.2	-6.3
Colombia	6.5	5.6	6.4	7.8	3.4	12.7	-1.2	-2.6	-0.6
Costa Rica	7.1	9.2	9.3	8.9	6.0	0.8	-0.5	-11.4	-1.2
Chile	4.7	6.0	4.6	-4.9	7.6	6.2	2.6	-21.0	3.1
Ecuador	4.7	6.5	5.6	11.6	8.4	1.8	11.1	2.0	-2.1
El Salvador	5.5	10.7	5.7	5.7	0.3	-10.7	-10.5	-8.4	0.8
Guatemala	4.6	7.1	8.2	4.7	7.7	5.6	-3.1	-5.2	-1.9
Haití / *Haiti*	2.8	-1.1	4.4	4.9	11.8	14.1	-11.6	1.3	2.5
Honduras	6.9	6.4	7.8	2.8	8.6	5.4	0.3	-5.7	-3.9
México / *Mexico*	6.2	9.4	8.8	7.1	7.2	7.2	7.0	-2.9	-7.3
Nicaragua	7.3	14.2	8.1	5.9	-0.3	18.1	2.8	-1.7	4.6
Panamá / *Panama*	8.8	12.6	9.6	2.9	4.4	5.9	-3.3	2.4	-2.3
Paraguay	1.9	6.5	6.6	5.2	11.0	13.3	4.3	-3.7	-4.2
Perú / *Peru*	8.0	7.0	4.6	5.7	1.1	5.7	-0.2	-2.5	-16.0
República Dominicana / *Dominican Republic*	7.4	-0.5	13.9	9.2	4.4	5.0	2.7	5.2	1.7
Uruguay	3.5	1.1	2.2	1.9	5.7	7.9	-9.4	-16.9	-7.0
Venezuela	10.0	8.6	4.9	5.2	5.1	2.5	-2.5	4.1	-1.0
Total	6.4	6.3	7.5	7.0	5.7	5.7	-2.2	-2.3	-4.1

68. PARTICIPACION DE LA INDUSTRIA MANUFACTURERA EN LA GENERACION DEL PRODUCTO /
SHARE OF MANUFACTURING IN THE GENERATION OF THE PRODUCT

(Porcentajes del producto interno bruto total a precios constantes de 1970 /
Percentages of the total gross domestic product at constant 1970 prices)

País / Country	1950	1960	1965	1970	1975	1980	1981	1982	1983
Argentina	20.5	23.3	25.8	27.0	27.8	25.0	22.4	22.8	24.2
Bolivia	12.5	11.2	12.5	14.1	14.7	15.7	15.3	14.1	14.2
Brasil / Brazil	19.7	24.4	24.1	27.0	28.1	28.6	27.1	26.8	25.9
Colombia	13.3	15.8	16.4	16.8	18.3	17.1	16.3	15.7	15.6
Costa Rica	10.4	11.1	13.5	15.1	17.3	17.9	18.3	17.4	17.2
Chile	21.7	23.2	25.8	26.0	21.5	22.2	21.8	19.2	20.4
Ecuador	17.1	16.7	17.4	17.8	19.7	21.0	21.1	22.9	23.5
El Salvador	12.9	13.8	16.7	17.6	17.8	17.0	16.5	16.0	16.1
Guatemala	10.7	11.7	13.0	14.6	14.0	15.5	14.8	14.5	14.5
Haití / Haiti	11.6	12.5	12.2	13.9	14.2	19.0	17.3	17.9	18.1
Honduras	7.7	11.4	11.8	13.8	14.1	15.2	15.2	14.3	13.9
México / Mexico	17.8	18.4	20.7	22.9	23.5	24.1	23.8	23.3	22.7
Nicaragua	10.5	12.4	15.2	18.9	19.5	22.3	21.7	21.5	21.4
Panamá / Panama	6.4	9.2	11.3	12.4	11.0	10.0	9.3	8.9	8.7
Paraguay	15.9	14.6	15.6	17.3	15.5	16.3	15.6	15.1	14.9
Perú / Peru	14.6	18.7	19.8	20.7	21.6	20.5	19.7	19.1	18.1
República Dominicana / Dominican Republic	12.5	14.7	12.1	16.7	16.9	16.5	16.3	16.9	16.5
Uruguay	19.1	21.7	22.1	21.9	22.3	23.4	20.8	19.2	18.8
Venezuela	9.3	12.9	14.9	14.8	14.4	15.6	15.0	15.7	16.1
Total	17.5	20.0	21.3	23.0	23.6	23.8	22.8	23.1	22.9

69. INDUSTRIALIZACION / *INDUSTRIALIZATION*

(Elasticidad de la industria manufacturera con respecto al producto interno bruto /
Elasticity of manufacturing with respect to the gross domestic product)

País / *Country*	1950-1960	1960-1965	1965-1970	1970-1975	1975-1980	1980	1981	1982	1983
Argentina	1.38	1.41	1.19	1.20	-0.09	-5.11	2.56	0.93	3.51
Bolivia	-0.97	1.39	1.43	1.16	1.48	2.21	4.00	1.75	0.99
Brasil / *Brazil*	1.34	0.82	1.32	1.06	1.08	1.06	4.08	0.19	1.99
Colombia	1.42	1.20	1.12	1.33	0.70	2.31	-0.43	-4.70	0.48
Costa Rica	1.16	1.79	1.33	1.47	1.13	1.00	1.25	1.56	0.51
Chile	1.18	1.61	0.98	2.20	1.01	0.79	0.46	1.49	-4.35
Ecuador	0.97	1.21	1.27	1.02	1.30	0.37	2.81	3.99	-0.62
El Salvador	1.18	1.56	1.27	1.04	0.27	1.24	1.26	1.50	...
Guatemala	1.20	1.35	1.42	0.85	1.35	1.51	-4.66	1.46	0.71
Haití / *Haiti*	1.45	1.79	2.40	1.28	2.07	1.83	4.06	-0.51	1.85
Honduras	2.51	1.12	1.76	1.21	1.24	1.62	0.52	...	3.82
México / *Mexico*	1.06	1.31	1.28	1.08	1.08	0.86	0.88	5.35	-1.37
Nicaragua	1.38	1.41	2.11	1.16	0.10	1.80	0.53	1.44	0.99
Panamá / *Panama*	1.81	1.52	1.30	0.62	0.69	0.39	-0.79	0.43	...
Paraguay	0.66	1.34	1.43	0.73	1.09	1.16	0.49	3.77	1.41
Perú / *Peru*	1.46	1.11	1.24	1.24	0.58	1.49	-0.05	-6.94	1.47
República Dominicana / *Dominican Republic*	1.30	-0.20	1.84	1.02	0.89	0.83	0.67	3.07	0.43
Uruguay	1.68	1.33	0.96	1.23	1.27	1.29	-4.93	1.73	1.50
Venezuela	1.32	1.17	1.05	1.05	1.55	3.26	...	6.00	0.20
Total	1.27	1.17	1.27	1.10	1.04	1.00	-1.17	2.23	1.33

70. CONCENTRACION INDUSTRIAL

a) Empleo por tamaño de los establecimientos
(Porcentajes)

País	Fecha	Personas ocupadas			
	Date	Total	1-4	5-9	10-19
Argentina [1,2]	1964	100.0	19.9	9.9	11.4
Argentina [2]	1974	100.0	14.9	6.8	10.5
Brasil	1959	100.0	8.6	7.4	7.6
Brasil	1970	100.0	7.0	6.7	7.9
Brasil	1975	100.0	5.6[5]	6.7	8.2
Brasil	1980	100.0	4.6	6.2	8.4
Colombia	1970	100.0	[6]	5.0	6.9
Chile	1967	100.0	[6]	8.2	11.1
Chile	1979	100.0	[6]	7.7	--------------- 27.0 --
Costa Rica	1963	100.0	31.9	11.9[7]	12.2
Costa Rica	1975	100.0	6.4	6.4[7]	--------------- 20.9 --
Ecuador	1965	100.0	48.6	7.5	5.8
Ecuador	1980	100.0	51.8	10.7	5.7
El Salvador	1961	100.0	35.9	13.2	8.2
El Salvador	1971	100.0	39.1	12.6	7.9
Guatemala	1964	100.0	45.6	3.2[8]	4.8
México [9,10,11]	1960	100.0	18.7	--------- 8.9[7] ---------	
México [9,10,12]	1970	100.0	12.6	--------- 10.4[7] ---------	
México [9,10,13]	1975	100.0	11.2	--------- 9.3 ---------	
Panamá	1961	100.0	19.4	8.5	13.5
Panamá	1971	100.0	4.4	5.4	9.6
Paraguay	1963	100.0	31.8	18.5	11.0
Perú	1963	100.0	18.2	5.3	7.6
Perú	1973	100.0	14.8	4.8	6.5
Uruguay	1968	100.0	29.2	12.0	4.8
Venezuela	1963	100.0	13.8	9.5	---------------- 26.0 --
Trinidad y Tabago	1969	100.0	[6]	[14]	---------------- 18.5 --
Trinidad y Tabago	1970	100.0	[6]	[14]	---------------- 17.6 --

[1] Se refiere a los establecimientos con una persona ocupada y donde se emplea fuerza motriz superior a 1/2 H.P., y también a los que cuentan con dos o más personas ocupadas (excluidos los familiares del propietario), empleen o no fuerza motriz.
[2] Los tramos de acuerdo con el personal ocupado por los establecimientos son los siguiente: 1-5, 6-10, 11-25, 26-50, 51-100, 101-200, 201-500, 501 y más personas ocupadas.
[3] De 100 a 249 personas ocupadas.
[4] De 250 a 499 personas ocupadas.
[5] Incluye establecimientos sin declaración de personal ocupado.
[6] No se dispone de información para establecimientos con 1 a 4 personas ocupadas.
[7] Incluye los establecimientos sin personal remunerado no clasificado en otro tramo.
[8] Incluye al personal ocupado en los establecimientos que no llevan contabilidad.
[9] Incluye las industrias extractivas con excepción del petróleo, pero no incluye las industrias de refinería del petróleo ni las de petroquímica básica.
[10] Según el número de personas ocupadas por los establecimientos, se han establecido los siguientes tramos: 1-5, 6-25, 26-100, 101-500, 501 y más.
[11] El personal ocupado en la industria extractiva equivale al 5% sobre el total.
[12] El personal ocupado en la industria extractiva equivale al 3% sobre el total.
[13] El personal ocupado en la industria extractiva equivale al 3.1% sobre el total.
[14] No se dispone de información para establecimientos con 5 a 9 personas ocupadas.

a) **Employment by size of establishments**
(Percentages)

Persons employed					Country
20-49	50-99	100-199	200-499	500 y más 500 and over	
8.5	9.0	9.1	11.9	20.3	Argentina [1 2]
9.0	9.4	10.5	14.0	24.9	Argentina [2]
11.0	9.6	13.7[3]	13.1[4]	29.0	Brazil
12.7	11.4	16.1[3]	13.5[4]	24.7	Brazil
13.9	13.1	14.5[3]	19.6[4]	18.4	Brazil
14.1	12.7	19.7[3]	14.7[4]	19.6	Brazil
13.9	13.2	14.2	--------- 46.8 --------		Colombia
16.4	12.4	13.3	17.7	20.9	Chile
--------------	--------------------- 65.3 -------------------------				Chile
16.1	----------------------- 27.9 -----------------------				Costa Rica
--------------	14.8	------------------ 51.6 ------------------			Costa Rica
8.2	7.2	--------- 14.7 ---------		8.0	Ecuador
6.7	5.8	5.7	6.8	6.8	Ecuador
8.4	7.0	--------- 18.8 ---------		8.5	El Salvador
7.9	7.6	------------------ 24.9 ------------------			El Salvador
10.7	10.6	9.8	8.0	7.3	Guatemala
--------- 18.0 ---------		--------- 28.8 ---------		25.6	Mexico [9 10 11]
--------- 19.2 ---------		--------- 32.3 ---------		25.5	Mexico [9 10 12]
--------- 17.1 ---------		--------- 31.7 ---------		30.7	Mexico [9 10 13]
17.1	19.4	------------------ 22.1 ------------------			Panama
21.3	19.2	22.6	--------- 17.4 ---------		Panama
10.8	7.7	------------------ 20.1 ------------------			Paraguay
12.0	12.0	12.0	16.5	16.4	Peru
11.5	11.2	13.5	17.3	20.5	Peru
9.1	8.6	------------------ 36.3 ------------------			Uruguay
--------------	11.1	------------------ 39.7 ------------------			Venezuela
--------------	15.9	------------------ 65.6 ------------------			Trinidad and Tobago
--------------	17.1	------------------ 65.3 ------------------			Trinidad and Tobago

[1] Referring to establishments employing one person, and using motor power of more than 1/2 H.P., and those employing two or more persons (excluding owner's relatives) whether or not they use motor power.
[2] Establishments are classified according to number of persons employed, as follows: 1-5, 6-10, 11-25, 26-50, 51-100, 101-200, 201-500, 501 and over.
[3] Employing between 100 and 249 persons.
[4] Employing between 250 and 499 persons.
[5] Including establishments which did not report number of persons employed.
[6] No data available for establishments employing 1 to 4 persons.
[7] Including establishments without paid staff not classified in another section.
[8] Including personnel employed in establishments which do not carry books.
[9] Including mining industries with the exception of petroleum, but not including petroleum-refining or basic petrochemical industries.
[10] Establishments are classified according to number of persons employed, as follows: 1-5, 6-25, 26-100, 101-500, 501 and over.
[11] Personnel employed in mining industry equals 5 per cent of total.
[12] Personnel employed in mining industry equals 3 per cent of total.
[13] Personnel employed in mining industry equals 3.1 per cent of total.
[14] No data available for establishments employing 5 to 9 persons.

70. CONCENTRACION INDUSTRIAL (conclusión)

b) Valor agregado censal por tamaño de los establecimientos
(Porcentajes)

País	Fecha	Personas ocupadas			
	Date	Total	1-4	5-9	10-19
Argentina [1][2]	1963	100.0	8.8	5.9	9.0
Argentina [2]	1973	100.0	5.4	3.6	6.8
Brasil	1959	100.0	4.4	5.4	6.4
Brasil	1970	100.0	1.8	3.5	5.4
Brasil	1975	100.0	2.4[5]	3.6	5.6
Brasil	1980	100.0	1.6[5]	2.0	4.5
Colombia	1970	100.0	[6]	1.6	2.9
Chile	1967	100.0	[6]	3.0	5.4
Chile	1979	100.0	[6]	1.8	--------------- 12.2 --
Costa Rica	1962-1963	100.0	12.0	9.1[7]	10.7
Costa Rica	1974-1975	100.0	2.1	3.9[7]	--------------- 14.9 --
Ecuador	1965	100.0	1.4	3.9	5.7
Ecuador	1980	100.0	12.8	4.9	6.4
El Salvador	1961	100.0	14.4	5.2	6.6
El Salvador	1971	100.0	12.0	4.0	4.6
México [8][9][10]	1960	100.0	6.8	-------- 6.6[7] --------	
México [8][9][11]	1970	100.0	3.3	-------- 6.6[7] --------	
México [8][9][12]	1975	100.0	2.9	-------- 5.5 --------	
Panamá	1961	100.0	5.0	6.2	9.1
Panamá	1971	100.0	1.4	3.0	6.6
Paraguay	1963	100.0	12.9	9.0	9.7
Perú	1963	100.0	2.1	1.9	3.6
Perú	1973	100.0	2.2	1.8	3.1
Trinidad y Tabago	1969	100.0	[6]	[13]	--------------- 13.6 --
Trinidad y Tabago	1970	100.0	[6]	[13]	--------------- 13.1 --

[1] Se refiere a los establecimientos con una persona ocupada y donde se emplea fuerza motriz superior a 1/2 H.P., y también a los que cuentan con dos o más personas ocupadas (excluidos los familiares del propietario), empleen o no fuerza motriz.
[2] Los tramos de acuerdo con el personal ocupado por los establecimientos son los siguientes: 1-5, 6-10, 11-25, 26-50, 51-100, 101-200, 201-500, 501 y más personas ocupadas
[3] De 100 a 249 personas ocupadas.
[4] De 250 a 499 personas ocupadas.
[5] Incluye establecimientos sin declaración de personal ocupado.
[6] No se dispone de información para establecimientos con 1 a 4 personas ocupadas.
[7] Incluye los establecimientos sin personal remunerado no clasificado en otro tramo.
[8] Incluye las industrias extractivas con excepción del petróleo, pero no incluye las industrias de refinería del petróleo ni las de petroquímica básica.
[9] Según el número de personas ocupadas por los establecimientos, se han establecido los siguientes tramos: 1-5, 6-25, 26-100, 101-500, 501 y más.
[10] El valor agregado de la industria extractiva equivale al 11.6% sobre el total.
[11] El valor agregado de la industria extractiva equivale al 3.9% sobre el total.
[12] El valor agregado de la industria extractiva equivale al 3.8% sobre el total.
[13] No se dispone de información para establecimientos con 5 a 9 personas ocupadas

b) Census values added by size of establishments
(Percentages)

| Persons employed | | | | | Country |
20-49	50-99	100-199	200-499	500 y más / 500 and over	
8.5	10.2	12.1	15.6	29.9	Argentina [1,2]
7.4	9.6	12.9	16.8	37.5	Argentina [2]
9.9	8.9	14.6 [3]	14.4 [4]	36.0	Brazil
10.2	10.7	18.3 [3]	15.7 [4]	34.4	Brazil
11.9	12.8	17.7 [3]	22.2 [4]	23.8	Brazil
10.4	12.1	22.2 [3]	19.9 [4]	27.3	Brazil
7.3	9.6	16.6	--------- 62.0 ---------		Colombia
12.1	11.1	12.5	26.6	29.9	Chile
--------------		--------------- 86.0 -------------------------			Chile
18.1		--------------- 50.1 -------------------------			Costa Rica
--------------	15.9	--------------- 63.2 -------------------			Costa Rica
13.1	12.9	--------- 38.5 ---------		24.5	Ecuador
8.3	8.7	9.0	10.0	39.9	Ecuador
10.2	12.3	--------- 44.6 ---------		6.7	El Salvador
9.7	15.8	------------------ 53.9 ------------------			El Salvador
--------- 15.4 ---------		--------- 32.8 ---------		38.4	Mexico [8,9,10]
--------- 16.4 ---------		--------- 37.2 ---------		36.5	Mexico [8,9,11]
--------- 14.1 ---------		--------- 36.1 ---------		41.4	Mexico [8,9,12]
16.2	26.3	------------------ 37.2 ------------------			Panama
18.0	15.9	20.2	--------- 35.0 ---------		Panama
13.5	12.9	------------------ 42.0 ------------------			Paraguay
7.6	10.8	14.3	24.7	35.0	Peru
9.6	11.1	18.2	28.5	25.8	Peru
--------------	10.3	------------------ 76.1 ------------------			Trinidad and Tobago
--------------	11.8	------------------ 75.1 ------------------			Trinidad and Tobago

[1] Referring to establishments employing one person, and using motor power of more than 1/2 H.P., and those employing two or more persons (excluding owner's relatives) whether or not they use motor power.
[2] Establishments are classified according to number of persons employed, as follows: 1-5, 6-10, 11-25, 26-50, 51-100, 101-200, 201-500, 501 and over.
[3] Employing between 100 and 249 persons.
[4] Employing between 250 and 499 persons.
[5] Including establishments which did not report number of persons employed.
[6] No data available for establishments employing 1 to 4 persons.
[7] Including establishments without paid staff not classified in another section.
[8] Including mining industries with the exception of petroleum, but not including petroleum-refining or basic petrochemical industries.
[9] Establishments are classified according to number of persons employed, as follows: 1-5, 6-25, 26-100, 101-500, 501 and over.
[10] Value added in mining industry equals 11.6 per cent of total.
[11] Value added in mining industry equals 3.9 per cent of total.
[12] Value added in mining industry equals 3.8 per cent of total.
[13] No data available for establishments employing 5 to 9 persons.

71. PARTICIPACION DE LAS INDUSTRIAS METALMECANICAS EN LA GENERACION DE LA PRODUCCION INDUSTRIAL [1]

(Porcentajes)

País	1960	1965	1970	1975
Argentina	15.9	28.1	26.3	27.6
Barbados [2]	...	...	...	...
Bolivia	...	...	1.2	2.3
Brasil [2][3]	17.8	17.9	20.4	22.4
Colombia	...	...	14.7	13.2
Costa Rica	6.7	9.2	11.6	8.5 [2]
Cuba [2][4]	...	...	...	8.6
Chile	14.8	19.3	22.3	18.3
Ecuador	...	2.5	3.7	5.8
El Salvador	4.5	4.1	6.4	6.9
Guatemala	2.7	5.7	11.5	10.4
Haití	8.6 [5]	15.9	10.6	13.4
Honduras	5.3	4.7	5.4	3.4
Jamaica	10.4	10.5	14.9	12.9
México	12.6	17.8	19.6	17.9
Nicaragua	2.0	6.1	6.9	8.1
Panamá	3.7	8.8	7.9	5.9
Paraguay	2.6	7.5	6.9	3.6
Perú	...	...	9.1	15.5
República Dominicana	2.2	2.8	2.1	4.2
Trinidad y Tabago	...	...	9.6	13.4
Uruguay	...	...	...	9.0
Venezuela	...	...	10.2	14.0

[1] Basado en el aporte de las industrias dedicadas a la fabricación de productos metálicos, maquinaria y equipo en el total del producto interno bruto a precios constantes del sector manufacturero.
[2] Basado en cifras a precios corrientes.
[3] Cálculo basado en el valor agregado censal.
[4] El total manufacturero incluye la extracción minera.
[5] 1961.

71. SHARE OF THE METAL MANUFACTURES AND MACHINERY INDUSTRY IN GENERATING INDUSTRIAL PRODUCTION[1]

(Percentages)

1980	1981	1982	1983	Country
28.8	24.7	23.8	25.4	Argentina
17.1	17.5	20.3	...	Barbados
4.1	...	...	...	Bolivia
...	...	...	...	Brazil [2][3]
16.0	15.1	14.6	...	Colombia
10.4 [2]	11.4 [2]	9.1 [2]	...	Costa Rica
10.3	8.7	9.3	...	Cuba [2][4]
...	...	...	...	Chile
4.6	4.3	4.4	4.3	Ecuador
7.5	6.8	...	...	El Salvador
9.5	8.8	...	...	Guatemala
...	...	...	...	Haiti
4.2	5.7	5.7	6.3	Honduras
9.4	10.1	8.9	...	Jamaica
21.2	21.9	19.7	...	Mexico
4.1	3.5	...	...	Nicaragua
5.7	5.7	5.8	5.7	Panama
2.8	3.4	3.9	...	Paraguay
14.2	14.7	12.5	...	Peru
3.8	3.8	...	...	Dominican Republic
...	...	...	...	Trinidad and Tobago
16.6	13.6	11.4	...	Uruguay
13.4	13.4	12.9	...	Venezuela

[1] *Based on the contribution of the industries involved in the manufacture of metal products, machinery and equipment to the gross domestic product at constant prices of the manufacturing sector.*
[2] *Based on figures at current prices.*
[3] *Calculation based on census value added.*
[4] *The total figure for manufacturing includes mining.*
[5] *1961.*

175

III. PRECIOS INTERNOS

72. VARIACIONES EN EL INDICE DE PRECIOS AL CONSUMIDOR

a) Nivel General
(Tasas anuales medias)

País	Cobertura geográfica	1950-1960	1960-1965	1965-1970	1970-1975	1975-1980
Argentina	Capital Federal	27.2	23.3	19.3	64.0	191.1
Barbados	...	...	1.7	4.1	18.6	10.0
Bolivia	La Paz	61.0	5.1	5.9	20.6	17.1
Brasil	São Paulo	20.6	61.9	28.2	21.8	47.7
Colombia	Bogotá	6.8	12.3	10.1	19.1	23.3
Costa Rica	Ciudad de San José	1.7	2.3	2.5	13.7	8.1
Chile	Santiago	37.3	27.0	26.1	208.1	72.2
Ecuador	Quito	...	3.2	4.7	13.5	11.7
El Salvador	San Salvador y Mejicanos y Villa Delgado	4.1	0.3	1.0	8.6	13.0
Guatemala	Ciudad de Guatemala	...	0.1	1.5	...[2]	10.7
Guyana	Zona urbana	...	2.1	2.5	7.7	12.8
Haití	Puerto Príncipe	...	3.8	1.7	13.5	8.0
Honduras	Tegucigalpa	2.2	2.7	2.3	6.2	9.7
Jamaica	...	5.0	3.5	5.3	14.3	22.0
México	Ciudad de México	...	1.9	3.5	12.1	20.6
Nicaragua	Area Metropolitana de Managua	...	1.6	...	...[3]	19.2
Panamá	Ciudad de Panamá	...	0.8	1.6	7.2	6.8
Paraguay	Asunción	31.9	5.5	1.3	11.6	14.7
Perú	Lima y Callao	8.7	9.3	9.8	12.6	50.7
República Dominicana	Santo Domingo	1.3	1.0	1.1	10.6	9.9
Trinidad y Tabago	...	...	2.1	3.9	13.2	12.9
Uruguay	Montevideo	15.8	29.9	59.8	69.1	56.5
Venezuela	Area Metropolitana de Caracas	1.9	0.1	1.6	5.7	11.4

[1] Desde 1981 se refiere a la variación del índice nacional de los niveles medios y bajos, en su conjunto, con base diciembre 1979 = 100.0.
[2] Nueva serie; año base 1975 = 100.0.
[3] Nueva serie; año base 1974 = 100.0.

72. VARIATIONS IN THE CONSUMER PRICE INDEX

a) **General Level**
(Average annual rates)

1980	1981	1982	1983	Geographical coverage	Country
100.8	104.5	164.8	343.8	Federal Capital	Argentina
14.2	14.6	10.3	5.3	...	Barbados
47.2	32.1	123.5	275.6	La Paz	Bolivia
78.0	95.6	89.6	135.5	Sao Paulo	Brazil
...	27.5 [1]	24.6	19.7	Bogotá	Colombia
18.1	37.1	90.1	32.6	San José City	Costa Rica
35.1	19.7	9.9	27.3	Santiago	Chile
13.0	16.4	16.1	45.2	Quito	Ecuador
17.4	14.8	11.9	13.2	San Salvador and Mejicanos and Villa Delgado	El Salvador
10.7	11.4	0.2	...	Guatemala City	Guatemala
14.1	22.2	20.9	15.0	Urban zone	Guyana
18.1	8.2	8.2	8.4	Port-au-Prince	Haiti
18.1	9.4	9.4	8.9	Tegucigalpa	Honduras
27.0	13.0	6.7	...	...	Jamaica
26.5	28.3	58.9	101.9	México City	Mexico
35.3	23.8	24.8	...	Metropolitan Area of Managua	Nicaragua
13.8	7.3	4.3	2.1	Panama City	Panama
22.4	13.9	6.8	13.5	Asunción	Paraguay
59.2	75.4	64.5	111.1	Lima and Callao	Peru
16.8	7.5	7.3	...	Santo Domingo	Dominican Republic
17.5	14.3	11.4	16.7	...	Trinidad and Tobago
63.5	34.0	19.0	49.2	Montevideo	Uruguay
23.1	14.6	10.0	6.0	Metropolitan Area of Caracas	Venezuela

[1] Since December 1981, refers to variaton of national index of medium and low levels, as a whole, based on December 1979 = 100.0
[2] New series; base year 1975 = 100.0.
[3] New series; base year 1974 = 100.0.

72. VARIACIONES EN EL INDICE DE PRECIOS AL CONSUMIDOR (conclusión)

b) Alimentos
(Tasas anuales medias)

País	Cobertura geográfica	1950-1960	1960-1965	1965-1970	1970-1975	1975-1980
Argentina	Capital Federal	29.0	23.2	18.2	62.5	195.8
Barbados	...	...	1.4	3.7	21.3	9.2
Bolivia	La Paz	65.6	2.1	7.8	23.4	16.4
Brasil	São Paulo	25.9	59.4	26.5	24.1	49.9
Colombia	Bogota	6.9	13.4	9.3	23.0	24.1
Costa Rica	Ciudad de San José	1.7	2.1	3.8	13.9	9.6
Chile	Santiago	39.9	30.1	25.5	224.2	69.5
Ecuador	Quito	...	4.9	6.1	17.4	11.3
El Salvador	San Salvador y Mejicanos y Villa Delgado	3.2	-0.9	2.2	9.1	12.0
Guatemala	Ciudad de Guatemala	...	0.1	1.7	...[2]	9.3
Guyana	Zona urbana	...	2.3	2.8	11.1	14.0
Haití	Puerto Príncipe	...	4.1	1.9	14.9	9.3
Honduras	Tegucigalpa	1.6	3.2	1.5	7.8	9.9
Jamaica	...	4.4	2.3	5.9	16.2	23.7
México	Ciudad de México	...	1.6	3.2	13.2	19.8
Nicaragua	Area Metropolitana de Managua	...	2.8	...	...[3]	24.0
Panamá	Ciudad de Panamá	...	1.2	1.9	9.1	6.6
Paraguay	Asunción	...	7.1	0.2	13.9	15.1
Perú	Lima y Callao	9.2	10.1	9.0	14.9	52.3
República Dominicana	Santo Domingo	2.3	1.6	0.1	12.8	5.7
Trinidad y Tabago	...	...	2.2	3.7	16.1	11.2
Uruguay	Montevideo	19.6	29.2	56.1	66.9	56.7
Venezuela	Area Metropolitana de Caracas	1.0	1.2	0.9	8.6	15.7

[1] Desde 1981 se refiere a la variación del índice nacional de los niveles medios y bajos, en su conjunto, con base diciembre 1979 = 100.0
[2] Nueva serie; año base 1975 = 100.0.
[3] Nueva serie; año base 1974 = 100.0.

72. VARIATIONS IN THE CONSUMER PRICE INDEX (concluded)

b) Food
(Average annual rates)

1980	1981	1982	1983	Geographical coverage	Country
95.1	99.2	178.4	339.0	Federal Capital	Argentina
12.0	14.9	7.3	2.7	...	Barbados
47.6	35.2	123.9	303.7	La Paz	Bolivia
83.3	93.0	83.9	168.9	Sao Paulo	Brazil
...	28.6 [1]	25.9	20.6	Bogotá	Colombia
21.7	36.7	98.2	40.8	San José City	Costa Rica
36.1	14.2	3.6	25.8	Santiago	Chile
10.9	14.2	19.8	73.1	Quito	Ecuador
19.7	17.6	10.7	13.5	San Salvador and Mejicanos and Villa Delgado	El Salvador
11.2	11.2	-2.7	...	Guatemala City	Guatemala
12.1	27.6	29.3	20.9	Urban zone	Guyana
26.8	11.7	5.4	10.4	Port-au-Prince	Haiti
17.1	7.3	6.7	5.3	Tegucigalpa	Honduras
33.4	10.3	6.1	...	...	Jamaica
25.9	26.5	50.9	91.1	México City	Mexico
49.1	29.0	29.1	...	Metropolitan Area of Managua	Nicaragua
12.6	9.2	5.9	5.8	Panama City	Panama
19.0	10.4	3.5	17.2	Asunción	Paraguay
58.8	76.4	52.9	125.7	Lima and Callao	Peru
15.3	0.5	7.9	...	Santo Domingo	Dominican Republic
19.3	16.6	13.7	23.1	...	Trinidad and Tobago
57.9	25.6	11.7	54.1	Montevideo	Uruguay
33.1	18.6	9.7	7.8	Metropolitan Area of Caracas	Venezuela

[1] Since December 1981, refers to variaton of national index of medium and low levels, as a whole, based on December 1979 = 100.0.
[2] New series; base year 1975 = 100.0.
[3] New series; base year 1974 = 100.0.

73. INVERSION EN CONSTRUCCIONES / *INVESTMENT IN CONSTRUCTION*

(Porcentajes de la inversión bruta fija a precios constantes de 1970 /
Percentages of gross fixed investment at constant 1970 prices)

País / *Country*	1950	1960	1965	1970	1975	1980	1981	1982	1983
Argentina	...	59.5	55.8	62.4	62.5	59.5	62.5	66.9	64.0
Bolivia	27.0	47.8	35.0	50.4	50.3	61.3	...	...	...
Brasil / *Brazil*	...	77.9	64.7	54.9	48.9	55.3	60.2	62.8	65.1
Colombia	49.9	49.9	52.7	56.5	55.5	49.3	50.0	51.3	51.5
Costa Rica	...	76.7	67.5	50.2	55.6	59.2	59.2	64.1	60.3
Chile	...	61.2	67.6	61.5	59.2	48.0	48.0	56.9	...
Ecuador	...	...	66.5	65.5	50.1	45.7	48.9	53.9	66.5
El Salvador	40.3	...	...	43.0	...	44.4	41.8	45.7	...
Guatemala	48.8	40.1	37.0	29.7	30.8	43.6	46.6	46.1	47.7
Haití / *Haiti*	...	...	72.1	62.5	75.5	75.5	73.4	72.2	74.0
Honduras	...	66.5	58.0	52.7	51.2	53.7	58.1	80.6	79.9
México / *Mexico*	63.1	62.2	56.3	57.3	54.3	53.0	51.5	58.1	64.6
Nicaragua	...	35.8	34.2	38.9	46.5	34.9	25.9	24.3	27.2
Panamá / *Panama*	...	67.9	58.6	56.8	58.1	61.4	58.4	67.3	61.5
Paraguay	...	64.9	50.1	50.2	53.6	66.6	71.2	73.5	87.7
Perú / *Peru*	60.4	54.8	49.5	48.8	47.3	52.6	50.2	51.9	56.6
República Dominicana / *Dominican Republic*	62.9	64.7	70.9	59.8	54.1	58.6	63.7	68.9	...
Uruguay	45.9	73.1	66.1	59.1	67.1	61.6	63.3	66.9	68.8
Venezuela	50.2	55.8	56.1	57.9	50.6	53.3	49.9	47.5	...
Total	55.3	64.9	58.4	57.0	52.6	54.5	55.4	59.1	63.5

74. INVERSION EN MAQUINARIA Y EQUIPO / INVESTMENT IN MACHINERY AND EQUIPMENT

(Porcentajes de la inversión bruta fija a precios constantes de 1970 / *Percentages of gross fixed investment at constant 1970 prices*)

País / Country	1950	1960	1965	1970	1975	1980	1981	1982	1983
Argentina	...	40.6	44.3	37.7	37.6	40.6	37.6	33.2	36.1
Bolivia	73.1	52.3	65.1	49.7	49.8	38.8	...	...	...
Brasil / Brazil	...	22.2	35.4	45.2	51.2	44.8	39.9	37.3	35.0
Colombia	50.2	50.2	47.4	43.6	44.6	50.8	50.1	48.8	48.6
Costa Rica	...	23.4	32.6	49.9	44.5	40.9	40.9	36.0	39.8
Chile	...	38.9	32.5	38.6	40.9	52.1	52.1	43.2	...
Ecuador	...	...	33.6	34.6	50.0	54.4	51.2	46.2	33.6
El Salvador	59.8	...	...	57.1	...	55.7	58.3	54.4	...
Guatemala	51.3	60.0	63.1	70.4	69.3	56.5	53.5	54.0	52.4
Haití / Haiti	...	...	28.0	37.6	24.6	24.6	26.7	27.9	26.1
Honduras	...	33.6	42.1	47.4	48.9	46.4	42.0	19.5	20.2
México / Mexico	37.0	37.9	43.8	42.8	45.8	47.1	48.6	42.0	35.5
Nicaragua	...	64.3	65.9	61.2	53.6	65.2	74.2	75.8	72.9
Panamá / Panama	...	32.2	41.5	43.3	42.0	38.7	41.7	32.8	38.6
Paraguay	...	35.2	50.0	49.9	46.5	33.5	28.9	26.6	12.4
Perú / Peru	39.7	45.3	50.6	51.3	52.8	47.5	49.9	48.2	43.5
República Dominicana / Dominican Republic	37.2	35.4	29.2	40.3	46.0	41.5	36.4	31.2	...
Uruguay	54.2	27.0	34.0	41.0	33.0	38.5	36.8	33.2	31.3
Venezuela	49.9	44.3	44.0	42.2	49.5	46.8	50.2	52.6	...
Total	44.8	35.2	41.7	43.1	47.5	45.6	44.7	41.0	36.6

75. INVERSION PUBLICA / *PUBLIC INVESTMENT*

(Porcentajes de la inversión bruta fija a precios constantes de 1970 /
Percentages of gross fixed investment at constant 1970 prices)

País / *Country*	1950	1960	1965	1970	1975	1980	1981	1982	1983
Bolivia	...	...	...	56.0	41.0	55.6	...	...	...
El Salvador	20.3	18.5	26.5	23.5	36.7	52.8	54.8	49.2	...
Guatemala	24.9	25.4	24.1	18.9	22.7	40.8	50.9	45.5	53.2
Honduras	...	29.1	22.3	35.1	37.4	48.9	57.0	71.5	74.6
México / *Mexico*	...	40.3	32.5	33.0	41.4	43.0	43.4	44.3	41.5
Panamá / *Panama*	34.8	19.8	22.6	26.9	48.2	41.1	31.4	39.9	37.0
Paraguay	...	...	15.7	27.2	25.0	...	...	...	...
Perú / *Peru*	...	...	...	27.3	36.3	36.2	35.9	39.3	...
República Dominicana / *Dominican Republic*	51.6	52.5	33.8	31.0	34.9	22.1	22.0	19.7	...
Uruguay	...	16.5	14.7	26.1	34.2	...	...	...	...
Venezuela	...	...	...	23.6	35.5	49.2	60.7	69.1	...

76. AHORRO NACIONAL BRUTO / *GROSS NATIONAL SAVING*

(Porcentajes del ingreso nacional bruto real disponible a precios constantes de 1970 /
Percentages of real gross national disposable income at constant 1970 prices)

País / Country	1950	1960	1965	1970	1975	1980	1981	1982	1983
Argentina	13.1	19.4	19.7	20.9	18.5	18.7	15.0	15.5	13.6
Bolivia	11.2	9.5	13.6	17.5	17.3	9.4	5.6	3.1	-1.1
Brasil / *Brazil*	24.7	22.5	25.4	24.0	28.4	25.1	22.9	20.0	19.0
Colombia	21.0	19.4	17.9	17.8	16.6	18.8	18.3	17.6	16.5
Costa Rica	16.4	14.3	16.4	14.7	15.2	19.8	14.0	12.0	14.9
Chile	11.1	7.5	12.8	15.7	7.6	14.1	11.0	1.9	4.5
Ecuador	17.1	19.2	16.3	13.4	16.6	14.9	10.2	7.8	10.6
El Salvador	13.3	12.5	14.3	13.7	14.6	13.7	9.8	8.4	9.7
Guatemala	11.3	8.9	10.7	12.6	12.2	10.8	9.5	9.1	8.5
Haití / *Haiti*	8.4	6.3	3.9	8.6	11.6	11.0	5.1	9.1	9.1
Honduras	13.7	14.7	14.3	13.0	11.1	20.9	16.7	9.2	9.7
México / *Mexico*	14.5	17.2	20.8	20.7	21.5	24.5	24.9	19.9	19.3
Nicaragua	10.1	10.2	15.1	14.0	7.7	-0.7	7.2	5.3	7.2
Panamá / *Panama*	13.8	10.6	15.2	23.7	24.6	21.6	23.2	20.2	20.0
Paraguay	7.5	7.0	11.3	12.7	19.2	28.9	30.4	24.5	22.0
Perú / *Peru*	20.8	22.9	18.2	15.1	12.1	14.9	11.9	9.8	8.7
República Dominicana / *Dominican Republic*	18.0	15.8	7.6	13.1	24.0	18.3	17.8	16.2	16.2
Uruguay	19.7	10.0	12.2	9.5	8.8	14.4	14.7	13.6	11.3
Venezuela	44.3	36.0	33.0	31.0	35.9	29.9	28.1	19.6	20.7
Total	18.7	19.6	21.0	20.9	22.7	22.6	21.2	17.8	17.1

77. PARTICIPACION DEL AHORRO NACIONAL BRUTO EN EL
FINANCIAMIENTO DE LA INVERSION /
SHARE OF GROSS NATIONAL SAVING IN INVESTMENT FINANCING

(Porcentajes de la inversión interna bruta a precios constantes de 1970 /
Percentages of gross domestic investment at constant 1970 prices)

País / Country	1950	1960	1965	1970	1975	1980	1981	1982	1983
Argentina	106.9	93.4	105.7	97.5	90.8	81.1	77.0	86.3	84.1
Bolivia	97.7	65.7	76.5	100.8	79.7	77.6	52.5	58.3	-26.5
Brasil / *Brazil*	104.3	90.1	103.3	92.9	86.9	88.1	88.6	82.7	91.0
Colombia	96.7	92.6	98.1	86.8	97.3	98.5	85.3	78.2	77.4
Costa Rica	105.3	81.6	65.8	70.9	68.4	65.4	67.6	68.7	71.4
Chile	95.8	68.7	94.9	93.6	68.1	70.2	46.6	18.6	51.6
Ecuador	118.2	93.7	92.4	73.2	82.7	76.4	61.2	50.9	92.9
El Salvador	133.7	75.7	90.4	103.4	84.3	99.9	66.8	63.2	69.3
Guatemala	100.1	78.4	80.7	97.3	91.8	88.2	67.0	74.6	82.1
Haití / *Haiti*	92.3	80.4	43.2	87.1	72.1	59.0	25.9	49.2	46.4
Honduras	98.2	104.6	88.0	60.8	59.0	69.7	66.4	57.8	58.3
México / *Mexico*	90.1	91.1	94.5	90.5	85.8	87.6	82.9	90.5	111.0
Nicaragua	102.7	75.9	76.8	72.9	41.6	-3.9	26.5	22.5	30.0
Panamá / *Panama*	77.1	59.8	78.2	83.3	82.1	84.4	84.8	82.0	103.2
Paraguay	155.5	72.1	85.0	85.1	84.7	85.9	84.6	81.0	85.0
Perú / *Peru*	98.8	100.5	88.3	112.7	57.8	98.5	68.3	65.8	71.5
República Dominicana / *Dominican Republic*	131.7	146.2	79.4	68.6	93.9	72.4	81.8	79.2	79.9
Uruguay	116.4	73.9	129.2	84.1	73.4	71.8	81.5	87.2	95.2
Venezuela	101.3	123.9	101.2	97.5	123.3	134.1	126.4	74.3	145.7
Total	101.1	94.0	98.7	92.8	89.1	89.7	85.0	82.2	96.4

78. EXPORTACIONES DE PRODUCTOS PRIMARIOS / *EXPORTS OF PRIMARY PRODUCTS*

(Porcentajes del valor fob de las exportaciones totales de bienes / *Percentages of FOB value of total exports of goods*)

País / Country	1960	1965	1970	1975	1980	1981
Argentina	95.9	94.4	86.1	75.8	76.9	...
Barbados	97.1	97.1	69.7	72.2	...	...
Bolivia	100.0	99.3	96.9	96.5	98.1	...
Brasil / *Brazil*	97.8	92.2	84.6	75.5	62.8	60.9
Colombia	98.5	93.7	89.3	79.0	80.3	72.7
Costa Rica	98.9	85.3	81.5	73.7	71.7	...
Chile	94.9	96.7	95.9	91.9	78.0	...
Ecuador	98.4	98.4	98.3	97.2	96.9	...
El Salvador	94.4	82.9	71.3	76.4	64.6	...
Guatemala	97.0	86.2	72.0	73.6	75.8	...
Guyana	96.2	95.3	96.9	89.3	93.4	...
Honduras	97.8	95.2	91.9	89.1	87.5	...
Jamaica	93.9	85.7	51.9	45.5	94.3	...
México / *Mexico*	84.0	76.1	67.5	68.9	88.7	...
Nicaragua	94.4	95.1	84.4	85.1	86.2	...
Panamá / *Panama*	99.6	99.2	98.9	95.4	91.0	...
Paraguay	85.2	91.6	91.9	89.6	95.6	93.5
Perú / *Peru*	99.2	99.2	98.6	96.2	83.3	...
República Dominicana / *Dominican Republic*	97.5	97.8	97.2	79.3	76.4	...
Trinidad y Tabago / *Trinidad and Tobago*	90.8	82.9	77.4	92.5	95.9	92.4
Uruguay	93.6	94.5	84.6	70.0	62.1	70.3
Venezuela	99.9	99.3	98.8	98.8	98.3	...
Total	**96.4**	**93.1**	**87.7**	**83.7**	**82.6**	...

79. **EXPORTACIONES DE PRODUCTOS MANUFACTURADOS /** *EXPORTS OF MANUFACTURES*

(Porcentajes del valor fob de las exportaciones de bienes /
Percentages of FOB value of exports of goods)

País / *Country*	1960	1965	1970	1975	1980	1981
Argentina	4.1	5.6	13.9	24.2	23.1	...
Barbados	2.9	2.9	30.3	27.8	...	...
Bolivia	-	0.7	3.1	3.5	1.9	...
Brasil / *Brazil*	2.2	7.8	15.4	24.5	37.2	39.1
Colombia	1.5	6.3	10.7	21.0	19.7	27.3
Costa Rica	1.1	14.7	18.5	26.3	28.3	...
Chile	5.1	3.3	4.1	8.1	22.0	...
Ecuador	1.6	1.6	1.7	2.8	3.1	...
El Salvador	5.6	17.1	28.7	23.6	35.4	...
Guatemala	3.0	13.8	28.0	26.4	24.2	...
Guyana	3.8	4.7	3.1	10.7	6.6	...
Honduras	2.2	4.8	8.1	10.9	12.5	...
Jamaica	6.1	14.3	48.1	54.5	5.7	...
México / *Mexico*	16.0	23.9	32.5	31.1	11.3	...
Nicaragua	5.6	4.9	15.6	14.9	13.8	...
Panamá / *Panama*	0.4	0.8	1.1	4.6	9.0	...
Paraguay	14.8	8.4	8.1	10.4	4.4	6.5
Perú / *Peru*	0.8	0.8	1.4	3.8	16.7	...
República Dominicana / *Dominican Republic*	2.5	2.2	2.8	20.7	23.6	...
Trinidad y Tabago / *Trinidad and Tobago*	9.2	17.1	22.6	7.5	4.1	7.6
Uruguay	6.4	5.5	15.4	30.0	37.9	29.7
Venezuela	0.1	0.7	1.2	1.2	1.7	...
Total	3.6	6.9	12.3	16.3	17.4	...

80. IMPORTACIONES DE BIENES DE CONSUMO[1] / *IMPORTS OF CONSUMER GOODS*[1]

(Porcentajes del valor cif de las importaciones totales de bienes /
Percentages of the CIF value of total imports of goods)

País / *Country*	1960	1965	1970	1975	1980	1981
Argentina	6.3	5.8	6.9	5.2	20.9	20.3
Bolivia	32.0	24.8	20.3	22.9	19.6	19.5
Brasil / *Brazil*	5.6	7.3	7.9	4.6	4.1	3.2
Colombia	11.3	3.8	10.8	11.3	13.3	12.9
Costa Rica	27.8	26.0	28.1	20.8	25.4	19.8
Chile	15.7	13.1	13.4	9.0	24.9	26.6
Ecuador	22.4	18.5	15.6	12.3	11.1	9.0
El Salvador	33.9	30.3	32.2	22.7	31.6	30.8
Guatemala	26.3	26.4	27.1	22.4	21.3	20.4
Haití / *Haiti*	65.8	69.0	62.6	54.2	52.2	52.0
Honduras	30.4	29.6	30.5	23.7	23.3	24.7
México / *Mexico*	13.3	12.2	14.1	10.7	8.1	...
Nicaragua	29.2	27.9	29.6	23.6	29.0	24.3
Panamá / *Panama*	44.6	33.0	32.3	16.5	21.0	...
Paraguay	13.3	13.1	24.0	21.9	21.4	...
Perú / *Peru*	19.5	20.7	14.2	9.6	12.6	17.4
República Dominicana / *Dominican Republic*	24.8	28.0	30.0	22.4	16.3	...
Uruguay	13.3	6.3	7.0	8.3	16.2	...
Venezuela	40.4	22.6	21.4	13.1	23.5	...
Total	17.5	15.5	15.1	10.0	13.9	...

[1] Se está revisando la información presentada de acuerdo con un nuevo método computarizado que permite clasificar en forma más directa las partidas nacionales por grupos de la Clasificación del Comercio Exterior según Uso o Destino Económico (CUODE).

[1] *This information is being revised under a new computerized system which makes it possible to classify national items more directly by groups of the Foreign Trade Classification by Economic Use or Destination.*

187

81. IMPORTACIONES DE COMBUSTIBLES Y LUBRICANTES [1] /
IMPORTS OF FUELS AND LUBRICANTS [1]

(Porcentajes del valor cif de las importaciones totales de bienes /
Percentages of the CIF value of total imports of goods)

País / Country	1960	1965	1970	1975	1980	1981
Argentina	13.4	9.6	4.7	13.0	10.1	10.6
Bolivia	3.4	0.9	0.7	1.3	1.5	1.6
Brasil / *Brazil*	17.9	20.3	13.2	25.9	42.9	50.4
Colombia	1.9	0.7	0.4	1.0	12.1	13.9
Costa Rica	5.2	4.6	3.6	10.6	6.8	6.0
Chile	10.5	5.2	6.0	19.6	16.5	14.8
Ecuador	3.7	9.1	6.0	1.9	1.0	1.1
El Salvador	5.8	4.9	2.4	8.5	15.5	18.5
Guatemala	7.2	6.4	5.0	14.0	21.2	22.1
Haití / *Haiti*	5.3	4.4	6.8	8.4	13.0	10.7
Honduras	8.4	5.4	6.3	17.1	16.8	16.6
México / *Mexico*	3.9	2.3	3.0	5.0	1.4	...
Nicaragua	9.1	4.6	5.8	14.1	19.6	19.7
Panamá / *Panama*	9.8	21.2	18.5	40.9	29.2	...
Paraguay	9.0	10.4	9.7	17.5	28.2	...
Perú / *Peru*	4.6	2.9	2.0	12.2	0.9	0.5
República Dominicana / *Dominican Republic*	10.1	9.7	6.1	16.0	21.5	...
Uruguay	14.5	16.9	14.5	30.4	26.9	31.5
Venezuela	1.0	0.6	1.2	0.5	1.5	...
Total	8.7	6.7	5.9	14.2	17.1	...

[1] Se está revisando la información presentada de acuerdo con un nuevo método computarizado que permite clasificar en forma más directa las partidas nacionales por grupos de la Clasificación del Comercio Exterior según Uso o Destino Económico (CUODE).

[1] *This information is being revised under a new computerized system which makes it possible to classify national items more directly by groups of the Foreign Trade Classification by Economic Use or Destination.*

82. IMPORTACIONES DE MATERIAS PRIMAS, PRODUCTOS INTERMEDIOS Y MATERIALES DE CONSTRUCCION [1] / IMPORTS OF RAW MATERIALS, INTERMEDIATE PRODUCTS AND CONSTRUCTION MATERIALS [1]

(Porcentajes del valor cif de las importaciones totales de bienes / Percentages of the CIF value of total imports of goods)

País / Country	1960	1965	1970	1975	1980	1981
Argentina	41.3	56.0	59.6	63.4	36.7	34.8
Bolivia	29.4	35.1	42.5	38.8	33.3	32.1
Brasil / Brazil	37.6	48.3	42.7	38.3	35.7	30.5
Colombia	45.4	44.1	44.8	53.7	42.8	41.1
Costa Rica	45.3	45.9	44.5	44.7	49.3	56.1
Chile	36.5	47.8	40.5	40.5	30.4	25.2
Ecuador	37.7	41.5	44.9	39.1	41.9	41.1
El Salvador	41.0	42.0	48.1	44.4	40.4	40.7
Guatemala	43.7	43.1	46.8	39.6	38.6	38.4
Haití / Haiti	7.6	6.8	6.2	11.8	12.2	14.8
Honduras	40.2	42.4	38.0	35.2	34.1	35.9
México / Mexico	41.7	45.3	43.0	42.8	42.6	...
Nicaragua	40.2	41.7	40.6	39.2	39.0	34.6
Panamá / Panama	29.9	30.2	27.5	25.5	29.0	...
Paraguay	27.8	33.9	26.4	24.2	23.2	...
Perú / Peru	42.5	40.8	49.8	45.9	45.2	38.3
República Dominicana / Dominican Republic	38.6	40.1	36.0	38.2	45.5	...
Uruguay	45.9	48.6	47.6	44.4	30.3	...
Venezuela	30.6	42.5	41.2	45.1	38.8	...
Total	38.7	45.4	44.4	43.3	41.3	...

[1] Se está revisando la información presentada de acuerdo con un nuevo método computarizado que permite clasificar en forma más directa las partidas nacionales por grupos de la Clasificación del Comercio Exterior según Uso o Destino Económico (CUODE).

[1] This information is being revised under a new computerized system which makes it possible to classify national items more directly by groups of the Foreign Trade Classification by Economic Use or Destination.

83. IMPORTACIONES DE BIENES DE CAPITAL[1] / *IMPORTS OF CAPITAL GOODS*[1]

(Porcentajes del valor cif de las importaciones totales de bienes /
Percentages of the CIF value of total imports of goods)

País / *Country*	1960	1965	1970	1975	1980	1981
Argentina	38.1	28.0	28.6	18.4	32.3	34.3
Bolivia	34.5	38.5	36.0	35.6	45.1	46.3
Brasil / *Brazil*	38.1	23.6	33.5	31.0	17.3	15.9
Colombia	40.3	51.4	44.0	33.7	31.8	32.1
Costa Rica	21.4	23.4	23.6	23.8	18.4	18.1
Chile	36.8	33.9	39.6	30.4	28.1	24.0
Ecuador	35.8	30.7	33.2	46.2	45.2	48.4
El Salvador	19.1	22.3	17.0	24.3	12.4	13.0
Guatemala	22.5	24.0	20.9	23.4	17.9	17.9
Haití / *Haiti*	10.4	12.8	12.4	14.3	15.1	15.9
Honduras	20.7	21.9	24.8	23.7	25.8	22.6
México / *Mexico*	40.1	39.8	39.8	41.5	46.8	...
Nicaragua	18.5	24.9	24.0	23.0	12.4	21.4
Panamá / *Panama*	14.4	15.4	21.6	17.0	20.4	...
Paraguay	34.6	35.7	29.9	31.0	27.0	...
Perú / *Peru*	33.2	35.5	33.9	32.2	41.0	43.7
República Dominicana / *Dominican Republic*	26.4	22.2	27.6	23.2	16.7	...
Uruguay	25.2	27.2	30.3	16.6	26.6	...
Venezuela	27.4	33.6	35.0	41.1	36.1	...
Total	34.4	32.0	33.7	32.3	27.5	...

[1] Se está revisando la información presentada de acuerdo con un nuevo método computarizado que permite clasificar en forma más directa las partidas nacionales por grupos de la Clasificación del Comercio Exterior según Uso o Destino Económico (CUODE).

[1] *This information is being revised under a new computerized system which makes it possible to classify national items more directly by groups of the Foreign Trade Classification by Economic Use or Destination.*

84. EXPORTACIONES INTRARREGIONALES / *INTRA-REGIONAL EXPORTS*

(Porcentajes de las exportaciones intrarregionales con respecto a las exportaciones
totales, calculadas sobre la base de las exportaciones fob /
*Percentages of intra-regional exports with respect to total exports,
calculated on the basis of FOB exports)*

País / *Country*	1960	1965	1970	1975	1980	1981	1982
Argentina	15.8	16.8	21.0	25.9	23.6	19.3	20.3
Bolivia	12.3	2.7	8.9	35.9	36.7	42.5	51.8
Brasil / *Brazil*	7.1	12.7	11.6	15.5	18.1	19.1	15.0
Colombia	3.2	10.5	9.6	20.7	16.6	22.7	20.8
Chile	7.7	8.3	12.2	23.7	23.5	21.6	19.3
Ecuador	7.8	6.1	10.0	33.6	20.2	17.9	22.2
México / *Mexico*	2.9	7.1	9.5	13.0	5.8	9.7	8.4
Paraguay	33.0	29.5	38.2	35.6	45.3	50.2	50.8
Perú / *Peru*	9.8	9.3	6.5	16.9	21.2	12.7	9.3 [1]
Uruguay	2.5	8.2	12.6	29.3	37.3	26.6	30.8
Venezuela	11.2	12.6	12.5	12.3	9.8	14.5	14.4 [1]
Total ALALC / *LAFTA*	9.3	11.7	12.5	17.4	15.4	16.4	14.8
Costa Rica	5.3	19.8	23.8	29.0	34.3	33.2	28.0
El Salvador	10.8	24.2	31.7	30.0	28.5	27.2	19.9 [1]
Guatemala	5.3	19.7	36.7	29.9	32.6	41.3	37.6
Honduras	18.0	18.0	17.0	22.0	13.5	17.2	13.6
Nicaragua	4.4	8.7	27.4	25.7	10.3	16.1	17.4
Total MCCA / *CACM*	8.4	18.4	28.4	28.0	26.4	29.4	25.4
Barbados	5.4	3.7	6.6	12.5	17.3	22.8	19.6 [1]
Guyana	14.1	12.7	1.7	15.3	14.1	27.7	27.7 [1]
Jamaica	2.0	3.0	4.1	5.6	7.6	9.9	14.6
Trinidad y Tabago / *Trinidad and Tobago*	5.9	3.8	9.9	11.1	15.0	16.8	18.9
Bahamas	1.8	0.4	3.9	4.1	2.0	2.3	2.6 [1]
Haití / *Haiti*	...	...	1.5	1.2	1.8	1.1	1.4 [1]
Panamá / *Panama*	0.5	1.0	4.2	6.6	19.2	16.0	16.0
República Dominicana / *Dominican Republic*	0.2	0.7	0.9	1.5	10.4	8.4	5.8
Suriname	1.6	0.3	0.7	-	2.9	2.6	5.6 [1]
Total Región / *Region*	8.8	11.7	12.9	16.0	15.4	16.5	15.0

[1] Estimaciones.   [1] *Estimated.*

85. IMPORTACIONES INTRARREGIONALES / *INTRA-REGIONAL IMPORTS*

(Porcentajes de las importaciones intrarregionales con respecto a las importaciones
totales, calculadas sobre la base de las exportaciones fob /
*Percentages of intra-regional imports with respect to total imports,
calculated on the basis of FOB exports)*

País / *Country*	1960	1965	1970	1975	1980	1981	1982
Argentina	13.6	22.3	21.1	25.8	19.3	19.5	29.2
Bolivia	12.5	11.0	20.4	36.1	50.3	44.0	49.8
Brasil / *Brazil*	13.7	23.5	10.8	5.6	11.6	14.0	15.4
Colombia	1.9	8.3	8.6	11.0	15.7	19.5	19.0
Chile	17.1	21.1	19.4	29.3	26.9	24.5	26.8
Ecuador	6.2	10.5	9.8	13.9	14.3	12.8	12.9
México / *Mexico*	0.2	1.4	2.8	5.6	3.8	4.6	3.2
Paraguay	28.9	22.6	37.7	61.0	59.7	62.3	58.7
Perú / *Peru*	7.9	11.0	15.0	16.7	15.2	15.1	16.7[1]
Uruguay	26.9	33.3	35.2	36.1	37.6	46.6	40.8
Venezuela	1.9	2.8	3.7	6.9	9.0	11.5	10.9[1]
Total ALALC / *LAFTA*	**8.9**	**12.0**	**11.0**	**11.4**	**13.1**	**13.9**	**14.5**
Costa Rica	6.3	14.9	30.5	35.2	33.1	36.8	36.8
El Salvador	15.1	28.9	32.0	37.5	45.4	48.0	47.3[1]
Guatemala	10.3	22.5	33.1	35.0	34.7	32.4	36.2
Honduras	8.8	26.2	32.4	34.6	29.4	28.8	37.3
Nicaragua	9.0	19.3	32.9	40.8	56.4	57.9	56.2
Total MCCA / *CACM*	**10.3**	**22.5**	**32.1**	**36.4**	**38.4**	**39.3**	**41.7**
Barbados	6.7	20.0	28.0	31.7	21.1	23.2	20.7[1]
Guyana	12.5	13.3	17.0	23.1	31.5	35.5	50.3[1]
Jamaica	3.2	9.8	9.3	25.1	10.4	27.9	24.5
Trinidad y Tabago / *Trinidad and Tobago*	32.4	33.1	28.8	3.4	5.5	6.8	7.6
Bahamas	5.4	16.7	6.7	7.2	4.9	3.0	2.3[1]
Haití / *Haiti*	...	...	2.4	3.8	8.5	10.4	7.5[1]
Panamá / *Panama*	8.1	13.6	13.2	13.5	8.2	10.0	8.0
República Dominicana / *Dominican Republic*	...	3.0	5.4	18.8	6.0	28.2	29.8
Suriname	0.7	1.2	3.1	17.4	36.2	36.2	31.0[1]
Total Región / *Region*	**9.4**	**13.7**	**12.9**	**13.0**	**13.7**	**14.9**	**15.2**

[1] Estimaciones.   [1] *Estimated.*

86. CRECIMIENTO DE LAS EXPORTACIONES INTRARREGIONALES / *GROWTH OF INTRA-REGIONAL EXPORTS*

(Tasas anuales medias, calculadas sobre la base de las exportaciones fob / *Average annual rates, calculated on the basis of FOB exports)*

País / Country	1960-1965	1965-1970	1970-1975	1975-1980	1980	1981	1982
Argentina	8.0	8.2	15.6	19.8	-7.6	-6.6	-12.3
Bolivia	-15.9	42.1	55.9	15.2	86.4	11.3	9.8
Brasil / *Brazil*	17.7	9.4	33.6	22.0	39.5	22.8	-32.3
Colombia	30.5	4.3	34.1	16.6	11.1	2.6	-4.2
Chile	8.7	21.8	20.9	23.7	20.3	-25.0	-16.4
Ecuador	11.0	8.9	71.7	9.8	-2.0	-9.5	4.5
México / *Mexico*	30.1	9.0	24.8	18.6	50.8	111.4	-3.3
Paraguay	13.7	7.7	20.8	17.5	35.2	6.1	12.3
Perú / *Peru*	8.0	1.7	25.5	31.5	76.1	-49.9	-28.6[1]
Uruguay	36.4	13.5	30.8	28.6	24.9	-20.2	0.9
Venezuela	4.4	2.7	22.0	11.8	16.3	54.2	-15.8[1]
Total ALALC / *LAFTA*	**10.1**	**7.6**	**26.4**	**19.1**	**23.3**	**15.9**	**-16.7**
Costa Rica	37.0	19.5	21.5	18.7	41.7	4.8	-23.7
El Salvador	29.3	10.4	15.6	14.6	9.0	-29.0	-19.2[1]
Guatemala	44.1	23.8	11.9	21.6	45.6	2.2	-16.9
Honduras	14.6	5.1	17.8	10.9	34.7	27.5	-36.5
Nicaragua	35.7	30.8	14.3	-10.2	-41.0	38.8	-12.8
Total MCCA / *CACM*	**30.2**	**17.5**	**15.5**	**15.1**	**26.0**	**-3.1**	**-21.0**
Barbados	2.9	14.9	34.7	22.8	21.2	19.1	11.3[1]
Guyana	3.4	-28.6	89.0	1.2	-12.7	97.6	-7.6[1]
Jamaica	16.0	16.6	25.5	10.9	-22.2	32.2	15.5
Trinidad y Tabago / *Trinidad and Tobago*	-1.8	25.5	32.7	24.4	63.7	0.7	-2.9
Bahamas	-12.9	102.4	97.3	-13.7	-38.2	-19.8	1.8[1]
Haití / *Haiti*	...	...	10.8	44.0	93.8	-41.9	52.8[1]
Panamá / *Panama*	51.6	41.3	32.4	29.8	46.0	-24.5	-2.8
República Dominicana / *Dominican Republic*	24.6	16.1	34.9	63.9	75.9	-0.6	-53.3
Suriname	-22.2	38.0	...	...	-62.1	-14.5	59.2[1]
Total Región / *Region*	**11.2**	**9.1**	**25.7**	**18.6**	**23.9**	**13.5**	**-16.2**

[1] Estimaciones.   [1] *Estimated.*

87. CRECIMIENTO DE LAS IMPORTACIONES INTRARREGIONALES /
GROWTH OF INTRA-REGIONAL IMPORTS

(Tasas anuales medias, calculadas sobre la base de las exportaciones fob /
Average annual rates, calculated on the basis of FOB exports)

País / Country	1960-1965	1965-1970	1970-1975	1975-1980	1980	1981	1982
Argentina	8.3	8.5	20.0	18.1	38.4	-16.7	-12.9
Bolivia	8.2	20.1	50.8	14.3	35.2	5.0	-48.0
Brasil / Brazil	3.1	4.6	18.6	33.4	32.7	8.8	2.2
Colombia	32.3	15.3	18.8	34.2	15.3	26.0	4.6
Chile	7.7	6.2	23.1	23.5	39.6	5.3	-42.4
Ecuador	17.6	11.5	40.5	15.5	37.7	-6.9	-11.5
México / Mexico	54.5	25.8	42.6	14.0	44.5	43.3	-53.6
Paraguay	0.0	16.5	41.8	30.9	18.0	3.3	-23.7
Perú / Peru	24.0	5.6	33.9	1.9	122.6	28.9	-12.6[1]
Uruguay	-5.6	15.2	14.4	31.1	17.0	18.5	-38.4
Venezuela	10.4	12.9	41.5	22.1	-14.7	44.8	-3.5[1]
Total ALALC / LAFTA	**7.6**	**8.9**	**26.2**	**22.1**	**28.6**	**10.7**	**-17.7**
Costa Rica	30.7	30.1	20.1	16.3	41.6	-16.6	-21.1
El Salvador	27.3	4.3	26.4	12.0	3.7	20.0	-12.0[1]
Guatemala	30.0	14.9	22.2	16.8	12.0	-8.7	-12.5
Honduras	40.3	18.4	13.1	16.9	24.2	-14.1	5.5
Nicaragua	39.5	18.0	24.0	21.3	141.8	-11.1	-16.8
Total MCCA / CACM	**31.8**	**15.8**	**21.4**	**16.6**	**33.5**	**-6.4**	**-12.8**
Barbados	30.2	12.8	28.5	11.3	4.5	22.5	-16.7[1]
Guyana	5.4	11.4	28.7	9.0	25.3	23.2	-3.7[1]
Jamaica	35.0	12.2	40.7	-15.6	-50.0	266.8	-16.9
Trinidad y Tabago / Trinidad and Tobago	9.6	-2.2	-11.3	14.0	4.0	29.7	23.9
Bahamas	46.1	-6.6	45.5	8.3	112.1	-34.7	-41.4[1]
Haití / Haiti	...	...	40.0	37.7	167.9	22.1	-29.3[1]
Panamá / Panama	19.3	10.4	32.2	2.3	-29.2	59.3	-12.5
República Dominicana / Dominican Republic	...	32.3	61.8	-10.4	-60.6	383.2	-6.32
Suriname	21.7	...	78.3	26.9	52.3	3.2	-19.0[1]
Total Región / Region	**11.2**	**9.1**	**25.7**	**18.6**	**23.9**	**13.5**	**-16.2**

[1] Estimaciones.   [1] Estimated.

88. INGRESOS POR TRANSPORTES Y SEGUROS [1] /
INCOME FROM TRANSPORT AND INSURANCE [1]

(Porcentajes del valor fob de las exportaciones totales de bienes y servicios /
Percentages of FOB value of total exports of goods and services)

País / Country	1950	1960	1965	1970	1975	1980	1981	1982	1983
Argentina	1.7	9.2	3.3	6.7	5.7	8.2	8.2	7.8	8.1
Barbados	...	9.6	12.7	7.9	10.9	12.3	9.1	11.7	10.0
Bolivia	-	-	0.8	0.8	1.4	3.1	3.4	2.9	4.2
Brasil / Brazil	1.3	3.3	3.3	5.5	5.1	3.9	4.3	4.6	4.7
Colombia	2.0	6.8	8.9	9.7	8.2	8.2	11.2	9.9	9.9
Costa Rica	1.8	2.8	4.8	4.8	4.8	4.0	2.8	5.1	5.3
Chile	3.8	3.3	4.8	4.9	5.7	7.3	7.4	6.9	5.8
Ecuador	3.4	-	-	0.4	3.7	3.9	5.2	5.2	5.3
El Salvador	0.3	1.2	1.0	0.6	2.2	2.1	2.2	2.7	5.0
Guatemala	1.2	2.2	3.4	3.1	2.8	2.5	2.3	2.0	1.5
Guyana	...	2.8	1.7	2.1	0.9	1.4	2.5	3.2	5.2
Haití / Haiti	2.1	4.8	2.0	1.7	0.5	1.8	2.8	2.5	3.2
Honduras	1.0	2.1	1.4	2.6	3.0	4.2	4.4	4.8	5.6
Jamaica	4.3	5.5	6.1	5.5	7.1	8.4	7.0	7.9	...
México / Mexico	0.3	-	-	1.7	3.0	1.9	1.6	1.6	1.8
Nicaragua	2.1	7.2	4.7	4.6	5.5	2.6	2.7	2.6	2.3
Panamá / Panama	4.5	6.6	7.9	8.3	18.0	33.7	36.0	35.8	38.6
Paraguay	0.6	3.0	2.1	2.8	1.0	0.7	0.8	0.3	0.4
Perú / Peru	2.0	2.9	4.5	5.6	9.1	6.1	7.1	7.2	7.0
República Dominicana / Dominican Republic	1.3	2.0	3.0	3.6	1.6	2.0	2.1	1.9	2.2
Suriname	-	4.4	3.7	2.5	2.2	7.4	6.7	6.9	6.1
Trinidad y Tabago / Trinidad and Tobago	27.3	13.8	9.4	16.4	11.2	9.4	7.7	7.9	...
Uruguay	2.3	0.9	1.8	2.8	4.9	5.8	5.4	5.3	5.0
Venezuela	1.2	0.8	1.0	3.5	2.8	2.6	2.8	3.8	4.7
Total	...	3.4	3.1	4.8	4.9	4.7	4.7	4.9	...
Países exportadores de petróleo [2] / Oil exporting countries [2]	1.9	1.4	1.7	3.6	3.9	3.1	2.9	3.2	...
Países no exportadores de petróleo / Non-oil exporting countries	...	5.1	4.2	5.6	5.6	6.3	6.6	6.7	...

[1] Según valores del Balance de pagos.
[2] Se refiere a Bolivia, Ecuador, México, Perú, Trinidad y Tabago y Venezuela.

[1] According to Balance of payments values.
[2] Refers to Bolivia, Ecuador, Mexico, Peru, Trinidad and Tobago and Venezuela.

89. GASTOS EN TRANSPORTES Y SEGUROS [1] /
EXPENDITURE ON TRANSPORT AND INSURANCE [1]

(Porcentajes del valor de las importaciones totales de bienes y servicios /
Percentages of the value of total imports of goods and services)

País / Country	1950	1960	1965	1970	1975	1980	1981	1982	1983
Argentina	14.2	15.3	8.8	12.7	12.4	9.7	10.0	11.2	12.7
Barbados	...	9.2	11.3	11.7	12.5	10.9	11.0	11.3	10.3
Bolivia	10.7	12.9	13.7	16.0	16.0	17.6	19.7	15.9	18.1
Brasil / *Brazil*	12.4	7.3	6.9	10.6	10.0	9.9	10.2	9.9	10.4
Colombia	6.4	11.0	14.0	14.5	13.7	11.9	12.1	11.8	12.8
Costa Rica	10.9	10.8	10.8	10.2	10.8	10.7	9.9	12.5	11.7
Chile	17.7	14.8	17.5	12.0	14.1	12.4	11.4	12.4	12.8
Ecuador	15.4	11.6	13.5	12.6	12.4	10.9	11.4	5.4	5.2
El Salvador	10.9	9.3	8.8	10.4	9.1	7.2	9.7	6.9	10.9
Guatemala	11.0	11.2	9.4	10.5	9.9	9.5	9.3	8.6	7.5
Guyana	...	9.6	10.5	11.3	9.9	10.7	10.3	12.2	13.7
Haití / *Haiti*	12.7	9.0	10.8	14.1	15.5	17.1	16.9	17.6	19.6
Honduras	11.4	10.4	8.6	8.4	7.6	8.7	8.5	8.4	8.5
Jamaica	12.3	16.0	12.5	14.9	15.1	15.6	14.6	15.2	...
México / *Mexico*	4.4	4.3	4.1	5.2	6.2	7.5	7.1	8.1	9.8
Nicaragua	14.6	17.9	16.1	10.6	9.5	5.7	5.6	5.9	5.5
Panamá / *Panama*	14.0	12.0	11.2	10.9	10.1	13.0	13.0	13.1	12.9
Paraguay	13.7	10.7	11.8	9.1	11.3	12.4	12.1	9.9	10.6
Perú / *Peru*	17.4	13.7	13.7	13.5	11.6	11.1	11.4	10.9	12.1
República Dominicana / *Dominican Republic*	10.5	9.7	10.0	11.2	12.3	9.1	8.5	9.0	9.0
Suriname	9.5	11.6	10.9	10.2	11.4	19.2	17.7	16.5	15.8
Trinidad y Tabago / *Trinidad and Tobago*	7.1	12.2	8.9	20.0	14.7	14.6	14.3	14.2	...
Uruguay	14.3	12.1	11.1	15.7	12.1	7.5	8.3	7.3	7.1
Venezuela	10.8	11.5	11.6	10.6	10.9	9.6	9.2	7.8	10.6
Total	...	10.6	9.9	10.8	10.5	9.9	9.7	9.7	...
Países exportadores de petróleo [2] / *Oil exporting countries* [2]	8.8	9.0	9.0	9.3	9.5	9.1	8.7	8.6	...
Países no exportadores de petróleo / *Non-oil exporting countries*	...	11.6	10.8	11.9	11.2	10.4	10.6	10.7	...

[1] Según valores del Balance de pagos.
[2] Se refiere a Bolivia, Ecuador, México, Perú, Trinidad y Tabago y Venezuela.

[1] *According to Balance of payments values.*
[2] *Refers to Bolivia, Ecuador, Mexico, Peru, Trinidad and Tobago and Venezuela.*

90. INGRESOS POR CONCEPTO DE VIAJES [1] /
TRAVEL INCOME [1]

(Porcentajes del valor fob de las exportaciones totales de bienes y servicios /
Percentages of FOB value of total exports of goods and services)

País / Country	1950	1960	1965	1970	1975	1980	1981	1982	1983
Argentina	1.6	2.8	-	3.5	4.4	3.5	3.8	6.6	4.9
Barbados	...	24.5	25.5	42.6	37.0	45.7	49.3	41.9	37.4
Bolivia	-	0.9	1.4	1.2	3.9	3.8	3.6	3.3	4.7
Brasil / *Brazil*	0.4	1.6	1.7	1.0	0.8	0.6	0.9	0.3	0.2
Colombia	1.6	4.0	4.0	5.5	7.7	7.6	8.8	8.6	10.0
Costa Rica	3.0	6.6	7.7	8.0	8.7	7.1	8.1	11.9	11.7
Chile	2.1	6.2	5.7	4.0	4.5	2.9	4.0	2.7	2.1
Ecuador	0.8	2.5	3.7	3.3	2.6	4.6	4.5	4.9	3.7
El Salvador	1.8	5.5	2.9	3.3	3.1	1.1	1.5	2.4	2.4
Guatemala	2.9	4.4	2.6	3.5	10.0	3.6	2.1	0.9	0.6
Guyana	...	0.7	1.0	2.3	0.7	1.0	1.0	1.0	1.9
Haití / *Haiti*	4.0	14.9	3.1	12.5	20.8	25.0	31.0	29.5	26.1
Honduras	1.0	1.7	2.1	2.1	3.1	2.6	3.5	3.3	2.8
Jamaica	16.2	17.3	19.5	19.1	12.2	17.7	20.3	27.0	...
México / *Mexico*	30.7	39.5	39.7	42.7	35.7	22.4	22.0	13.0	11.5
Nicaragua	1.1	2.5	2.8	6.2	5.9	4.4	4.1	4.5	1.1
Panamá / *Panama*	39.1	25.9	22.1	21.8	16.2	11.2	10.6	10.7	10.8
Paraguay	0.3	2.1	0.9	15.9	4.6	16.0	14.2	9.6	10.3
Perú / *Peru*	1.2	3.6	3.2	4.2	5.4	6.3	6.5	6.2	5.6
República Dominicana / *Dominican Republic*	1.1	1.7	2.3	6.4	5.8	13.6	13.6	23.3	26.7
Suriname	-	2.8	3.5	2.2	2.3	3.0	3.1	2.4	1.0
Trinidad y Tabago / *Trinidad and Tobago*	4.0	4.0	2.5	6.9	6.1	4.8	5.1	6.6	...
Uruguay	6.4	20.7	17.8	14.7	17.8	19.5	16.6	6.9	6.4
Venezuela	-	0.1	0.8	1.8	1.9	1.2	0.9	1.8	2.0
Total	...	8.1	8.8	10.3	8.5	7.8	8.3	6.6	...
Países exportadores de petróleo [2] / *Oil exporting countries* [2]	10.1	11.7	13.8	17.3	12.8	11.1	11.7	8.0	...
Países no exportadores de petróleo / *Non-oil exporting countries*	...	5.0	4.4	5.4	4.9	4.5	4.7	5.1	...

[1] Según valores del Balance de pagos.
[2] Se refiere a Bolivia, Ecuador, México, Perú, Trinidad y Tabago y Venezuela.

[1] *According to Balance of payments values.*
[2] *Refers to Bolivia, Ecuador, Mexico, Peru, Trinidad and Tobago and Venezuela.*

91. GASTOS POR CONCEPTO DE VIAJES [1] / *TRAVEL EXPENDITURE* [1]

(Porcentajes del valor de las importaciones totales de bienes y servicios /
Percentages of the value of total imports of goods and services)

País / *Country*	1950	1960	1965	1970	1975	1980	1981	1982	1983
Argentina	3.0	5.2	3.7	6.5	2.2	13.7	12.7	8.7	8.7
Barbados	...	1.7	1.7	2.5	2.7	3.2	3.3	4.0	3.0
Bolivia	1.7	1.4	2.2	2.2	4.1	5.5	5.0	6.3	2.8
Brasil / *Brazil*	0.7	4.0	2.4	4.9	2.9	1.3	1.5	3.7	2.2
Colombia	3.3	4.5	7.9	5.9	7.6	4.1	4.2	3.2	4.7
Costa Rica	5.7	4.3	5.1	3.7	4.6	3.6	3.7	4.2	4.6
Chile	2.5	10.2	4.2	7.6	5.5	2.9	2.7	3.9	5.4
Ecuador	5.7	2.8	3.8	2.6	2.7	7.6	7.8	8.2	8.8
El Salvador	7.3	7.3	6.2	8.1	5.0	9.1	6.0	5.8	6.0
Guatemala	2.1	2.3	6.4	4.3	6.4	8.4	6.6	6.2	6.8
Guyana	...	1.0	2.8	2.0	1.4	1.7	2.1	3.4	4.3
Haití / *Haiti*	2.3	6.5	9.0	6.2	2.6	8.4	5.5	7.9	4.6
Honduras	2.7	2.2	4.1	4.9	3.4	2.8	2.5	2.8	2.2
Jamaica	3.0	2.6	3.4	2.6	4.1	0.8	0.8	1.9	...
México / *Mexico*	9.7	17.2	19.8	22.1	16.0	16.3	18.4	15.0	15.2
Nicaragua	5.4	6.0	7.1	6.6	5.5	3.4	1.4	2.4	0.8
Panamá / *Panama*	3.4	5.0	4.2	5.4	3.3	3.4	3.6	4.2	4.4
Paraguay	3.4	3.1	3.9	5.2	4.2	4.1	3.9	4.0	6.2
Perú / *Peru*	3.2	4.6	4.6	6.2	2.8	2.7	3.6	4.3	5.2
República Dominicana / *Dominican Republic*	3.7	4.4	12.0	10.2	7.5	8.6	7.0	5.7	4.9
Suriname	-	2.5	2.9	6.0	9.6	5.1	4.1	5.3	6.0
Trinidad y Tabago / *Trinidad and Tobago*	4.2	5.6	2.4	5.9	3.9	5.8	6.7	6.6	...
Uruguay	5.3	6.3	11.3	14.1	9.1	9.5	9.7	19.2	21.7
Venezuela	4.3	5.0	5.1	6.4	5.9	13.2	13.9	14.9	10.7
Total	...	6.8	7.2	8.8	6.0	8.4	9.3	8.7	...
Países exportadores de petróleo [2] / *Oil exporting countries* [2]	6.4	9.6	10.1	13.2	9.1	13.1	14.7	13.0	...
Países no exportadores de petróleo / *Non-oil exporting countries*	...	5.0	4.7	5.9	3.9	5.0	4.5	4.8	...

[1] Según valores del Balance de pagos.
[2] Se refiere a Bolivia, Ecuador, México, Perú, Trinidad y Tabago y Venezuela.

[1] *According to Balance of payments values.*
[2] *Refers to Bolivia, Ecuador, Mexico, Peru, Trinidad and Tobago and Venezuela.*

92. BALANCE EN CUENTA CORRIENTE CON RESPECTO A LAS EXPORTACIONES [1] [2] / *BALANCE ON CURRENT ACCOUNT WITH RESPECT TO EXPORTS* [1] [2]

(Porcentajes del valor fob de las exportaciones totales de bienes y servicios /
Percentages of FOB value of total exports of goods and services)

País / *Country*	1950	1960	1965	1970	1975	1980	1981	1982	1983
Argentina	-8.2	18.0	-13.7	7.6	36.8	48.3	43.4	25.6	26.2
Barbados	...	31.6	24.6	45.4	20.1	4.6	21.1	6.9	6.8
Bolivia	1.9	53.6	31.2	-0.9	28.8	15.9	30.9	13.3	31.8
Brasil / *Brazil*	-7.5	36.6	-14.2	28.1	74.3	58.8	46.1	74.3	29.0
Colombia	6.1	17.4	4.2	34.1	5.9	3.0	44.1	65.3	67.9
Costa Rica	-3.4	18.5	52.5	27.7	36.5	54.9	34.7	27.3	31.6
Chile	3.8	29.9	5.3	7.6	27.1	33.9	96.0	51.1	24.0
Ecuador	-22.7	12.1	13.1	47.3	21.5	23.4	35.2	45.2	4.9
El Salvador	-18.5	24.3	7.6	-2.7	16.0	0.1	29.4	33.0	26.0
Guatemala	-	19.4	17.1	2.3	8.3	9.5	39.0	28.8	19.2
Guyana	...	21.9	19.0	15.0	6.2	31.0	48.6	52.8	71.5
Haití / *Haiti*	4.0	9.6	39.6	10.2	38.1	45.9	113.0	67.6	77.7
Honduras	1.0	-3.7	7.4	34.4	36.3	35.1	36.4	32.5	32.6
Jamaica	10.6	11.3	8.3	29.7	27.4	12.9	24.1	33.7	...
México / *Mexico*	15.7	24.3	20.1	39.2	67.1	35.4	48.7	22.0	-18.8
Nicaragua	-1.3	14.2	15.8	20.2	44.2	99.2	101.8	115.1	112.1
Panamá / *Panama*	22.7	38.9	21.3	20.8	22.5	24.2	30.9	33.6	25.9
Paraguay	-24.4	28.4	18.7	21.6	38.3	50.1	66.7	63.4	53.0
Perú / *Peru*	2.5	-0.9	20.6	-11.9	93.2	1.6	47.0	43.6	29.3
República Dominicana / *Dominican Republic*	-21.5	-24.8	14.7	40.0	7.7	53.1	27.5	40.0	37.2
Suriname	36.3	43.8	71.8	16.1	14.7	9.5	21.1	30.1	37.6
Trinidad y Tabago / *Trinidad and Tobago*	3.5	1.9	16.5	30.3	-26.5	-13.2	-10.0	31.1	...
Uruguay	-16.3	44.1	-27.0	19.1	35.9	46.9	27.5	15.3	4.2
Venezuela	-1.0	-15.7	-1.4	3.5	-23.5	-23.8	-19.2	24.0	-23.3
Total	...	12.4	4.3	18.6	31.8	25.1	34.2	39.4	...
Países exportadores de petróleo [3] / *Oil exporting countries* [3]	4.1	-0.5	10.8	16.6	17.4	7.3	21.3	25.7	...
Países no exportadores de petróleo / *Non-oil exporting countries*	...	24.1	-1.4	20.1	43.5	42.3	47.5	53.8	...

[1] Según valores del Balance de pagos.
[2] El signo menos (-) indica superávit en cuenta corriente.
[3] Se refiere a Bolivia, Ecuador, México, Perú, Trinidad y Tabago y Venezuela.

[1] *According to Balance of payments values.*
[2] *The minus sign (-) indicates a current account surplus.*
[3] *Refers to Bolivia, Ecuador, Mexico, Peru, Trinidad and Tobago and Venezuela.*

93. BALANCE EN CUENTA CORRIENTE CON RESPECTO A LAS IMPORTACIONES[1][2] / BALANCE ON CURRENT ACCOUNT WITH RESPECT TO IMPORTS[1][2]

(Porcentajes del valor de las importaciones totales de bienes y servicios /
Percentages of the value of total imports of goods and services)

País / Country	1950	1960	1965	1970	1975	1980	1981	1982	1983
Argentina	-8.9	16.0	-16.6	8.1	29.7	36.5	40.6	36.1	41.8
Barbados	...	22.2	18.3	30.4	16.5	4.3	17.0	6.4	6.4
Bolivia	1.9	35.1	24.1	-1.0	22.7	17.4	31.4	19.2	37.7
Brasil / *Brazil*	-8.9	29.9	-19.4	26.1	48.9	46.2	43.2	65.9	35.0
Colombia	6.4	15.7	4.6	29.6	6.2	2.9	31.4	43.2	45.0
Costa Rica	-4.5	16.0	36.0	22.5	28.7	39.7	31.3	29.2	31.2
Chile	4.5	24.8	5.9	8.3	24.3	28.8	58.2	47.3	27.9
Ecuador	-33.3	12.3	12.9	34.0	18.4	22.3	31.9	39.7	6.3
El Salvador	-23.3	20.1	7.0	-2.7	14.1	0.1	23.4	26.1	22.3
Guatemala	-	16.8	15.0	2.4	7.6	8.4	28.0	23.1	17.1
Guyana	...	19.8	18.1	14.4	6.2	25.7	36.0	40.0	49.6
Haití / *Haiti*	4.3	9.0	28.6	7.8	25.3	29.0	48.2	35.1	39.7
Honduras	1.5	-3.4	7.6	27.6	28.0	29.4	30.3	30.3	28.4
Jamaica	8.9	10.1	7.9	25.2	22.4	12.6	20.1	26.1	...
México / *Mexico*	14.2	21.0	18.7	31.5	48.1	32.3	42.0	27.8	-39.8
Nicaragua	-1.6	12.8	14.4	18.9	33.6	54.0	54.3	62.0	56.1
Panamá / *Panama*	21.3	26.4	16.4	18.8	19.2	21.7	27.1	29.0	25.2
Paraguay	-32.8	22.4	16.1	19.6	30.2	33.7	38.6	36.8	35.6
Perú / *Peru*	2.5	-1.0	18.8	-15.0	51.8	1.9	38.6	36.9	29.6
República Dominicana / *Dominican Republic*	-33.5	-36.4	12.8	28.2	7.7	35.2	22.9	29.8	28.9
Suriname	31.0	38.4	48.8	17.9	13.4	8.9	17.0	23.0	28.3
Trinidad y Tabago / *Trinidad and Tobago*	4.0	2.4	15.8	27.1	-40.1	-17.4	-12.3	25.1	...
Uruguay	-19.9	31.5	-40.5	17.3	29.3	33.4	22.3	14.8	5.0
Venezuela	-1.5	-26.2	-2.0	4.4	-31.0	-31.4	-23.5	21.5	-37.8
Total	...	12.5	4.7	18.0	26.7	23.1	30.9	38.1	...
Países exportadores de petróleo[3] / *Oil exporting countries*[3]	4.9	-0.6	11.8	16.6	16.3	7.9	20.8	26.7	...
Países no exportadores de petróleo / *Non-oil exporting countries*	...	20.7	-1.5	19.0	33.7	34.1	39.8	48.5	...

[1] Según valores del Balance de pagos.
[2] El signo menos (-) indica superávit en cuenta corriente.
[3] Se refiere a Bolivia, Ecuador, México, Perú, Trinidad y Tabago y Venezuela.

[1] *According to Balance of payments values.*
[2] *The minus sign (-) indicates a current account surplus.*
[3] *Refers to Bolivia, Ecuador, Mexico, Peru, Trinidad and Tobago and Venezuela.*

94. CONTRIBUCION DEL FINANCIAMIENTO EXTERNO NETO A LA INVERSION INTERNA BRUTA / CONTRIBUTION OF NET EXTERNAL FINANCING TO GROSS DOMESTIC INVESTMENT

(Porcentajes sobre la base de valores en dólares a precios constantes de 1970 / Percentages on the basis of values in dollars at constant 1970 prices)

País / Country	1950	1955	1960	1965	1970	1975	1980	1981	1982	1983
Argentina	-6.9	10.0	6.6	-5.7	2.5	9.2	18.9	23.0	13.7	15.9
Bolivia	2.3	17.1	34.3	23.5	-0.8	20.3	22.4	47.5	41.7	126.5
Brasil / Brazil	-4.3	0.9	9.9	-3.3	7.1	13.1	11.9	11.4	17.3	9.0
Colombia	3.3	9.7	7.4	1.9	13.2	2.7	1.5	14.7	21.8	22.6
Costa Rica	-5.3	9.9	18.4	34.2	29.1	31.6	34.6	32.4	31.3	28.6
Chile	4.2	-5.0	31.3	5.1	6.4	31.9	29.8	53.4	81.4	48.4
Ecuador	-18.2	9.0	6.3	7.6	26.8	17.3	23.6	38.8	49.1	7.1
El Salvador	-33.7	-2.0	24.3	9.6	-3.4	15.7	0.1	33.2	36.8	30.7
Guatemala	-0.1	5.6	21.6	19.3	2.7	8.2	11.8	33.0	25.4	17.9
Haití / Haiti	7.7	55.4	19.6	56.8	12.9	27.9	41.0	74.1	50.8	53.6
Honduras	1.8	15.3	-4.6	12.0	39.2	41.0	30.3	33.6	42.2	41.7
México / Mexico	9.9	-3.0	8.9	5.5	9.5	14.2	12.4	17.1	9.5	-11.0
Nicaragua	-2.7	-1.3	24.1	23.2	27.1	58.4	103.9	73.5	77.5	70.0
Panamá / Panama	22.9	24.5	40.2	21.8	16.7	17.9	15.6	15.2	18.0	-3.2
Paraguay	-55.5	8.4	27.9	15.0	14.9	15.3	14.1	15.4	19.0	15.0
Perú / Peru	1.2	5.8	-0.5	11.7	-12.7	42.2	1.5	31.7	34.2	28.5
República Dominicana / Dominican Republic	-31.7	6.8	-46.2	20.6	31.4	6.1	27.6	18.2	20.8	20.1
Uruguay	-16.4	15.2	26.1	-29.2	15.9	26.6	28.2	18.5	12.8	4.8
Venezuela	-1.3	-2.9	-23.9	-1.2	2.5	-23.3	-34.1	-26.4	25.7	-45.7
Total	-1.1	2.8	6.0	1.3	7.2	10.9	10.3	15.0	17.8	3.6

95. COEFICIENTES DE FINANCIAMIENTO EXTERNO NETO /
COEFFICIENTS OF NET EXTERNAL FINANCING

(Porcentajes del ingreso nacional bruto real disponible a precios constantes de 1970 /
Percentages of real gross national disposable income at constant 1970 prices)

País / Country	1950	1960	1965	1970	1975	1980	1981	1982	1983
Argentina	-0.9	1.4	-1.1	0.5	1.9	4.4	4.5	2.5	2.6
Bolivia	0.3	5.0	4.2	-0.1	4.4	2.7	5.1	2.2	5.5
Brasil / *Brazil*	-1.0	2.5	-0.8	1.8	4.3	3.4	2.9	4.2	1.9
Colombia	0.7	1.5	0.3	2.7	0.5	0.3	3.2	4.9	4.8
Costa Rica	-0.8	3.2	8.6	6.0	7.0	10.5	6.7	5.5	6.0
Chile	0.5	3.4	0.7	1.1	3.5	6.0	12.6	8.5	4.2
Ecuador	-2.6	1.3	1.3	4.9	3.5	4.6	6.5	7.6	0.8
El Salvador	-3.4	4.0	1.5	-0.4	2.7	0.0	4.9	4.9	4.3
Guatemala	0.0	2.4	2.6	0.3	1.1	1.4	4.7	3.1	1.9
Haití / *Haiti*	0.7	1.5	5.1	1.3	4.5	7.7	14.5	9.5	10.5
Honduras	0.2	-0.6	1.9	8.4	7.7	9.1	8.4	6.7	7.0
México / *Mexico*	1.6	1.7	1.2	2.2	3.5	3.5	5.1	2.1	-1.9
Nicaragua	-0.3	3.2	4.6	5.2	10.8	18.7	20.1	18.1	16.9
Panamá / *Panama*	4.1	7.1	4.2	4.8	5.4	4.0	4.2	4.4	-0.6
Paraguay	-2.7	2.7	2.0	2.2	3.5	4.7	5.5	5.7	3.9
Perú / *Peru*	0.3	-0.1	2.4	-1.7	8.9	0.2	5.5	5.1	3.5
República Dominicana / *Dominican Republic*	-4.3	-5.0	2.0	6.0	1.6	7.0	4.0	4.3	4.1
Uruguay	-2.8	3.6	-2.8	1.8	3.2	5.6	3.3	2.0	0.6
Venezuela	-0.6	-6.9	-0.4	0.8	-6.8	-7.6	-5.9	6.8	-6.5
Total	**-0.2**	**1.3**	**0.3**	**1.6**	**2.8**	**2.6**	**3.8**	**3.9**	**0.6**

96. REMESAS POR PAGOS DE UTILIDADES E INTERESES [1] /
REMITTANCES FOR PAYMENTS OF PROFITS AND INTEREST [1]

(Porcentajes del valor fob de las exportaciones totales de bienes y servicios /
Percentages of FOB value of total exports of goods and services)

País / Country	1950	1960	1965	1970	1975	1980	1981	1982	1983
Argentina	0.3	4.5	3.6	11.8	13.8	27.9	42.3	57.1	63.0
Barbados	...	3.8	4.4	7.2	7.0	3.3	4.9	4.9	5.0
Bolivia	4.5	10.3	4.8	13.2	9.3	26.4	35.1	46.2	52.2
Brasil / *Brazil*	8.0	13.5	15.3	22.2	25.4	37.4	44.7	66.9	49.6
Colombia	9.4	7.3	11.4	20.1	14.9	12.6	24.6	29.0	25.4
Costa Rica	20.1	3.8	10.2	5.3	10.9	19.3	28.4	39.3	35.6
Chile	17.6	11.7	16.2	17.9	15.7	20.7	41.2	52.3	40.9
Ecuador	9.1	14.7	12.6	11.4	7.6	22.1	27.8	33.1	29.9
El Salvador	2.7	3.6	4.4	5.1	7.8	9.3	12.2	17.5	22.9
Guatemala	3.3	4.5	6.3	12.1	10.2	7.7	10.9	10.9	12.0
Guyana	...	12.8	14.9	11.6	5.5	10.9	15.6	18.6	25.7
Haití / *Haiti*	10.9	7.5	11.6	6.8	8.1	4.8	5.7	5.3	4.9
Honduras	33.5	13.3	10.4	12.7	10.0	18.9	19.4	28.3	20.2
Jamaica	8.2	14.9	15.0	22.7	11.8	19.4	15.4	22.2	...
México / *Mexico*	9.8	14.4	17.4	23.4	31.9	29.3	35.6	46.8	38.5
Nicaragua	16.1	3.8	8.8	15.5	14.0	21.9	21.9	33.3	14.5
Panamá / *Panama*	17.3	13.0	11.0	10.9	47.8	149.8	189.9	190.4	158.9
Paraguay	1.4	3.4	4.7	14.4	16.9	23.9	23.1	17.5	24.4
Perú / *Peru*	4.6	13.4	12.3	12.1	16.3	22.3	30.4	28.0	33.5
República Dominicana / *Dominican Republic*	13.2	6.3	9.0	10.7	11.7	19.8	20.2	22.6	24.9
Suriname	16.8	28.5	22.5	27.6	6.7	6.7	3.7	5.1	6.0
Trinidad y Tabago / *Trinidad and Tobago*	15.5	25.7	13.7	19.4	9.4	16.8	17.5	16.5	...
Uruguay	1.5	3.9	6.2	9.1	13.6	11.0	12.9	22.4	24.8
Venezuela	32.8	20.8	27.7	21.8	6.8	9.7	14.4	23.3	22.7
Total	...	13.2	15.2	18.1	17.3	25.1	33.6	45.1	...
Países exportadores de petróleo[2] / *Oil exporting countries*[2]	20.7	18.0	20.4	20.1	15.4	20.4	26.6	35.7	...
Países no exportadores de petróleo / *Non-oil exporting countries*	...	8.8	10.6	16.6	18.9	29.6	40.7	54.9	...

[1] Según valores del Balance de pagos.
[2] Se refiere a Bolivia, Ecuador, México, Perú, Trinidad y Tabago y Venezuela.

[1] *According to Balance of payments values.*
[2] *Refers to Bolivia, Ecuador, Mexico, Peru, Trinidad and Tobago and Venezuela.*

97. VARIACIONES DE LAS RESERVAS INTERNACIONALES [1 2 3] /
ANNUAL CHANGES IN INTERNATIONAL RESERVES [1 2 3]

(Millones de dólares / *Millions of dollars*)

País / *Country*	1950	1960	1965	1970	1975	1980	1981	1982	1983
Argentina	51.6	201.4	127.0	134.0	-1 071.1	-2 665.9	-3 452.1	-761.8	-2 507.5
Barbados	...	-	5.6	-4.6	0.3	20.5	24.7	-2.8	-11.5
Bolivia	3.7	-3.9	14.1	5.5	-33.5	-136.5	22.9	38.0	-13.8
Brasil / *Brazil*	-57.0	-36.0	219.0	530.0	-1 236.7	-3 321.8	746.9	-4 157.3	-1 213.8
Colombia	-9.6	-42.7	16.0	36.0	72.3	1 311.4	198.8	-711.3	-1 782.4
Costa Rica	-1.0	-1.2	-4.4	-11.6	-16.7	33.4	-64.7	124.8	-27.7
Chile	11.6	2.4	50.0	100.0	-184.3	1 330.9	163.7	-1 111.8	-424.3
Ecuador	7.6	-2.8	-11.7	7.7	-65.2	291.0	-380.7	-328.1	145.9
El Salvador	3.8	-10.4	5.2	6.4	30.3	-69.1	-42.6	-27.1	40.9
Guatemala	0.7	10.0	8.8	14.6	102.6	-250.6	-304.6	-16.2	63.5
Guyana	...	0.8	3.6	-0.1	45.7	-37.4	-10.3	4.1	4.5
Haití / *Haiti*	2.3	2.2	-0.9	3.7	-12.4	-26.1	-50.3	-3.3	-23.6
Honduras	8.0	0.4	6.1	-9.8	54.0	-72.9	-68.9	-52.8	-39.3
Jamaica	1.0	-0.8	-1.6	24.9	-39.0	82.9	-170.2	-93.5	-117.4
México / *Mexico*	170.1	-16.0	-78.0	82.0	143.3	938.4	762.4	-3 469.1	2 049.9
Nicaragua	-0.5	-0.1	18.2	11.4	41.3	-225.4	61.5	76.6	90.3
Panamá / *Panama*	1.1	3.4	0.6	4.0	-16.2	17.2	-66.4	-9.2	-3.0
Paraguay	-	-2.7	5.5	7.2	27.8	152.8	43.2	-121.3	-47.6
Perú / *Peru*	2.3	17.6	15.0	187.0	-498.3	606.6	-565.2	-121.9	-32.8
República Dominicana / *Dominican Republic*	4.3	-21.1	4.4	0.4	25.2	44.3	53.9	-160.4	-146.2
Suriname	1.7	-2.1	4.7	7.3	35.9	23.7	16.4	-41.2	-112.6
Trinidad y Tabago / *Trinidad and Tobago*	-	-1.4	-1.4	-12.0	364.9	642.2	565.1	-267.0	-976.0
Uruguay	84.7	2.2	-8.0	-17.6	-43.9	112.2	50.7	-497.3	-71.2
Venezuela	-71.2	-115.0	12.0	88.0	2 699.6	4 183.9	1 099.8	-7 634.7	97.9
Total	...	-15.8	409.8	1 194.4	425.9	2 985.7	-1 366.0	-19 344.6	-5 057.8
Países exportadores de petróleo [4] / *Oil exporting countries* [4]	112.5	-121.5	-50.0	358.2	2 610.8	6 525.6	1 504.3	-11 782.8	1 271.1
Países no exportadores de petróleo / *Non-oil exporting countries*	...	105.7	459.8	836.2	-2 184.9	-3 539.9	-2 870.3	-7 561.8	-6 328.9

[1] Según valores del Balance de pagos.
[2] El signo menos (-) indica disminución.
[3] Incluye oro monetario, derechos especiales de giro, posición de reservas en el Fondo, activos en divisas, otros activos, y uso del crédito del Fondo.
[4] Se refiere a Bolivia, Ecuador, México, Perú, Trinidad y Tabago y Venezuela.

[1] *According to Balance of payments values.*
[2] *The minus sign (-) indicates a decrease.*
[3] *Including monetary gold, special drawing rights, reserve position in the Fund, foreign exchange assets, other assets; and use of Fund credit.*
[4] *Refers to Bolivia, Ecuador, Mexico, Peru, Trinidad and Tobago and Venezuela.*

SEGUNDA PARTE
SERIES ESTADISTICAS DE AMERICA LATINA

PART TWO
STATISTICAL SERIES FOR LATIN AMERICA

98. POBLACION TOTAL[1] / *TOTAL POPULATION*[1]

(Miles de personas, a mitad de cada año / *Thousands of persons, at mid-year*)

País / *Country*	1960	1965	1970	1975	1977	1978	1979	1980	1981	1982	1983
Argentina	20 616	22 283	23 962	26 052	26 912	27 348	27 789	28 237	28 693	29 158	29 627
Bahamas	113	143	177	204	219	226	234	241	247	253	258
Barbados	231	235	239	245	252	256	259	263	266	269	272
Belice / *Belize*	92	106	120	140	149	153	158	162	166	171	175
Bolivia	3 428	3 841	4 325	4 894	5 151	5 285	5 425	5 570	5 720	5 875	6 034
Brasil / *Brazil*	72 594	84 292	95 847	108 032	113 207	115 859	118 553	121 286	124 068	126 898	129 766
Colombia	15 538	18 114	20 803	23 177	24 192	24 714	25 247	25 794	26 356	26 931	27 518
Costa Rica	1 236	1 482	1 732	1 965	2 084	2 149	2 214	2 279	2 342	2 406	2 470
Cuba	7 029	7 808	8 572	9 332	9 522	9 596	9 664	9 732	9 796	9 852	9 906
Chile	7 609	8 571	9 456	10 337	10 654	10 807	10 963	11 127	11 301	11 481	11 665
Dominica	59	65	71	76	79	80	82	83	84	85	87
Ecuador	4 413	5 162	6 051	7 035	7 455	7 671	7 893	8 123	8 361	8 606	8 857
El Salvador	2 574	3 005	3 582	4 143	4 393	4 524	4 658	4 797	4 939	5 083	5 232
Granada / *Grenada*	89	92	94	105	108	109	110	111	112	114	115
Guatemala	3 964	4 568	5 246	6 023	6 364	6 543	6 726	6 917	7 113	7 315	7 524
Guyana	538	622	709	791	827	845	864	883	902	921	941
Haití / *Haiti*	3 723	4 137	4 605	5 157	5 405	5 534	5 669	5 809	5 954	6 103	6 258
Honduras	1 943	2 304	2 639	3 093	3 318	3 439	3 564	3 691	3 821	3 955	4 092
Jamaica	1 629	1 760	1 869	2 043	2 102	2 130	2 158	2 188	2 220	2 254	2 288
México / *Mexico*	37 073	43 500	51 176	60 153	63 813	65 658	67 518	69 393	71 284	73 188	75 108
Nicaragua	1 493	1 750	2 053	2 408	2 546	2 615	2 689	2 771	2 861	2 957	3 058
Panamá / *Panama*	1 105	1 283	1 487	1 704	1 791	1 835	1 878	1 956	1 999	2 043	2 088
Paraguay	1 778	2 019	2 290	2 686	2 871	2 969	3 068	3 168	3 268	3 369	3 472
Perú / *Peru*	9 931	11 467	13 193	15 161	15 990	16 414	16 848	17 295	17 755	18 226	18 707
República Dominicana / *Dominican Republic*	3 224	3 729	4 289	4 945	5 190	5 310	5 431	5 558	5 690	5 825	5 962
Santa Lucía / *Saint Lucia*	93	96	101	112	115	116	117	118	120	121	123
Suriname	290	332	371	363	369	374	380	388	397	407	419
Trinidad y Tabago / *Trinidad and Tobago*	843	975	1 027	1 082	1 114	1 132	1 150	1 168	1 185	1 202	1 218
Uruguay	2 538	2 693	2 808	2 829	2 855	2 872	2 890	2 908	2 927	2 947	2 968
Venezuela	7 502	8 970	10 604	12 665	13 590	14 071	14 552	15 024	15 485	15 940	16 394

[1] Los resultados que se incluyen corresponden a la proyección recomendada, o media, que puede tal vez considerarse como la más plausible de entre las cuatro elaboradas, conforme con otros tantos supuestos sobre la evolución futura de la fecundidad.

[1] The results included correspond to the recommended —or average— projection which may be considered as perhaps the most plausible among the four worked out on the basis of as many hypotheses on future fertility trends.

99. PROYECCIONES DE LA POBLACION TOTAL [1]

(Miles de personas, a mitad de cada año)

País	1983	1984	1985	1990	1995
Argentina	29 627	30 097	30 564	32 880	35 073
Bahamas	258	263	268	295	320
Barbados	272	274	277	292	305
Belice	175	180	184	205	223
Bolivia	6 034	6 200	6 371	7 314	8 422
Brasil	129 766	132 658	135 564	150 368	165 083
Colombia	27 518	28 113	28 714	31 820	34 940
Costa Rica	2 470	2 534	2 600	2 937	3 271
Cuba	9 906	9 966	10 038	10 540	11 152
Chile	11 665	11 852	12 038	12 987	13 922
Dominica	87	88	89	95	101
Ecuador	8 857	9 115	9 378	10 782	12 314
El Salvador	5 232	5 388	5 552	6 484	7 531
Granada	115	117	118	125	133
Guatemala	7 524	7 740	7 963	9 197	10 621
Guyana	941	960	979	1 069	1 156
Haití	6 258	6 418	6 585	7 509	8 596
Honduras	4 092	4 231	4 372	5 105	5 953
Jamaica	2 288	2 323	2 358	2 535	2 705
México	75 108	77 043	78 996	89 012	99 165
Nicaragua	3 058	3 163	3 272	3 871	4 539
Panamá	2 088	2 134	2 180	2 418	2 659
Paraguay	3 472	3 576	3 681	4 231	4 807
Perú	18 707	19 198	19 698	22 332	25 123
República Dominicana	5 962	6 102	6 243	6 971	7 704
Santa Lucía	123	125	127	136	144
Suriname	419	431	445	527	614
Trinidad y Tabago	1 218	1 235	1 252	1 337	1 416
Uruguay	2 968	2 990	3 012	3 128	3 246
Venezuela	16 394	16 851	17 317	19 735	22 212

[1] Las cifras corresponden a la proyección recomendada, que implica adoptar una hipótesis media de fecundidad.

99. PROJECTIONS OF TOTAL POPULATION [1]

(Thousands of persons, at mid-year)

2000	2005	2010	2015	2020	2025	Country
37 197	39 348	41 507	43 594	45 565	47 421	Argentina
344	366	393	416	437	456	Bahamas
320	334	347	360	372	381	Barbados
234	243	249	255	262	268	Belize
9 724	11 195	12 820	14 565	16 401	18 294	Bolivia
179 487	193 603	207 454	220 960	233 817	245 809	Brazil
37 999	40 962	43 840	46 619	49 259	51 718	Colombia
3 596	3 919	4 239	4 549	4 837	5 099	Costa Rica
11 718	12 174	12 584	12 967	13 307	13 575	Cuba
14 792	15 594	16 348	17 065	17 724	18 301	Chile
108	116	126	135	144	152	Dominica
13 939	15 640	17 403	19 219	21 064	22 910	Ecuador
8 708	9 926	11 188	12 479	13 769	15 048	El Salvador
142	153	165	177	189	200	Grenada
12 222	13 971	15 827	17 752	19 706	21 668	Guatemala
1 238	1 321	1 404	1 483	1 556	1 620	Guyana
9 860	11 284	12 868	14 596	16 438	18 312	Haiti
6 978	8 142	9 394	10 674	11 972	13 293	Honduras
2 872	3 063	3 252	3 435	3 607	3 764	Jamaica
109 180	118 876	128 241	137 287	145 956	154 085	Mexico
5 261	6 029	6 824	7 631	8 435	9 219	Nicaragua
2 893	3 116	3 324	3 520	3 701	3 862	Panama
5 405	6 021	6 653	7 294	7 930	8 552	Paraguay
27 952	30 746	33 479	36 125	38 647	41 006	Peru
8 407	9 170	9 945	10 729	11 465	12 154	Dominican Republic
153	165	179	192	205	216	Saint Lucia
698	783	861	935	1 015	1 097	Suriname
1 483	1 557	1 626	1 689	1 744	1 789	Trinidad and Tobago
3 364	3 475	3 581	3 683	3 782	3 875	Uruguay
24 715	27 321	30 006	32 712	35 394	37 999	Venezuela

[1] *These figures correspond to the recommended projection which implies the adoption of an average fertility hypothesis.*

100. POBLACION ESTIMADA POR SEXO Y GRUPOS DE EDADES, 1983

a) **Ambos sexos**
(Miles de personas, a mitad de año)

País	Total[1]	Grupos de edades							
		0-4	5-9	10-14	15-19	20-24	25-29	30-34	35-39
Argentina	29 627.1	3 400.7	3 057.0	2 629.7	2 384.3	2 299.2	2 233.7	2 095.0	1 861.4
Bahamas	258.0	34.1	32.8	29.2	27.8	25.5	21.6	16.7	13.4
Barbados	272.4	26.2	25.4	23.6	27.9	30.6	27.4	21.4	14.8
Belice	175.0	28.5	25.3	22.5	19.3	16.3	13.6	10.9	8.4
Bolivia	6 034.1	1 048.4	857.6	727.7	619.4	523.0	439.9	373.8	314.0
Brasil	129 766.1	17 563.1	15 804.6	14 493.9	13 887.5	13 010.6	11 007.3	9 174.2	7 298.5
Colombia	27 517.8	3 816.8	3 392.9	3 226.8	3 221.0	2 845.8	2 335.8	1 895.8	1 474.2
Costa Rica	2 469.6	347.8	296.9	274.5	284.8	265.8	222.5	173.2	132.1
Cuba	9 905.8	775.7	882.0	1 133.7	1 168.6	976.5	710.4	693.5	650.3
Chile	11 665.2	1 217.3	1 165.4	1 224.6	1 232.4	1 208.9	1 028.5	859.8	762.9
Dominica	87.0	13.7	12.0	11.3	11.3	9.9	7.2	4.5	3.1
Ecuador	8 857.4	1 409.2	1 231.8	1 113.5	977.6	819.0	687.9	567.3	446.2
El Salvador	5 232.7	913.8	776.4	658.5	564.2	479.4	392.3	307.0	242.2
Granada	115.0	18.0	15.8	15.0	14.9	13.0	9.6	5.9	4.0
Guatemala	7 523.9	1 368.2	1 140.6	948.2	798.5	658.3	538.4	437.8	342.5
Guyana	941.0	125.8	119.0	114.2	112.8	101.0	85.1	63.9	46.4
Haití	6 258.2	1 058.4	893.1	775.2	665.2	557.7	459.3	374.5	309.4
Honduras	4 092.2	767.3	638.8	532.5	441.5	356.7	285.9	226.6	179.9
Jamaica	2 288.0	286.4	285.4	301.0	301.0	252.8	166.1	103.6	86.9
México	75 107.3	11 544.6	10 915.6	10 044.0	8 465.9	7 037.8	5 792.9	4 616.6	3 590.6
Nicaragua	3 058.0	568.0	470.3	400.5	335.5	277.2	228.4	181.3	134.8
Panamá	2 088.8	275.7	269.1	263.8	235.9	201.4	168.5	136.2	114.7
Paraguay	3 472.0	557.5	479.6	423.5	380.8	332.7	288.1	231.0	166.9
Perú	18 707.0	2 878.2	2 510.2	2 278.5	2 032.2	1 752.7	1 455.3	1 199.2	974.0
República Dominicana	5 962.1	870.1	819.0	812.4	713.7	602.4	486.8	376.0	283.8
Santa Lucía	123.0	19.2	16.9	16.0	15.9	14.0	10.3	6.3	4.2
Suriname	419.0	75.8	65.2	65.8	62.0	45.5	24.2	9.4	6.0
Trinidad y Tabago	1 218.0	121.0	120.4	129.6	142.0	136.6	115.7	90.4	72.1
Uruguay	2 968.6	274.9	269.3	256.5	244.1	239.2	208.0	183.8	174.2
Venezuela	16 393.7	2 458.0	2 162.8	1 948.5	1 804.5	1 586.8	1 361.1	1 161.7	915.2

[1] La suma de los datos parciales no corresponde al total publicado debido a que las cifras han sido redondeadas a miles.

100. ESTIMATED POPULATION BY SEX AND AGE GROUPS, 1983

a) Both sexes

(Thousands of persons, at mid-year)

40-44	45-49	50-54	55-59	60-64	65-69	70-74	75-79	80 y más 80 and over	Country
1 652.5	1 541.9	1 480.4	1 358.9	1 144.1	927.3	722.5	490.7	347.7	*Argentina*
11.6	9.9	8.7	7.3	6.2	5.0	3.8	2.6	1.8	*Bahamas*
11.0	10.6	10.0	9.6	9.4	9.0	7.0	5.0	3.5	*Barbados*
6.9	5.7	4.7	3.9	3.0	2.3	1.7	1.1	0.9	*Belize*
256.9	217.3	187.6	155.6	118.3	86.0	57.9	32.6	18.1	*Bolivia*
5 980.6	5 162.0	4 368.3	3 702.0	2 873.6	2 179.6	1 575.8	965.1	719.5	*Brazil*
1 184.2	988.6	839.6	708.9	578.3	440.1	298.1	169.8	101.0	*Colombia*
104.6	88.6	76.0	62.2	49.0	37.0	26.0	16.7	11.7	*Costa Rica*
581.7	488.5	408.3	364.7	311.8	271.9	216.3	157.9	114.0	*Cuba*
640.9	520.7	458.0	395.6	303.7	244.4	182.7	117.4	102.1	*Chile*
2.1	2.0	2.1	2.0	1.8	1.4	1.2	0.8	0.6	*Dominica*
364.8	304.4	247.1	202.3	162.3	127.4	91.7	59.5	45.4	*Ecuador*
196.3	165.9	148.4	121.5	89.1	68.4	52.4	32.7	24.4	*El Salvador*
2.8	2.7	2.8	2.7	2.5	1.9	1.5	1.1	0.8	*Grenada*
287.0	254.5	223.8	178.6	130.1	90.1	59.8	36.1	31.5	*Guatemala*
34.4	30.6	27.8	23.8	19.2	15.2	10.7	7.0	4.1	*Guyana*
262.0	223.2	187.3	152.6	121.5	92.7	63.7	37.2	25.1	*Haiti*
153.0	129.6	108.1	88.2	68.6	50.1	33.7	20.2	11.6	*Honduras*
80.4	77.4	76.0	70.1	61.0	52.5	40.2	27.4	19.8	*Jamaica*
2 942.9	2 499.2	2 046.8	1 643.5	1 314.5	971.8	755.2	502.8	422.6	*Mexico*
108.8	91.6	76.3	62.6	47.2	33.2	22.2	12.5	7.5	*Nicaragua*
92.5	75.6	65.2	54.6	45.0	36.3	25.0	15.2	14.4	*Panama*
132.2	111.1	96.4	83.8	66.4	50.5	34.5	21.8	15.2	*Paraguay*
821.1	710.4	591.2	468.9	364.4	280.4	202.9	119.2	68.2	*Peru*
224.6	199.5	167.9	132.4	97.4	68.5	47.2	32.0	28.6	*Dominican Republic*
3.0	2.9	3.0	2.9	2.6	2.0	1.7	1.2	0.9	*Saint Lucia*
7.6	11.3	11.6	10.8	7.7	6.0	4.6	3.0	2.5	*Suriname*
58.3	49.2	45.6	40.3	33.8	26.9	18.8	10.7	6.6	*Trinidad and Tobago*
168.7	171.6	172.3	159.2	131.9	110.1	90.1	60.0	54.8	*Uruguay*
690.7	569.6	490.2	399.5	301.7	218.9	152.3	97.7	74.4	*Venezuela*

[1] *The sum of the partial data entries does not correspond to the published total because the figures have been rounded to the nearest thousand.*

100. POBLACION ESTIMADA POR SEXO Y GRUPOS DE EDADES, 1983 (continuación)

b) Hombres

(Miles de personas, a mitad de año)

País	Total[1]	Grupos de edades							
		0-4	5-9	10-14	15-19	20-24	25-29	30-34	35-39
Argentina	14 712.3	1 727.3	1 551.5	1 333.6	1 208.0	1 164.0	1 129.9	1 059.7	940.7
Bahamas	128.6	17.4	17.2	14.9	14.1	12.8	10.8	8.2	6.5
Barbados	130.7	13.4	12.7	11.8	14.1	15.6	13.7	10.7	7.1
Belice	88.0	14.5	12.8	11.4	9.8	8.3	6.9	5.5	4.2
Bolivia	2 972.4	528.2	428.8	362.5	307.1	257.4	214.8	181.9	153.0
Brasil	64 807.9	8 856.2	7 926.6	7 265.3	6 973.4	6 522.9	5 501.8	4 580.3	3 648.4
Colombia	13 800.5	1 937.7	1 718.0	1 631.7	1 624.5	1 430.7	1 178.3	960.9	750.4
Costa Rica	1 247.3	177.7	151.6	139.9	145.1	135.0	112.5	87.4	66.6
Cuba	5 047.7	396.7	450.8	579.2	598.4	500.4	362.0	351.7	329.6
Chile	5 776.7	621.8	593.8	622.1	623.6	609.3	516.7	428.8	375.9
Dominica	42.8	7.0	6.2	5.7	5.7	5.0	3.7	2.2	1.4
Ecuador	4 454.7	716.2	624.8	564.1	494.6	413.8	346.6	285.1	223.7
El Salvador	2 627.8	465.3	393.9	333.4	285.1	242.3	198.3	155.1	122.0
Granada	56.6	9.2	8.2	7.6	7.5	6.6	4.9	2.9	1.8
Guatemala	3 805.9	697.0	580.5	481.7	405.4	333.0	271.5	219.9	172.2
Guyana	470.6	63.7	60.0	57.9	56.9	51.0	42.8	31.7	22.9
Haití	3 084.1	534.7	449.3	389.6	333.2	277.7	227.1	182.6	147.9
Honduras	2 051.5	386.5	320.1	266.9	222.0	179.5	143.9	113.9	90.1
Jamaica	1 122.7	145.9	144.8	152.0	151.6	126.7	80.9	47.8	40.0
México	37 608.7	5 881.3	5 553.2	5 106.6	4 295.8	3 553.6	2 907.4	2 300.4	1 772.7
Nicaragua	1 527.3	289.1	238.9	202.5	168.2	138.1	112.9	89.4	66.7
Panamá	1 065.6	140.9	137.4	134.3	119.5	102.2	86.6	69.3	59.0
Paraguay	1 732.8	283.2	243.2	214.2	191.5	166.5	143.8	115.2	82.3
Perú	9 424.9	1 464.7	1 275.4	1 156.9	1 031.1	888.4	736.8	606.4	491.6
República Dominicana	3 002.9	442.2	414.7	410.6	359.1	301.7	243.9	188.3	142.1
Santa Lucía	60.5	9.8	8.7	8.1	8.0	7.1	5.3	3.1	1.9
Suriname	201.2	38.7	33.1	32.9	31.0	22.5	10.9	2.7	0.5
Trinidad y Tabago	620.0	61.2	61.4	66.0	72.4	69.9	60.0	47.8	37.6
Uruguay	1 462.4	139.8	136.8	130.4	124.0	121.0	104.6	91.6	86.2
Venezuela	8 288.2	1 253.7	1 102.3	992.2	917.5	805.6	690.3	589.5	464.0

[1] La suma de los datos parciales no corresponde al total publicado debido a que las cifras han sido redondeadas a miles.

100. ESTIMATED POPULATION BY SEX AND AGE GROUPS, 1983 (continued)

b) *Male*

(Thousands of persons, at mid-year)

40-44	45-49	50-54	55-59	60-64	65-69	70-74	75-79	80 y más 80 and over	Country
828.4	765.9	727.2	657.2	539.5	421.0	315.5	207.5	135.4	Argentina
5.6	4.8	4.2	3.5	2.9	2.3	1.7	1.1	0.6	Bahamas
5.0	4.6	4.0	4.0	4.0	4.0	3.0	2.0	1.0	Barbados
3.4	2.8	2.3	1.9	1.4	1.1	0.8	0.5	0.4	Belize
124.5	104.5	90.5	75.0	56.0	39.9	26.4	14.4	7.5	Bolivia
2 987.4	2 569.8	2 164.9	1 824.7	1 405.6	1 054.6	750.6	451.1	324.4	Brazil
602.5	495.7	410.1	339.2	272.3	203.0	133.3	72.7	39.3	Colombia
52.5	44.3	37.9	30.9	23.9	17.7	12.0	7.4	4.9	Costa Rica
295.1	246.9	205.3	183.2	157.4	138.9	111.2	82.7	58.3	Cuba
314.2	253.4	220.0	186.7	139.6	108.3	77.8	47.4	37.3	Chile
0.9	0.9	0.9	0.8	0.8	0.6	0.5	0.3	0.2	Dominica
182.4	151.6	122.4	99.7	79.2	61.2	43.2	27.1	19.2	Ecuador
98.3	82.4	73.0	58.9	42.0	31.1	22.8	13.7	10.1	El Salvador
1.2	1.2	1.2	1.1	1.1	0.8	0.6	0.4	0.3	Grenada
144.3	128.2	112.2	89.4	64.7	44.4	29.3	17.5	14.5	Guatemala
16.7	15.0	13.6	11.6	9.6	7.6	5.1	3.0	1.5	Guyana
124.1	104.8	87.7	71.0	55.8	42.3	28.9	16.6	10.9	Haiti
76.6	64.8	54.0	44.0	34.0	24.5	16.1	9.5	5.2	Honduras
38.2	36.0	35.4	32.8	28.0	24.2	18.6	12.2	7.6	Jamaica
1 439.8	1 213.5	987.5	784.7	617.7	448.6	342.0	223.2	180.9	Mexico
53.6	44.8	36.6	29.7	22.4	15.6	10.1	5.5	3.1	Nicaragua
47.3	38.6	33.5	28.0	23.3	18.8	12.8	7.6	6.6	Panama
64.4	54.3	47.2	40.7	31.5	23.5	15.6	9.5	6.2	Paraguay
413.1	355.5	293.4	229.8	175.5	132.1	93.1	52.8	28.3	Peru
111.9	98.7	83.8	67.9	50.0	35.0	23.8	15.8	13.4	Dominican Republic
1.3	1.3	1.3	1.2	1.2	0.8	0.7	0.4	0.3	Saint Lucia
1.8	4.8	5.5	5.1	4.1	3.0	2.6	1.0	1.0	Suriname
29.0	24.0	23.4	20.7	16.6	13.2	9.1	5.1	2.6	Trinidad and Tobago
83.9	84.9	84.1	76.9	62.9	50.7	39.6	25.2	19.7	Uruguay
347.7	285.2	245.5	199.1	147.7	104.2	70.1	43.0	30.7	Venezuela

[1] The sum of the partial data entries does not correspond to the published total because the figures have been rounded to the nearest thousand.

100. POBLACION ESTIMADA POR SEXO Y GRUPOS DE EDADES, 1983 (conclusión)

c) Mujeres
(Miles de personas, a mitad de año)

País	Total[1]	Grupos de edades							
		0-4	5-9	10-14	15-19	20-24	25-29	30-34	35-39
Argentina	14 914.8	1 673.4	1 505.4	1 296.1	1 176.4	1 135.2	1 103.9	1 035.4	920.7
Bahamas	129.4	16.7	15.6	14.3	13.7	12.7	10.8	8.5	6.9
Barbados	141.7	12.8	12.7	11.8	13.8	15.0	13.7	10.7	7.7
Belice	87.0	14.0	12.5	11.1	9.5	8.0	6.7	5.4	4.2
Bolivia	3 061.7	520.2	428.8	365.2	312.4	265.6	225.1	191.9	161.0
Brasil	64 958.2	8 706.8	7 878.0	7 228.6	6 914.1	6 487.7	5 505.5	4 593.9	3 650.1
Colombia	13 717.3	1 879.0	1 674.9	1 595.1	1 596.5	1 415.0	1 157.6	934.9	723.9
Costa Rica	1 222.3	170.1	145.3	134.6	139.7	130.8	110.0	85.9	65.5
Cuba	4 858.1	379.0	431.1	554.5	570.2	476.1	348.4	341.7	320.7
Chile	5 888.6	595.5	571.6	602.5	608.8	599.5	511.8	431.0	387.0
Dominica	44.2	6.7	5.8	5.6	5.6	4.9	3.5	2.3	1.7
Ecuador	4 402.8	693.0	607.1	549.4	483.0	405.3	341.3	282.2	222.5
El Salvador	2 604.8	448.6	382.4	325.1	279.0	237.0	193.9	151.9	120.2
Granada	58.4	8.8	7.6	7.4	7.4	6.4	4.7	3.0	2.2
Guatemala	3 718.1	671.3	560.1	466.5	393.0	325.3	266.8	217.9	170.3
Guyana	470.4	62.1	59.0	56.3	55.9	50.0	42.3	32.2	23.5
Haití	3 174.1	523.7	443.8	385.6	332.0	280.0	232.2	191.9	161.6
Honduras	2 040.7	380.8	318.7	265.6	219.6	177.2	142.1	112.7	89.7
Jamaica	1 165.3	140.5	140.6	149.0	149.4	126.1	85.2	55.8	46.9
México	37 498.6	5 663.2	5 362.4	4 937.3	4 170.1	3 484.3	2 885.5	2 316.3	1 817.9
Nicaragua	1 530.7	278.9	231.5	198.0	167.2	139.1	115.5	91.9	68.1
Panamá	1 023.2	134.8	131.7	129.5	116.3	99.1	81.9	66.9	55.6
Paraguay	1 739.2	274.3	236.4	209.2	189.3	166.2	144.3	115.8	84.6
Perú	9 282.2	1 413.6	1 234.8	1 121.6	1 001.1	864.4	718.6	592.8	482.4
República Dominicana	2 959.3	427.9	404.3	401.9	354.6	300.7	242.9	187.7	141.8
Santa Lucía	62.5	9.4	8.2	7.9	7.9	6.9	5.0	3.2	2.3
Suriname	217.8	37.1	32.1	32.9	31.0	23.0	13.3	6.7	5.5
Trinidad y Tabago	598.0	59.8	59.0	63.6	69.6	66.7	55.7	42.6	34.5
Uruguay	1 506.2	135.1	132.5	126.0	120.1	118.2	103.4	92.1	88.0
Venezuela	8 105.5	1 204.4	1 060.5	956.4	887.0	781.2	670.8	572.1	451.2

[1] La suma de los datos parciales no corresponde al total publicado debido a que las cifras han sido redondeadas a miles.

100. **ESTIMATED POPULATION BY SEX AND AGE GROUPS, 1983** (concluded)

c) *Female*

(Thousands of persons, at mid-year)

Age groups									Country
40-44	45-49	50-54	55-59	60-64	65-69	70-74	75-79	80 y más 80 and over	
824.0	776.0	753.2	701.8	604.6	506.3	407.0	283.2	212.4	Argentina
6.0	5.1	4.5	3.8	3.3	2.7	2.1	1.5	1.2	Bahamas
6.0	6.0	6.0	5.6	5.4	5.0	4.0	3.0	2.5	Barbados
3.5	2.9	2.4	2.0	1.6	1.2	0.9	0.6	0.5	Belize
132.3	112.8	97.1	80.6	62.3	46.0	31.5	18.2	10.6	Bolivia
2 993.2	2 592.2	2 203.5	1 877.3	1 468.1	1 125.0	825.1	514.0	395.1	Brazil
581.7	492.8	429.5	369.7	305.9	237.1	164.8	97.2	61.7	Colombia
52.1	44.3	38.1	31.4	25.0	19.4	14.0	9.3	6.8	Costa Rica
286.6	241.6	203.0	181.5	154.4	133.0	105.1	75.3	55.8	Cuba
326.7	267.3	238.0	209.0	164.0	136.1	104.9	69.9	64.8	Chile
1.2	1.1	1.2	1.2	1.0	0.8	0.7	0.5	0.4	Dominica
182.4	152.7	124.7	102.7	83.1	66.2	48.5	32.4	26.3	Ecuador
98.0	83.4	75.3	62.6	47.1	37.3	29.5	19.0	14.3	El Salvador
1.6	1.5	1.6	1.6	1.4	1.1	0.9	0.7	0.5	Grenada
142.7	126.3	111.6	89.2	65.4	45.7	30.4	18.6	17.0	Guatemala
17.7	15.6	14.2	12.2	9.6	7.6	5.6	4.0	2.6	Guyana
137.9	118.4	99.6	81.7	65.7	50.5	34.9	20.6	14.2	Haiti
76.4	64.7	54.1	44.2	34.6	25.6	17.5	10.7	6.4	Honduras
42.2	41.4	40.6	37.3	33.0	28.3	21.6	15.2	12.2	Jamaica
1 503.2	1 285.7	1 059.2	858.8	696.8	523.2	413.1	279.7	241.7	Mexico
55.2	46.8	39.7	32.9	24.8	17.6	12.1	7.0	4.4	Nicaragua
45.2	37.0	31.7	26.5	21.7	17.5	12.1	7.6	7.8	Panama
67.9	56.8	49.2	43.1	34.8	27.1	18.9	12.3	9.0	Paraguay
408.0	354.8	297.8	239.1	188.9	148.4	109.8	66.4	39.9	Peru
112.7	100.7	84.1	64.5	47.3	33.5	23.4	16.2	15.2	Dominican Republic
1.7	1.6	1.7	1.7	1.4	1.2	1.0	0.8	0.6	Saint Lucia
5.8	6.5	6.1	5.7	3.6	3.0	2.0	2.0	1.5	Suriname
29.3	25.2	22.2	19.6	17.2	13.7	9.7	5.6	4.0	Trinidad and Tobago
84.8	86.7	88.2	82.3	69.0	59.4	50.5	34.8	35.1	Uruguay
343.0	284.4	244.7	200.4	154.0	114.8	82.2	54.7	43.7	Venezuela

[1] The sum of the partial data entries does not correspond to the published total because the figures have been rounded to the nearest thousand.

101. POBLACION POR TAMAÑO DE LOCALIDADES

(Miles de personas)

País	Año [1] Year [1]	Total	Miles de habitantes por cada localidad Hasta 2 Up to 2	2-19
Argentina	1970	23 364.4	·········· 7 885.1 ··········	
Argentina	1980	27 947.4	4 754.6	3 543.1
Barbados	1970	238.1 [2]	·········· 150.1 ··········	
Bolivia	1976	4 613.5	2 687.6 [3]	447.6
Brasil	1970	93 215.3 [4]	44 730.0 [3,4]	11 789.4 [4]
Colombia	1973	21 069.1	8 589.7 [3]	2 680.5
Costa Rica	1973	1 871.8	170.6	1 316.1
Cuba	1970	8 569.1	3 583.4 [3]	1 294.3
Cuba	1981	9 723.6	3 297.9	1 766.1
Chile	1970	8 881.5	2 497.4	1 020.0
Ecuador	1974	6 480.8	·········· 4 195.4 ··········	
El Salvador	1971	3 554.6	19.7	1 518.2
Guatemala	1973	5 175.4	·········· 4 342.8 ··········	
Guyana	1970	714.0	·········· 527.0 ··········	
Haití	1971	4 314.6	·········· 3 768.3 ··········	
Honduras	1974	2 656.9	43.2	1 469.3
Jamaica	1970	1 813.6	1 160.5 [3]	67.0
México	1970	48 225.2	19 916.7 [5]	11 303.9 [6]
Nicaragua	1971	1 911.5	·········· 812.4 ··········	
Panamá	1970	1 428.1	·········· 865.6 ··········	
Paraguay	1972	2 354.1	·········· 1 848.5 ··········	
Perú	1972	13 538.2 [4]	7 100.7 [4]	3 412.1 [4]
República Dominicana	1970	4 006.4	2 439.2 [3]	358.7
Trinidad y Tabago	1970	931.1	3.6	198.1
Uruguay	1975	2 764.0	596.2 [3]	438.5
Venezuela	1971	10 721.5 [4]	2 887.5 [4,5]	1 480.0 [4,6]

[1] Año de la última información disponible.
[2] Corresponde a la Parroquia de Bridgetown.
[3] Incluye población que no vive en localidades.
[4] Excluye la población selvática.
[5] Hasta 2 499 habitantes.
[6] De 2 500 a 19 999 habitantes.

101. POPULATION BY SIZE OF LOCALITIES

(Thousands of persons)

Thousands of inhabitants per locality					
20-49	50-99	100-499	500-999	1 000 y más / 1 000 and over	Country
1 437.2	1 057.6	2 951.3	1 597.5	8 435.8	Argentina
1 863.1	1 654.3	3 071.9	13 060.5		Argentina
-	88.0	-	-	-	Barbados
118.4	141.0		1 218.9		Bolivia
6 373.2 [4]	4 782.5 [4]	10 995.0 [4]	14 545.3 [4]		Brazil
906.9	764.4	2 205.2	5 922.4		Colombia
		385.2			Costa Rica
461.0	613.0	866.2	1 751.2		Cuba
775.6	531.2	1 423.4	1 929.4		Cuba
807.6	1 127.9	2 911.1	517.5		Chile
329.9	439.6	104.7	1 411.2	-	Ecuador
1 049.8	347.8	619.2	-	-	El Salvador
79.1	53.0	-	700.5	-	Guatemala
20.0	-	167.0	-	-	Guyana
97.5	-	448.8	-	-	Haiti
524.4	113.7	506.3	-	-	Honduras
110.6	-	475.5	-	-	Jamaica
3 405.8	2 356.6	5 707.1	5 535.1		Mexico
388.6	261.9	448.6	-	-	Nicaragua
61.6	67.7	433.2	-	-	Panama
112.9	-	392.8	-	-	Paraguay
1 487.6 [4]	876.7 [4]		661.0 [4]		Peru
	380.1	155.0	673.5		Dominican Republic
190.9	404.2	134.2	-	-	Trinidad and Tobago
367.6	188.3		1 173.3		Uruguay
996.9 [4]	1 156.3 [4]	4 200.9 [4]	-	-	Venezuela

[1] Year of latest information available.
[2] Corresponds to parish of Bridgetown.
[3] Includes population not living in localities.
[4] Excludes forest population.
[5] Up to 2 499 inhabitants.
[6] From 2 500 to 19 999 inhabitants.

102. POBLACION EN HOGARES PARTICULARES POR TAMAÑO DEL HOGAR

(Número de personas)

País	Año [1] Year [1]	Total	Una persona One person	Dos personas Two persons	Tres personas Three persons	Cuatro personas Four persons	Cinco personas Five persons
Argentina	1970	22 961 500	615 900	2 250 500	3 691 800	5 020 000	4 092 750
Argentina	1980	27 457 364	729 616	2 708 810	3 991 905	5 753 888	4 889 350
Barbados	1970	237 701 [2]	12 709 [2]	21 408 [2]	24 447 [2]	27 872 [2]	28 890 [2]
Bolivia	1976	4 585 135	121 850	286 448	500 529	640 376	734 780
Brasil	1970	89 967 148 [3]	911 966 [3]	4 254 264 [3]	7 861 086 [3]	11 048 452 [3]	12 521 090 [3]
Brasil	1980	117 960 301	1 554 972	8 880 400	15 084 723	19 359 780	18 864 860
Colombia	1973	21 070 115	201 027	636 124	·········· 3 031 568 ··········		·················
Costa Rica	1973	1 853 356	15 647	63 502	127 917	186 876	218 285
Cuba	1970	8 502 216	173 430	522 156	955 884	1 398 304	1 355 280
Cuba	1981	9 681 130	209 778	686 446	1 349 460	1 980 860	1 732 350
Chile	1970	8 601 360 [4]	93 720 [4]	374 840 [4]	705 660 [4]	1 066 800 [4]	1 260 700 [4]
Ecuador	1974	6 438 828	84 134	244 614	·········· 1 085 237 ··········		·················
El Salvador	1971	3 504 233	55 072	111 832	·········· 573 991 ··········		·················
Guatemala	1973	5 160 221	44 831	197 372	424 647	627 840	759 500
Guyana	1970	699 848	13 859	30 074	43 182	57 572	71 265
Haití	1971	4 314 628	...	...			...
Honduras	1974	2 625 939	19 442	73 430	163 896	·········· 579 042 ··········	
Jamaica	1970	1 791 905	79 939	130 878	·········· 371 933 ··········		·················
México	1970	48 225 238 [5]	735 425 [5]	2 854 018 [5]	4 246 095 [5]	5 318 048 [5]	6 023 750 [5]
Nicaragua	1971	1 845 181	...	...	...	...	...
Panamá	1970	1 404 490	32 912	69 638	106 869	150 284	177 905
Panamá	1980	1 694 703	42 815	92 820	152 400	222 380	252 950
Paraguay	1972	2 305 480	26 860	84 980	159 810	232 680	279 800
Perú	1972	13 272 888 [7]	290 047 [7]	649 708 [7]	1 108 656 [7]	1 579 976 [7]	1 869 395 [7]
República Dominicana	1970	3 980 765	61 030	172 500	279 630	389 340	477 850
Trinidad y Tabago	1970	922 637	28 152	53 054	71 373	91 656	105 930
Uruguay	1975	2 707 507	116 211	358 690	495 318	585 384	435 145
Venezuela	1971	10 684 004	122 650	318 020	·········· 1 546 723 ··········		·················

[1] Año de la última información disponible.
[2] Debido a que no hay información de personas por tamaño del hogar, pero sí de hogares por número de personas, las cifras de este cuadro se estimaron multiplicando el número de hogares por la cantidad de personas en él, lo que dio como resultado que 7 114 personas quedaran bajo la columna "no determinado".
[3] No comprende la población indígena selvática.
[4] Cifras resultantes de una muestra del 5% de los formularios censales.
[5] Cifras no ajustadas; subenumeradas.
[6] Se refiere a personas que viven en viviendas colectivas.
[7] Excluye la población indígena selvática, estimada en 39 800 personas; cifras subenumeradas en un 3.86%.

102. POPULATION IN PRIVATE HOUSEHOLDS BY SIZE OF HOUSEHOLD

(Number of persons)

Seis personas Six persons	Siete personas Seven persons	Ocho personas Eight persons	Nueve personas Nine persons	Diez y más personas Ten persons and over	Personas que no viven en hogares Persons not living in households	No deter-minado Unde-termined	Country
2 659 500	1 937 250	971 600	684 000	1 038 200	400 704	-	*Argentina*
3 364 218	2 418 682		3 600 895		-	-	*Argentina*
27 612[2]	24 654[2]	19 552[2]	15 363[2]	28 080[2]	...[2]	7 114[2]	*Barbados*
698 784	562 737		1 039 631		-	-	*Bolivia*
11 761 026[3]	10 541 531[3]	8 922 224[3]	7 030 494[3]	15 115 015[3]	53 142[3]	3 118 747[3]	*Brazil*
15 529 170	11 864 377	9 540 568	7 004 700	10 546 751	-		*Brazil*
	9 385 274			7 816 122	-	1 394 486	*Colombia*
228 540	220 255	199 544	183 159	409 631	18 424	-	*Costa Rica*
1 128 918	905 702	643 328	479 250	939 964	66 905	-	*Cuba*
1 270 212	888 356	569 384	379 332	614 952	-	-	*Cuba*
1 228 440[4]	1 059 240[4]	873 600[4]	847 080[4]	1 091 280[4]	251 780[4]	-	*Chile*
	3 156 376			1 868 467	-	82 882	*Ecuador*
	1 817 024			946 314	-	50 415	*El Salvador*
798 192	710 185	579 736		1 017 918	-	-	*Guatemala*
79 710	83 755	80 704	70 965	168 762	-	-	*Guyana*
...	...	...	...		...	...	*Haiti*
	1 059 891			730 238	...	...	*Honduras*
	799 313			409 842	...	...	*Jamaica*
6 500 844[5]	5 937 036[5]	5 287 720[5]		11 322 302[5]	-	-	*Mexico*
...	...	...	...		. ...	...	*Nicaragua*
187 734	176 498	150 208	124 407	228 035	23 592	-	*Panama*
234 900	220 465	143 520	107 505	198 505	17 443[6]	-	*Panama*
311 100	290 150	264 480	252 360	403 260	...	...	*Paraguay*
1 985 814[7]	2 042 754[7]	1 203 760[7]	911 925[7]	1 630 853[7]	-	265 320[7]	*Peru*
572 880	420 980	415 000	346 455	845 100	25 640	-	*Dominican Republic*
110 964	106 932	96 096	79 875	178 605	-	18 082	*Trinidad and Tobago*
293 670	163 310	100 504	63 639	95 636	-	80 922	*Uruguay*
	4 881 230			3 815 381	...	...	*Venezuela*

[1] *Year of latest information available.*
[2] *Since there is no information on persons by size of household, but information does exist on households by number of persons, the figures in this table were estimated by multiplying the number of households by the number of persons in each, which resulted in the figure of 7 114 persons in the "Undetermined" column.*
[3] *Not including indigenous forest population.*
[4] *Figures obtained from a sample of 5 per cent of census forms.*
[5] *Figures not adjusted, undercounted.*
[6] *Persons living in collective dwelling units.*
[7] *Excluding indigenous forest population, estimated at 39 800 persons; figures undercounted by 3.86 per cent.*

103. AMERICA LATINA: PRODUCTO INTERNO BRUTO POR TIPO DE GASTO, A PRECIOS CONSTANTES DE MERCADO [1]

(Millones de dólares a precios de 1970)

Tipo de gasto	1960	1965	1970	1975	1977
1. Gasto de consumo final del gobierno general	12 022.4	14 304.0	19 081.7	27 225.0	30 379.4
2. Gasto privado de consumo final [2]	74 861.6	95 449.8	128 031.1	171 193.2	189 657.1
3. Variación de existencias	1 749.4	4 718.2	3 875.9	5 825.3	5 310.7
4. Formación bruta de capital fijo	20 799.7	24 900.3	38 027.5	59 434.4	65 902.1
Construcción	13 189.5 [3]	14 416.3 [4]	21 655.8	31 032.5 [4]	35 773.0 [4]
Maquinaria y equipo	7 159.4 [3]	10 296.4 [4]	16 371.7	28 038.7 [4]	29 655.2 [4]
5. Exportaciones de bienes y servicios	10 974.0	13 767.1	16 967.5	20 127.1	23 482.2
6. **Menos:** Importaciones de bienes y servicios	11 681.2	11 911.0	17 395.9	27 060.3	29 686.0
Total: Producto interno bruto	**108 725.9**	**141 228.6**	**188 587.8**	**256 744.6**	**285 045.5**

[1] De los países del Caribe sólo se incluye Haití y República Dominicana.
[2] Obtenido por diferencia.
[3] Excluye Ecuador, El Salvador y Haití.
[4] Excluye El Salvador.
[5] Excluye Bolivia.
[6] Excluye Bolivia, Chile, El Salvador, República Dominicana y Venezuela.

104. AMERICA LATINA: PRODUCTO INTERNO BRUTO POR CLASE DE ACTIVIDAD ECONOMICA, AL COSTO DE FACTORES Y A PRECIOS CONSTANTES [1]

(Millones de dólares a precios de 1970)

Clase de actividad	1960	1965	1970	1975	1977
1. Agricultura, caza, silvicultura y pesca	17 481.2	21 526.1	24 510.3	29 496.5	32 011.0
2. Explotación de minas y canteras	4 158.1	5 139.9	6 289.5	6 496.3	6 969.4
3. Industrias manufactureras	20 350.9	27 660.3	39 777.0	55 742.0	61 902.3
4. Electricidad, gas y agua	1 081.9	1 711.4	2 728.9	4 391.7	5 238.1
5. Construcción	5 489.3	5 952.7	9 010.8	12 910.9	14 839.6
6. Comercio al por mayor y al por menor, restaurantes y hoteles	19 849.7 [2]	25 507.3 [2]	34 960.9 [2]	49 381.6 [2]	55 105.9
7. Transportes, almacenamiento y comunicaciones	6 848.2	8 683.6	11 721.4	17 529.7	20 306.5
8. Establecimientos financieros, seguros, bienes inmuebles y servicios prestados a las empresas	[3]	[3]	[3]	[3]	[3]
Viviendas	8 313.1	10 328.6	13 713.0	17 875.3	19 431.7
9. Servicios comunales, sociales y personales	18 414.7 [4]	23 591.3 [4]	30 497.9 [4]	42 085.4 [4]	46 483.7
Servicios gubernamentales	8 160.2	9 945.3	12 748.7	17 775.7	19 074.0
Subtotal	**97 796.7**	**127 330.7**	**169 914.9**	**230 962.9**	**255 962.4**
Menos: Comisión imputada de los servicios bancarios	...	....	...	...	...
Total: Producto interno bruto	**97 796.7** [5]	**127 330.7** [5]	**169 914.9** [5]	**230 962.9** [5]	**255 962.4**

[1] De los países del Caribe, sólo incluye Haití y República Dominicana.
[2] Con excepción de Viviendas, incluye Comercio al por mayor y al por menor y Establecimientos financieros, seguros, bienes inmuebles y servicios prestados a las empresas.
[3] Con excepción de Viviendas, se incluye en Comercio al por mayor y al por menor, restaurantes y hoteles.
[4] Incluye Restaurantes y hoteles.
[5] La suma de las actividades no coincide con el total debido al método general aplicado en el cálculo por países, y además, porque en los países que aplican la versión actual del SCN el total excluye la Comisión imputada por los servicios bancarios (véanse las notas técnicas).

103. LATIN AMERICA: GROSS DOMESTIC PRODUCT BY TYPE OF EXPENDITURE, AT CONSTANT MARKET PRICES [1]

(Millions of dollars at 1970 prices)

1978	1979	1980	1981	1982	1983	Type of expenditure
31 593.5	33 769.0	35 279.2	36 666.4	37 325.9	37 083.8	1. *General government final consumption expenditure*
200 075.7	215 037.4	225 052.9	228 514.2	231 102.5	223 785.6	2. *Private final consumption expenditure*[2]
3 781.3	3 128.2	7 094.4	7 135.5	1 912.6	1 074.7	3. *Increase in stocks*
69 223.2	72 563.8	77 764.6	77 001.0	68 631.3	54 877.1	4. *Gross fixed capital formation*
38 309.3	39 738.6	42 314.8	42 475.7[5]	40 486.2[5]	31 018.8[6]	*Construction*
30 913.9	32 825.2	35 449.8	34 315.2[5]	28 018.6[5]	17 867.6[6]	*Machinery and equipment*
26 171.2	29 132.0	31 184.4	33 710.5	33 138.8	35 496.6	5. *Exports of goods and services*
32 436.8	35 871.6	40 693.2	41 757.6	34 344.9	24 883.4	6. **Less:** *Imports of goods and services*
298 408.0	**317 758.7**	**335 682.2**	**341 270.0**	**337 766.2**	**327 434.4**	**Total:** *Gross domestic product*

[1] *Of the Caribbean countries, only includes Haiti and the Dominican Republic.*
[2] *Obtained by difference.*
[3] *Excluding Ecuador, El Salvador and Haiti.*
[4] *Excluding El Salvador.*
[5] *Excluding Bolivia.*
[6] *Excluding Bolivia, Chile, El Salvador, Dominican Republic and Venezuela.*

104. LATIN AMERICA: GROSS DOMESTIC PRODUCT BY KIND OF ECONOMIC ACTIVITY, AT FACTOR COST AND AT CONSTANT PRICES [1]

(Millions of dollars at 1970 prices)

1978	1979	1980	1981	1982	1983	Kind of activity
32 927.5	33 731.3	34 636.6	36 301.8	36 246.3	36 494.3	1. *Agriculture, hunting, forestry and fishing*
7 296.7	7 955.2	8 541.4	9 031.0	9 287.3	9 186.9	2. *Mining and quarrying*
64 684.2	69 559.4	73 546.1	71 920.1	70 252.6	67 366.2	3. *Manufacturing*
5 625.1	6 258.5	6 748.1	7 056.1	7 452.0	7 876.8	4. *Electricity, gas and water*
15 750.2	16 455.3	17 550.0	17 780.9	16 859.2	14 566.7	5. *Construction*
57 609.5[2]	62 079.7[2]	66 404.2[2]	68 573.7[2]	66 328.3[2]	62 693.6[2]	6. *Wholesale and retail trade, restaurants and hotels*
21 899.7	23 855.3	25 899.7	26 186.7	26 959.5	26 186.7	7. *Transport, storage and communications*
[3]	[3]	[3]	[3]	[3]	[3]	8. *Finance, insurance, real estate and business services*
20 151.8	20 783.6	21 501.7	22 195.7	22 815.0	23 119.6	*Dwellings*
48 734.6[4]	51 574.0[4]	54 290.2[4]	56 056.2[4]	56 953.7[4]	56 570.1[4]	9. *Community, social and personal services*
19 873.6	20 792.9	21 705.7	22 282.3	22 774.4	22 921.2	*Government services*
267 735.9	**284 922.9**	**301 252.9**	**306 905.3**	**303 734.3**	**294 327.7**	**Subtotal**
						Less: Imputed bank service charges
...	...	...	...	...	...	
267 735.9[5]	**284 922.9**[5]	**301 252.9**[5]	**306 905.3**[5]	**303 734.3**[5]	**294 327.7**[5]	**Total:** *Gross domestic product*

[1] *Of the Caribbean countries, includes only the Dominican Republic and Haiti.*
[2] *With the exception of Dwellings, including Wholesale and retail trade, and Finance, insurance, real estate and business services.*
[3] *With the exception of Dwellings, is included in Wholesale and retail trade, restaurants and hotels.*
[4] *Including Restaurants and hotels.*
[5] *The sum of the activities does not coincide with the total owing to the general method applied in the calculation by countries, and, furthermore, because in the countries in which the present version of the SNA is applied, the total excludes the Imputed bank services charges (see technical notes).*

II. CUENTAS NACIONALES

105. AMERICA LATINA: RELACIONES ENTRE PRINCIPALES AGREGADOS DE CUENTAS NACIONALES, A PRECIOS CONSTANTES [1]

(Millones de dólares a precios de 1970) [2]

	1960	1965	1970	1975	1977
1. **Producto interno bruto al costo de factores**	97 796.7	127 330.7	169 914.9	230 962.9	255 962.4
Más: Impuestos indirectos netos de subsidios	10 929.0 [3]	13 897.9 [3]	18 673.0 [3]	25 782.3 [3]	29 083.3 [3]
2. Igual: **Producto interno bruto a precios de mercado**	108 725.7	141 228.6	188 587.9	256 745.2	285 045.7
Más: Efecto de la relación de precios del intercambio	927.5	-373.5	-	2 691.8	4 106.1
3. Igual: **Ingreso interno bruto real a precios de mercado**	109 653.3	140 855.1	188 587.9	259 436.9	289 151.8
Menos: Remuneración neta de factores pagada al resto del mundo	1442.8	1 887.8	2 677.2	2 968.6	3 887.4
4. Igual: **Ingreso bruto nacional real a precios de mercado**	108 210.5	138 967.3	185 910.7	256 468.3	285 264.4
Más: Otras transferencias corrientes netas procedentes del resto del mundo	-138.4	15.3	75.7	109.2	186.8
5. Igual: **Ingreso nacional bruto real disponible a precios de mercado**	108 072.1	138 982.7	185 986.5	256 577.5	285 451.2
Menos: Gasto total de consumo final	86 884.0	109 754.1	147 112.8	198 418.1	220 036.2
6. Igual: **Ahorro nacional bruto**	21 188.1	29 228.6	38 873.7	58 159.4	65 415.0
Menos: Excedente de la nación por transacciones corrientes	-1 360.9	-389.5	-3 030.0	-7 100.3	-5 798.7
7. Igual: **Formación bruta de capital**	22 549.0	29 618.1	41 903.7	65 259.7	71 213.7

[1] De los países del Caribe sólo incluye a Haití y República Dominicana.
[2] Los totales y subtotales pueden no coincidir con la suma de los sumandos debido a las agregaciones efectuadas para cada uno de los conceptos.
[3] Obtenido por diferencia.

105. LATIN AMERICA: RELATIONS AMONG MAIN NATIONAL ACCOUNTS AGGREGATES, AT CONSTANT PRICES [1]

(Millions of dollars at 1970 prices) [2]

1978	1979	1980	1981	1982	1983	
267 735.9	284 922.9	301 252.9	306 905.3	303 734.3	294 327.7	1. *Gross domestic product at factor cost*
30 672.1 [3]	32 836.1 [3]	34 429.2 [3]	34 364.6 [3]	34 032.0 [3]	33 106.9 [3]	*Plus: Indirect taxes net of subsidies*
298 408.0	317 759.0	335 682.1	341 269.9	337 766.3	327 434.6	2. *Equals:* **Gross domestic product at market prices**
2 168.4	4 603.8	6 777.8	4 110.0	567.2	-1 654.1	*Plus: Effect of the terms of trade*
						3. *Equals:* **Real gross domestic income**
300 576.4	322 362.8	342 459.9	345 379.9	338 333.5	325 780.4	**at market prices**
						Less: Net factor income paid to rest
4 529.2	5 336.0	6 160.8	8 885.1	11 966.9	11 209.3	*of the world*
						4. *Equals:* **Real gross national income at**
296 047.2	317 026.8	336 299.1	336 494.8	326 366.6	314 571.1	**market prices**
						Plus: Other net current transfers received
131.2	138.1	155.1	195.6	38.6	225.6	*from the rest of the world*
						5. *Equals:* **Real gross national**
296 178.4	317 164.9	336 454.2	336 690.4	326 405.2	314 796.7	**disposable income at market prices**
231 668.7	248 806.7	260 332.0	265 180.4	268 428.1	260 869.3	*Less: Total final consumption expenditure*
64 509.7	68 358.2	76 122.2	71 510.0	57 977.1	53 927.4	6. *Equals:* **Gross national saving**
						Less: Surplus of the nation on
-8 496.1	-7 333.8	-8 737.0	-12 626.8	-12 567.1	-2 024.6	*current transactions*
73 005.8	75 692.0	84 859.2	84 136.8	70 544.2	55 952.0	7. *Equals:* **Gross capital formation**

[1] *Of the Caribbean countries, only the Dominican Republic and Haiti are included.*
[2] *Totals and subtotals may not coincide with the sum of the figures owning to aggregation in each category.*
[3] *Obtained by difference.*

106. PRODUCTO INTERNO BRUTO TOTAL, A PRECIOS CONSTANTES DE MERCADO

(Millones de dólares a precios de 1970)

País	1960	1965	1970	1975	1977
Argentina	19 478.9	24 134.5	29 744.4	34 255.3	36 269.5
Bolivia	792.5	1 018.7	1 369.9	1 818.1	2 010.1
Brasil	26 259.3	32 731.9	47 369.7	77 444.7	89 855.5
Colombia	7 468.0	9 398.2	12 431.5	16 377.7	17 865.4
Costa Rica	666.7	915.0	1 281.8	1 718.5	1 974.9
Chile	5 983.8	7 195.6	9 054.0	8 092.8	9 203.5
Ecuador	1 575.6	2 016.1	2 501.4	4 283.7	4 984.6
El Salvador	873.8	1 216.8	1 512.6	1 973.5	2 176.3
Guatemala	1 375.5	1 776.8	2 350.6	3 084.7	3 571.3
Haití	390.4	379.2	415.0	500.0	544.8
Honduras	507.7	661.9	826.3	926.9	1 116.2
México	25 388.2	35 814.2	50 030.6	68 691.0	74 067.7
Nicaragua	439.9	711.3	857.7	1 098.9	1 253.3
Panamá	624.6	927.2	1 343.7	1 691.7	1 738.7
Paraguay	554.8	698.8	877.2	1 237.0	1 471.8
Perú	5 320.9	7 239.1	8 695.3	10 877.3	11 091.0
República Dominicana	1 040.7	1 184.7	1 707.5	2 631.0	2 947.8
Uruguay	2 642.1	2 755.1	3 081.1	3 328.1	3 501.4
Venezuela	7 342.3	10 453.5	13 137.6	16 713.8	19 401.8
Total	108 725.9	141 228.6	188 587.8	256 744.6	285 045.5

106. TOTAL GROSS DOMESTIC PRODUCT, AT CONSTANT MARKET PRICES

(Millions of dollars at 1970 prices)

1978	1979	1980	1981	1982	1983	Country
35 046.8	37 397.3	37 675.3	35 326.1	33 526.4	34 557.3	Argentina
2 077.5	2 115.6	2 127.6	2 107.4	1 923.4	1 777.3	Bolivia
94 355.6	100 385.8	107 614.4	105 937.5	106 922.8	103 540.6	Brazil
19 378.6	20 421.0	21 255.6	21 739.6	21 935.2	22 156.8	Colombia
2 098.6	2 202.3	2 219.9	2 169.7	2 011.7	2 058.9	Costa Rica
9 959.7	10 784.6	11 623.7	12 266.7	10 538.8	10 463.9	Chile
5 313.2	5 594.9	5 869.4	6 100.8	6 207.9	6 001.0	Ecuador
2 315.8	2 276.0	2 078.6	1 906.4	1 799.5	1 798.8	El Salvador
3 749.8	3 926.4	4 073.6	4 100.8	3 955.3	3 849.8	Guatemala
571.0	612.7	659.7	640.9	624.9	633.2	Haiti
1 199.0	1 280.5	1 315.6	1 330.8	1 307.3	1 300.9	Honduras
80 091.4	87 459.8	94 803.4	102 338.4	101 783.6	96 415.9	Mexico
1 155.0	849.8	934.7	984.3	972.6	1 017.9	Nicaragua
1 908.9	1 995.1	2 297.1	2 393.2	2 524.5	2 534.6	Panama
1 638.8	1 824.9	2 033.7	2 211.0	2 189.3	2 123.6	Paraguay
11 035.0	11 490.5	11 932.1	12 396.1	12 440.2	11 088.7	Peru
3 010.9	3 147.3	3 337.9	3 471.0	3 529.9	3 667.6	Dominican Republic
3 685.6	3 913.0	4 147.7	4 226.5	3 816.4	3 638.2	Uruguay
19 816.7	20 081.4	19 682.0	19 622.6	19 756.5	18 809.5	Venezuela
298 408.0	317 758.7	335 682.2	341 270.0	337 766.2	327 434.4	Total

II. CUENTAS NACIONALES

107. PRODUCTO INTERNO BRUTO POR HABITANTE, A PRECIOS CONSTANTES DE MERCADO

(Dólares a precios de 1970)

País	1960	1965	1970	1975	1977
Argentina	944.8	1 083.1	1 241.3	1 314.9	1 347.7
Bolivia	231.2	265.2	316.7	371.5	390.2
Brasil	361.7	388.3	494.2	716.9	793.7
Colombia	480.6	518.8	597.6	706.6	738.5
Costa Rica	539.4	617.4	740.1	874.6	947.6
Chile	786.4	839.5	957.5	782.9	863.9
Ecuador	357.0	390.6	413.4	608.9	668.6
El Salvador	339.5	404.9	422.3	476.3	495.4
Guatemala	347.0	389.0	448.1	512.2	561.1
Haití	104.9	91.7	90.1	97.0	100.8
Honduras	261.3	287.3	313.1	299.8	336.4
México	684.8	823.3	977.6	1 141.9	1 160.7
Nicaragua	294.6	406.5	417.8	456.4	492.3
Panamá	565.2	722.7	903.6	992.8	970.8
Paraguay	312.0	346.1	383.1	460.5	512.6
Perú	535.8	631.3	659.1	717.5	693.6
República Dominicana	322.8	317.7	398.1	532.1	568.0
Uruguay	1 041.0	1 023.1	1 097.3	1 176.4	1 226.4
Venezuela	972.2	1 165.4	1 238.9	1 319.7	1 427.7
Total	**537.4**	**605.7**	**708.6**	**848.9**	**897.0**

107. PER CAPITA GROSS DOMESTIC PRODUCT, AT CONSTANT MARKET PRICES

(Dollars at 1970 prices)

1978	1979	1980	1981	1982	1983	Country
1 281.5	1 345.8	1 334.3	1 231.2	1 149.8	1 166.4	Argentina
393.1	390.0	382.0	368.4	327.4	294.5	Bolivia
814.4	846.8	887.3	853.9	842.6	797.9	Brazil
784.1	808.8	824.1	824.8	814.5	805.2	Colombia
976.5	994.7	974.1	926.4	836.1	833.6	Costa Rica
921.6	983.7	1 044.6	1 085.5	917.9	897.0	Chile
692.6	708.8	722.6	729.7	721.3	677.5	Ecuador
511.9	488.6	433.3	386.0	354.0	343.8	El Salvador
573.1	583.8	588.9	576.5	540.6	511.7	Guatemala
103.2	108.1	113.6	107.6	102.4	101.2	Haiti
348.6	359.3	356.4	348.3	330.5	317.9	Honduras
1 219.8	1 295.4	1 366.2	1 435.6	1 390.7	1 283.7	Mexico
441.7	316.0	337.3	344.0	328.9	332.9	Nicaragua
1 040.3	1 062.4	1 174.4	1 197.2	1 235.7	1 213.9	Panama
552.0	594.8	642.0	676.6	649.8	611.6	Paraguay
672.3	682.0	689.9	698.2	682.6	592.8	Peru
567.0	579.5	600.6	610.0	606.0	615.2	Dominican Republic
1 283.3	1 354.0	1 426.3	1 444.0	1 295.0	1 225.8	Uruguay
1 408.3	1 380.0	1 310.0	1 267.2	1 239.4	1 147.3	Venezuela
916.4	952.6	982.4	975.2	942.7	892.7	*Total*

II. CUENTAS NACIONALES

108. PRODUCTO INTERNO BRUTO POR HABITANTE, A PRECIOS DE MERCADO

(Dólares)

País	A precios constantes de 1970 / *At constant 1970 prices* (convertidos con las paridades de poder adquisitivo de la CEPAL / *converted by use of ECLAC purchasing power parities*)			
	1970	1975	1980	1983
Argentina	1 241	1 315	1 334	1 166
Bolivia	317	372	382	295
Brasil	494	717	887	798
Colombia	598	707	824	805
Costa Rica	740	875	974	834
Chile	958	783	1 045	897
Ecuador	413	609	723	678
El Salvador	422	476	433	344
Guatemala	448	512	589	512
Haití	90	97	114	101
Honduras	313	300	356	318
México	978	1 142	1 366	1 284
Nicaragua	418	456	337	333
Panamá	904	993	1 174	1 214
Paraguay	383	461	642	612
Perú	659	718	690	593
República Dominicana	398	532	601	615
Uruguay	1 097	1 176	1 426	1 226
Venezuela	1 239	1 320	1 310	1 147
Subtotal	**709**	**849**	**982**	**893**
Barbados	...	...	...	...
Guyana	...	...	...	...
Jamaica	...	...	...	...
Trinidad y Tabago	...	...	...	...
Total	...	...	...	...

[1] Excluye República Dominicana.
[2] Excluye Barbados.
[3] Excluye Guyana.
[4] Excluye Guyana, República Dominicana y Trinidad y Tabago.

108. PER CAPITA GROSS DOMESTIC PRODUCT, AT MARKET PRICES

(Dollars)

A precios corrientes / *At current prices* (convertidos con los tipos de cambio oficial / *converted by use of official exchange rates*)				Country
1970	1975	1980	1983	
964	1 497	5 440	2 253	*Argentina*
241	503	942	1 093	*Bolivia*
445	1 150	2 059	1 617	*Brazil*
346	565	1 295	1 399	*Colombia*
569	998	2 120	1 245	*Costa Rica*
867	698	2 478	1 694	*Chile*
277	613	1 445	1 448	*Ecuador*
287	432	744	740	*El Salvador*
363	605	1 139	1 201	*Guatemala*
72	132	252	266	*Haiti*
274	362	674	720	*Honduras*
694	1 463	2 685	1 900	*Mexico*
383	647	786	1 159	*Nicaragua*
687	1 080	1 820	2 097	*Panama*
260	563	1 404	1 870	*Paraguay*
523	1 014	1 121	943	*Peru*
347	728	1 193	...	*Dominican Republic*
856	1 256	3 485	1 817	*Uruguay*
1 091	2 176	3 942	4 054	*Venezuela*
566	**1 133**	**2 322**	**1 722** [1]	***Subtotal***
...	1 641	3 270	3 882	*Barbados*
378	637	...	...	*Guyana*
752	1 397	1 213	1 527	*Jamaica*
844	2 294	5 452	...	*Trinidad and Tobago*
568 [2]	**1 138**	**2 326** [3]	**1 722** [4]	***Total***

[1] *Excluding Dominican Republic.*
[2] *Excluding Barbados.*
[3] *Excluding Guyana.*
[4] *Excluding Dominican Republic, Guyana and Trinidad and Tobago.*

109. PRODUCTO INTERNO BRUTO TOTAL, AL COSTO DE FACTORES Y A PRECIOS CONSTANTES

(Millones de dólares a precios de 1970)

País	1960	1965	1970	1975	1977
Argentina	17 261.3	21 382.6	26 353.2	30 349.8	32 134.6
Bolivia	732.4	941.3	1 265.6	1 679.6	1 857.0
Brasil	22 104.5	27 552.7	39 873.3	65 192.8	75 639.6
Colombia	6 940.4	8 706.3	11 503.2	15 308.3	16 568.6
Costa Rica	633.0	812.7	1 139.4	1 527.6	1 755.4
Chile	5 151.9	6 195.2	7 795.2	6 967.7	7 923.9
Ecuador	1 412.8	1 835.7	2 277.6	3 900.5	4 538.7
El Salvador	807.1	1 123.9	1 397.1	1 822.8	2 010.3
Guatemala	1 285.3	1 660.0	2 196.2	2 882.0	3 336.7
Haití	358.9	348.5	381.5	459.5	500.5
Honduras	457.5	602.2	746.9	837.1	977.5
México	24 151.5	34 069.6	47 593.5	65 344.9	70 459.7
Nicaragua	403.2	651.9	786.0	1 007.1	1 148.6
Panamá	589.5	878.9	1 254.2	1 579.1	1 622.9
Paraguay	589.5	647.6	813.0	1 146.4	1 364.0
Perú	4 881.6	6 641.4	7 977.4	9 979.2	10 175.2
República Dominicana	928.5	1 056.9	1 523.3	2 347.2	2 629.9
Uruguay	2 244.4	2 340.0	2 617.3	2 829.1	2 975.4
Venezuela	6 942.2	9 883.7	12 421.5	15 802.7	18 344.2
Total	97 796.7	127 330.7	169 914.9	230 962.9	255 962.4

109. TOTAL GROSS DOMESTIC PRODUCT, AT FACTOR COST AND AT CONSTANT PRICES

(Millions of dollars at 1970 prices)

1978	1979	1980	1981	1982	1983	Country
31 051.2	33 133.9	33 380.0	31 298.6	29 704.1	30 617.3	Argentina
1 919.3	1 954.5	1 965.6	1 946.9	1 776.9	1 642.0	Bolivia
79 427.6	84 491.5	90 592.1	89 156.7	89 994.0	87 163.0	Brazil
17 595.7	18 344.9	19 353.9	19 906.4	20 015.4	20 260.9	Colombia
1 865.4	1 957.5	1 973.2	1 965.2	1 822.0	1 864.7	Costa Rica
8 575.0	9 285.2	10 007.7	10 561.3	9 073.6	9 009.1	Chile
4 837.8	5 094.3	5 344.3	5 555.0	5 652.5	5 464.1	Ecuador
2 139.1	2 102.3	1 920.0	1 760.9	1 662.2	1 661.6	El Salvador
3 503.4	3 668.5	3 805.9	3 831.9	3 695.3	3 596.8	Guatemala
524.6	563.0	606.1	588.8	574.1	581.8	Haiti
1 069.3	1 134.3	1 171.9	1 179.5	1 176.4	1 164.3	Honduras
76 189.9	83 199.4	90 185.3	97 353.2	96 825.5	91 719.2	Mexico
1 058.5	778.4	856.7	902.1	891.4	932.9	Nicaragua
1 781.8	1 862.3	2 144.1	2 233.8	2 356.9	2 361.0	Panama
1 518.8	1 691.3	1 884.8	2 049.1	2 029.0	1 968.1	Paraguay
10 123.9	10 541.8	10 947.0	11 372.6	11 413.1	10 173.1	Peru
2 686.3	2 807.9	2 977.9	3 096.8	3 149.2	3 272.0	Dominican Republic
3 132.4	3 325.7	3 527.7	3 594.8	3 243.6	3 092.2	Uruguay
18 736.5	18 986.7	18 609.1	18 552.9	18 679.5	17 784.1	Venezuela
267 735.9	284 922.9	301 252.9	306 905.3	303 734.3	294 327.7	*Total*

110. PRODUCTO INTERNO BRUTO DE LA AGRICULTURA, AL COSTO DE FACTORES Y A PRECIOS CONSTANTES [1]

(Millones de dólares a precios de 1970)

País	1960	1965	1970	1975	1977
Argentina	2 746.3	3 279.5	3 468.5	3 971.9	4 256.3
Bolivia	179.8	212.5	247.3	324.3	338.4
Brasil	3 228.6	4 766.8	4 868.8	6 621.6	7 614.9
Colombia	3 606.9	2 487.2	3 138.1	3 897.1	4 128.2
Costa Rica	165.7	193.7	285.3	336.7	345.8
Chile	493.2	502.7	597.3	645.0	702.0
Ecuador	382.4	469.8	564.6	694.8	731.7
El Salvador	290.7	352.8	427.8	537.0	512.5
Guatemala	429.7	526.0	661.5	891.4	967.9
Haití	158.7	163.4	174.0	194.6	184.8
Honduras	142.3	206.6	242.3	231.6	267.3
México	4 206.3	5 303.4	6 060.3	7 023.5	7 627.7
Nicaragua	120.9	210.7	215.8	273.7	294.1
Panamá	107.6	149.0	181.1	192.6	213.1
Paraguay	206.6	256.5	278.7	397.6	440.4
Perú	942.9	1 128.3	1 418.3	1 355.6	1 375.4
República Dominicana	314.0	296.6	393.0	455.3	497.2
Uruguay	252.1	294.4	338.1	317.3	333.7
Venezuela	566.6	726.2	949.5	1 134.9	1 179.6
Total	17 481.2	21 526.1	24 510.3	29 496.5	32 011.0

[1] Se refiere a Agricultura, caza, silvicultura y pesca.

110. GROSS DOMESTIC PRODUCT OF AGRICULTURE, AT FACTOR COST AND AT CONSTANT PRICES [1]

(Millions of dollars at 1970 prices)

1978	1979	1980	1981	1982	1983	Country
4 373.6	4 526.4	4 223.1	4 324.7	4 641.4	4 684.7	Argentina
345.5	355.7	360.7	385.9	377.4	294.4	Bolivia
7 420.1	7 790.1	8 277.0	8 802.9	8 583.8	8 773.6	Brazil
4 466.2	4 686.7	4 770.2	4 925.3	4 838.2	4 921.1	Colombia
368.6	370.5	368.6	387.4	369.2	383.6	Costa Rica
676.0	717.7	745.2	773.5	764.4	745.0	Chile
703.5	723.5	761.8	813.9	831.5	719.3	Ecuador
584.3	605.3	573.7	537.1	512.0	497.9	El Salvador
998.4	1 026.7	1 042.8	1 055.5	1 023.7	1 022.6	Guatemala
188.3	200.7	202.2	199.3	191.0	197.2	Haiti
288.7	308.4	320.9	326.2	328.6	337.5	Honduras
8 084.3	7 915.5	8 476.7	8 991.3	8 937.8	9 196.4	Mexico
312.1	263.9	220.8	243.2	250.2	266.1	Nicaragua
229.6	219.8	210.9	228.4	229.1	236.3	Panama
462.6	493.2	535.2	589.0	591.5	577.0	Paraguay
1 376.4	1 438.4	1 358.6	1 503.8	1 535.7	1 363.4	Peru
520.1	525.7	551.2	581.4	606.5	629.6	Dominican Republic
311.5	310.1	360.4	380.2	336.8	345.7	Uruguay
1 217.7	1 253.0	1 276.6	1 252.8	1 297.5	1 302.9	Venezuela
32 927.5	33 731.3	34 636.6	36 301.8	36 246.3	36 494.3	*Total*

[1] Includes Agriculture, hunting, forestry and fishing.

II. CUENTAS NACIONALES

111. PRODUCTO INTERNO BRUTO DE LAS ACTIVIDADES INDUSTRIALES, AL COSTO DE FACTORES Y A PRECIOS CONSTANTES [1]

(Millones de dólares a precios de 1970)

País	1960	1965	1970	1975	1977
Argentina	5 295.9	6 858.1	9 419.7	10 866.8	11 839.7
Bolivia	165.0	238.4	336.1	452.9	502.9
Brasil	7 758.4	8 751.2	13 919.5	23 585.6	27 407.9
Colombia	1 550.7	1 973.0	2 729.5	3 705.0	3 867.0
Costa Rica	104.4	154.4	226.6	355.1	429.2
Chile	2 164.7	2 757.6	3 329.9	2 784.1	3 106.0
Ecuador	299.6	403.5	509.7	1 046.4	1 257.2
El Salvador	141.3	228.9	290.9	412.9	478.6
Guatemala	190.6	259.4	370.5	480.4	641.8
Haití	67.2	57.8	70.2	96.6	121.6
Honduras	86.3	112.5	155.4	185.2	216.9
México	6 403.8	9 687.3	14 805.8	20 717.4	22 263.3
Nicaragua	65.5	129.0	181.1	256.0	294.3
Panamá	93.9	158.3	247.4	309.7	285.8
Paraguay	88.1	120.2	165.8	230.5	301.1
Perú	1 516.4	2 051.6	2 504.0	3 203.7	3 323.8
República Dominicana	181.2	187.8	363.6	710.3	803.8
Uruguay	646.7	614.6	705.6	802.2	880.2
Venezuela	3 178.7	4 008.9	4 745.7	4 948.3	5 690.0
Total	29 998.4	38 752.5	55 077.0	75 148.8	83 710.6

[1] Comprende Explotación de minas y canteras, Industrias manufactureras y Construcción.

111. GROSS DOMESTIC PRODUCT OF INDUSTRIAL
ACTIVITIES, AT FACTOR COST AND AT CONSTANT PRICES [1]

(Millions of dollars at 1970 prices)

1978	1979	1980	1981	1982	1983	Country
10 817.3	11 656.9	11 398.0	9 763.4	9 048.1	9 683.4	Argentina
507.2	505.1	501.3	464.0	387.1	367.4	Bolivia
29 326.5	31 125.3	33 535.0	31 541.3	31 636.4	29 298.8	Brazil
3 866.4	3 883.8	4 399.1	4 430.1	4 385.4	4 478.2	Colombia
461.6	494.0	495.2	462.6	387.0	392.8	Costa Rica
3 314.2	3 593.9	3 865.1	4 099.2	3 548.3	3 562.8	Chile
1 380.7	1 475.4	1 485.6	1 622.9	1 702.3	1 740.3	Ecuador
488.6	467.1	405.9	360.1	334.0	338.7	El Salvador
680.6	724.4	769.2	775.4	724.5	670.6	Guatemala
129.0	141.0	155.5	140.9	141.9	138.0	Haiti
237.8	258.5	266.3	263.1	257.2	251.3	Honduras
24 600.7	27 396.6	29 944.0	32 519.9	31 854.0	29 114.9	Mexico
266.9	173.3	216.6	224.2	215.2	226.8	Nicaragua
326.4	347.4	389.2	387.9	433.7	371.0	Panama
350.9	406.6	477.4	518.3	495.8	472.0	Paraguay
3 272.1	3 452.4	3 647.0	3 659.2	3 668.8	3 136.0	Peru
776.8	845.0	859.4	881.4	842.7	912.3	Dominican Republic
969.0	994.6	1 063.9	992.5	832.6	734.5	Uruguay
5 958.6	6 025.8	5 764.9	5 625.5	5 504.4	5 229.5	Venezuela
87 730.9	93 969.4	99 637.8	98 731.5	96 399.0	91 118.9	Total

[1] Includes Mining and quarrying, Manufacturing and Construction.

112. PRODUCTO INTERNO BRUTO DE SERVICIOS BASICOS, AL COSTO DE FACTORES Y A PRECIOS CONSTANTES [1]

(Millones de dólares a precios de 1970)

País	1960	1965	1970	1975	1977
Argentina	2 286.3	2 907.1	3 600.3	4 142.7	4 363.7
Bolivia	71.2	88.0	118.4	186.4	234.7
Brasil	1 345.3	1 723.1	2 676.6	5 212.8	6 584.6
Colombia	638.7	884.4	1 227.9	1 808.9	2 080.8
Costa Rica	39.7	49.2	76.8	127.8	150.7
Chile	395.1	533.6	689.6	703.8	808.2
Ecuador	72.9	117.1	191.4	314.8	403.1
El Salvador	44.5	66.8	97.1	136.2	169.0
Guatemala	46.3	71.2	97.0	149.0	179.9
Haití	6.3	6.4	8.1	11.6	15.7
Honduras	44.8	52.8	69.7	88.1	94.7
México	1 398.7	1 880.9	2 865.0	4 997.9	5 669.9
Nicaragua	28.8	47.5	58.7	75.9	86.6
Panamá	34.4	59.0	105.0	195.1	209.5
Paraguay	27.8	34.6	44.4	76.8	93.6
Perú	318.1	448.5	534.7	807.9	888.5
República Dominicana	65.1	92.6	150.2	241.5	285.2
Uruguay	245.1	259.1	268.8	285.6	311.9
Venezuela	821.0	1 073.0	1 570.5	2 358.5	2 914.1
Total	7 930.1	10 394.9	14 450.2	21 921.3	25 544.5

[1] Comprende Electricidad, gas y agua y Transportes, almacenamiento y comunicaciones

112. GROSS DOMESTIC PRODUCT OF BASIC SERVICES, AT FACTOR COST AND AT CONSTANT PRICES [1]

(Millions of dollars at 1970 prices)

1978	1979	1980	1981	1982	1983	Country
4 342.4	4 668.1	4 773.6	4 627.8	4 574.2	4 790.2	Argentina
263.8	275.3	282.8	284.9	266.5	255.0	Bolivia
7 248.8	8 232.0	9 076.4	9 180.0	9 712.6	9 940.7	Brazil
2 323.1	2 487.9	2 561.3	2 702.8	2 812.4	2 792.0	Colombia
166.0	183.6	195.9	198.6	199.6	208.1	Costa Rica
872.3	945.8	1 035.4	1 054.5	961.6	963.0	Chile
430.4	466.3	503.6	525.4	546.5	559.1	Ecuador
178.7	175.9	166.1	152.1	143.7	147.3	El Salvador
194.1	204.7	218.7	214.9	206.0	205.3	Guatemala
15.7	15.8	16.6	16.5	16.0	17.2	Haiti
103.5	110.8	113.0	118.9	118.9	116.7	Honduras
6 333.2	7 262.7	8 198.1	9 047.2	8 843.7	8 495.6	Mexico
76.4	62.2	75.7	83.3	75.8	73.6	Nicaragua
242.5	262.8	550.1	581.0	643.6	691.2	Panama
105.7	120.4	136.6	141.9	155.6	153.3	Paraguay
905.6	952.6	1 021.6	1 084.2	1 091.8	1 003.6	Peru
297.4	304.4	317.5	336.1	346.9	352.2	Dominican Republic
315.4	344.4	372.6	373.3	341.0	329.1	Uruguay
3 109.9	3 038.1	3 030.2	3 195.8	3 355.2	2 970.3	Venezuela
27 524.9	30 113.8	32 647.5	33 913.2	34 411.6	34 063.5	Total

[1] Includes Electricity, gas and water and Transport, storage and communications.

113. PRODUCTO INTERNO BRUTO DE OTROS SERVICIOS, AL COSTO DE FACTORES Y A PRECIOS CONSTANTES [1]

(Millones de dólares a precios de 1970)

País	1960	1965	1970	1975	1977
Argentina	7 321.9	8 418.8	9 864.4	11 368.5	11 674.9
Bolivia	333.9	416.4	578.3	744.6	822.3
Brasil	11 038.1	13 550.5	20 168.2	31 888.9	36 810.4
Colombia	2 697.2	3 583.5	4 730.7	6 400.7	7 067.1
Costa Rica	330.5	420.6	550.6	704.8	818.8
Chile	2 271.3	2 629.3	3 352.8	3 359.2	3 790.8
Ecuador	602.5	794.7	1 026.3	1 518.9	1 815.4
El Salvador	338.5	469.9	581.2	737.9	835.8
Guatemala	649.8	812.4	1 067.2	1 361.7	1 539.6
Haití	119.3	112.8	118.7	155.7	174.8
Honduras	186.5	230.1	279.4	337.7	405.4
México	13 101.6	17 996.9	24 470.0	33 380.2	35 718.7
Nicaragua	202.9	278.6	330.4	408.3	463.8
Panamá	355.8	509.3	720.8	938.6	989.4
Paraguay	187.4	240.8	324.1	463.0	549.4
Perú	2 312.9	3 141.9	3 662.7	4 878.5	5 015.3
República Dominicana	365.3	513.7	616.6	928.4	1 027.0
Uruguay	1 102.1	1 165.4	1 304.7	1 428.6	1 476.7
Venezuela	3 060.3	4 137.3	5 424.7	8 338.4	9 965.8
Total	46 577.8	59 423.1	79 171.4	109 342.2	120 960.7

[1] Comprende Comercio al por mayor y al por menor, restaurantes y hoteles, Establecimientos financieros, seguros, bienes inmuebles y servicios prestados a las empresas, y Servicios comunales, sociales y personales.

113. GROSS DOMESTIC PRODUCT OF OTHER SERVICES, AT FACTOR COST AND AT CONSTANT PRICES [1]

(Millions of dollars at 1970 prices)

1978	1979	1980	1981	1982	1983	Country
11 518.0	12 282.0	12 986.1	12 582.4	11 440.0	11 459.7	Argentina
853.6	875.5	873.6	862.2	793.4	765.7	Bolivia
38 8650.7	40 743.5	43 640.5	44 000.0	44 528.6	43 737.7	Brazil
7 579.7	7 942.9	8 336.1	8 685.9	8 914.3	9 046.9	Colombia
856.1	902.1	909.0	875.1	831.5	843.8	Costa Rica
4 121.6	4 459.4	4 806.3	4 986.7	4 529.3	4 242.0	Chile
1 960.3	2 082.6	2 289.4	2 359.3	2 412.9	2 438.1	Ecuador
880.7	858.9	790.5	734.8	701.3	704.8	El Salvador
1 618.1	1 700.5	1 763.7	1 790.3	1 754.5	1 737.4	Guatemala
188.6	202.3	225.6	225.4	220.9	223.8	Haiti
446.1	463.3	478.2	477.6	478.6	465.1	Honduras
38 148.9	41 657.2	44 661.8	48 012.0	48 457.0	46 307.0	Mexico
416.0	306.6	361.2	378.9	377.1	399.3	Nicaragua
1 042.4	1 122.4	1 074.8	1 129.8	1 165.5	1 175.4	Panama
620.7	696.7	767.8	837.2	827.7	807.7	Paraguay
5 001.4	5 137.4	5 362.6	5 583.9	5 607.8	5 063.0	Peru
1 076.4	1 121.6	1 241.4	1 289.1	1 332.1	1 362.3	Dominican Republic
1 584.8	1 724.4	1 769.8	1 898.3	1 768.8	1 700.9	Uruguay
10 021.9	10 158.2	9 857.7	10 116.6	9 955.4	9 902.6	Venezuela
126 585.5	134 437.1	142 195.6	146 825.0	146 096.2	142 382.7	*Total*

[1] *Includes Wholesale and retail trade, restaurants and hotels; Finance, insurance, real estate and business services; and Community, social and personal serrices.*

114. FORMACION BRUTA DE CAPITAL FIJO, A PRECIOS CONSTANTES DE MERCADO

(Millones de dólares a precios de 1970)

País	1960	1965	1970	1975	1977
Argentina	3 934.4	4 101.6	6 309.1	6 655.5	8 735.5
Bolivia	97.8	149.1	198.4	311.6	344.7
Brasil	6 350.1	6 646.8	11 290.2	22 627.7	24 156.1
Colombia	1 369.7	1 458.3	2 239.6	2 615.4	2 884.4
Costa Rica	113.8	180.1	249.5	357.3	496.9
Chile	910.7	1 053.1	1 358.9	916.9	901.7
Ecuador	286.1	302.8	417.3	765.6	896.9
El Salvador	136.2	187.6	181.2	363.1	473.9
Guatemala	151.5	234.2	294.6	380.3	570.3
Haití	28.5	32.0	39.6	76.7	94.9
Honduras	66.6	99.5	153.1	205.4	249.0
México	4 133.9	6 329.5	9 984.3	14 900.5	13 962.4
Nicaragua	50.2	126.0	140.0	209.5	291.0
Panamá	95.4	150.8	344.6	475.0	321.8
Paraguay	51.5	87.2	127.4	225.2	368.4
Perú	697.6	1 137.2	1 158.9	2 275.1	1 622.8
República Dominicana	87.1	108.3	282.6	657.0	664.0
Uruguay	312.4	245.0	344.7	379.7	522.4
Venezuela	1 926.2	2 271.3	2 913.4	5 036.8	8 344.7
Total	20 799.7	24 900.3	38 027.5	59 434.4	65 902.1

*114. GROSS FIXED CAPITAL FORMATION,
AT CONSTANT MARKET PRICES*

(Millions of dollars at 1970 prices)

1978	1979	1980	1981	1982	1983	Country
7 687.7	8 028.0	8 313.5	6 880.9	5 191.1	5 097.2	Argentina
377.7	334.1	267.9	210.1	126.5	102.8	Bolivia
25 449.1	26 464.1	28 256.9	24 853.7	23 853.7	19 560.0	Brazil
3 154.0	3 274.1	3 705.4	3 937.7	4 044.2	4 029.3	Colombia
537.3	619.5	561.3	421.5	304.3	317.1	Costa Rica
1 058.4	1 236.8	1 507.5	1 760.1	1 162.8	989.8	Chile
1 016.1	1 012.9	1 075.0	997.2	908.1	645.5	Ecuador
486.4	410.4	295.4	263.5	235.5	222.6	El Salvador
612.3	581.0	523.5	564.2	502.6	364.5	Guatemala
99.5	118.8	120.5	121.4	113.1	119.2	Haiti
308.4	316.3	362.1	294.1	238.3	243.3	Honduras
16 116.8	19 337.2	22 225.7	25 498.6	21 431.6	15 455.0	Mexico
161.5	56.6	135.7	221.0	178.9	186.7	Nicaragua
398.9	394.6	480.7	560.7	565.9	438.3	Panama
447.6	535.1	651.7	769.0	627.5	515.0	Paraguay
1 376.0	1 444.1	1 809.6	2 087.2	2 039.2	1 485.9	Peru
660.6	751.1	785.0	717.7	637.2	662.8	Dominican Republic
597.6	711.1	756.2	733.5	589.7	429.3	Uruguay
8 677.1	6 937.9	5 931.1	6 109.1	5 881.0	4 012.9	Venezuela
69 223.2	72 563.8	77 764.6	77 001.0	68 631.3	54 877.1	Total

II. CUENTAS NACIONALES

115. INVERSION EN CONSTRUCCION, A PRECIOS CONSTANTES DE MERCADO

(Millones de dólares a precios de 1970)

País	1960	1965	1970	1975	1977
Argentina	2 338.1	2 287.0	3 934.7	4 156.8	5 188.3
Bolivia	46.7	52.1	99.9	156.6	182.3
Brasil	4 946.6	4 299.3	6 198.3	11 064.0	13 072.2
Colombia	682.3	767.6	1 265.3	1 449.0	1 593.0
Costa Rica	87.3	121.5	125.1	198.4	267.8
Chile	556.8	711.6	835.3	542.6	440.5
Ecuador	...	201.3	273.3	382.8	455.2
El Salvador	...	...	77.8	...	...
Guatemala	60.7	86.4	87.4	116.8	204.0
Haití	...	23.1	24.7	57.9	66.0
Honduras	44.2	57.7	80.6	105.1	125.6
México	2 569.3	3 560.6	5 715.7	8 079.1	8 176.6
Nicaragua	18.0	43.1	54.4	97.3	111.5
Panamá	64.8	88.3	195.4	275.7	184.5
Paraguay	33.4	43.7	64.0	120.7	182.9
Perú	381.9	562.5	565.2	1 074.3	882.2
República Dominicana	56.3	76.7	169.0	354.8	392.2
Uruguay	228.3	161.8	203.4	254.4	293.6
Venezuela	1 074.7	1 272.1	1 686.4	2 546.2	3 954.7
Total	13 189.5 [1]	14 416.3 [2]	21 655.8	31 032.5 [2]	35 773.0 [2]

[1] Excluye Ecuador, El Salvador y Haití.
[2] Excluye El Salvador.
[3] Excluye Bolivia.
[4] Excluye Bolivia, Chile, El Salvador, República Dominicana y Venezuela.

115. INVESTMENT IN CONSTRUCTION, AT CONSTANT MARKET PRICES

(Millions of dollars at 1970 prices)

1978	1979	1980	1981	1982	1983	Country
4 921.2	4 910.7	4 939.5	4 294.7	3 468.9	3 259.8	Argentina
187.5	185.6	164.1	...	...	...	Bolivia
13 989.6	14 479.2	15 613.6	14 950.3	14 975.1	12 731.3	Brazil
1 630.6	1 591.0	1 823.5	1 965.5	2 074.7	2 072.5	Colombia
273.7	325.3	331.8	249.4	195.0	191.2	Costa Rica
494.5	590.3	722.3	843.5	660.9	...	Chile
494.7	480.5	490.9	486.7	489.0	429.0	Ecuador
155.5	162.0	131.0	110.0	107.6	...	El Salvador
215.1	228.5	227.9	262.8	231.2	173.8	Guatemala
71.7	79.0	90.9	89.1	81.6	88.2	Haiti
137.4	161.9	194.3	170.6	191.9	194.3	Honduras
9 314.6	10 464.3	11 775.1	13 109.3	12 443.5	9 972.2	Mexico
65.4	16.9	47.3	57.1	43.4	50.7	Nicaragua
253.5	244.1	294.9	327.3	380.8	269.2	Panama
252.1	316.3	433.4	547.5	461.1	451.4	Paraguay
781.9	806.8	951.0	1 047.2	1 057.6	840.0	Peru
405.8	427.0	459.6	456.8	439.0	...	Dominican Republic
388.6	442.3	465.2	464.2	394.3	295.2	Uruguay
4 275.8	3 826.9	3 158.4	3 043.6	2 790.5	...	Venezuela
38 309.3	39 738.6	42 314.8	42 475.7[3]	40 486.2[3]	31 018.8[4]	*Total*

[1] *Excluding Ecuador, El Salvador and Haiti.*
[2] *Excluding El Salvador.*
[3] *Excluding Bolivia.*
[4] *Excluding Bolivia, Chile, Dominican Republic, El Salvador and Venezuela.*

116. INVERSION EN MAQUINARIA Y EQUIPO, A PRECIOS CONSTANTES DE MERCADO

(Millones de dólares a precios de 1970)

País	1960	1965	1970	1975	1977
Argentina	1 596.3	1 814.6	2 374.4	2 498.8	3 547.2
Bolivia	51.1	97.0	98.6	155.0	162.5
Brasil	1 403.5	2 347.5	5 091.9	11 563.7	11 083.8
Colombia	687.3	690.7	974.3	1 166.4	1 291.4
Costa Rica	26.6	58.6	124.4	158.9	229.1
Chile	353.9	341.5	523.6	374.4	461.3
Ecuador	...	101.5	144.0	382.8	441.8
El Salvador	...	...	103.4	...	...
Guatemala	90.8	147.7	207.2	263.5	366.3
Haití	...	8.9	14.9	18.9	29.0
Honduras	22.3	41.8	72.6	100.3	123.4
México	1 564.6	2 768.9	4 268.6	6 821.3	5 785.9
Nicaragua	32.3	82.9	85.6	112.2	179.6
Panamá	30.6	62.4	149.2	199.3	137.4
Paraguay	18.1	43.5	63.5	104.5	185.4
Perú	315.6	574.8	593.7	1 200.7	740.7
República Dominicana	30.8	31.6	113.7	302.2	271.8
Uruguay	84.1	83.1	141.2	125.3	228.8
Venezuela	851.5	999.3	1 227.0	2 490.5	4 390.0
Total	7 159.4 [1]	10 296.4 [2]	16 371.7	28 038.7 [2]	29 655.2 [2]

[1] Excluye Ecuador, El Salvador y Haití.
[2] Excluye El Salvador.
[3] Excluye Bolivia.
[4] Excluye Bolivia, Chile, El Salvador, República Dominicana y Venezuela.

116. INVESTMENT IN MACHINERY AND EQUIPMENT, AT CONSTANT MARKET PRICES

(Millions of dollars at 1970 prices)

1978	1979	1980	1981	1982	1983	Country
2 766.5	3 117.4	3 374.0	2 586.2	1 722.2	1 837.5	Argentina
190.3	148.5	103.8	...	...	...	Bolivia
11 459.5	11 984.9	12 643.4	9 903.4	8 878.6	6 828.6	Brazil
1 523.4	1 683.1	1 881.9	1 972.2	1 969.5	1 956.8	Colombia
263.6	294.1	229.4	172.1	109.3	125.9	Costa Rica
563.9	646.5	785.2	916.6	501.9	...	Chile
521.4	532.5	584.1	510.4	419.1	216.5	Ecuador
331.0	248.4	164.5	153.5	127.9	...	El Salvador
397.1	352.5	295.6	301.4	271.4	190.6	Guatemala
27.8	39.8	29.6	32.3	31.5	31.0	Haiti
171.0	154.4	167.8	123.5	46.4	49.0	Honduras
6 802.2	8 872.8	10 450.7	12 389.3	8 988.1	5 482.8	Mexico
96.2	39.7	88.4	163.8	135.6	136.0	Nicaragua
145.4	150.5	185.8	233.3	185.1	169.1	Panama
195.5	218.8	218.3	221.5	166.3	63.7	Paraguay
594.1	637.3	858.6	1 039.9	981.5	645.8	Peru
254.7	324.1	325.4	260.8	198.2	...	Dominican Republic
209.0	268.8	290.9	269.3	195.4	134.1	Uruguay
4 401.3	3 111.1	2 772.7	3 065.5	3 090.6	...	Venezuela
30 913.9	32 825.2	35 449.8	34 315.2 [3]	28 018.6 [3]	17 867.6 [4]	Total

[1] Excluding Ecuador, El Salvador and Haiti.
[2] Excluding El Salvador.
[3] Excluding Bolivia.
[4] Excluding Bolivia, Chile, Dominican Republic, El Salvador and Venezuela.

II. CUENTAS NACIONALES

117. INGRESO NACIONAL BRUTO REAL DISPONIBLE, A PRECIOS CONSTANTES DE MERCADO

(Millones de dólares a precios de 1970)

País	1960	1965	1970	1975	1977
Argentina	19 430.5	24 227.7	29 466.4	33 973.9	35 564.9
Bolivia	746.7	1 015.1	1 346.0	1 841.4	2 030.3
Brasil	26 062.9	32 400.4	46 744.7	75 928.0	88 590.6
Colombia	7 436.1	9 308.5	12 247.5	16 019.2	18 442.8
Costa Rica	663.5	914.1	1 269.4	1 610.3	2 004.6
Chile	5 645.8	6 731.5	8 860.0	7 189.9	8 078.3
Ecuador	1 559.5	1 963.5	2 479.9	4 498.9	5 279.5
El Salvador	890.7	1 236.6	1 515.4	1 925.4	2 401.0
Guatemala	1 402.5	1 793.1	2 329.8	2 959.5	3 709.0
Haití	384.7	377.5	426.3	506.2	569.0
Honduras	525.4	679.9	806.6	896.3	1 112.8
México	25 267.6	35 376.7	49 627.6	67 930.6	73 038.4
Nicaragua	446.1	720.1	830.0	1 015.1	1 252.4
Panamá	589.0	895.3	1 315.4	1 663.4	1 642.4
Paraguay	554.2	705.2	867.0	1 230.5	1 509.0
Perú	5 001.8	6 897.3	8 588.3	10 796.1	10 859.5
República Dominicana	968.5	1 160.7	1 712.0	2 755.7	2 932.9
Uruguay	2 635.7	2 671.8	3 055.4	3 220.6	3 397.7
Venezuela	7 860.8	9 907.6	12 498.6	20 616.4	23 035.9
Total	108 072.1	138 982.7	185 986.5	256 577.5	285 451.2

117. REAL GROSS NATIONAL DISPOSABLE INCOME, AT CONSTANT MARKET PRICES

(Millions of dollars at 1970 prices)

1978	1979	1980	1981	1982	1983	Country
34 401.1	36 975.3	37 448.8	34 049.9	31 279.8	31 860.1	Argentina
2 076.8	2 101.3	2 145.9	2 087.9	1 862.0	1 716.2	Bolivia
92 191.9	97 534.2	103 575.6	99 729.3	99 854.2	96 236.4	Brazil
19 805.3	20 772.7	21 600.9	21 677.9	21 856.9	22 052.8	Colombia
2 044.9	2 131.3	2 124.4	1 933.7	1 711.6	1 787.2	Costa Rica
8 658.5	9 264.4	9 732.6	10 102.3	7 881.4	7 807.6	Chile
5 531.3	5 988.5	6 298.4	6 375.4	6 338.0	6 134.9	Ecuador
2 409.5	2 375.2	2 092.8	1 877.8	1 766.5	1 741.6	El Salvador
3 861.3	3 963.9	4 081.3	4 046.9	3 823.6	3 643.0	Guatemala
588.4	623.4	680.2	656.1	643.1	641.5	Haiti
1 191.8	1 238.5	1 277.2	1 256.3	1 210.4	1 219.4	Honduras
78 924.7	86 496.4	94 994.4	102 139.0	99 775.6	94 476.1	Mexico
1 102.0	775.3	869.9	885.5	858.3	901.4	Nicaragua
1 827.9	1 885.0	2 115.4	2 225.6	2 297.4	2 348.2	Panama
1 661.9	1 852.6	2 041.7	2 240.5	2 212.8	2 112.4	Paraguay
10 545.3	11 252.3	11 908.1	12 089.6	11 977.8	10 586.5	Peru
2 973.2	3 095.4	3 342.1	3 462.2	3 422.3	3 576.8	Dominican Republic
3 596.9	3 875.1	4 087.8	4 129.1	3 658.3	3 400.0	Uruguay
22 785.5	24 963.9	26 036.5	25 725.3	23 975.1	22 554.5	Venezuela
296 178.4	317 164.9	336 454.2	336 690.4	326 405.2	314 796.7	Total

II. CUENTAS NACIONALES

118. AHORRO NACIONAL BRUTO, A PRECIOS CONSTANTES

(Millones de dólares a precios de 1970)

País	1960	1965	1970	1975	1977
Argentina	3 768.9	4 764.0	6 146.8	6 281.9	9 301.2
Bolivia	71.2	138.4	235.6	318.3	306.5
Brasil	5 859.5	8 227.8	11 231.1	21 600.9	23 166.4
Colombia	1 442.7	1 670.3	2 182.2	2 666.6	3 714.3
Costa Rica	94.6	150.3	186.6	244.2	443.4
Chile	423.4	862.5	1 393.2	543.9	680.7
Ecuador	299.7	319.9	332.9	744.9	817.8
El Salvador	110.9	177.0	207.2	281.9	542.3
Guatemala	124.5	191.9	293.5	361.8	591.9
Haití	24.2	14.6	36.5	58.5	66.5
Honduras	77.0	97.1	105.0	99.3	138.7
México	4 351.3	7 348.7	10 293.9	14 581.9	15 535.3
Nicaragua	45.3	108.9	115.9	77.8	221.9
Panamá	62.6	136.3	311.6	410.0	270.2
Paraguay	38.8	79.7	109.9	236.0	354.5
Perú	1 147.2	1 253.4	1 298.6	1 309.4	953.7
República Dominicana	152.9	88.1	224.2	660.8	646.0
Uruguay	264.7	326.4	291.4	284.0	464.6
Venezuela	2 828.6	3 273.3	3 877.5	7 397.2	7 199.0
Total	21 188.1	29 228.6	38 873.7	58 159.4	65 415.0

118. GROSS NATIONAL SAVING, AT CONSTANT PRICES

(Millions of dollars at 1970 prices)

1978	1979	1980	1981	1982	1983	Country
8 235.0	7 850.0	6 991.2	5 105.1	4 845.6	4 324.5	Argentina
214.1	195.6	202.6	116.9	57.6	-19.6	Bolivia
23 102.1	22 785.2	26 000.3	22 838.6	19 924.2	18 245.5	Brazil
3 870.3	3 938.4	4 055.3	3 976.4	3 837.5	3 634.9	Colombia
399.0	385.9	420.5	270.5	205.0	266.2	Costa Rica
698.8	1 075.8	1 370.9	1 111.4	153.4	351.6	Chile
756.9	811.4	936.7	649.9	496.6	649.8	Ecuador
408.5	427.9	286.2	184.0	147.9	168.8	El Salvador
543.4	498.3	440.0	385.0	347.0	311.2	Guatemala
66.4	84.9	75.1	33.2	58.8	58.5	Haiti
248.4	257.5	266.6	209.4	111.2	118.8	Honduras
16 970.1	19 295.4	23 276.4	25 469.6	19 816.3	18 256.9	Mexico
119.3	-22.0	-6.1	64.0	45.1	65.3	Nicaragua
334.4	316.6	456.9	516.9	464.4	469.5	Panama
434.6	485.3	590.6	680.4	541.2	464.5	Paraguay
1 150.2	1 574.1	1 775.3	1 439.8	1 178.8	919.8	Peru
585.5	640.4	611.7	616.2	552.8	581.0	Dominican Republic
563.4	632.4	587.1	607.2	499.2	384.8	Uruguay
5 809.2	7 125.0	7 784.8	7 235.4	4 694.5	4 675.4	Venezuela
64 509.7	68 358.2	76 122.2	71 510.0	57 977.1	53 927.4	*Total*

II. CUENTAS NACIONALES

119. EFECTO DE LA RELACION DE PRECIOS DEL INTERCAMBIO [1]

(Millones de dólares a precios constantes de 1970)

País	1960	1965	1970	1975	1977
Argentina	25.9	159.6	0.0	-52.6	-369.1
Barbados	4.8	3.3	0.0	38.0	24.5
Bolivia	-45.0	-1.0	0.0	27.9	53.7
Brasil	52.7	-97.4	0.0	-543.8	212.9
Colombia	13.4	6.9	0.0	-219.0	687.5
Costa Rica	0.0	9.2	0.0	-79.0	61.2
Chile	-277.3	-335.3	0.0	-756.1	-991.3
Ecuador	6.8	-29.5	0.0	250.2	408.6
El Salvador	21.6	17.4	0.0	-39.7	223.3
Guatemala	33.6	25.8	0.0	-131.3	106.5
Guyana	-2.1	-8.4	-0.0	47.5	17.2
Haití	-4.0	-1.2	-0.0	-1.2	15.0
Honduras	6.0	34.1	0.0	-17.7	26.6
Jamaica	-54.1	-97.3	-0.0	33.2	-0.2
México	37.4	-159.3	0.0	226.5	51.2
Nicaragua	9.5	21.3	0.0	-52.9	34.2
Panamá	-7.0	4.5	-0.0	-94.7	-152.0
Paraguay	0.2	8.6	0.0	6.0	45.5
Perú	-241.5	-252.2	0.0	55.5	-8.2
República Dominicana	-57.9	-24.4	0.0	168.1	-33.5
Suriname	-4.7	-9.4	-0.0	-0.5	20.1
Trinidad y Tabago	61.7	85.9	0.0	396.8	416.7
Uruguay	2.2	-66.1	0.0	-69.8	-71.5
Venezuela	1 360.6	318.6	0.0	3 930.4	3 712.5
Total	942.8	-386.3	0.0	3 121.8	4 491.4
Países exportadores de petróleos [2]	1 180.0	-37.5	0.0	4 887.3	4 634.5
Países no exportadores de petróleo	-237.2	-348.8	0.0	-1 765.5	-143.1

[1] Según valores del Balance de pagos.
[2] Se refiere a Bolivia, Ecuador, México, Perú, Trinidad y Tabago y Venezuela.

119. TERMS OF TRADE EFFECT [1]

(Millions of dollars at constant 1970 prices)

1978	1979	1980	1981	1982	1983	Country
-355.7	-80.7	315.4	5.6	-601.9	-713.8	Argentina
33.1	32.1	43.4	41.7	46.8	...	Barbados
49.9	52.8	108.4	92.3	74.9	78.8	Bolivia
-493.9	-1 002.9	-2 151.7	-3 693.1	-3 612.1	-4 434.7	Brazil
544.2	405.3	352.3	-3.3	154.5	160.7	Colombia
-12.8	-18.9	-28.4	-146.7	-184.3	-169.1	Costa Rica
-1 125.0	-1 311.8	-1 612.8	-1 751.5	-2 091.6	-2 136.8	Chile
365.6	565.3	655.4	564.6	464.0	415.4	Ecuador
97.2	97.3	30.7	-16.8	-16.0	-29.6	El Salvador
71.8	-8.3	-14.9	-55.0	-115.1	-181.6	Guatemala
11.4	8.6	19.4	16.7	11.9	...	Guyana
10.8	2.0	6.4	-2.7	-4.2	-7.5	Haiti
28.4	4.4	12.8	-26.9	-33.9	-35.9	Honduras
-52.6	-94.5	-69.9	-81.8	...	...	Jamaica
176.5	817.5	2 604.5	3 312.6	2 043.3	1 332.4	Mexico
-9.1	-45.3	-39.4	-73.7	-74.5	-99.8	Nicaragua
-168.8	-211.0	-269.9	-266.9	-280.1	-270.3	Panama
34.7	24.7	10.5	18.4	5.8	-5.0	Paraguay
-216.0	163.3	295.4	54.8	-106.4	-123.2	Peru
-42.6	-47.4	13.5	27.5	-87.2	-57.4	Dominican Republic
17.4	0.0	1.9	4.2	...	...	Suriname
384.2	547.9	850.5	813.4	743.7	...	Trinidad and Tobago
-53.0	-16.8	-28.3	-76.6	-99.6	-147.6	Uruguay
3 140.4	5 069.1	6 391.9	6 031.1	5 041.5	4 702.3	Venezuela
2 436.1	4 952.7	7 497.1	4 787.9	...	...	*Total*
3 900.6	7 215.9	10 906.1	10 868.8	8 261.0	...	*Oil exporting countries* [2]
-1 464.5	-2 263.2	-3 409.0	-6 080.9	...	...	*Non-oil exporting countries*

[1] *According to Balance of payments values.*
[2] *Refers to Bolivia, Ecuador, Mexico, Peru, Trinidad and Tobago and Venezuela.*

II. CUENTAS NACIONALES

120. REMUNERACION NETA DE FACTORES PAGADOS AL RESTO DEL MUNDO [1]

(Millones de dólares a precios constantes de 1970)

País	1960	1965	1970	1975	1977
Argentina	66.2	61.7	278.0	231.8	350.1
Barbados	-3.3	-3.6	0.3	2.3	2.2
Bolivia	1.0	3.8	25.4	6.6	34.7
Brasil	233.5	275.8	622.0	978.7	1 475.8
Colombia	45.8	101.0	180.0	155.4	138.5
Costa Rica	4.1	15.5	15.8	34.1	39.1
Chile	75.6	139.7	196.0	148.7	170.0
Ecuador	24.4	25.3	29.2	43.8	113.9
El Salvador	4.9	8.7	9.6	22.2	14.3
Guatemala	6.7	13.7	38.2	32.7	16.8
Guyana	10.9	15.6	15.9	9.3	9.8
Haití	4.7	5.6	3.5	4.8	5.8
Honduras	-12.4	16.6	22.6	16.0	31.8
Jamaica	19.5	31.6	84.7	36.1	49.7
México	148.8	272.7	451.0	1 054.3	1 163.3
Nicaragua	3.6	15.5	30.2	33.2	35.4
Panamá	-14.9	-23.0	28.9	9.4	26.3
Paraguay	1.8	3.4	12.5	13.0	8.6
Perú	80.7	94.8	133.0	147.0	225.8
República Dominicana	10.9	12.9	25.9	62.3	48.7
Suriname	19.0	19.2	40.2	7.0	20.2
Trinidad y Tabago	66.2	65.7	66.3	48.5	98.8
Uruguay	8.2	16.6	24.8	36.9	33.2
Venezuela	721.1	787.4	553.0	-63.2	-48.9
Total	1527.0	1 976.2	2887.0	3 070.9	4 063.9
Países exportadores de petróleo [2]	1 042.2	1 249.7	1 257.9	1237.0	1 587.6
Países no exportadores de petróleo	484.8	726.5	1 629.1	1 833.9	2 476.3

[1] Según valores del Balance de pagos.
[2] Se refiere a Bolivia, Ecuador, México, Perú, Trinidad y Tabago y Venezuela.

120. NET FACTOR INCOME PAID TO THE REST OF THE WORLD [1]

(Millions of dollars at constant 1970 prices)

1978	1979	1980	1981	1982	1983	Country
310.2	354.0	549.9	1 274.8	1 655.9	1 988.8	*Argentina*
0.9	3.1	0.4	3.0	4.0	...	*Barbados*
53.1	71.5	92.9	116.3	142.0	146.1	*Bolivia*
1 697.5	1 852.6	1922.0	2 562.1	3 453.8	2 897.4	*Brazil*
139.8	99.4	71.0	146.2	294.5	331.7	*Colombia*
47.6	58.6	73.8	98.0	124.9	109.5	*Costa Rica*
206.9	238.5	296.7	422.6	577.4	534.1	*Chile*
154.1	171.9	226.4	290.0	333.9	281.5	*Ecuador*
24.6	16.9	22.7	25.0	33.4	46.4	*El Salvador*
15.5	5.2	16.1	28.8	36.0	34.2	*Guatemala*
10.1	13.5	13.7	16.5	15.5	...	*Guyana*
6.8	5.6	5.3	4.6	4.6	3.9	*Haiti*
37.6	49.2	53.9	50.5	65.9	48.8	*Honduras*
60.4	65.1	65.2	47.1	...	...	*Jamaica*
1 395.6	1 839.3	2 465.7	3 554.6	4 083.6	3313.0	*Mexico*
44.0	29.8	29.5	29.3	42.2	17.8	*Nicaragua*
20.9	30.0	41.2	61.6	61.2	78.6	*Panama*
11.9	-1.8	3.6	-10.3	-17.2	6.7	*Paraguay*
275.5	401.5	319.4	361.3	356.0	379.0	*Peru*
62.6	78.3	72.8	96.5	81.0	96.1	*Dominican Republic*
16.7	17.2	6.5	-3.5	...	...	*Suriname*
35.5	111.2	122.3	76.5	43.2	...	*Trinidad and Tobago*
36.4	21.7	32.2	21.7	61.8	94.2	*Uruguay*
-19.4	1.2	-136.7	-215.3	587.0	880.7	*Venezuela*
4 644.8	**5 533.5**	**6 366.5**	**9 057.9**	...	...	**Total**
1 894.4	2 596.6	3090.0	4 183.4	5 545.7	...	*Oil exporting countries* [2]
2 750.4	2 936.9	3 276.5	4 874.5	...	...	*Non-oil exporting countries*

[1] *According to Balance of payments values.*
[2] *Refers to Bolivia, Ecuador, Mexico, Peru, Trinidad and Tobago and Venezuela.*

II. CUENTAS NACIONALES

121. ARGENTINA: PRODUCTO INTERNO BRUTO POR TIPO DE GASTO, A PRECIOS DE MERCADO

(Pesos) [1]

Tipo de gasto	1960	1965	1970	1975
	A precios corrientes			
	(millones / *millions*)			(miles)
1. Gasto de consumo final del gobierno general	925.7	3 340.9	9 054.9	908	18 792
2. Gasto privado de consumo final	7 138.0	25 607.0	65 924.3	5 986	86 533
3. Variación de existencias	97.1	818.0	393.1	-1	750
4. Formación bruta de capital fijo	2 079.1	6 166.6	18 943.3	1 861	37 040
Construcción	873.0	2 821.0	10 705.0	1 161	25 752
Maquinaria y equipo	1 206.1	3 345.6	8 238.3	700	11 288
5. Exportaciones de bienes y servicios	1 024.6	2 777.5	8 011.5	810	11 287
6. Menos: Importaciones de bienes y servicios	1 140.5	2 316.1	7 533.7	789	11 622
Total: Producto interno bruto	10 124.0	36 393.9	94 793.4	8 775	142 779

	1960	1965	1970	1975
	A precios constantes de:			
	1960			1970
	(millones / *millions*)			(miles)
1. Gasto de consumo final del gobierno general	925.7	861.5	1 000.2	908.0	1 070.0
2. Gasto privado de consumo final	7 138.0	9 073.1	10 741.3	5 985.8	7 163.2
3. Variación de existencias	97.1	263.8	67.4	-0.6	78.4
4. Formación bruta de capital fijo	2 079.1	2 167.5	3 334.0	1 861.2	1 963.4
Construcción	873.0	854.0	1 470.0	1 160.7	1 226.2
Maquinaria y equipo	1 206.1	1 313.5	1 864.0	700.4	737.1
5. Exportaciones de bienes y servicios	1 024.6	1 342.2	1 788.4	809.6	737.4
6. Menos: Importaciones de bienes y servicios	1 140.5	1 164.5	1 472.0	789.4	907.1
Total: Producto interno bruto	10 124.0	12 543.6	15 459.3	8 774.6	10 105.3

[1] Las cifras están expresadas en las nuevas unidades monetarias, que equivalen a diez mil pesos (ley 18 188).
[2] Incluido en Gasto privado de consumo final.
[3] Incluye Gasto de consumo final del gobierno general.

121. ARGENTINA: GROSS DOMESTIC PRODUCT BY TYPE OF EXPENDITURE, AT MARKET PRICES

(Pesos) [1]

1978	1979	1980	1981	1982	1983	Type of expenditure
		At current prices				
		(thousands)				
609 481	1 637 186	3 739 527	7 186 946	15 418 293	...	1. General government final consumption expenditure
3 160 367	9 334 461	18 701 771	37 823 513	104 169 952	...	2. Private final consumption expenditure
- 27 306	- 18 455	157 083	- 270 577	1 664 575	...	3. Increase in stocks
1 276 156	3 235 332	6 282 580	10 236 278	24 736 526	...	4. Gross fixed capital formation
861 023	2 202 203	4 390 154	7 405 199	17 053 027	...	Construction
415 132	1 033 128	1 892 426	2 831 079	7 683 499	...	Machinery and equipment
609 936	1 257 935	1 944 208	5 172 757	19 864 775	...	5. Exports of goods and services
405 294	1 222 928	2 560 035	5 409 960	15 106 800	...	6. Less: Imports of goods and services
5 223 340	14 223 531	28 265 134	54 738 957	150 747 321	...	Total: Gross domestic product
		At constant prices of:				
		1970				
		(thousands)				
1 204.0	1 271.0	[2]	[2]	[2]	[2]	1. General government final consumption expenditure
7 599.5	7 278.4	9 020.7 [3]	8 752.4 [3]	7 816.4 [3]	8 099.1 [3]	2. Private final consumption expenditure
-67.4	4.9	91.8	-73.4	125.5	13.5	3. Increase in stocks
2 267.9	2 368.3	2 452.5	2 029.9	1 531.4	1 503.7	4. Gross fixed capital formation
1 451.7	1 448.6	1 457.1	1 266.9	1 023.3	961.6	Construction
816.2	919.7	995.3	763.0	508.1	542.1	Machinery and equipment
1 322.5	1 294.8	1 242.1	1 340.3	1 359.9	1 472.8	5. Exports of goods and services
783.7	1 185.2	1 692.9	1 628.1	942.9	894.7	6. Less: Imports of goods and services
10 338.8	11 032.2	11 114.2	10 421.2	9 890.3	10 194.4	Total: Gross domestic product

[1] Figures are expressed in the new monetary unit, which is equivalent to ten thousand pesos (law 18 188).
[2] Included in Private final consumption expenditure.
[3] Including General government final consumption expenditure.

122. ARGENTINA: RELACIONES ENTRE PRINCIPALES AGREGADOS DE CUENTAS NACIONALES, A PRECIOS CORRIENTES

(Pesos) [1]

	1960	1965	1970	1975	1977
	(millones / *millions*)			(miles)	
Remuneración de los asalariados	3 517.2	13 647.7	38 781.2	...	...	...
Más: Excedente de explotación	5 492.4	18 641.3	40 729.4	...	...	...
Más: Consumo de capital fijo	239.8	1 345.3	5 113.3	...	...	...
1. Igual: **Producto interno bruto al costo de factores**	9 249.4	33 634.3	84 623.9	7 774	133 870	1 853 337
Más: Impuestos indirectos	1 070.8	3 393.6	11 011.6	1 001 [2]	8 909 [2]	235 366 [2]
Menos: Subsidios	196.2	634.0	842.1	[3]	[3]	[3]
2. Igual: **Producto interno bruto a precios de mercado**	10 124.0	36 393.9	94 793.4	8 775	142 779	2 088 703
Menos: Remuneración neta de factores pagada al resto del mundo	47.4	139.7	1 078.2	...	...	...
3. Igual: **Producto nacional bruto a precios de mercado**	10 076.6	36 254.2	93 715.2	...	...	...
Menos: Consumo de capital fijo	239.8	1 345.3	5 113.3	...	...	...
4. Igual: **Ingreso nacional a precios de mercado**	9 836.8	34 908.9	88 601.9	...	...	...
Más: Otras transferencias corrientes netas procedentes del resto del mundo	...	...	...	...	...	...
5. Igual: **Ingreso nacional disponible a precios de mercado**	...	...	...	...	...	...
Menos: Gasto total de consumo final	8 063.7	28 947.8	74 979.2	6 894	105 325	1 455 039
6. Igual: **Ahorro nacional**	1 773.3 [4]	5 961.1 [4]	13 622.7 [4]	...	...	...
Menos: Excedente de la nación por transacciones corrientes	-163.3	321.7	-600.4	...	...	...
7. Igual: **Formación neta de capital**	1 936.4	5 639.4	14 223.1	...	...	...
Más: Consumo de capital fijo	239.8	1 345.3	5 113.3	...	...	...
8. Igual: **Formación bruta de capital**	2 176.2	6 984.7	19 336.4	1 860	37 789	568 440

[1] Las cifras están expresadas en las nuevas unidades monetarias, que equivalen a diez mil pesos (ley 18 188).
[2] Incluye Subsidios.
[3] Incluido en Impuestos indirectos.
[4] No incluye Otras transferencias corrientes procedentes del resto del mundo.

122. ARGENTINA: RELATIONS AMONG MAIN NATIONAL ACCOUNTS AGGREGATES, AT CURRENT PRICES

(Pesos) [1]

1978	1979	1980	1981	1982	
		(Thousands)			
...	...	...	...	...	Compensation of employees
...	...	...	...	...	Plus: Operating surplus
...	...	...	...	...	Plus: Consumption of fixed capital
4 607 854	12 448 353	23 658 803	47 243 076	133 088 031	1. Equals: **Gross domestic product at factor cost**
615 486 [2]	1 775 178 [2]	4 606 331 [2]	7 495 881 [2]	17 659 920 [2]	Plus: Indirect taxes
[3]	[3]	[3]	[3]	[3]	Less: Subsidies
5 223 340	14 223 531	28 265 134	54 738 957	150 747 321	2. Equals: **Gross domestic product at market prices**
...	...	...	...	...	Less: Net factor income paid to the rest of the world
...	...		...	...	3. Equals: **Gross national product at market prices**
...	...	...	...	...	Less: Consumption of fixed capital
...	...	...	...	...	4. Equals: **National income at market prices**
...	...	...	...	...	Plus: Other net current transfers received from the rest of the world
...	...	...	...	...	5. Equals: **National disposable income at market prices**
3 769 848	10 971 647	22 441 298	45 010 459	119 588 245	Less: Total final consumption expenditure
...	...	...	...	...	6. Equals: **National saving**
...	...	...	...	...	Less: Surplus of the nation on current transactions
...	...	...	...	...	7. Equals: **Net capital formation**
...	...	...	...	...	Plus: Consumption of fixed capital
1 248 850	3 216 877	6 439 663	9 965 701	26 401 101	8. Equals: **Gross capital formation**

[1] Figures are expressed in the new monetary unit, which is equivalent to ten thousand pesos (law 18 188).
[2] Including Subsidies.
[3] Included in Indirect taxes.
[4] Not including Other net current transfers received from the rest of the world.

II. CUENTAS NACIONALES

123. ARGENTINA: PRODUCTO INTERNO BRUTO POR CLASE DE ACTIVIDAD ECONOMICA, AL COSTO DE FACTORES [1]

(Pesos) [2]

Clase de actividad	1960	1965	1970		1975
		A precios corrientes			
		(millones / *millions*)		(miles)	
1. Agricultura, caza, silvicultura y pesca	1 536.6	5 304.6	11 119.3	1 068	12 702
2. Explotación de minas y canteras	102.7	656.1	1 787.6	176	2 835
3. Industrias manufactureras	2 878.0	11 302.0	25 582.5	2 682	46 356
4. Electricidad, gas y agua	114.8	597.1	1 819.4	204	2 604
5. Construcción	369.9	1 202.2	4 864.6	507	11 203
6. Comercio al por mayor y al por menor, restaurantes y hoteles	1 749.4	5 242.8	11 388.5	1 423	22 155
7. Transportes, almacenamiento y comunicaciones	730.2	2 650.3	8 576.9	840	11 164
8. Establecimientos financieros, seguros, bienes inmuebles y servicios prestados a las empresas	366.1	1 151.5	3 828.5	706	11 789
Viviendas	181.4	...	...	...	...
9. Servicios comunales, sociales y personales	1 401.7	5 527.5	15 656.5	1 169	21 971
Servicios gubernamentales	674.7	...	...	...	...
Subtotal	9 249.4	33 634.1	84 623.8	8 775	142 779
Menos: Comisión imputada de los servicios bancarios	...	...	...	...	...
Total: Producto interno bruto	9 249.4	33 634.3	84 623.8	8 775	142 779
		A precios constantes de:			
		1960		1970	
		(millones / *millions*)		(miles)	
1. Agricultura, caza, silvicultura y pesca	1 536.6	1 834.9	1 940.6	1 023.2	1 171.7
2. Explotación de minas y canteras	102.7	159.3	248.3	177.7	193.2
3. Industrias manufactureras	2 878.0	3 882.1	4 977.9	2 098.6	2 485.3
4. Electricidad, gas y agua	114.8	210.8	319.8	181.0	262.7
5. Construcción	369.9	365.9	674.8	502.5	527.2
6. Comercio al por mayor y al por menor, restaurantes y hoteles	1 749.4	2 069.6	2 516.2	1 183.3	1 344.0
7. Transportes, almacenamiento y comunicaciones	730.2	884.5	1 055.6	881.1	959.4
8. Establecimientos financieros, seguros, bienes inmuebles y servicios prestados a las empresas	366.1	415.1	489.6	591.5	633.8
Viviendas	181.4	193.9	230.9	160.9	180.1
9. Servicios comunales, sociales y personales	1 401.7	1 635.8	1 898.5	1 135.2	1 376.0
Servicios gubernamentales	674.7	712.7	758.5	758.7	928.6
Subtotal	9 249.4	11 457.8	14 121.3	7 774.2	8 953.2
Menos: Comisión imputada de los servicios bancarios	...	...	...	...	...
Total: Producto interno bruto	9 249.4	11 457.8	14 121.3	7 774.2	8 953.2

[1] Desde el año 1970, las series a precios corrientes están valoradas a precios de mercado.
[2] Las cifras están expresadas en las nuevas unidades monetarias, que equivalen a diez mil pesos (ley 18 188).

123. ARGENTINA: GROSS DOMESTIC PRODUCT BY KIND OF ECONOMIC ACTIVITY, AT FACTOR COST [1]

(Pesos) [2]

1978	1979	1980	1981	1982	1983	*Kind of activity*
		At current prices				
		(thousands)				
530 710	1 503 927	2 435 712	4 938 889	17 454 818	...	1. *Agriculture, hunting, forestry and fishing*
101 168	342 661	669 410	1 583 097	4 329 406	...	2. *Mining and quarrying*
1 513 081	3 951 106	7 082 153	13 146 631	41 918 386	...	3. *Manufacturing*
144 898	303 947	718 422	1 631 633	3 260 304	...	4. *Electricity, gas and water*
381 335	990 526	1 999 518	3 306 200	7 559 928	...	5. *Construction*
873 144	2 494 260	5 034 824	9 709 558	26 503 240	...	6. *Wholesale and retail trade, restaurants and hotels*
443 105	1 143 286	2 170 575	4 414 062	9 243 949	...	7. *Transport, storage and communications*
561 527	1 658 832	3 884 984	7 582 885	21 335 625	...	8. *Finance, insurance, real estate and business services*
...	...	...	...	...	...	*Dwellings*
674 372	1 834 986	4 269 536	8 426 002	19 141 665	...	9. *Community, social and personal services*
...	...	...	...	...	...	*Government services*
5 223 340	14 223 531	28 265 134	54 738 957	150 747 321	...	*Subtotal*
...	...	...	...	...	...	*Less: Imputed bank service charges*
5 223 340	14 223 531	28 265 134	54 738 957	150 747 321	...	*Total: Gross domestic product*
		At constant prices of:				
		1970				
		(thousands)				
1 290.2	1 335.3	1 245.8	1 275.8	1 369.2	1 382.0	1. *Agriculture, hunting, forestry and fishing*
218.9	232.8	246.2	247.6	245.8	251.2	2. *Mining and quarrying*
2 324.8	2 561.6	2 464.4	2 070.6	1 972.6	2 185.2	3. *Manufacturing*
294.5	326.1	351.4	347.4	358.1	386.8	4. *Electricity, gas and water*
647.4	644.4	651.8	562.0	450.8	420.2	5. *Construction*
1 257.0	1 395.5	1 473.7	1 373.7	1 122.3	1 158.4	6. *Wholesale and retail trade, restaurants and hotels*
986.5	1 051.0	1 056.8	1 017.8	991.3	1 026.3	7. *Transport, storage and communications*
738.1	796.9	895.2	847.4	750.0	691.5	8. *Finance, insurance, real estate and business services*
194.1	197.9	201.6	205.7	209.3	212.2	*Dwellings*
1 402.7	1 430.8	1 461.8	1 490.7	1 502.5	1 530.7	9. *Community, social and personal services*
915.0	928.7	936.4	945.4	967.1	981.1	*Government services*
9 160.1	9 774.5	9 847.1	9 233.1	8 762.7	9 032.1	*Subtotal*
...	...	...	...	...	...	*Less: Imputed bank service charges*
9 160.1	9 774.5	9 847.1	9 233.1	8 762.7	9 032.1	*Total: Gross domestic product*

[1] *From 1970 onwards, the series at current prices are valued at market prices.*
[2] *Figures are expressed in the new monetary unit, which is equivalent to ten thousand pesos (law 18 188).*

124. ARGENTINA: INGRESOS Y GASTOS DE LOS HOGARES, INCLUIDAS LAS EMPRESAS NO FINANCIERAS NO CONSTITUIDAS EN SOCIEDAD [1]

(Pesos) [2]

	1960	1965	1970	1975	1977
	(millones / *millions)*			(miles)	
1. Remuneración de los asalariados	3 517.2	13 647.7	38 781.2	...	...	...
2. Renta neta de la propiedad y de la empresa	5 104.5	17 299.9	35 986.8	...	...	...
3. Prestaciones de seguridad social	...	...	...	...	...	...
4. Donaciones de asistencia social	...	...	...	...	...	...
5. Transferencias corrientes n.e.p. de residentes	420.3	1 769.1	5 321.9	...	...	...
6. Transferencias corrientes n.e.p. del resto del mundo	...	...	...	...	...	...
Total: Ingresos corrientes	9 042.0	32 716.7	80 089.9	...	...	...
7. Gasto de consumo final	7 138.0	25 606.9	65 924.3	5 986	86 533	1 257 746
8. Impuestos directos	154.8	568.4	1 171.5	...	...	...
9. Contribuciones a la seguridad social	428.6	1 674.9	4 848.0	...	...	...
10. Transferencias corrientes n.e.p. a residentes	11.6	56.6	213.7	...	...	...
11. Transferencias corrientes n.e.p. al resto del mundo	...	...	...	...	...	...
12. Ahorro	1 309.0	4 809.9	7 932.4	...	...	...
Total: Egresos corrientes	9 042.0	32 716.7	80 089.9	...	...	...

[1] Comprende Instituciones privadas sin fines de lucro que sirven a los hogares.
[2] Las cifras están expresadas en las nuevas unidades monetarias, que equivalen a diez mil pesos (ley 18 188).

124. ARGENTINA: INCOME AND OUTLAY OF HOUSEHOLDS, INCLUDING PRIVATE UNINCORPORATED NON-FINANCIAL ENTERPRISES [1]

(Pesos) [2]

1978	1979	1980	1981	1982	
		(thousands)			
...	...	...	...	...	1. Compensation of employees
...	...	...	...	...	2. Net property and entrepreneurial income
...	...	...	...	...	3. Social security benefits
...	...	...	...	...	4. Social assistance grants
...	...	...	...	...	5. Current transfers n.e.c. from residents
...	...	...	...	...	6. Current transfers n.e.c. from the rest of the world
...	...	...	...	...	Total: Current receipts
3 160 367	9 344 461	18 701 771	37 823 513	104 169 952	7. Final consumption expenditure
...	...	...	...	...	8. Direct taxes
...	...	...	...	...	9. Social security contributions
...	...	...	...	...	10. Current transfers n.e.c. to residents
...	...	...	...	...	11. Current transfers n.e.c. to rest of the world
...	...	...	...	...	12. Saving
...	...	...	...	...	Total: Current disbursements

[1] Includes Private non-profit institutions serving households.
[2] Figures are expressed in the new monetary unit, which is equivalent to ten thousand pesos (law 18 188).

125. ARGENTINA: INGRESOS Y GASTOS DEL GOBIERNO GENERAL

(Pesos) [1]

	1960	1965	1970	1975	1977
			(millones / *millions*)		(miles)
1. Renta de la propiedad y de la empresa	21.1	103.1	305.2	798	11 157	...
2. Impuestos indirectos	1 070.8	3 393.6	11 011.6	10 717	120 180	...
3. Impuestos directos	270.8	861.4	1 907.4	3 174	15 056	...
4. Contribuciones a la seguridad social	428.6	1 674.9	4 848.0	4 918	82 354	...
5. Transferencias corrientes n.e.p. de residentes	11.6	56.6	213.7	247	2 872	...
6. Transferencias corrientes n.e.p. del resto del mundo	...	...	...	...	...	...
Total: Ingresos corrientes	**1 802.9**	**6 089.6**	**18 285.9**	19 854	231 619	...
7. Gasto de consumo final	925.7	3 340.9	9 054.9	9 078	187 916	197 293
8. Renta de la propiedad	25.1	160.7	290.9	317	7 419	...
9. Subsidios	196.2	634.0	842.1	791	49 889.0	...
10. Prestaciones de seguridad social	...	...	...	5 247	84 344	...
11. Transferencias corrientes n.e.p. a residentes	420.3	1 769.1	5 321.9	500	10 868	...
12. Transferencias corrientes n.e.p. al resto del mundo	...	...	...	...	...	...
13. Ahorro	235.6	184.9	2 776.1	3 921	-108 817	...
Total: Egresos corrientes	**1 802.9**	**6 089.6**	**18 285.9**	19 854	231 619	...

[1] Las cifras están expresadas en las nuevas unidades monetarias, que equivalen a diez mil pesos (ley 18 188).

125. ARGENTINA: INCOME AND OUTLAY OF THE GENERAL GOVERNMENT

(Pesos) [1]

1978	1979	1980	1981	1982	
		(thousands)			
...	...	...	...	...	1. *Property and entrepreneurial income*
...	...	...	...	...	2. *Indirect taxes*
...	...	...	...	...	3. *Direct taxes*
...	...	...	...	...	4. *Social security contributions*
...	...	...	...	...	5. *Current transfers n.e.c. from residents*
...	...	...	...	...	6. *Current transfers n.e.c. from the rest of the world*
...	...	..	...	...	**Total:** *Current receipts*
609 481	1 637 186	3 739 527	7 186 946	15 418 293	7. *Final consumption expenditure*
...	...	...	...	...	8. *Property income*
...	...	...	...	...	9. *Subsidies*
...	...	...	...	...	10. *Social security benefits*
...	...	...	...	...	11. *Current transfers n.e.c. to residents*
...	...	...	...	...	12. *Current transfers n.e.c. to rest of the world*
...	...	...	...	...	13. *Saving*
...	...	...	...	...	**Total:** *Current disbursements*

[1] Figures are expressed in new monetary unit, which is equivalent to ten thousand pesos (law 18 188).

126. BARBADOS: PRODUCTO INTERNO BRUTO POR TIPO DE GASTO, A PRECIOS DE MERCADO

(Millones de dólares de Barbados a precios corrientes)

Tipo de gasto	1960	1965	1970	1974	1978
1. Gasto de consumo final del gobierno general	14.8	...	...	...	130.7	189.7
2. Gasto privado de consumo final	123.4	...	...	...	510.5	782.2
3. Variación de existencias	1.9	...	...	...	14.5	2.2
4. Formación bruta de capital fijo	34.5	...	...	...	154.7	252.3
Construcción	...	...	...	...	...	...
Maquinaria y equipo	...	...	...	...		
5. Exportaciones de bienes y servicios	57.2	...	...	...	362.7	645.8
6. Menos: Importaciones de bienes y servicios	96.2	...	...	...	470.2	760.1
Total: Producto interno bruto	**135.6**	...	...	...	**702.9**	**1 112.1**

127. BARBADOS: RELACIONES ENTRE PRINCIPALES AGREGADOS DE CUENTAS NACIONALES, A PRECIOS CORRIENTES

(Millones de dólares de Barbados)

	1960	1965	1970	1974	1978
Remuneración de los asalariados	70.7	...	...	...	424.0	...
Más: Excedente de explotación	44.5	...	...	...	172.4	...
Más: Consumo de capital fijo	4.6	...	...	...	44.1	...
1. Igual: **Producto interno bruto al costo de factores**	119.8	158.2	289.7	...	640.4	984.4
Más: Impuestos indirectos	16.1	...	...	...	62.5 [1]	127.7 [1]
Menos: Subsidios	0.3	...	...	...	[2]	[2]
2. Igual: **Producto interno bruto a precios de mercado**	135.6	...	...	...	702.9	1 112.1
Menos: Remuneración neta de factores pagada al resto del mundo	-0.9	...	...	...	...	...
3. Igual: **Producto nacional bruto a precios de mercado**	136.5					
Menos: Consumo de capital fijo	4.6	...	...	...	44.1	...
4. Igual: **Ingreso nacional a precios de mercado**	131.9				...	...
Más: Otras transferencias corrientes netas procedentes del resto del mundo	9.4	...	...	...		
5. Igual: **Ingreso nacional disponible a precios de mercado**	141.3				...	...
Menos: Gasto total de consumo final	138.2	...	...	...	641.2	...
6. Igual: **Ahorro nacional**	3.1	...	...	...	...	...
Menos: Excedente de la nación por transacciones corrientes	-28.7	...	...	...	...	...
7. Igual: **Formación neta de capital**	31.8	...	...	...	125.1	...
Más: Consumo de capital fijo	4.6	...	...	...	44.1	...
8. Igual: **Formación bruta de capital**	36.4	...	...	...	169.2	254.5

[1] Calculado por diferencia e incluye Subsidios.
[2] Incluido en Impuestos indirectos.

126. BARBADOS: GROSS DOMESTIC PRODUCT BY TYPE OF EXPENDITURE, AT MARKET PRICES

(Millions of Barbados dollars at current prices)

1979	1980	1981	1982	1983	Type of expenditure
210.3	258.2	287.9	284.3	294.6	1. *General government final consumption* *expenditure*
965.3	1 081.2	1 330.0	1 307.0	1 425.8	2. *Private final consumption expenditure*
18.3	29.0	7.1	3.9	6.2	3. *Increase in stocks*
298.9	395.3	517.8	450.6	415.0	4. *Gross fixed capital formation*
...	...	...	...	...	*Construction*
...	...	...	...	...	*Machinery and equipment*
882.1	1 213.7	1 157.4	1 216.7	1 485.7	5. *Exports of goods and services*
1 026.5	1 246.8	1 381.4	1 258.7	1 503.3	6. *Less: Imports of goods and services*
1 348.4	**1 730.6**	**1 918.8**	**2 003.8**	**2 124.1**	**Total:** *Gross domestic product*

127. BARBADOS: RELATIONS AMONG MAIN NATIONAL ACCOUNTS AGGREGATES, AT CURRENT PRICES

(Millions of Barbados dollars)

1979	1980	1981	1982	1983	
...	...	...	...	...	*Compensation of employees*
...	...	...	...	...	*Plus: Operating surplus*
...	...	...	...	...	*Plus: Consumption of fixed capital*
1 196.1	1 535.9	1 720.4	1 798.0	1 910.4	1. *Equals:* **Gross domestic product at factor cost**
152.2[1]	194.7[1]	198.4[1]	205.8[1]	213.7[1]	*Plus: Indirect taxes*
[2]	[2]	[2]	[2]	[2]	*Less: Subsidies*
1 348.3	1 730.6	1 918.8	2 003.8	2 124.1	2. *Equals:* **Gross domestic product at market prices**
...	...	...	...	...	*Less: Net factor income paid to the* *rest of the world*
...	...	...	...	...	3. *Equals:* **Gross national product at market prices**
...	...	...	...	...	*Less: Consumption of fixed capital*
...	...	...	...	...	4. *Equals:* **National income at market prices**
				...	*Plus: Other net current transfers received* *from the rest of the world*
...	...	...	...	...	5. *Equals:* **National disposable income** **at market prices**
...	...	...	...	...	*Less: Total final consumption expenditure*
...	...	...	...	...	6. *Equals:* **National saving**
...	...	...	...	...	*Less: Surplus of the nation on current* *transactions*
...	...	...	...	...	7. *Equals:* **Net capital formation**
...	...	...	...	...	*Plus: Consumption of fixed capital*
317.2	424.3	525.0	450.5	241.2	8. *Equals:* **Gross capital formation**

[1] *Calculated by difference and including Subsidies.*
[2] *Included in Indirect taxes.*

128. BARBADOS: PRODUCTO INTERNO BRUTO POR CLASE DE ACTIVIDAD ECONOMICA, AL COSTO DE FACTORES

(Millones de dólares de Barbados)

Clase de actividad	1960	1965	1970	1974	
	A precios corrientes				
1. Agricultura, caza, silvicultura y pesca	33.6[1]	41.4[1]	40.3[1]	...	68.5
2. Explotación de minas y canteras	[2]	[2]	[2]	...	0.8
3. Industrias manufactureras	10.0[3]	16.2[3]	31.0[3]	...	62.7
4. Electricidad, gas y agua	[4]	[4]	[4]	...	9.6
5. Construcción	11.8	14.9	27.5	...	52.7
6. Comercio al por mayor y al por menor, restaurantes y hoteles	27.6[5]	35.6[5]	71.2[5]	...	182.4
7. Transportes, almacenamiento y comunicaciones	6.8[6]	9.0[6]	20.9[6]	...	43.6
8. Establecimientos financieros, seguros, bienes inmuebles y servicios prestados a las empresas	[7]	[7]	[7]	...	93.8
Viviendas	6.2	6.5	11.1	...	...
9. Servicios comunales, sociales y personales	23.8[8]	34.6[8]	87.7[8]	...	126.3
Servicios gubernamentales	11.7	17.6	42.7	...	97.0
Subtotal	119.8	158.2	289.7	...	640.4
Menos: Comisión imputada de los servicios bancarios	...	...	...	...	...
Total: Producto interno bruto	119.8	158.2	289.7	...	640.4
	A precios constantes de 1974				
1. Agricultura, caza, silvicultura y pesca	...	...	...	68.5	
2. Explotación de minas y canteras	...	...	...	0.8	
3. Industrias manufactureras	...	...	...	62.7	
4. Electricidad, gas y agua	...	...	...	9.6	
5. Construcción	...	...	...	52.7	
6. Comercio al por mayor y al por menor, restaurantes y hoteles	...	...	...	182.4	
7. Transportes, almacenamiento y comunicaciones	...	...	...	43.6	
8. Establecimientos financieros, seguros, bienes inmuebles y servicios prestados a las empresas	...	...	...	93.8	
Viviendas	...	...	...	...	
9. Servicios comunales, sociales y personales	...	...	...	126.3	
Servicios gubernamentales	...	...	...	97.0	
Subtotal	...	...	...	640.4	
Menos: Comisión imputada de los servicios bancarios	...	...	...	...	
Total: Producto interno bruto	...	...	...	640.4	

[1] Incluye manufactura del azúcar.
[2] Incluido en Industrias manufactureras.
[3] Incluye gas, la manufactura del azúcar y Explotación de minas y canteras.
[4] Incluido en Transportes, almacenamiento y comunicaciones.
[5] Restaurantes y hoteles están incluidos en Servicios comunales sociales y personales.
[6] Incluye Electricidad gas y agua.
[7] Incluido en Servicios comunales, sociales y personales.
[8] Incluye Restaurantes y hoteles y Establecimientos financieros, seguros, bienes inmuebles y servicios prestados a las empresas, con excepción de Viviendas.
[9] Incluye Establecimientos financieros, seguros, bienes inmuebles y servicios prestados a las empresas.

128. BARBADOS: GROSS DOMESTIC PRODUCT BY KIND OF ECONOMIC ACTIVITY, AT FACTOR COST

(Millions of Barbados dollars)

1978	1979	1980	1981	1982	1983	Kind of activity
		At current prices				
91.7	109.8	152.3	128.9	122.1	132.0	1. *Agriculture, hunting, forestry and fishing*
6.9	9.3	11.5	13.1	16.1	14.2	2. *Mining and quarrying*
112.4	136.3	183.5	203.9	219.4	253.6	3. *Manufacturing*
15.7	18.3	33.1	38.6	44.7	52.9	4. *Electricity, gas and water*
75.1	88.1	118.2	138.4	122.1	132.5	5. *Construction*
314.5	403.4	501.9	575.4	579.1	565.0	6. *Wholesale and retail trade, restaurants and hotels*
64.2	70.1	86.9	113.0	134.8	154.1	7. *Transport, storage and communications*
115.6	135.0	172.6	210.2	250.1	258.9	8. *Finance, insurance, real estate and business services*
...	...	...	...	...	...	*Dwellings*
188.3	225.8	275.9	299.1	309.7	345.1	9. *Community, social and personal services*
150.6	179.6	218.2	229.7	223.0	264.3	*Government services*
984.4	1 196.1	1 535.9	1 720.4	1 798.0	1 908.3	*Subtotal*
...	...	...	...	...	...	*Less: Imputed bank service charges*
984.4	1 196.1	1 535.9	1 720.4	1 798.0	1 908.3	**Total:** *Gross domestic product*
		At constant 1974 prices				
72.3	78.3	82.6	67.7	66.1	69.1	1. *Agriculture, hunting, forestry and fishing*
1.6	1.6	2.0	1.8	1.8	2.1	2. *Mining and quarrying*
91.2	92.8	98.4	89.9	90.3	92.0	3. *Manufacturing*
14.2	15.8	16.8	16.5	16.7	17.8	4. *Electricity, gas and water*
46.3	52.7	56.4	58.7	51.7	51.2	5. *Construction*
215.7	249.0	267.7	261.8	234.6	228.4	6. *Wholesale and retail trade, restaurants and hotels*
46.6	48.3	49.7	51.9	53.5	54.3	7. *Transport, storage and communications*
[7]	[7]	[7]	[7]	[7]	[7]	8. *Finance, insurance, real estate and business services*
...	...	...	...	...	...	*Dwellings*
222.5[9]	228.1[9]	230.1[9]	234.3[9]	234.4[9]	234.3[9]	9. *Community, social and personal services*
99.5	102.0	102.0	104.0	100.8	100.8	*Government services*
710.5	766.7	803.8	782.6	749.1	749.2	*Subtotal*
...	...	...	...	...	...	*Less: Imputed bank service charges*
710.5	766.7	803.8	782.6	749.1	749.2	**Total:** *Gross domestic product*

[1] *Includes manufacture of sugar.*
[2] *Included in Manufacturing.*
[3] *Including gas, manufacture of sugar and Mining and quarrying.*
[4] *Included in Transport, storage and communications.*
[5] *Restaurants and hotels are included in Community, social and personal services.*
[6] *Including Electricity, gas and water.*
[7] *Included in Community, social and personal services.*
[8] *Including Restaurants and hotels and Community, social and personal services with the exception of Dwellings.*
[9] *Including Finance, insurance, real estate and business services.*

129. BELICE: PRODUCTO INTERNO BRUTO POR TIPO DE GASTO, A PRECIOS DE MERCADO

(Miles de dólares de Belice a precios corrientes)

Tipo de gasto	1978	1979	1980
1. Gasto de consumo final del gobierno general	40.6	53.0	66.8
2. Gasto privado de consumo final	165.7	197.7	246.9
3. Variación de existencias	0.1	14.7	5.7
4. Formación bruta de capital fijo	81.2	95.2	103.5
Construcción	...	...	...
Maquinaria y equipo	...	...	...
5. Exportaciones de bienes y servicios	161.4	173.8	215.7
6. Menos: Importaciones de bienes y servicios	207.3	252.0	296.2
Total: Producto interno bruto	**241.7**	**282.4**	**342.4**

130. BELICE: RELACIONES ENTRE PRINCIPALES AGREGADOS DE CUENTAS NACIONALES, A PRECIOS CORRIENTES

(Millones de dólares de Belice)

	1976	1977	1978	1979
Remuneración de los asalariados	...	...	...	...
Más: Excedente de explotación	...	...	...	...
Más: Consumo de capital fijo	...	...	...	...
1. Igual: **Producto interno bruto al costo de factores**	160.5	187.4	212.1	244.3
Más: Impuestos indirectos	...	...	29.6 [1]	38.1 [1]
Menos: Subsidios	...	...	[2]	[2]
2. Igual: **Producto interno bruto a precios de mercado**	...	...	241.7	282.4
Menos: Remuneración neta de factores pagada al resto del mundo	...	...	...	...
3. Igual: **Producto nacional bruto a precios de mercado**	...	...	...	...
Menos: Consumo de capital fijo	...	...	...	...
4. Igual: **Ingreso nacional a precios de mercado**	...	...	...	...
Más: Otras transferencias corrientes netas procedentes del resto del mundo	...	...	...	...
5. Igual: **Ingreso nacional disponible a precios de mercado**	...	...	...	...
Menos: Gasto total de consumo final	...	...	206.3	250.7
6. Igual: **Ahorro nacional**	...	...	...	...
Menos: Excedente de la nación por transacciones corrientes	...	...	...	...
7. Igual: **Formación neta de capital**	...	...	...	...
Más: Consumo de capital fijo	...	...	...	...
8. Igual: **Formación bruta de capital**	...	...	81.3	109.9

[1] Incluye Subsidios.
[2] Incluido en Impuestos indirectos.

129. BELIZE: GROSS DOMESTIC PRODUCT BY TYPE OF EXPENDITURE, AT MARKET PRICES

(Thousands of Belize dollars at current prices)

1981	1982	1983	Type of expenditure
77.1	85.2	87.9	1. General government final consumption expenditure
264.3	249.2	277.8	2. Private final consumption expenditure
14.4	9.7	-13.1	3. Increase in stocks
98.1	85.4	77.1	4. Gross fixed capital formation
...	...	...	Construction
...	...	...	Machinery and equipment
202.9	176.2	187.0	5. Exports of goods and services
290.7	273.4	265.0	6. Less: Imports of goods and services
366.1	**332.3**	**351.7**	**Total: Gross domestic product**

130. BELIZE: RELATIONS AMONG MAIN NATIONAL ACCOUNTS AGGREGATES, AT CURRENT PRICES

(Millions of Belize dollars)

1980	1981	1982	1983	
...	...	...	...	Compensation of employees
...	...	...	...	Plus: Operating surplus
...	...	...	...	Plus: Consumption of fixed capital
295.2	313.0	295.8	308.3	1. Equals: **Gross domestic product at factor cost**
47.2 [1]	53.1 [1]	36.5 [1]	43.4 [1]	Plus: Indirect taxes
[2]	[2]	[2]	[2]	Less: Subsidies
342.4	366.1	332.3	351.7	2. Equals: **Gross domestic product at market prices**
...	...	...	...	Less: Net factor income paid to the rest of the world
...	...	...	...	3. Equals: **Gross national product at market prices**
...	...	...	...	Less: Consumption of fixed capital
...	...	...	...	4. Equals: **National income at market prices**
...	...	...	...	Plus: Other net current transfers received from the rest of the world
...	...	...	...	5. Equals: **National disposable income at market prices**
313.7	344.4	334.4	365.7	Less: Total final consumption expenditure
...	...	...	...	6. Equals: **National saving**
...	...	...	...	Less: Surplus of the nation on current transactions
...	...	...	...	7. Equals: **Net capital formation**
...	...	...	...	Plus: Consumption of fixed capital
109.2	112.5	95.1	64.0	8. Equals: **Gross capital formation**

[1] Including Subsidies.
[2] Included in Indirect taxes.

II. CUENTAS NACIONALES

131. BELICE: PRODUCTO INTERNO BRUTO POR CLASE DE ACTIVIDAD ECONOMICA, AL COSTO DE FACTORES

(Miles de dólares de Belice)

Clase de actividad	1976	1977	1978	1979
	A precios corrientes			
1. Agricultura, caza, silvicultura y pesca	39 034	49 210	55 096	58 733
2. Explotación de minas y canteras	469	585	735	735
3. Industrias manufactureras	18 749	26 707	29 848	32 891
4. Electricidad, gas y agua	1 096	1 921	1 803	3 133
5. Construcción	12 966	10 580	15 127	16 328
6. Comercio al por mayor y al por menor, restaurantes y hoteles	29 189	32 959	38 179	45 134
7. Transportes, almacenamiento y comunicaciones	13 032	14 993	17 791	22 389
8. Establecimientos financieros, seguros, bienes inmuebles y servicios prestados a las empresas	17 219	17 790	17 336	21 412
Viviendas [1]	9 058	10 043	9 749	12 359
9. Servicios comunales, sociales y personales	33 842	37 529	41 337	49 421
Servicios gubernamentales	18 907	20 763	23 059	27 340
Subtotal	165 596	192 274	217 252	250 176
Menos: Comisión imputada de los servicios bancarios	5 079	4 871	5 183	5 872
Total: Producto interno bruto	160 517	187 403	212 069	244 304
	A precios constantes de 1973			
1. Agricultura, caza, silvicultura y pesca	23 497	26 987	28 398	28 325
2. Explotación de minas y canteras	356	328	377	377
3. Industrias manufactureras	10 225	11 475	12 593	11 404
4. Electricidad, gas y agua	1 264	1 275	1 494	1 655
5. Construcción	9 370	7 889	9 935	11 745
6. Comercio al por mayor y al por menor, restaurantes y hoteles	17 873	18 349	20 538	20 315
7. Transportes, almacenamiento y comunicaciones	9 059	10 045	11 223	12 170
8. Establecimientos financieros, seguros, bienes inmuebles y servicios prestados a las empresas	15 961	15 059	14 716	16 060
Viviendas	8 366 [1]	8 432 [1]	7 630 [1]	8 455 [1]
9. Servicios comunales, sociales y personales	22 841	22 975	24 645	26 396
Servicios gubernamentales	11 813	11 411	12 628	13 892
Subtotal	110 446	114 382	123 919	128 447
Menos: Comisión imputada de los servicios bancarios	4 689	4 142	4 980	4 905
Total: Producto interno bruto	105 757	110 240	118 939	123 542

[1] Incluye Bienes inmuebles y servicios prestados a las empresas.

131. BELIZE: GROSS DOMESTIC PRODUCT BY KIND OF ECONOMIC ACTIVITY, AT FACTOR COST

(Thousands of Belize dollars)

1980	1981	1982	1983	Kind of activity
		At current prices		
69 710	73 635	64 087	66 756	1. *Agriculture, hunting, forestry and fishing*
760	760	760	760	2. *Mining and quarrying*
44 844	46 439	37 151	40 866	3. *Manufacturing*
3 873	5 119	5 630	5 910	4. *Electricity, gas and water*
18 947	17 047	15 342	16 110	5. *Construction*
56 669	56 099	50 489	51 500	6. *Wholesale and retail trade, restaurants and hotels*
26 716	32 802	36 738	38 575	7. *Transport, storage and communications*
25 737	29 417	32 727	33 385	8. *Finance, insurance, real estate and business services*
14 239	16 741	18 783	19 160	*Dwellings*[1]
55 845	61 394	63 330	65 180	9. *Community, social and personal services*
30 853	32 583	32 500	32 500	*Government services*
303 101	322 702	306 254	319 042	*Subtotal*
7 938	9 749	10 458	10 670	*Less: Imputed bank service charges*
295 163	312 963	295 796	308 372	**Total:** *Gross domestic product*
		At constant 1973 prices		
28 600	30 745	33 340	33 928	1. *Agriculture, hunting, forestry and fishing*
380	380	380	380	2. *Mining and quarrying*
13 061	12 918	12 329	12 575	3. *Manufacturing*
1 664	1 656	2 051	2 070	4. *Electricity, gas and water*
12 904	11 540	9 232	9 500	5. *Construction*
21 907	21 658	19 492	19 000	6. *Wholesale and retail trade, restaurants and hotels*
12 699	13 919	14 200	14 484	7. *Transport, storage and communications*
16 351	16 546	16 728	16 778	8. *Finance, insurance, real estate and business services*
8 768	9 096	9 278	9 278	*Dwellings*
26 381	26 911	27 100	27 100	9. *Community, social and personal services*
13 727	14 069	14 000	14 000	*Government services*
133 947	136 273	134 852	135 815	*Subtotal*
5 041	5 470	5 250	5 250	*Less: Imputed bank service charges*
128 906	130 803	129 602	130 565	**Total:** *Gross domestic product*

[1] *Including Real estate and business services.*

132. BOLIVIA: PRODUCTO INTERNO BRUTO POR TIPO DE GASTO, A PRECIOS DE MERCADO

(Millones de pesos)

Tipo de gasto	1960	1962	1965	1970
		A precios corrientes		
1. Gasto de consumo final del gobierno general	387	492	827	1 351	1 324
2. Gasto privado de consumo final	3 763	4 516	5 510	8 615	8 955
3. Variación de existencias	38	41	167	214	319
4. Formación bruta de capital fijo	637	835	1 051	1 920	1 792
Construcción	304	327	367	...	902
Maquinaria y equipo	333	508	684	...	890
5. Exportaciones de bienes y servicios	726	807	1 541	2 494	2 494
6. Menos: Importaciones de bienes y servicios	1 072	1 364	1 916	2 514	2 514
Total: Producto interno bruto	4 479	5 327	7 180	12 080	12 370

	A precios constantes de:					
	1958		1968			1970
1. Gasto de consumo final del gobierno general	349	424	672	929	1 180	1 324
2. Gasto privado de consumo final	2 915	3 132	5 750	6 565	8 754	8 955
3. Variación de existencias	35	38	50	189	200	319
4. Formación bruta de capital fijo	590	782	1 022	1 175	1 564	1 792
Construcción	282	306	400	411	...	902
Maquinaria y equipo	308	476	622	764	...	890
5. Exportaciones de bienes y servicios	681	739	1 086	1 431	1 869	2 494
6. Menos: Importaciones de bienes y servicios	1 076	1 349	1 504	2 047	2 362	2 514
Total: Producto interno bruto	3 494	3 766	7 076	8 242	11 205	12 370

132. BOLIVIA: GROSS DOMESTIC PRODUCT BY TYPE OF EXPENDITURE, AT MARKET PRICES

(Millions of pesos)

1975	1980	1981	1982	1983	Type of expenditure
		At current prices			
5 699	18 998	24 374	45 946	140 503	1. General government final consumption expenditure
34 244	92 292	126 382	309 038	1 425 838	2. Private final consumption expenditure
2 971	-527	1 270	-7 403	-31 697	3. Increase in stocks
9 055	17 328	18 589	41 236	136 383	4. Gross fixed capital formation
4 034	10 649	...	...	...	Construction
5 021	6 679	...	...	...	Machinery and equipment
10 474	26 373	25 788	99 284	287 862	5. Exports of goods and services
13 242	25 850	33 593	89 642	443 104	6. Less: Imports of goods and services
49 201	128 614	162 810	398 459	1 515 785	**Total: Gross domestic product**
		At constant prices of:			
		1970			
2 166	2 559	2 643	2 275	2 179	1. General government final consumption expenditure
10 894	14 670	14 414	13 074	12 023	2. Private final consumption expenditure
794	-61	115	-250	-260	3. Increase in stocks
2 814	2 419	1 897	1 142	928	4. Gross fixed capital formation
1 414	1 483	...	...	...	Construction
1 400	936	...	...	...	Machinery and equipment
3 234	3 048	3 054	2 992	2 829	5. Exports of goods and services
3 485	3 423	3 093	1 865	1 650	6. Less: Imports of goods and services
16 417	19 212	19 030	17 368	16 049	**Total: Gross domestic product**

133. BOLIVIA: RELACIONES ENTRE PRINCIPALES AGREGADOS DE CUENTAS NACIONALES, A PRECIOS CORRIENTES

(Millones de pesos)

	1960	1965	1970		1975
Remuneración de los asalariados	1 626	2 761	10 528 [1]	4 209	16 364
Más: Excedente de explotación	2 228	3 467	[2]	6 463	24 153
Más: Consumo de capital fijo	379	415	590	756	2 893
1. Igual: **Producto interno bruto al costo de factores**	4 233	6 643	11 118	11 428	43 410
Más: Impuestos indirectos	310	667	1 010	942 [3]	5 791 [3]
Menos: Subsidios	64	130	48	[4]	[4]
2. Igual: **Producto interno bruto a precios de mercado**	4 479	7 180	12 080	12 370	49 201
Menos: Remuneración neta de factores pagada al resto del mundo	7	35	284	-284	-792
3. Igual: **Producto nacional bruto a precios de mercado**	4 472	7 145	11 796	12 086	48 409
Menos: Consumo de capital fijo	379	415	590	756	2 893
4. Igual: **Ingreso nacional a precios de mercado**	4 093	6 730	11 206	11 330	45 516
Más: Otras transferencias corrientes netas procedentes del resto del mundo	79	107	44	42	186
5. Igual: **Ingreso nacional disponible a precios de mercado**	4 172	6 837	11 250	11 372	45 702
Menos: Gasto total de consumo final	4 150	6 337	9 966	10 279	39 943
6. Igual: **Ahorro nacional**	22	500	1 284	1 093	5 759
Menos: Excedente de la nación por transacciones corrientes	-274	-303	-260	-262	-3 374
7. Igual: **Formación neta de capital**	296	803	1 544	1 355	9 133
Más: Consumo de capital fijo	379	415	590	756	2 893
8. Igual: **Formación bruta de capital**	675	1 218	2 134	2 111	12 026

[1] Incluye Excedente de explotación.
[2] Incluido en Remuneración de los asalariados.
[3] Incluye Subsidios.
[4] Incluido en Impuestos indirectos.

133. BOLIVIA: RELATIONS AMONG MAIN NATIONAL ACCOUNTS AGGREGATES, AT CURRENT PRICES

(Millions of pesos)

1978	1979	1980	1981	1982	1983	
26 950	32 982	46 601	...	...	...	*Compensation of employees*
36 099	42 980	60 613	...	...	...	*Plus: Operating surplus*
4 946	5 941	8 137	...	...	...	*Plus: Consumption of fixed capital*
67 995	81 903	115 351	...	...	...	1. *Equals:* **Gross domestic product at factor cost**
8 479 [3]	10 153 [3]	13 263 [3]	...	...	...	*Plus: Indirect taxes*
[4]	[4]	[4]	...	...	...	*Less: Subsidies*
76 474	92 056	128 614	162 810	398 459	1 515 785	2. *Equals:* **Gross domestic product at market prices**
-2 334	-3 572	-6 645	...	...	...	*Less: Net factor income paid to the rest of the world*
74 140	88 484	121 969	...	...	...	3. *Equals:* **Gross national product at market prices**
4 946	5 941	8 137	...	...	...	*Less: Consumption of fixed capital*
69 194	82 543	113 832	...	...	...	4. *Equals:* **National income at market prices**
693	926	1 380	...	...	...	*Plus: Other net current transfers received from the rest of the world*
69 887	83 469	115 212	...	...	...	5. *Equals:* **National disposable income at market prices**
66 282	81 269	111 290	150 756	354 984	1 566 341	*Less: Total final consumption expenditure*
3 605	2 200	3 922	...	...	...	6. *Equals:* **National saving**
-6 747	-8 075	-4 742	...	...	...	*Less: Surplus of the nation on current transactions*
10 352	10 275	8 664	...	...	...	7. *Equals:* **Net capital formation**
4 946	5 941	8 137	...	...	...	*Plus: Consumption of fixed capital*
15 298	16 216	16 801	19 859	33 833	104 686	8. *Equals:* **Gross capital formation**

[1] *Including Operating surplus.*
[2] *Included in Compensation of employees.*
[3] *Including Subsidies.*
[4] *Included in Indirect taxes.*

II. CUENTAS NACIONALES

134. BOLIVIA: PRODUCTO INTERNO BRUTO POR CLASE DE ACTIVIDAD ECONOMICA, A PRECIOS DE MERCADO

(Millones de pesos)

A precios corrientes

Clase de actividad	1960	1962	1965	1968	1970
1. Agricultura, caza, silvicultura y pesca	1 295	1 402	1 660	1 918	2 240
2. Explotación de minas y canteras	456	530	929	1 670	1 273
3. Industrias manufactureras	599	722	1 044	1 734	1 790
4. Electricidad, gas y agua	49	57	86	218	167
5. Construcción	168	181	360	507	511
6. Comercio al por mayor y al por menor, restaurantes y hoteles	558 [1]	680	856	1 561	2 182
7. Transportes, almacenamiento y comunicaciones	395 [2]	452	573	1 004	931
8. Establecimientos financieros, seguros, bienes inmuebles y servicios prestados a las empresas	[3]	416	586	1 190	1 267
Viviendas	235	361	500	978	1 088 [4]
9. Servicios comunales, sociales y personales	724	887	1 086	2 278	2 140
Servicios gubernamentales	293	387	613	1 021	986 [5]
Subtotal	4 479	5 327	7 180	12 080	12 501
Menos: Comisión imputada de los servicios bancarios	...	...	...	...	131
Más: Derechos de importación	...	...	...	...	[6]
Total: Producto interno bruto	4 479	5 327	7 180	12 080	12 370

A precios constantes de:

Clase de actividad	1958		1968			1970
1. Agricultura, caza, silvicultura y pesca	1 084	1 126	1 582	1 800	1 817	2 240
2. Explotación de minas y canteras	357	378	754	882	1 487	1 273
3. Industrias manufactureras	477	529	905	1 148	1 564	1 790
4. Electricidad, gas y agua	49	57	92	120	203	167
5. Construcción	141	147	241	428	468	511
6. Comercio al por mayor y al por menor, restaurantes y hoteles	454 [1]	481 [1]	910	1 029	1 432	2 182
7. Transportes, almacenamiento y comunicaciones	322 [2]	343	621	703	924	931
8. Establecimientos financieros, seguros, bienes inmuebles y servicios prestados a las empresas	[3]	[3]	616	740	1 150	1 267
Viviendas	127	137	549	610	952	1 088 [4]
9. Servicios comunales, sociales y personales	483	568	1 355	1 392	2 160	2 140
Servicios gubernamentales	274	347	546	687	962	986 [5]
Subtotal	3 494	3 766	7 076	8 242	11 205	12 501
Menos: Comisión imputada de los servicios bancarios	...	...	...	...	...	131
Más: Derechos de importación	...	...	...	...	...	[6]
Total: Producto interno bruto	3 494	3 766	7 076	8 242	11 205	12 370

[1] Incluye Establecimientos financieros, seguros, bienes inmuebles y servicios prestados a las empresas, con excepción de Viviendas.
[2] Incluye sólo Transporte. Comunicaciones están incluidas en Servicios comunales, sociales y personales.
[3] Con excepción de Viviendas, se incluye en Comercio al por mayor y al por menor, restaurantes y hoteles.
[4] Incluye Servicios prestados a las empresas.
[5] Incluye actividades de los productores de servicios gubernamentales generadas en distintas ramas de la CIIU.
[6] Incluidos en cada una de las actividades.

134. BOLIVIA: GROSS DOMESTIC PRODUCT BY KIND OF ECONOMIC ACTIVITY, AT MARKET PRICES

(Millions of pesos)

1975	1980	1981	1982	1983	Kind of activity
		At current prices			
9 133	22 612	30 195	70 872	341 435	1. *Agriculture, hunting, forestry and fishing*
5 529	12 550	12 247	38 147	100 504	2. *Mining and quarrying*
6 603	18 512	24 507	64 601	246 005	3. *Manufacturing*
469	1 363	2 399	5 060	15 594	4. *Electricity, gas and water*
2 017	5 112	4 943	7 527	28 002	5. *Construction*
9 406	22 214	29 309	79 432	362 454	6. *Wholesale and retail trade, restaurants and hotels*
3 620	9 810	13 884	39 507	130 526	7. *Transport, storage and communications*
4 681	11 880	15 111	30 587	93 057	8. *Finance, insurance, real estate and business services*
3 700[4]	8 648[4]	11 415[4]	22 649[4]	63 306[4]	*Dwellings*
8 431	26 601	32 579	67 796	217 192	9. *Community, social and personal services*
4 263[5]	14 358[5]	17 616[5]	34 780[5]	106 253[5]	*Government services*
49 889	130 654	165 154	403 529	1 534 769	*Subtotal*
688	2 040	2 344	5 070	18 984	*Less: Imputed bank service charges*
[6]	[6]	[6]	[6]	[6]	*Plus: Import duties*
49 201	128 614	162 810	398 459	1 515 785	**Total:** *Gross domestic product*
		At constant prices of: 1970			
2 938	3 267	3 496	3 419	2 667	1. *Agriculture, hunting, forestry and fishing*
1 635	1 371	1 393	1 262	1 257	2. *Mining and quarrying*
2 485	3 133	3 014	2 553	2 362	3. *Manufacturing*
237	341	373	375	369	4. *Electricity, gas and water*
679	711	463	278	278	5. *Construction*
2 634	2 867	2 798	2 339	2 068	6. *Wholesale and retail trade, restaurants and hotels*
1 491	2 280	2 269	2 097	1 996	7. *Transport, storage and communications*
1 614	1 996	1 937	1 836	1 805	8. *Finance, insurance, real estate and business services*
1 287[4]	1 513[4]	1 505[4]	1 490[4]	1 490[4]	*Dwellings*
2 934	3 551	3 561	3 430	3 448	9. *Community, social and personal services*
1 487[5]	1 842[5]	1 870[5]	1 883[5]	1 906[5]	*Government services*
16 647	19 517	19 304	17 589	16 250	*Subtotal*
230	305	274	221	201	*Less: Imputed bank service charges*
[6]	[6]	[6]	[6]	[6]	*Plus: Import duties*
16 417	19 212	19 030	17 368	16 049	**Total:** *Gross domestic product*

[1] *Including Finance, insurance, real estate and business services, with the exception of Dwellings.*
[2] *Including Transport only. Communications are included in Community, social and personal services.*
[3] *With the exception of Dwellings, it is included in Wholesale and retail trade, restaurants and hotels.*
[4] *Including Business services.*
[5] *Including Government services generated in various branches of the ISIC.*
[6] *Included in each activity.*

135. BRASIL: PRODUCTO INTERNO BRUTO POR TIPO DE GASTO, A PRECIOS DE MERCADO

(Millones de cruceiros)

Tipo de gasto	1960	1965	1970	1975	1978
			A precios corrientes		
1. Gasto de consumo final del gobierno general	366.7	4 226.3	4 546.1	22 006.2	106 894.2	350 169.2
2. Gasto privado de consumo final	1 912.5	24 886.3	28 891.2	124 859.0	619 110.5	2 509 876.6
3. Variación de existencias	40.9	1 359.8	1 582.7	3 319.7	24 860.1	27 779.5
4. Formación bruta de capital fijo	466.6	5 404.5	8 112.4	46 741.6	299 022.9	919 156.6
Construcción	...	...	...	25 660.6	164 483.0	518 937.1
Maquinaria y equipo	...	...	...	21 081.0	134 539.9	400 219.5
5. Exportaciones de bienes y servicios	166.8	3 245.7	3 245.7	13 660.0	74 815.2	242 100.7
6. Menos: Importaciones de bienes y servicios	202.8	2 305.0	2 305.0	14 476.1	115 029.3	285 215.6
Total: Producto interno bruto	2 750.7	36 817.6	44 073.1	196 110.4	1 009 673.6	3 763 867.0

				A precios constantes de:		
		1953			1970	
1. Gasto de consumo final del gobierno general	102.3	110.0	14 856.5	[1]	[1]	[1]
2. Gasto privado de consumo final	554.7	690.2	96 039.6	146 865.2 [2]	226 329.8 [2]	287 668.5 [2]
3. Variación de existencias	10.3	32.0	5 061.5	3 319.7	9 218.3	1 844.6
4. Formación bruta de capital fijo	111.7	117.4	26 590.7	46 741.6	93 678.5	105 359.3
Construcción	...	...	...	25 262.4 [4]	45 092.6 [4]	57 015.3 [4]
Maquinaria y equipo	...	...	...	21 479.2 [5]	48 585.9 [5]	48 344.0 [5]
5. Exportaciones de bienes y servicios	40.2 [6]	49.4 [6]	8 080.0 [6]	13 660.0	23 344.6	26 260.0
6. Menos: Importaciones de bienes y servicios	56.0	43.7	6 692.4	14 476.1	31 950.3	30 500.1
Total: Producto interno bruto	763.2	955.3	143 935.9	196 110.4	320 620.9	390 632.3

[1] Incluido en Gasto privado de consumo final.
[2] Incluye Gasto de consumo final del gobierno general.
[3] Incluye Gasto de consumo final del gobierno general y Variación de existencias.
[4] Excluye mejoras de tierras y desarrollo de plantaciones.
[5] Incluye mejoras de tierras y desarrollo de plantaciones.
[6] Se refiere al poder de compra de las exportaciones de bienes y servicios.

135. BRAZIL: GROSS DOMESTIC PRODUCT BY TYPE OF EXPENDITURE, AT MARKET PRICES

(Millions of cruzeiros)

1979	1980	1981	1982	1983	Type of expenditure
		At current prices			
590 188.9	1 153 144.7	2 285 228.5	5 056 663.6	...	1. General government final consumption expenditure
4 450 003.8	9 323 285.1	17 998 169.0 [1]	35 296 383.6 [1]	...	2. Private final consumption expenditure
-13 277.8	101 364.0	[2]	[2]	...	3. Increase in stocks
1 409 157.9	2 864 278.1	5 441 381.2	10 797 601.9	...	4. Gross fixed capital formation
793 465.4	1 698 986.6	3 258 755.9	6 693 384.9	...	Construction
615 692.5	1 165 291.5	2 182 625.3	4 194 217.0	...	Machinery and equipment
431 638.9	1 121 370.4	2 310 548.5	3 846 304.3	...	5. Exports of goods and services
555 949.7	1 399 624.5	2 403 555.3	4 181 658.2	...	6. Less: Imports of goods and services
6 311 762.0	13 163 817.8	25 631 771.9	50 815 295.2	121 055 448.4	**Total: Gross domestic product**
		At constant prices of:			
		1970			
[1]	[1]	[1]	[1]	...	1. General government final consumption expenditure
310 887.9 [2]	321 376.4 [2]	322 095.3 [3]	332 483.1 [3]	...	2. Private final consumption expenditure
-550.7	5 176.9	[1]	[1]	...	3. Increase in stocks
109 561.3	116 983.6	102 894.5	98 754.3	...	4. Gross fixed capital formation
59 005.2 [4]	63 637.0 [4]	60 945.2 [4]	61 030.5 [4]	...	Construction
50 556.1 [5]	53 916.6 [5]	41 949.3 [5]	37 723.8 [5]	...	Machinery and equipment
28 702.2	35 204.6	42 707.7	38 782.0	...	5. Exports of goods and services
33 003.5	33 217.9	29 116.2	27 359.0	...	6. Less: Imports of goods and services
415 597.2	445 523.6	438 581.3	442 660.4	...	**Total: Gross domestic product**

[1] Included in Private final consumption expenditure.
[2] Including General government final consumption expenditure.
[3] Including General government final consumption expenditure and Increase in stocks.
[4] Excluding land improvement and plantation development.
[5] Including land improvement and plantation development.
[6] Refers to purchasing power of exports of goods and services.

136. BRASIL: RELACIONES ENTRE PRINCIPALES AGREGADOS DE CUENTAS NACIONALES, A PRECIOS CORRIENTES

(Millones de cruceiros)

	1959	1965	1970	1975	1977	1978
Remuneración de los asalariados	1 914.0 [1]	36 666.7 [1]	...	...	...	...
Más: Excedente de explotación	[2]	[2]	...	...	...	...
Más: Consumo de capital fijo	114.4	2 182.7	...	...	...	...
1. Igual: **Producto interno bruto al costo de factores**	2 028.4	38 849.4	165 075.5	892 049.6	2 190 764.3	3 346 971.5
Más: Impuestos indirectos	295.3	5 841.5	32 531.9	145 885.2	333 312.9	484 416.1
Menos: Subsidios	19.4	617.8	1 497.0	28 261.2	37 307.4	67 520.6
2. Igual: **Producto interno bruto a precios de mercado**	2 304.3	44 073.1	196 110.4	1 009 673.6	2 486 769.8	3 763 867.0
Menos: Remuneración neta de factores pagada al resto del mundo	14.6	393.5	1 842.0	14 015.6	40 217.4	83 835.0
3. Igual: **Producto nacional bruto a precios de mercado**	2 289.7	43 679.6	194 268.4	995 659.0	2 446 552.4	3 680 032.0
Menos: Consumo de capital fijo	114.4	2 182.7	...	...	...	...
4. Igual: **Ingreso nacional a precios de mercado**	2 175.3	41 496.9	...	...	...	...
Más: Otras transferencias corrientes netas procedentes del resto del mundo	...	...	...	...	...	...
5. Igual: **Ingreso nacional disponible a precios de mercado**	...	...	...	...	...	...
Menos: Gasto total de consumo final	1 844.6	33 437.3	146 865.2	726 004.7	1 860 000.4	2 860 045.8
6. Igual: **Ahorro nacional**	330.7 [4]	8 059.6 [4]	47 403.2 [5]	269 653.3 [5]	586 552.0 [5]	831 662.0 [5]
Menos: Excedente de la nación por transacciones corrientes	-33.2 [4]	547.2 [4]	-2 658.1	-54 229.7	-56 787.4	-126 949.9
7. Igual: **Formación neta de capital**	363.9	7 512.4	...	...	...	...
Más: Consumo de capital fijo	114.4	2 182.7	...	...	...	...
8. Igual: **Formación bruta de capital**	478.3	9 695.1	50 061.3	323 883.0	643 339.4	946 936.1

[1] Obtenido por diferencia; incluye Excedente de explotación.
[2] Incluido en Remuneración de los asalariados.
[3] Incluye Variación de existencias.
[4] No incluye Otras transferencias netas procedentes del resto del mundo.
[5] Incluye Consumo de capital fijo y excluye Otras transferencias netas procedentes del resto del mundo.
[6] No incluye Variación de existencias.

136. BRAZIL: RELATIONS AMONG MAIN NATIONAL ACCOUNTS AGGREGATES, AT CURRENT PRICES

(Millions of cruzeiros)

1979	1980	1981	1982	1983	
...	...	...	...	...	*Compensation of employees*
...	...	...	...	...	*Plus: Operating surplus*
...	...	...	...	...	*Plus: Consumption of fixed capital*
5 697 831.4	11 929 648.8	23 120 076.6	45 713 682.0	...	1. *Equals:* **Gross domestic product** **at factor cost**
728 200.9	1 690 082.6	3 169 879.7	6 355 445.0	...	*Plus: Indirect taxes*
114 270.3	455 913.6	658 184.4	1 253 831.8	...	*Less: Subsidies*
6 311 762.0	13 163 817.8	25 631 771.9	50 815 295.2	121 055 448.4	2. *Equals:* **Gross domestic product** **at market prices**
162 704.2	404 285.2	1 015 383.3	2 590 405.2	...	*Less: Net factor income paid to the rest of the word*
6 149 057.8	12 759 532.6	24 616 388.6	48 224 890.0	...	3. *Equals:* **Gross national product** **at market prices**
...	...	...	...	...	*Less: Consumption of fixed capital*
...	...	...	...	...	4. *Equals:* **National income at market prices**
...	...	...	...	...	*Plus: Other net current transfers received from the rest of the world*
...	...	...	...	...	5. *Equals:* **National disposable income** **at market prices**
5 040 192.7	10 475 429.2	20 283 397.5[3]	40 353 047.2[3]	...	*Less: Total final consumption expenditure*
1 108 865.1[5]	2 283 102.8[5]	4 332 991.1[5]	7 871 842.8[5]	...	6. *Equals:* **National saving**
-287 015.0	-682 539.3	-1 108 390.1	-2 925 759.1	...	*Less: Surplus of the nation on current transactions*
...	...	...	...	...	7. *Equals:* **Net capital formation**
...	...	...	...	...	*Plus: Consumption of fixed capital*
1 395 880.1	2 965 642.1	5 441 381.2[6]	10 797 601.9[6]	...	8. *Equals:* **Gross capital formation**

[1] *Estimated by difference and including Operating surplus.*
[2] *Included in Compensation of employees.*
[3] *Including Increase in stocks.*
[4] *Not including Other net transfers received from the rest of the world.*
[5] *Including Consumption of fixed capital, and excluding Other net transfers from the rest of the world.*
[6] *Not including Increase in stocks.*

137. BRASIL: PRODUCTO INTERNO BRUTO[1] POR CLASE DE ACTIVIDAD ECONOMICA, AL COSTO DE FACTORES

(Millones de cruceiros)

Clase de actividad	1960	1965	1970	1975	1978
			A precios corrientes		
1. Agricultura, caza, silvicultura y pesca	508.2	6 708.1	5 833.6	20 157.0	107 348.8	469 396.4
2. Explotación de minas y canteras	9.7	89.2	286.5	1 350.2	6 022.43	22 230.6
3. Industrias manufactureras	483.3	6 296.6	9 091.5	46 618.7	263 086.8	919 903.5
4. Electricidad, gas y agua	39.0	633.3	607.6	3 402.1	16 555.0	50 865.7
5. Construcción	32.9	340.5	1 946.0	9 657.8	61 660.7	194 000.8
6. Comercio al por mayor y al por menor, restaurantes y hoteles	337.6[2]	4 059.2[2]	5 521.0[2]	29 902.1[2]	160 839.0[2]	595 142.8[2]
7. Transportes, almacenamiento y comunicaciones	144.6	1 997.6	2 292.6	7 679.0	40 321.0	165 022.0
8. Establecimientos financieros, seguros, bienes inmuebles y servicios prestados a las empresas	220.0[3]	3 126.0[3]	4 166.5[3]	24 006.9[3]	123 989.5[3]	572 208.1[3]
Viviendas	67.2	560.1	2 561.9	16 794.4	70 607.0	315 518.1
9. Servicios comunales, sociales y personales	470.4[4]	6 896.6[4]	6 921.4[4]	29 587.3[4]	164 607.0[4]	598 483.0[4]
Servicios gubernamentales	183.6	2 854.0	3 122.2	16 116.8	74 917.6	250 215.3
Subtotal	2 245.7[1]	30 147.1[1]	36 666.9[1]	173 361.1	944 430.2	3 587 252.9
Menos: Comisión imputada de los servicios bancarios	...	...	...	7 285.6	52 380.6	240 281.4
Total: Producto interno bruto	2 245.8[1]	30 147.1[1]	36 666.9[1]	165 075.5	892 049.6	3 346 971.5
			Indices de producto real; base:			
		1949=100		1970=100		
1. Agricultura, caza, silvicultura y pesca	156.1	206.3	97.9	100.0	136.0	152.4
2. Explotación de minas y canteras	257.7	445.5	56.8	100.0	147.6	151.2
3. Industrias manufactureras	270.2	324.3	61.7	100.0	168.2	209.3
4. Electricidad, gas y agua	214.6	291.1	63.4	100.0	178.4	256.2
5. Construcción	177.8	154.6	69.4	100.0	178.5	225.7
6. Comercio al por mayor y al por menor, restaurantes y hoteles	190.3	221.6	65.9	100.0	160.4	187.7
7. Transportes, almacenamiento y comunicaciones	249.3	311.3	64.8	100.0	202.0	277.3
8. Establecimientos financieros, seguros, bienes inmuebles y servicios prestados a las empresas	...	...	...	...	...	...
Viviendas	...	...	...	...	...	...
9. Servicios comunales, sociales y personales	222.1[5]	285.8[5]	...	...	...	...
Servicios gubernamentales	...	...	...	...	...	...
Subtotal	...	...	...	...	...	...
Menos: Comisión imputada de los servicios bancarios	...	...	...	...	...	...
Total: Producto interno bruto	205.7[1]	256.4[1]	69.1[1]	100.0	163.5	199.2

[1] Hasta el año 1969, se refiere al Producto interno neto.
[2] Restaurantes y hoteles se incluyen en Servicios comunales, sociales y personales.
[3] Servicios prestados a las empresas se incluyen en Servicios comunales, sociales y personales.
[4] Incluye Restaurantes y hoteles y Servicios prestados a las empresas.
[5] Excluye Servicios gubernamentales.
[6] A partir de 1980, el cálculo del índice del producto real incluye las actividades de intermediarios financieros y las del gobierno.

137. BRAZIL: GROSS DOMESTIC PRODUCT [1] BY KIND OF ECONOMIC ACTIVITY, AT FACTOR COST

(Millions of cruzeiros)

1979	1980	1981	1982	1983	Kind of activity
		At current prices			
788 586.0	1 649 091.0	3 118 596.0	5 320 636.6	...	1. *Agriculture, hunting, forestry and fishing*
39 096.2	77 153.9	167 750.8	366 093.4	...	2. *Mining and quarrying*
1 561 268.1	3 412 792.9	6 361 960.2	12 396 213.8	...	3. *Manufacturing*
71 942.5	176 474.0	327 992.0	813 644.3	...	4. *Electricity, gas and water*
294 091.9	628 446.3	1 209 908.8	2 487 616.4	...	5. *Construction*
994 542.3 [2]	2 129 037.5 [2]	4 082 091.2 [2]	7 687 004.5 [2]	...	6. *Wholesale and retail trade, restaurants and hotels*
274 143.8	575 138.9	1 273 391.0	2 658 352.5	...	7. *Transport, storage and communications*
1 007 859.1 [3]	1 868 166.5 [3]	4 012 874.9 [3]	8 483 198.4 [3]	...	8. *Finance, insurance, real estate and business services*
633 055.6	1 102 086.6	2 235 472.5	5 277 950.5	...	*Dwellings*
1 002 689.7 [4]	2 074 526.8 [4]	4 164 584.2 [4]	8 415 897.8 [4]	...	9. *Community, social and personal services*
416 529.4	812 547.4	1 583 118.6	3 223 798.2	...	*Government services*
6 034 219.6	**12 582 827.8**	**24 719 149.1**	**48 628 657.7**	**...**	**Subtotal**
336 388.2	661 179.0	1 599 072.5	2 914 975.7	...	*Less: Imputed bank service charges*
5 697 831.4	**11 929 648.8**	**23 120 076.6**	**45 713 682.0**	**...**	**Total:** *Gross domestic product*
		Indexes of real product; base 1970=100			
160.0	170.0	180.8	176.3	180.2	1. *Agriculture, hunting, forestry and fishing*
166.3	187.3	187.7	200.2	229.2	2. *Mining and quarrying*
223.2	240.2	224.7	225.1	211.0	3. *Manufacturing*
288.5	318.8	329.6	350.4	377.7	4. *Electricity, gas and water*
233.6	251.9	241.2	241.6	205.4	5. *Construction*
197.9	211.4	205.5	207.5	200.2	6. *Wholesale and retail trade, restaurants and hotels*
316.0	348.1	348.9	368.4	368.6	7. *Transport, storage and communications*
...	...	...	...	...	8. *Finance, insurance, real estate and business services*
...	...	...	...	...	*Dwellings*
...	...	...	...	...	9. *Community, social and personal services*
...	...	...	...	...	*Government services*
...	**...**	**...**	**...**	**...**	**Subtotal**
...	...	...	...	...	*Less: Imputed bank service charges*
211.9	**227.2** [6]	**223.6** [6]	**225.7** [6]	**218.6** [6]	**Total:** *Gross domestic product*

[1] Up to 1969, Net domestic product.
[2] Restaurants and hotels are included in Community, social and personal services.
[3] Business services are included in Community, social and personal services.
[4] Including Restaurants and hotels and Business services.
[5] Excluding Government services.
[6] From 1980 onwards, the estimate of the index of real product includes financial and government activities.

138. BRASIL: INGRESOS Y GASTOS DEL GOBIERNO GENERAL

(Millones de cruceiros)

	1960	1965	1970	1975	1976	1977
1. Renta de la propiedad y de la empresa	...	...	...	...	...	...
2. Impuestos indirectos	397.4	5 841.5	32 531.9	145 885.2	220 455.3	333 312.9
3. Impuestos directos	156.8	2 565.3	17 946.5	118 752.2	190 294.2	303 583.9
4. Contribuciones a la seguridad social	...	...	...	...	...	...
5. Transferencias corrientes n.e.p. de residentes	86.4 [1]	-242.5 [1]	2 138.6	-7 610.3	-3 668.5	-38 790.3
6. Transferencias corrientes n.e.p. del resto del mundo	...	...	...	...	...	...
Total: Ingresos corrientes	640.6	8 164.3	52 617.0	257 027.1	407 081.0	598 106.5
7. Gasto de consumo final	366.7	4 546.1	22 006.2	106 894.2	171 355.5	234 994.7
8. Renta de la propiedad	...	...	...	...	...	...
9. Subsidios	24.3	617.8	1 497.0	28 261.2	25 365.1	37 307.4
10. Prestaciones de seguridad social	...	...	...	...	...	...
11. Transferencias corrientes n.e.p. a residentes	119.4	2 163.8	18 497.3	83 023.0	140 307.8	228 151.3
12. Transferencias corrientes n.e.p. al resto del mundo	...	...	...	...	...	...
13. Ahorro	130.2	836.6	10 616.5	38 848.7	70 052.6	97 653.1
Total: Egresos corrientes	640.6	8 164.3	52 617.0	257 027.1	407 081.0	598 106.5

[1] Se refiere a Otros ingresos corrientes.

138. BRAZIL: INCOME AND OUTLAY OF THE GENERAL GOVERNMENT

(Millions of cruzeiros)

1978	1979	1980	1981	1982	
...	...	...	...	...	1. *Property and entrepreneurial income*
484 416.1	728 200.9	1 690 082.6	3 169 879.7	6 355 445.0	2. *Indirect taxes*
445 101.2	741 579.6	1 364 394.7	2 877 823.1	6 416 406.0	3. *Direct taxes*
...	...	...	...	...	4. *Social security contributions*
-55 790.9	-35 297.1	-90 806.5	-264 927.1	-288 876.6	5. *Current transfers n.e.c. from residents*
...	...	...	...	...	6. *Current transfers n.e.c. from the rest of the world*
873 726.4	**1 434 483.4**	**2 963 670.8**	**5 782 775.7**	**12 482 974.4**	**Total:** *Current receipts*
350 169.2	590 188.9	1 153 144.7	2 285 228.5	5 056 663.6	7. *Final consumption expenditure*
...	...	...	...	...	8. *Property income*
67 520.6	114 270.3	455 913.6	658 184.4	1 253 831.8	9. *Subsidies*
...	...	...	...	...	10. *Social security benefits*
370 059.3	589 719.8	1 185 001.3	2 569 967.0	6 001 524.0	11. *Current transfers n.e.c. to residents*
...	...	...	...	...	12. *Current transfers n.e.c. to rest of the world*
85 977.3	140 304.4	169 611.2	269 395.8	170 955.0	13. *Saving*
873 726.4	**1 434 483.4**	**2 963 670.8**	**5 782 775.7**	**12 482 974.4**	**Total:** *Current disbursements*

[1] *Refers to Other current receipts.*

II. CUENTAS NACIONALES

139. COLOMBIA: PRODUCTO INTERNO BRUTO POR TIPO DE GASTO, A PRECIOS DE MERCADO

(Millones de pesos)

Tipo de gasto	1960	1965	1970	1975
	A precios corrientes [1]			
1. Gasto de consumo final del gobierno general	1 659.3	3 954.3	9 961.6	12 284	36 176
2. Gasto privado de consumo final	19 589.3	45 482.1	94 622.7	95 327	292 779
3. Variación de existencias	649.9	1 238.0	2 280.0	2 943	6 709
4. Formación bruta de capital fijo	4 844.9	9 504.2	25 850.3	23 919	62 129
Construcción	2 697.1	5 976.8	15 469.3	13 513	33 929
Maquinaria y equipo	2 147.8	3 527.4	10 381.0	10 406	28 200
5. Exportaciones de bienes y servicios	4 163.9	6 943.5	18 515.8	17 619	64 077
6. Menos: Importaciones de bienes y servicios	4 160.6	6 324.5	20 639.6	19 324	56 762
Total: Producto interno bruto	26 746.7	60 797.6	130 590.8	132 768	405 108

	A precios constantes de:			
	1958		1975 [1]	
1. Gasto de consumo final del gobierno general	1 339.6	1 744.8	2 439.0	37 310	36 176
2. Gasto privado de consumo final	16 509.2	21 538.9	29 388.3	224 576	292 779
3. Variación de existencias	546.6	717.1	795.8	9 947	6 709
4. Formación bruta de capital fijo	4 225.6	4 498.9	6 909.5	53 201	62 129
Construcción	2 126.2	2 391.8	3 814.9	29 626	33 929
Maquinaria y equipo	2 099.4	2 107.1	3 094.6	23 575	28 200
5. Exportaciones de bienes y servicios	4 521.0	5 018.2	6 137.6	46 034	64 077
6. Menos: Importaciones de bienes y servicios	4 018.6	4 417.9	7 178.2	53 572	56 762
Total: Producto interno bruto	23 123.4	29 100.0	38 492.0	307 496	405 108

[1] A partir del año 1970 las series no son comparables con las anteriores por el cambio metodológico efectuado por la nueva institución encargada de la elaboración de las Cuentas nacionales de Colombia. Las Importaciones, Exportaciones y Gasto privado de consumo final no incluyen las compras directas hechas por los residentes colombianos en el mercado exterior ni las realizadas por los no residentes en el mercado interior.

139. COLOMBIA: GROSS DOMESTIC PRODUCT BY TYPE OF EXPENDITURE, AT MARKET PRICES

(Millions of pesos)

1978	1979	1980	1981	1982	1983	Type of expenditure
			At current prices[1]			
77 820	110 722	159 371	206 874	269 476	351 549	1. General government final consumption expenditure
639 659	841 255	1 108 836	1 437 696	1 818 390	2 177 081	2. Private final consumption expenditure
26 396	32 457	36 223	58 879	74 783	75 458	3. Increase in stocks
139 897	183 325	264 894	350 048	435 784	512 780	4. Gross fixed capital formation
76 752	97 944	143 064	195 128	252 119	295 525	Construction
63 145	85 381	121 830	154 920	183 665	217 255	Machinery and equipment
151 211	180 896	256 103	234 983	271 112	322 999	5. Exports of goods and services
125 496	159 838	246 297	305 707	376 900	403 206	6. Less: *Imports of goods and services*
909 487	1 188 817	1 579 130	1 982 773	2 492 645	3 036 661	**Total:** *Gross domestic product*
			At constant prices of:			
			1975[1]			
42 932	48 252	54 364	56 387	58 268	58 339	1. General government final consumption expenditure
353 212	368 439	384 698	395 910	402 196	402 687	2. Private final consumption expenditure
18 593	15 445	15 337	23 498	27 190	22 138	3. Increase in stocks
74 923	77 775	88 021	93 539	96 068	95 715	4. Gross fixed capital formation
38 181	37 253	42 698	46 022	48 578	48 527	Construction
36 742	40 522	45 323	47 517	47 490	47 188	Machinery and equipment
74 153	80 347	84 450	74 457	72 922	73 042	5. Exports of goods and services
84 478	85 139	101 105	106 055	114 071	103 866	6. Less: *Imports of goods and services*
479 335	505 119	525 765	537 736	542 573	548 055	**Total:** *Gross domestic product*

[1] *From 1970 onwards, series are not comparable with former data because of the methodological changes made by the new institutions which is now in charge of preparing the National accounts of Colombia. Imports, Exports and Final consumption expenditure do not include the direct purchases made by residents of Colombia in the external market nor the purchases made by non-residents in the domestic market.*

140. COLOMBIA: RELACIONES ENTRE PRINCIPALES AGREGADOS DE CUENTAS NACIONALES, A PRECIOS CORRIENTES

(Millones de pesos) [1]

	1960	1965	1970	1975	1978
Remuneración de los asalariados	9 202.0	22 300.8	48 745.8	51 814	153 222	361 212
Más: Excedente de explotación	13 204.4	29 596.6	61 060.2	71 040 [2]	220 203 [2]	449 266 [2]
Más: Consumo de capital fijo	2 666.9	4 996.0	10 220.3	[3]	[3]	[3]
1. Igual: **Producto interno bruto al costo de factores**	25 073.3	56 893.4	120 026.3	122 854	373 425	810 478
Más: Impuestos indirectos	1 735.3	4 017.8	11 394.6	11 396	35 676	106 516
Menos: Subsidios	61.9	113.6	830.1	1 482	3 993	7 507
2. Igual: **Producto interno bruto a precios de mercado**	26 746.7	60 797.6	130 590.8	132 768	405 108	909 487
Menos: Remuneración neta de factores pagada al resto del mundo	302.3 [4]	897.6 [4]	3 591.9	3 435	8 088	11 450
3. Igual: **Producto nacional bruto a precios de mercado**	26 444.4	59 900.0	126 998.9	129 333 [2]	397 020 [2]	898 037 [2]
Menos: Consumo de capital fijo	2 666.9	4 996.0	10 220.3	[3]	[3]	[3]
4. Igual: **Ingreso nacional a precios de mercado**	...	...	116 778.6	129 333	397 020	898 037
Más: Otras transferencias corrientes netas procedentes del resto del mundo	[5]	[5]	486.3	604	1 536	3 538
5. Igual: **Ingreso nacional disponible a precios de mercado**	23 777.5	54 904.0	117 264.9	129 937	398 556	901 575
Menos: Gasto total de consumo final	21 248.6	49 436.4	104 584.3	108 257	329 415	715 713
6. Igual: **Ahorro nacional**	2 528.9	5 467.6	12 680.6	21 680 [2]	69 141 [2]	185 862 [2]
Menos: Excedente de la nación por transacciones corrientes	-299.0	-278.6	-5 229.4	-5 182	303	19 569
7. Igual: **Formación neta de capital**	2 827.9	5 746.2	17 910.0	26 862 [2]	68 838 [2]	166 293 [2]
Más: Consumo de capital fijo	2 666.9	4 996.0	10 220.3	[3]	[3]	[3]
8. Igual: **Formación bruta de capital**	5 494.8	10 742.2	28 130.3	26 862	68 838	166 293

[1] A partir del año 1970, las series no son comparables con las anteriores por el cambio metodológico efectuado por la nueva institución encargada de la elaboración de las Cuentas nacionales de Colombia.
[2] Incluye Consumo de capital fijo. Por lo tanto, el concepto está expresado en términos brutos.
[3] Incluido en Excedente de explotación.
[4] Incluye Otras transferencias corrientes netas procedentes del resto del mundo.
[5] Incluidas en Remuneración neta de factores pagada al resto del mundo.

140. COLOMBIA: RELATIONS AMONG MAIN NATIONAL ACCOUNTS AGGREGATES, AT CURRENT PRICES

(Millions of pesos) [1]

1979	1980	1981	1982	1983	
486 764	656 984	848 495	1 084 570	1 320 959	*Compensation of employees*
579 107 [2]	763 762 [2]	966 861 [2]	1 191 558 [2]	1 464 139 [2]	*Plus: Operating surplus*
[3]	[3]	[3]	[3]	[3]	*Plus: Consumption of fixed capital*
1 065 871	1 420 746	1 815 356	2 276 128	2 785 098	1. *Equals:* **Gross domestic product** **at factor cost**
134 198	172 044	186 704	239 536	275 836	*Plus: Indirect taxes*
11 252	13 660	19 287	23 019	24 273	*Less: Subsidies*
1 188 817	1 579 130	1 982 773	2 492 645	3 036 661	2. *Equals:* **Gross domestic product** **at market prices**
10 717	11 300	22 410	49 917	...	*Less: Net factor income paid to the rest of the world*
1 178 100 [2]	1 567 830 [2]	1 960 363 [2]	2 442 728 [2]	...	3. *Equals:* **Gross national product** **at market prices**
[3]	[3]	[3]	[3]	[3]	*Less: Consumption of fixed capital*
1 178 100	1 567 830	1 960 363	2 442 728	...	4. *Equals:* **National income at market prices**
3 535	5 579	11 891	13 269	...	*Plus: Other net current transfers received from the rest of the world*
1 181 635	1 573 409	1 972 254	2 455 997	...	5. *Equals:* **National disposable income** **at market prices**
946 631	1 264 187	1 636 979	2 078 560	2 528 630	*Less: Total final consumption expenditure*
235 004 [2]	309 222 [2]	335 275 [2]	377 437 [2]	...	6. *Equals:* **National saving**
19 222	8 105	- 73 652	-133 130	...	*Less: Surplus of the nation on current transactions*
215 782 [2]	301 117 [2]	408 927 [2]	510 567 [2]	588 238 [2]	7. *Equals:* **Net capital formation**
[3]	[3]	[3]	[3]	[3]	*Plus: Consumption of fixed capital*
215 782	301 117	408 927	510 567	588 238	8. *Equals:* **Gross capital formation**

[1] *From 1970 onwards, series are not comparable with former data because of the methodological changes made by the new institution which is now in charge of preparing the National accounts of Colombia.*
[2] *Including Fixed capital consumption. The entries are therefore expressed in gross terms.*
[3] *Included in Operating surplus.*
[4] *Including Other net current transfers received from the rest of the world.*
[5] *Included in Net factor income paid to the rest of the world.*

II. CUENTAS NACIONALES

141. COLOMBIA: PRODUCTO INTERNO BRUTO POR CLASE DE ACTIVIDAD ECONOMICA, A PRECIOS DE MERCADO

(Millones de pesos) [1]

Clase de actividad	1960	1965	1970		1975	1978
			A precios corrientes			
1. Agricultura, caza, silvicultura y pesca	8 632.2	17 819.7	34 953.8	33 308	96 766	209 550
2. Explotación de minas y canteras	988.6	1 557.3	2 475.9	2 595	6 937	12 267
3. Industrias manufactureras	4 939.4	11 966.4	24 210.9	27 433	94 086	211 355
4. Electricidad, gas y agua	227.5	746.4	1 830.8	1 402	3 807	11 442
5. Construcción	916.7	2 094.1	6 314.1	5 267	13 535	37 457
6. Comercio al por mayor y al por menor, restaurantes y hoteles	4 086.5[2]	9 803.4[2]	22 155.0[2]	16 580	54 663	122 670
7. Transportes, almacenamiento y comunicaciones	1 617.9	3 543.4	8 884.0	11 532	34 117	74 107
8. Establecimientos financieros, seguros, bienes inmuebles y servicios prestados a las empresas	2 087.9[3]	5 390.1[3]	11 959.5[3]	18 319	56 570	121 708
Viviendas	1 416.0	3 528.8	7 486.9	10 523	29 038	64 058
9. Servicios comunales, sociales y personales	3 250.0[4]	7 876.8[4]	17 806.8[4]	16 692	47 538	113 323
Servicios gubernamentales	1 373.8	3 394.5	8 283.5	9 650	28 300	63 382
Subtotal	26 746.7	60 797.6	130 590.8	133 128	408 019	911 879
Menos: Comisión imputada de los servicios bancarios	...	...	...	3 450	11 240	22 458
Más: Derechos de importación	...	...	...	3 090	8 329	20 066
Total: Producto interno bruto	26 746.7	60 797.6	130 590.8	132 768	405 108	909 487
			A precios constantes de:			
		1958			1975[1]	
1. Agricultura, caza, silvicultura y pesca	7 626.5	8 733.7	10 943.8	77 893	96 766	111 336
2. Explotación de minas y canteras	888.7	1 082.1	1 173.3	8 192	6 937	5 559
3. Industrias manufactureras	4 128.9	5 431.5	7 404.1	65 783	94 086	109 559
4. Electricidad, gas y agua	193.1	292.9	450.3	2 253	3 807	4 388
5. Construcción	695.2	787.1	1 402.1	10 647	13 535	15 471
6. Comercio al por mayor y al por menor, restaurantes y hoteles	3 568.3[2]	4 588.2[2]	6 125.7[2]	39 033	54 663	63 920
7. Transportes, almacenamiento y comunicaciones	1 479.5	2 013.4	2 756.2	23 853	34 117	43 842
8. Establecimientos financieros, seguros, bienes inmuebles y servicios prestados a las empresas	1 794.9[3]	2 667.5[3]	3 742.9[3]	43 802	56 570	66 087
Viviendas	1 208.8	1 713.9	2 310.4	24 345	29 038	33 133
9. Servicios comunales, sociales y personales	2 748.3[4]	3 503.6[4]	4 493.6[4]	34 451	47 538	57 816
Servicios gubernamentales	1 079.1	1 450.6	1 841.6	21 243	28 300	34 776
Subtotal	23 123.4	29 100.0	38 492.0	305 907	408 019	477 978
Menos: Comisión imputada de los servicios bancarios	...	...	...	8 585	11 240	12 600
Más: Derechos de importación	...	...	...	10 174	8 329	13 957
Total: Producto interno bruto	23 123.4	29 100.0	38 492.0	307 496	405 108	479 335

[1] A partir del año 1970 las series no son comparables con las anteriores por el cambio metodológico efectuado por la nueva institución encargada de la elaboración de las Cuentas nacionales de Colombia.
[2] Restaurantes y hoteles se incluyen en Servicios comunales, sociales y personales.
[3] Servicios prestados a las empresas se incluyen en Servicios comunales, sociales y personales.
[4] Incluye Restaurantes y hoteles y Servicios prestados a las empresas.

141. COLOMBIA: GROSS DOMESTIC PRODUCT BY KIND OF ECONOMIC ACTIVITY, AT MARKET PRICES

(Millions of pesos) [1]

1979	1980	1981	1982	1983	Kind of activity
		At current prices			
255 190	305 718	381 639	474 226	568 872	1. *Agriculture, hunting, forestry and fishing*
17 585	36 127	48 820	65 427	88 628	2. *Mining and quarrying*
267 099	367 460	422 615	517 520	634 977	3. *Manufacturing*
16 150	20 716	33 235	48 195	69 837	4. *Electricity, gas and water*
50 147	74 526	102 130	132 339	155 824	5. *Construction*
161 017	209 553	269 371	335 026	332 734	6. *Wholesale and retail trade, restaurants and hotels*
103 952	140 533	169 787	209 225	249 501	7. *Transport, storage and communications*
167 625	216 566	286 042	363 589	414 451	8. *Finance, insurance, real estate and business services*
89 105	110 240	143 258	182 599	218 081	*Dwellings*
150 209	204 403	272 307	355 846	531 557	9. *Community, social and personal services*
85 691	121 461	162 127	213 533	274 383	*Government services*
1 188 974	1 575 602	1 985 946	2 501 393	3 046 381	*Subtotal*
28 971	40 189	58 607	78 239	83 576	*Less: Imputed bank service charges*
28 814	43 717	55 434	69 491	73 856	*Plus: Import duties*
1 188 817	1 579 130	1 982 773	2 492 645	3 036 661	*Total: Gross domestic product*
		At constant prices of: 1975 [1]			
116 730	119 314	123 135	121 530	122 979	1. *Agriculture, hunting, forestry and fishing*
5 624	6 661	7 020	7 228	8 083	2. *Mining and quarrying*
116 264	117 672	114 556	111 824	113 603	3. *Manufacturing*
4 845	5 210	5 381	5 609	5 783	4. *Electricity, gas and water*
15 383	17 632	18 884	20 118	20 641	5. *Construction*
66 313	67 852	67 789	67 518	67 056	6. *Wholesale and retail trade, restaurants and hotels*
47 075	48 944	50 945	53 423	52 935	7. *Transport, storage and communications*
68 968	73 463	78 191	80 144	83 228	8. *Finance, insurance, real estate and business services*
34 410	35 552	36 841	37 955	39 519	*Dwellings*
61 201	65 480	69 857	72 584	74 560	9. *Community, social and personal services*
37 036	40 840	43 211	44 760	45 966	*Government services*
502 403	522 228	535 758	539 978	548 868	*Subtotal*
12 562	14 095	16 643	17 891	19 516	*Less: Imputed bank service charges*
15 278	17 632	18 621	20 486	18 703	*Plus: Import duties*
505 119	525 765	537 736	542 573	548 055	*Total: Gross domestic product*

[1] *From 1970 onwards, series are not comparable with former data because of the methodological changes made by the new institution which is now in charge of preparing the National accounts of Colombia.*
[2] *Restaurants and hotels are included in Community, social and personal services.*
[3] *Business services are included in Community, social and personal services.*
[4] *Including Restaurants and hotels and Business services.*

142. COLOMBIA: INGRESOS Y GASTOS DE LOS HOGARES, INCLUIDAS LAS EMPRESAS NO FINANCIERAS NO CONSTITUIDAS EN SOCIEDAD [1]

(Millones de pesos) [2]

	1960	1965	1970	1975	1978
1. Remuneración de los asalariados	9 202.0	22 300.8	48 745.8	51 858	153 365	361 746
2. Renta neta de la propiedad y de la empresa	11 408.2	25 586.9	50 202.4	56 345 [3]	182 415 [3]	383 270 [3]
3. Prestaciones de seguridad social	...	...	...	1 954	5 927	16 465
4. Donaciones de asistencia social	...	...	...	1 191 [4]	5 274 [4]	14 866 [4]
5. Transferencias corrientes n.e.p. de residentes	211.9	759.4	2 638.8	1 236 [5]	2 671 [5]	6 048 [5]
6. Transferencias corrientes n.e.p. del resto del mundo	...	...	267.1	[6]	[6]	[6]
Total: Ingresos corrientes	20 822.1	48 647.1	101 854.1	112 584	349 652	782 395
7. Gasto de consumo final	19 589.3	45 482.1	94 622.7	95 973	293 239	637 893
8. Impuestos directos	701.7 [7]	1 526.5 [7]	5 038.5 [7]	3 118	10 002	25 980
9. Contribuciones a la seguridad social	[8]	[8]	[8]	2 516	8 538	20 872
10. Transferencias corrientes n.e.p. a residentes	24.4	49.6	141.0	1 541 [9]	5 632 [9]	16 142 [9]
11. Transferencias corrientes n.e.p. al resto del mundo	...	...	451.3	[6]	[6]	[6]
12. Ahorro	506.7	1 588.9	1 600.6	9 436	32 241	81 508
Total: Egresos corrientes	20 822.1	48 647.1	101 854.1	112 584	349 652	782 395

[1] Comprende las Instituciones privadas sin fines de lucro que sirven a los hogares.

[2] A partir de 1970 las series no son comparables con las anteriores por los cambios metodológicos efectuados por la nueva institución encargada de la elaboración de las Cuentas nacionales de Colombia.

[3] Incluye Excedente bruto de explotación.

[4] Se refiere a indemnizaciones del seguro de riesgos, riesgos no asegurados y Prestaciones a los empleados no basadas en fondos especiales. Desde 1978 en adelante, deja de incluir riesgos no asegurados.

[5] Incluye Transferencias corrientes n.e.p del resto del mundo, Transferencias corrientes n.e.p. a residentes, y Transferencias corrientes n.e.p. al resto del mundo.

[6] Incluido en Transferencias corrientes n.e.p. de residentes.

[7] Incluye Contribuciones a la seguridad social.

[8] Incluidas en Impuestos indirectos.

[9] Se refiere a los pagos por Primas netas por seguros de riesgos, tasas, multas y sanciones y asistencia a los empleados.

142. COLOMBIA: INCOME AND OUTLAY OF HOUSEHOLDS, INCLUDING PRIVATE UNINCORPORATED NON-FINANCIAL ENTERPRISES[1]

(Millions of pesos)[2]

1977	1978	1979	1980	1981	
487 616	657 977	849 257	1 085 610	...	1. *Compensation of employees*
474 595[3]	612 929[3]	769 075[3]	953 934[3]	...	2. *Net property and entrepreneurial income*
21 358	28 940	42 804	56 532	76 278	3. *Social security benefits*
19 762[4]	28 767[4]	38 249[4]	48 992[4]	...	4. *Social assistance grants*
6 092[5]	8 945[5]	16 797	15 719	...	5. *Current transfers n.e.c. from residents*
[6]	[6]	[6]	[6]	...	6. *Current transfers n.e.c. from the rest of the world*
1 009 423	1 337 558	1 716 182	2 160 787	...	**Total:** *Current receipts*
835 909	1 104 816	1 430 105	1 809.084	...	7. *Final consumption expenditure*
12 375	20 450	31 175	37 410	...	8. *Direct taxes*
28 525	39 361	54 795	70 260	87 259	9. *Social security contributions*
21 260[9]	30 949[9]	40 624	51 876	...	10. *Current transfers n.e.c. to residents*
[6]	[6]	[6]	[6]	...	11. *Current transfers n.e.c. to rest of the world*
111 354	141 982	159 483	192 157	...	12. *Saving*
1 009 423	1 337 558	1 716 182	2 160 787	...	**Total:** *Current disbursements*

[1] *Includes Private non-profit institutions serving households.*
[2] *From 1970 onwards, series are not comparable with former data because of the methodological changes made by the new institution which is now in charge of preparing the National accounts of Colombia.*
[3] *Includes Operating surplus.*
[4] *Refers to casualty insurance claims, uninsured risks and Unfunded employee benefits. From 1978 onwards, uninsured risks are not included.*
[5] *Including Current transfers n.e.c. from the rest of the world, Current transfers n.e.c. to residents, and Current transfers n.e.c. to the rest of the world.*
[6] *Included in Current transfers n.e.c. from residents.*
[7] *Including Contributions to Social Security.*
[8] *Included in Indirect taxes.*
[9] *Refers to Net casualty insurance premiums, compulsory fees, fines and penalties, and employee assistance.*

143. COLOMBIA: INGRESOS Y GASTOS DEL GOBIERNO GENERAL

(Millones de pesos)

	1960	1965	1970		1975	1978
1. Renta de la propiedad y de la empresa	249.5	498.0	1 882.2	-195[1]	-522[1]	-16 552[1]
2. Impuestos indirectos	1 735.3	4 017.8	11 394.6	11 396	35 676	106 516
3. Impuestos directos	1 032.7	2 239.5	6 174.9	6 304	20 341	49 139
4. Contribuciones a la seguridad social	207.7	534.4	2 112.1	2 516	8 538	20 872
5. Transferencias corrientes n.e.p. de residentes	24.4	49.6	141.0	1 248	2 556	8 042
6. Transferencias corrientes n.e.p. del resto del mundo	...	...	729.4	756	737	1 405
Total: Ingresos corrientes	3 249.6	7 339.3	22 434.2	22 025	67 326	169 422
7. Gasto de consumo final	1 659.3	3 954.3	9 961.6	12 284	36 176	77 820
8. Renta de la propiedad	68.2	309.2	1 284.0	953	3 361	7 978
9. Subsidios	61.9	113.6	830.1	1 482	3 993	7 507
10. Prestaciones de seguridad social	...	...	...	1 954	5 927	16 465
11. Transferencias corrientes n.e.p. a residentes	211.9	759.4	2 638.8	1 537	2 772	8 089
12. Transferencias corrientes n.e.p. al resto del mundo	...	...	58.9	61	185	286
13. Ahorro	1 248.3	2 202.8	7 660.8	3 753[2]	14 912[2]	51 277[2]
Total: Egresos corrientes	3 249.6	7 339.3	22 434.2	22 025	67 329	169 422

[1] Incluye Excedente bruto de explotación, retiros de la Renta de las cuasisociedades públicas y Renta de la propiedad.
[2] Se refiere a Ahorro bruto.

143. COLOMBIA: INCOME AND OUTLAY OF THE GENERAL GOVERNMENT

(Millions of pesos)

1979	1980	1981	1982	1983	
-2 522[1]	780[1]	2 944[1]	4 185[1]	5 756[1]	1. *Property and entrepreneurial income*
134 198	172 044	186 704	239 536	275 836	2. *Indirect taxes*
34 511	50 946	69 646	82 529	83 580	3. *Direct taxes*
28 525	39 361	54 795	70 260	87 259	4. *Social security contributions*
9 994	15 787	18 476	22 898	28 330	5. *Current transfers n.e.c. from residents*
511	1 607	463	2 122	694	6. *Current transfers n.e.c. from the rest of the world*
205 217	280 525	333 028	421 530	481 455	*Total: Current receipts*
110 722	159 371	206 874	269 476	351 549	7. *Final consumption expenditure*
10 885	13 612	21 837	31 508	38 548	8. *Property income*
11 252	13 660	19 287	23 019	24 273	9. *Subsidies*
21 358	28 940	42 804	56 532	76 278	10. *Social security benefits*
8 953	15 135	16 556	20 661	26 421	11. *Current transfers n.e.c. to residents*
341	378	463	919	718	12. *Current transfers n.e.c. to rest of the world*
41 706[2]	49 429[2]	32 647[2]	19 415[2]	-36 332[2]	13. *Saving*
205 217	280 525	333 028	421 530	481 455	*Total: Current disbursements*

[1] *Including Gross operating surplus, withdrawals from Public quasi-corporated income and Property income.*
[2] *It refers to Gross saving.*

II. CUENTAS NACIONALES

144. COSTA RICA: PRODUCTO INTERNO BRUTO POR TIPO DE GASTO, A PRECIOS DE MERCADO

(Millones de colones)

Tipo de gasto	1960	1965	1970	1975	1977
			A precios corrientes		
1. Gasto de consumo final del gobierno general	296.1	494.8	819.8	2 557.9	4 208.1
2. Gasto privado de consumo final	2 200.0	3 080.1	4 806.5	12 036.0	17 171.4
3. Variación de existencias	40.2	36.6	70.1	-58.1	501.6
4. Formación bruta de capital fijo	460.4	729.6	1 269.8	3 694.8	5 888.8
Construcción	283.5	412.1	636.7	1 875.7	2 943.2
Maquinaria y equipo	176.9	317.5	633.1	1 819.1	2 945.6
5. Exportaciones de bienes y servicios	612.6	896.2	1 841.2	5 051.8	8 128.0
6. Menos: Importaciones de bienes y servicios	748.8	1 308.8	2 282.9	6 477.8	9 567.2
Total: Producto interno bruto	**2 860.5**	**3 928.5**	**6 524.5**	**16 804.6**	**26 330.7**
			A precios constantes de 1966		
1. Gasto de consumo final del gobierno general	...	...	659.6	961.0	1 126.7
2. Gasto privado de consumo final	...	...	4 089.1	4 837.4	5 726.2
3. Variación de existencias	...	...	50.7	-21.2	217.9
4. Formación bruta de capital fijo	...	...	1 077.9	1 543.9	2 147.1
Construcción	...	...	514.4	725.2	979.0
Maquinaria y equipo	...	...	563.5	818.7	1 168.1
5. Exportaciones de bienes y servicios	...	...	1 904.2	2 719.5	3 100.7
6. Menos: Importaciones de bienes y servicios	...	...	2 208.0	2 568.1	3 731.7
Total: Producto interno bruto	**3 096.5**	**3 975.5**	**5 573.5**	**7 472.5**	**8 586.9**

144. COSTA RICA: GROSS DOMESTIC PRODUCT BY TYPE OF EXPENDITURE, AT MARKET PRICES

(Millions of colones)

1978	1979	1980	1981	1982	1983	Type of expenditure
			At current prices			
5 068.6	6 243.2	7 544.3	8 986.5	14 191.9	19 802.4	1. General government final consumption expenditure
20 411.7	23 138.5	27 139.6	34 343.7	56 396.8	76 925.2	2. Private final consumption expenditure
131.5	-295.2	1 108.9	2 837.5	4 261.7	8 160.7	3. Increase in stocks
6 952.4	9 049.9	9 894.5	13 737.5	19 808.5	23 056.6	4. Gross fixed capital formation
3 335.4	4 727.5	5 675.2	7 112.0	10 665.0	11 747.2	Construction
3 617.0	4 322.4	4 219.3	6 625.5	9 153.5	11 309.4	Machinery and equipment
8 509.0	9 311.1	10 963.3	24 707.4	43 959.1	45 600.6	5. Exports of goods and services
10 879.3	12 863.1	15 245.1	27 509.9	41 112.9	47 208.4	6. Less: Imports of goods and services
30 193.9	34 584.4	41 405.5	57 102.7	97 505.1	126 337.1	**Total**: Gross domestic product
			At constant 1966 prices			
1 168.0	1 258.1	1 276.4	1 204.8	1 174.1	1 139.6	1. General government final consumption expenditure
6 204.7	6 353.3	6 238.0	5 705.7	5 158.0	5 467.4	2. Private final consumption expenditure
33.5	-103.5	328.8	-106.1	-36.2	227.2	3. Increase in stocks
2 321.7	2 676.6	2 424.5	1 820.6	1 314.3	1 369.7	4. Gross fixed capital formation
1 000.4	1 189.2	1 212.6	911.3	712.4	698.6	Construction
1 321.3	1 487.4	1 211.9	909.3	601.9	671.1	Machinery and equipment
3 408.9	3 520.0	3 367.1	3 744.6	3 537.3	3 475.3	5. Exports of goods and services
4 011.7	4 128.7	3 987.0	2 936.9	2 404.9	2 731.5	6. Less: Imports of goods and services
9 125.1	9 575.8	9 647.8	9 429.6	8 742.6	8 947.7	**Total**: Gross domestic product

II. CUENTAS NACIONALES

145. COSTA RICA: RELACIONES ENTRE PRINCIPALES AGREGADOS DE CUENTAS NACIONALES, A PRECIOS CORRIENTES

(Millones de colones)

	1960	1965	1970	1975	1977	1978
Remuneración de los asalariados	1 302.0	1 840.7	3 057.5	7 693.4	11 801.2	14 339.8
Más: Excedente de explotación	1 064.6	1 457.8	2 326.3	6 101.9	9 767.9	10 269.9
Más: Consumo de capital fijo	167.5	238.2	415.5	891.9	1 352.0	1 584.3
1. Igual: **Producto interno bruto al costo de factores**	2 534.1	3 536.7	5 799.3	14 687.2	22 921.1	26 194.0
Más: Impuestos indirectos	309.1	402.3	750.7	2 153.4	3 474.6	4 086.9
Menos: Subsidios	11.2	10.5	25.5	36.0	65.0	87.0
2. Igual: **Producto interno bruto a precios de mercado**	2 860.5	3 928.5	6 524.5	16 804.6	26 330.7	30 193.9
Menos: Remuneración neta de factores pagada al resto del mundo	23.1	83.4	87.6	522.1	626.5	879.4
3. Igual: **Producto nacional bruto a precios de mercado**	2 837.4	3 845.1	6 436.9	16 282.5	25 704.2	29 314.5
Menos: Consumo de capital fijo	167.5	238.2	415.5	891.9	1 352.0	1 584.3
4. Igual: **Ingreso nacional a precios de mercado**	2 669.9	3 606.9	6 021.4	15 390.6	24 352.2	27 730.2
Más: Otras transferencias corrientes netas procedentes del resto del mundo	28.4	50.2	23.1	82.9	132.3	137.2
5. Igual: **Ingreso nacional disponible a precios de mercado**	2 698.3	3 657.1	6 044.5	15 473.5	24 484.5	27 867.4
Menos: Gasto total de consumo final	2 496.1	3 574.9	5 626.3	14 593.9	21 379.5	25 480.3
6. Igual: **Ahorro nacional**	202.2	82.2	418.2	879.6	3 105.0	2 387.1
Menos: Excedente de la nación por transacciones corrientes	-130.9	-445.8	-506.2	-1 865.2	-1 933.4	-3 112.5
7. Igual: **Formación neta de capital**	333.1	528.0	924.4	2 744.8	5 038.4	5 499.6
Más: Consumo de capital fijo	167.5	238.2	415.5	891.9	1 352.0	1 584.3
8. Igual: **Formación bruta de capital**	500.6	766.2	1 339.9	3 636.7	6 390.4	7 083.9
Discrepancia estadística	28.5 [1]	-	-	-	-	-

[1] Se refiere a ajustes por tipo de cambio en el sector externo, que están incluidos en el producto interno bruto a precios de mercado calculado sectorialmente y que afectan al Producto interno bruto a precios de mercado.

145. COSTA RICA: RELATIONS AMONG MAIN NATIONAL ACCOUNTS AGGREGATES, AT CURRENT PRICES

(Millions of colones)

1979	1980	1981	1982	1983	
17 148.2	20 495.4	24 784.4	38 122.5	57 129.8	*Compensation of employees*
11 375.2	13 866.6	22 825.3	44 181.4	45 583.5	*Plus: Operating surplus*
1 845.8	2 181.2	2 710.6	3 886.7	5 152.8	*Plus: Consumption of fixed capital*
30 369.2	36 543.2	50 320.3	86 190.6	107 866.1	1. *Equals:* **Gross domestic product at factor cost**
4 430.4	5 245.3	7 502.6	12 353.0	19 413.1	*Plus: Indirect taxes*
215.1	383.0	720.2	1 038.5	942.1	*Less: Subsidies*
34 584.4	41 405.5	57 102.7	97 505.1	126 337.1	2. *Equals:* **Gross domestic product at market prices**
1 277.4	1 987.5	6 434.0	16 086.4	15 229.2	*Less: Net factor income paid to the rest of the world*
33 307.0	39 418.0	50 668.7	81 418.7	111 107.9	3. *Equals:* **Gross national product at market prices**
1 845.8	2 181.2	2 710.6	3 886.7	5 152.8	*Less: Consumption of fixed capital*
31 461.2	37 236.8	47 958.1	77 532.0	105 955.1	4. *Equals:* **National income at market prices**
104.2	134.9	572.7	1 477.0	1 541.5	*Plus: Other net current transfers received from the rest of the world*
31 565.4	37 371.7	48 530.8	79 009.0	107 496.6	5. *Equals:* **National disposable income at market prices**
29 381.7	34 683.9	43 330.2	70 588.7	96 727.6	*Less: Total final consumption expenditure*
2 183.7	2 687.8	5 200.6	8 420.3	10 769.0	6. *Equals:* **National saving**
-4 725.2	-6 134.4	-8 663.8	-12 009.1	-15 295.5	*Less: Surplus of the nation on current transactions*
6 908.9	8 822.2	13 864.4	20 429.4	26 064.5	7. *Equals:* **Net capital formation**
1 845.8	2 181.2	2 710.6	3 886.7	5 152.8	*Plus: Consumption of fixed capital*
8 754.7	11 003.4	16 575.0	24 070.2	31 217.3	8. *Equals:* **Gross capital formation**
-	-	-	-	-	*Statistical discrepancy*

[1] *Refers to adjustments by exchange rate in the external sector, which are included in the gross domestic product at market prices calculated by sector and belong to Gross domestic product at market prices.*

146. COSTA RICA: PRODUCTO INTERNO BRUTO POR CLASE DE ACTIVIDAD ECONOMICA, A PRECIOS DE MERCADO

(Millones de colones)

Clase de actividad	1960	1965	1970	1975	1977	1978
	A precios corrientes					
1. Agricultura, caza, silvicultura y pesca	744.7	924.0	1 469.3	3 417.8	5 762.6	6 163.7
2. Explotación de minas y canteras	4.7	6.9	7.2	[1]	[1]	[1]
3. Industrias manufactureras	400.2	652.5	1 185.0	3 427.3[2]	5 000.3[2]	5 657.8[2]
4. Electricidad, gas y agua	33.7	60.1	109.8	303.7	521.4	549.7
5. Construcción	124.4	185.4	277.4	868.9	1 367.1	1 663.3
6. Comercio al por mayor y al por menor, restaurantes y hoteles	600.1	793.3	1 371.3	3 203.6	5 134.6	5 949.9
7. Transportes, almacenamiento y comunicaciones	116.8	167.4	274.2	788.6	1 091.2	1 277.0
8. Establecimientos financieros, seguros, bienes inmuebles y servicios prestados a las empresas	395.5	526.4	801.4	1 940.4	2 963.4	3 407.0
Viviendas	290.6	373.1	498.7	1 123.8	1 661.8	1 832.9
9. Servicios comunales, sociales y personales	411.9	612.5	1 028.9	2 854.3	4 500.1	5 525.5
Servicios gubernamentales	256.7	382.9	693.2	2 083.7	3 402.0	4 222.6
Subtotal	2 832.0	3 928.5	6 524.5	16 804.6	26 330.7	30 193.9
Menos: Comisión imputada de los servicios bancarios	...	...	...	...	...	...
Más: Derechos de importación	...	...	...	...	...	...
Total: Producto interno bruto	2 860.5	3 928.5	6 524.5	16 804.6	26 330.7	30 193.9
Discrepancia estadística	28.5[3]	-	-	-	-	-
	A precios constantes de 1966					
1. Agricultura, caza, silvicultura y pesca	780.6	912.1	1 343.6	1 585.7	1 628.7	1 736.2
2. Explotación de minas y canteras	[1]	[1]	[1]	[1]	[1]	[1]
3. Industrias manufactureras [2]	428.3	664.0	1 036.3	1 587.1	1 893.0	2 048.2
4. Electricidad, gas y agua	39.3	58.7	106.4	156.1	181.6	191.4
5. Construcción	140.3	185.7	229.1	384.7	482.8	510.8
6. Comercio al por mayor y al por menor, restaurantes y hoteles	629.8	802.3	1 109.5	1 288.0	1 653.2	1 722.6
7. Transportes, almacenamiento y comunicaciones	143.0	167.7	247.7	432.2	512.2	572.1
8. Establecimientos financieros, seguros, bienes inmuebles y servicios prestados a las empresas	421.8	528.3	663.8	924.3	1 013.2	1 067.7
Viviendas	316.1	373.6	447.7	564.8	603.1	623.6
9. Servicios comunales, sociales y personales	513.4	656.7	837.1	1 114.4	1 222.2	1 276.1
Servicios gubernamentales	165.2	430.3	549.2	769.8	839.1	881.1
Subtotal	3 096.5	3 975.5	5 573.5	7 472.5	8 586.9	9 125.1
Menos: Comisión imputada de los servicios bancarios	...	...	...	...	...	...
Más: Derechos de importación	...	...	...	...	...	...
Total: Producto interno bruto	3 096.5	3 975.5	5 573.5	7 472.5	8 586.9	9 125.1

[1] Se incluye en Industrias manufactureras.
[2] Incluye Explotación de minas y canteras.
[3] Se refiere a diferencias en el cálculo del Producto interno bruto por tipo de gasto, derivadas de ajustes por tipos de cambio en el sector externo.

146. COSTA RICA: GROSS DOMESTIC PRODUCT BY KIND OF ECONOMIC ACTIVITY, AT MARKET PRICES

(Millions of colones)

1979	1980	1981	1982	1983	*Kind of activity*
		At current prices			
6 398.6	7 372.1	13 144.5	23 883.6	26 285.8	1. *Agriculture, hunting, forestry and fishing*
[1]	[1]	[1]	[1]	[1]	2. *Mining and quarrying*
6 331.5[2]	7 701.1[2]	10 817.8[2]	19 828.1[2]	27 477.3[2]	3. *Manufacturing*
602.8	881.5	1 423.9	2 264.0	4 856.3	4. *Electricity, gas and water*
2 215.6	2 583.5	2 959.7	3 005.0	4 074.6	5. *Construction*
7 056.4	8 314.7	10 500.3	21 125.4	25 561.7	6. *Wholesale and retail trade, restaurants and hotels*
1 444.6	1 743.6	2 554.8	4 487.3	5 189.9	7. *Transport, storage and communications*
3 781.0	4 685.8	5 790.6	8 083.7	11 937.8	8. *Finance, insurance, real estate and business services*
2 066.5	2 494.3	2 883.4	3 258.3	3 773.1	*Dwellings*
6 753.9	8 123.2	9 911.1	14 828.0	20 953.7	9. *Community, social and personal services*
5 200.4	6 288.7	7 625.0	11 323.5	15 802.1	*Government services*
34 584.4	41 405.5	57 102.7	97 505.1	126 337.1	*Subtotal*
...	...	...	...	...	*Less: Imputed bank service charges*
...	...	...	...	...	*Plus: Import duties*
34 584.4	41 405.5	57 102.7	97 505.1	126 337.1	*Total: Gross domestic product*
-	-	-	-	-	*Statistical discrepancy*
		At constant 1966 prices			
1 744.8	1 736.1	1 824.6	1 738.8	1 806.6	1. *Agriculture, hunting, forestry and fishing*
[1]	[1]	[1]	[1]	[1]	2. *Mining and quarrying*
2 102.8	2 119.6	2 109.0	1 868.6	1 891.0	3. *Manufacturing* [2]
201.2	224.9	242.4	252.6	303.6	4. *Electricity, gas and water*
609.4	602.7	471.9	321.4	330.1	5. *Construction*
1 794.0	1 740.8	1 556.3	1 374.2	1 423.7	6. *Wholesale and retail trade, restaurants and hotels*
643.0	676.4	671.7	666.3	656.3	7. *Transport, storage and communications*
1 135.5	1 165.1	1 166.4	1 176.4	1 196.9	8. *Finance, insurance, real estate and business services*
649.2	664.7	676.0	682.1	688.3	*Dwellings*
1 345.1	1 382.2	1 387.3	1 344.3	1 339.5	9. *Community, social and personal services*
932.7	966.7	984.3	955.8	940.5	*Government services*
9 575.8	9 647.8	9 429.6	8 742.6	8 947.7	*Subtotal*
...	...	...	...	...	*Less: Imputed bank service charges*
...	...	...	...	...	*Plus: Import duties*
9 575.8	9 647.8	9 429.6	8 742.6	8 947.7	*Total: Gross domestic product*

[1] *Included in Manufacturing.*
[2] *Including Mining and quarrying.*
[3] *Refers to differences in the calculation of the Gross domestic product by type of expenditure arising from exchange rate adjustments in the external sector.*

147. COSTA RICA: INGRESOS Y GASTOS DEL GOBIERNO GENERAL

(Millones de colones)

	1960	1965	1970	1975	1977	1978
1. Renta de la propiedad y de la empresa	15.8	18.4	27.7	64.8	118.7	129.8
2. Impuestos indirectos	309.1	402.3	750.7	2 153.4	3 474.6	4 086.9
3. Impuestos directos	41.6	88.0	193.5	447.4	784.8	925.9
4. Contribuciones a la seguridad social	48.8	103.5	206.4	776.3	1 296.8	1 564.2
5. Transferencias corrientes n.e.p. de residentes	2.6	5.0	9.6	62.0[1]	72.4[1]	78.2[1]
6. Transferencias corrientes n.e.p. del resto del mundo	7.7	32.2	4.4	14.8	15.2	16.2
Total: Ingresos corrientes	**425.6**	**649.4**	**1 192.3**	**3 518.7**	**5 762.5**	**6 801.2**
7. Gasto de consumo final	296.1	494.8	819.8	2 557.9	4 208.1	5 068.6
8. Renta de la propiedad	21.5	38.4	71.7	176.4	303.6	465.2
9. Subsidios	11.2	10.5	25.5	36.0	65.0	87.0
10. Prestaciones de seguridad social	21.6	42.4	81.6	168.8	355.6	450.4
11. Transferencias corrientes n.e.p. a residentes	7.8	6.6	20.9	60.6	134.5	132.2
12. Transferencias corrientes n.e.p. al resto del mundo	-	4.4	4.1	13.1	11.8	9.8
13. Ahorro	67.4	52.3	168.7	506.2	683.9	588.0
Total: Egresos corrientes	**425.6**	**649.4**	**1 192.3**	**3 518.7**	**5 762.5**	**6 801.2**

[1] Incluye Tasas, multas y sanciones.

147. COSTA RICA: INCOME AND OUTLAY OF THE GENERAL GOVERNMENT

(Millions of colones)

1979	1980	1981	1982	1983	
180.7	228.5	337.4	328.2	957.0	1. *Property and entrepreneurial income*
4 430.4	5 245.3	7 502.6	12 353.0	19 413.1	2. *Indirect taxes*
945.4.3	1 013.7	1 488.7	2 913.0	4 718.8	3. *Direct taxes*
1 989.9	2 274.4	2 724.3	4 645.9	8 308.7	4. *Social security contributions*
132.8[1]	153.6[1]	253.9[1]	314.5	489.0	5. *Current transfers n.e.c. from residents*
19.2	25.0	48.3	93.0	304.3	6. *Current transfers n.e.c. from the rest of the world*
7 698.4	8 940.5	12 355.2	20 647.6	34 190.9	***Total:** Current receipts*
6 243.2	7 544.3	8 986.5	14 191.9	19 802.4	7. *Final consumption expenditure*
659.1	935.3	1 533.8	2 499.5	3 749.6	8. *Property income*
215.1	383.0	720.2	1 038.5	942.1	9. *Subsidies*
504.8	450.8	774.7	1 553.1	1 882.8	10. *Social security benefits*
193.2	225.6	308.7	367.1	538.7	11. *Current transfers n.e.c. to residents*
56.5	73.0	49.3	41.4	83.9	12. *Current transfers n.e.c. to rest of the world*
-172.7	-671.5	-68.0	956.1	7 191.4	13. *Saving*
7 698.4	8 940.5	12 355.2	20 647.6	34 190.9	***Total:** Current disbursements*

[1] *Includes Compulsory fees, fines and penalties.*

148. CHILE: PRODUCTO INTERNO BRUTO POR TIPO DE GASTO, A PRECIOS DE MERCADO

(Millones de pesos) [1]

Tipo de gasto	1960	1965	1970	1975	1977	1978
	A precios corrientes					
1. Gasto de consumo final del gobierno general	442	1 972	12 588	5 559.9	41 939.0	70 346.6
2. Gasto privado de consumo final	3 352	13 530	69 001	25 941.2	209 506.8	346 627.2
3. Variación de existencias	-31	42	1 405	-1 625.6	3 163.3	15 240.8
4. Formación bruta de capital fijo	625	2 711	14 771	6 271.1	38 346.0	71 593.8
Construcción	372[2]	1 782[2]	9 080[2]	3 617.8	20 910.3	37 433.9
Maquinaria y equipo	253	929	5 691	2 653.3	17 435.7	34 159.9
5. Exportaciones de bienes y servicios	590	2 560	14 803	9 025.8	59 338.1	100 351.8
6. Menos: Importaciones de bienes y servicios	713	2 414	14 151	9 725.8	64 523.4	116 653.9
Total: Producto interno bruto	**4 265**	**18 401**	**98 417**	**35 446.6**[3]	**287 769.7**[3]	**487 506.4**[3]
	A precios constantes de 1977					
1. Gasto de consumo final del gobierno general	21 577.1	25 585.5	34 014.5	40 428.3	41 939.0	44 775.9
2. Gasto privado de consumo final	153 484.2	174 803.3	218 507.1	180 139.4	209 506.8	225 279.2
3. Variación de existencias	-11 354.3	-4 414.2	8 336.7	-3 513.5	3 163.3	6 225.9
4. Formación bruta de capital fijo	38 728.6	44 781.2	57 785.9	38 992.2	38 346.0	45 009.0
Construcción	25 611.7[2]	32 125.0[2]	38 382.1[2]	24 624.6	20 910.3	23 741.1
Maquinaria y equipo	13 116.9	12 656.2	19 403.7	14 367.6	17 435.7	21 268.0
5. Exportaciones de bienes y servicios	22 820.3	28 017.1	32 449.8	42 644.6	59 338.1	65 978.4
6. Menos: Importaciones de bienes y servicios	38 155.5	43 782.6	67 997.1	45 647.8	64 523.4	75 851.1
Total: Producto interno bruto [3]	**187 100.4**	**224 990.3**	**283 096.9**	**253 043.2**	**287 769.8**	**311 417.3**

[1] Entre los años 1960 y 1970, las cifras a precios corrientes están expresadas en miles de pesos.
[2] Incluye ganado reproductor.
[3] La suma de los sumandos puede no coincidir con el total, por las aproximaciones efectuadas.

148. CHILE: GROSS DOMESTIC PRODUCT BY TYPE OF EXPENDITURE, AT MARKET PRICES

(Millions of pesos) [1]

1979	1980	1981	1982	1983	Type of expenditure
		At current prices			
110 394.8	133 886.2	167 433.0	190 067.9	220 670.2	1. General government final consumption expenditure
546 292.4	760 471.6	948 248.9	932 684.1	1 141 863.1	2. Private final consumption expenditure
22 360.0	46 679.1	52 231.2	-41 588.3	-33 699.1	3. Increase in stocks
115 015.6	178 944.2	236 805.7	181 451.0	186 501.1	4. Gross fixed capital formation
62 268.1	105 019.2	143 488.3	118 902.8	123 640.7	Construction
52 747.6	73 925.1	93 317.4	62 548.2	62 860.4	Machinery and equipment
179 742.0	245 387.1	209 020.6	239 862.7	374 465.2	5. Exports of goods and services
201 604.6	290 099.4	340 616.0	263 355.2	332 092.0	6. Less: Imports of goods and services
772 200.2 [3]	1 075 268.8 [3]	1 273 123.4 [3]	1 239 122.2 [3]	1 557 708.5 [3]	**Total:** Gross domestic product
		At constant 1977 prices			
48 874.2	44 916.2	43 502.1	42 923.7	42 656.6	1. General government final consumption expenditure
239 899.4	256 102.1	283 562.5	249 174.3	240 731.2	2. Private final consumption expenditure
13 570.9	22 707.0	31 077.5	-12 714.2	-11 809.9	3. Increase in stocks
52 593.0	64 105.2	74 847.5	49 448.0	42 090.6	4. Gross fixed capital formation
28 257.2	34 654.44	40 877.3	30 847.0	...	Construction
24 335.8	29 450.8	33 970.2	18 601.0	...	Machinery and equipment
75 310.1	86 077.1	78 372.8	82 068.6	82 583.0	5. Exports of goods and services
93 040.2	110 461.5	127 811.8	81 377.6	69 071.6	6. Less: Imports of goods and services
337 207.4	363 446.1	383 550.6	329 522.8	327 179.9	**Total:** Gross domestic product [3]

[1] *Between 1960 and 1970, figures at current prices are expressed in thousands of pesos.*
[2] *Including breeder stocks.*
[3] *The sum of the items may not agree with the total, because of approximations.*

149. CHILE: RELACIONES ENTRE PRINCIPALES AGREGADOS DE CUENTAS NACIONALES, A PRECIOS CORRIENTES [1]

(Millones de pesos) [2]

	1960	1965	1970	1975	1977	1978
Remuneración de los asalariados	1 728	7 229	42 029	13 816.7	113 492.6	187 713.4
Más: Excedente de explotación	1 620	7 894	38 332	11 469.4	99 260.1	176 771.1
Más: Consumo de capital fijo	525	1 688	7 626	5 200.3	33 696.8	55 632.9
1. Igual: **Producto interno bruto al costo de factores**	3 873	16 811	87 987	30 486.4	246 449.5	420 117.4
Más: Impuestos indirectos	487	2 106	12 754	5 568.4	45 826.5	76 875.8
Menos: Subsidios	95	516	2 324	608.1	4 506.3	9 486.9
2. Igual: **Producto interno bruto a precios de mercado**	4 265	18 401	98 417	35 446.7	287 769.7	487 506.3
Menos: Remuneración neta de factores pagada al resto del mundo	79	409	2 324	1 388.4	7 612.7	13 342.9
3. Igual: **Producto nacional bruto a precios de mercado**	4 186	17 992	96 093	34 058.3	280 157.0	474 163.4
Menos: Consumo de capital fijo	525	1 688	7 626	5 200.3	33 696.8	55 632.9
4. Igual: **Ingreso nacional a precios de mercado**	3 661	16 304	88 467	28 858.0	246 460.2	418 530.5
Más: Otras transferencias corrientes netas procedentes del resto del mundo	41	31	463	247.7	2 061.1	4 208.7
5. Igual: **Ingreso nacional disponible a precios de mercado**	3 702	16 335	88 930	29 105.7	248 521.3	422 739.2
Menos: Gasto total de consumo final	3 794	15 502	81 589	31 500.9	251 445.7	416 973.7
6. Igual: **Ahorro nacional**	-92	833	7 341	-2 395.2	-2 924.4	5 765.5
Menos: Excedente de la nación por transacciones corrientes	-161	-232	-1 209	-1 840.7	-10 736.9	-25 436.3
7. Igual: **Formación neta de capital**	69	1 065	8 550	-554.5	7 812.5	31 201.8
Más: Consumo de capital fijo	525	1 688	7 626	5 200.3	33 696.8	55 632.9
8. Igual: **Formación bruta de capital**	594	2 753	16 176	4 645.8	41 509.3	86 834.7

[1] A partir de 1974, la suma de los sumandos puede no coincidir con el total, por las aproximaciones efectuadas.
[2] Entre los años 1960 y 1970, las cifras están expresadas en miles de pesos.

149. CHILE: RELATIONS AMONG MAIN NATIONAL ACCOUNTS AGGREGATES, AT CURRENT PRICES [1]

(Millions of pesos) [2]

1979	1980	1981	1982	1983	
278 585.2	411 076.2	515 513.2	514 262.0	...	*Compensation of employees*
321 028.6	430 916.2	456 097.2	423 878.2	...	*Plus: Operating surplus*
76 799.3	103 518.4	120 053.6	132 812.4	174 692.0	*Plus: Consumption of fixed capital*
676 413.1	945 510.8	1 091 664.0	1 070 952.6	...	1. *Equals:* **Gross domestic product** *at factor cost*
110 649.0	150 701.3	201 488.3	184 867.1	...	*Plus: Indirect taxes*
14 862.0	20 943.2	20 028.9	16 697.5	...	*Less: Subsidies*
772 200.1	1 075 268.9	1 273 123.4	1 239 122.2	1 557 708.5	2. *Equals:* **Gross domestic product** *at market prices*
24 709.5	36 266.1	57 076.5	95 541.3	134 179.4	*Less: Net factor income paid to the rest of the world*
747 490.6	1 039 002.8	1 216 046.9	1 143 580.9	1 423 529.1	3. *Equals:* **Gross national product** *at market prices*
76 799.3	103 518.4	120 053.6	132 812.4	174 692.0	*Less: Consumption of fixed capital*
670 691.3	935 484.4	1 095 993.3	1 010 768.5	1 248 837.1	4. *Equals:* **National income at market price**
5 245.7	4 426.5	4 212.0	5 420.6	7 248.7	*Plus: Other net current transfers received from the rest of the world*
675 937.0	939 910.9	1 100 205.3	1 016 189.1	1 256 085.8	5. *Equals:* **National disposable income** *at market prices*
656 687.0	894 357.9	1 115 681.9	1 122 751.9	1 362 533.3	*Less: Total final consumption expenditure*
19 250.0	45 553.0	-15 476.6	-106 562.8	-106 447.5	6. *Equals:* **National saving**
-41 326.4	-76 551.9	-184 460.0	-113 613.2	-84 557.4	*Less: Surplus of the nation on current transactions*
60 576.4	122 104.9	168 983.4	7 050.3	-21 890.1	7. *Equals:* **Net capital formation**
76 799.3	103 518.4	120 053.6	132 812.4	174 692.0	*Plus: Consumption of fixed capital*
137 375.7	225 623.3	289 036.9	139 862.7	152 802.0	8. *Equals:* **Gross capital formation**

[1] *From 1974 onwards, the sum of the figures may not agree with the total, because of the aproximations which have been made.*
[2] *Between 1960 and 1970, the figures are expressed in thousands of pesos.*

150. CHILE: PRODUCTO INTERNO BRUTO POR CLASE DE ACTIVIDAD ECONOMICA, A PRECIOS DE MERCADO

(Millones de pesos) [1]

Clase de actividad	1960	1965	1970	1975	1977	1978
	A precios corrientes					
1. Agricultura, caza, silvicultura y pesca	448	1 628	6 674	2 333.4	28 289.4	37 054.3
2. Explotación de minas y canteras	341	1 419	8 625	3 683.3	23 161.0	36 279.7
3. Industrias manufactureras	930	4 375	25 068	7 187.4	62 573.8	109 174.2
4. Electricidad, gas y agua	62	430	2 008	738.6	6 476.9	9 629.9
5. Construcción	196	1 113	5 002	1 906.5	11 706.4	20 423.9
6. Comercio al por mayor y al por menor, restaurantes y hoteles [2]	943	3 539	18 305	6 120.8	44 844.0	80 310.6
7. Transportes, almacenamiento y comunicaciones	225	868	5 134	2 023.4	15 376.9	26 706.9
8. Establecimientos financieros, seguros, bienes inmuebles y servicios prestados a las empresas	406	2 007	10 437	5 160.3	38 699.5	72 671.4
Viviendas	229	1 375	5 368	2 948.3	20 542.2	38 437.5
9. Servicios comunales, sociales y personales [3]	649	2 832	15 807	6 036.7	51 803.5	84 397.9
Servicios gubernamentales	207	912	5 525	2 206.9	18 274.6	28 067.5
Subtotal	4 200	18 211	97 060	35 190.6 [4]	282 931.2 [4]	476 648.8 [4]
Menos: Comisión imputada de los servicios bancarios	58	256	1 896	1 047.4	9 151.7	14 266.4
Más: Derechos de importación	123	446	3 253	1 303.5	13 990.2	25 123.9
Total: Producto interno bruto	4 265	18 401	98 417	35 446.6 [4]	287 769.7 [4]	487 506.4 [4]
	A precios constantes de 1977					
1. Agricultura, caza, silvicultura y pesca	19 875.8	20 257.4	24 070.6	25 993.0	28 289.4	27 241.0
2. Explotación de minas y canteras	14 431.5	16 799.5	18 595.2	20 094.9	23 161.0	23 529.0
3. Industrias manufactureras	41 648.8	55 839.1	69 911.8	54 405.0	62 573.8	68 373.5
4. Electricidad, gas y agua	2 752.7	3 882.7	4 792.6	5 786.4	6 476.9	6 912.6
5. Construcción	14 285.2	17 539.5	21 141.0	14 146.8	11 706.4	12 650.5
6. Comercio al por mayor y al por menor, restaurantes y hoteles [2]	31 979.0	35 838.5	46 786.6	35 059.4	44 844.0	53 820.2
7. Transportes, almacenamiento y comunicaciones	7 880.6	10 499.4	13 765.3	13 262.2	15 376.9	16 665.2
8. Establecimientos financieros, seguros, bienes inmuebles y servicios prestados a las empresas	17 995.1	20 961.4	31 286.6	34 783.1	38 699.5	45 539.4
Viviendas	12 323.3	14 996.4	18 229.6	20 271.2	20 542.2	20 724.1
9. Servicios comunales, sociales y personales [3]	31 101.1	36 788.1	42 915.2	48 923.2	51 803.5	49 457.7
Servicios gubernamentales	10 948.0	12 595.4	14 071.7	16 956.8	18 274.6	17 713.5
Subtotal [4]	181 949.7	218 405.5	273 264.6	252 453.9	282 931.2	304 189.1
Menos: Comisión imputada de los servicios bancarios	2 654.6	3 196.4	5 631.2	7 530.0	9 151.7	9 122.9
Más: Derechos de importación	7 805.3	9 781.2	15 463.2	8 119.3	13 990.2	16 351.1
Total: Producto interno bruto [4]	187 100.4	224 990.4	283 096.8	253 043.2	287 769.7	311 417.3

[1] Entre los años 1960 y 1970, las cifras están expresadas en miles de pesos.
[2] Restaurantes y hoteles están incluidos en Servicios comunales, sociales y personales.
[3] Incluye Restaurantes y hoteles.
[4] La suma de los sumandos puede no coincidir con el total, por las aproximaciones efectuadas.

150. CHILE: GROSS DOMESTIC PRODUCT BY KIND OF ECONOMIC ACTIVITY, AT MARKET PRICES

(Millions of pesos) [1]

1979	1980	1981	1982	1983	Kind of activity
			At current prices		
56 129.7	77 705.8	80 710.0	69 371.1	88 799.5	1. Agriculture, hunting, forestry and fishing
75 321.1	91 985.1	71 403.4	95 212.0	157 672.0	2. Mining and quarrying
164 020.1	230 510.6	284 240.7	233 469.1	320 807.4	3. Manufacturing
15 602.2	22 887.6	28 947.6	40 137.3	52 163.2	4. Electricity, gas and water
33 054.7	55 762.8	81 836.0	69 669.8	73 571.3	5. Construction
128 851.6	175 431.1	191 045.1	193 092.5	233 793.1	6. Wholesale and retail trade, restaurants and hotels [2]
39 923.3	52 814.7	61 865.1	57 501.8	70 608.5	7. Transport, storage and communications
119 764.0	184 865.0	235 730.4	255 672.9	240 295.2	8. Finance, insurance, real estate and business services
57 155.9	79 938.2	99 938.6	116 501.6	130 282.8	Dwellings
127 831.3	179 369.1	240 296.5	248 506.0	276 876.4	9. Community, social and personal services [3]
42 565.2	54 354.5	67 856.0	78 494.1	90 002.1	Government services
760 498.2 [4]	1 071 331.8 [4]	1 276 074.8 [4]	1 262 632.5 [4]	1 514 586.6 [4]	*Subtotal*
30 438.2	55 852.0	81 244.2	80 778.1	45 019.8	Less: Imputed bank service charges
42 140.1	59 789.0	78 292.8	57 267.8	88 141.7	Plus: Import duties
772 200.2 [4]	1 075 268.8 [4]	1 273 123.4 [4]	1 239 122.2 [4]	1 557 708.5 [4]	**Total:** Gross domestic product
		At constant 1977 prices			
28 922.2	30 031.1	31 168.2	30 803.4	30 020.8	1. Agriculture, hunting, forestry and fishing
24 792.0	26 076.7	28 084.3	29 680.0	29 113.0	2. Mining and quarrying
73 776.6	78 332.3	80 336.3	63 500.4	65 465.7	3. Manufacturing
7 383.3	7 754.0	7 913.1	7 921.2	8 265.3	4. Electricity, gas and water
15 669.5	19 419.9	23 517.5	17 919.9	17 022.1	5. Construction
59 766.6	67 148.7	70 012.0	57 871.8	55 873.5	6. Wholesale and retail trade, restaurants and hotels [2]
18 166.8	20 178.4	20 537.1	18 107.7	17 842.0	7. Transport, storage and communications
48 744.5	55 272.2	59 661.3	57 816.0	47 003.1	8. Finance, insurance, real estate and business services
20 824.4	21 028.9	21 341.4	21 561.2	21 686.2	Dwellings
53 787.7	54 113.0	54 263.9	50 687.5	51 396.1	9. Community, social and personal services [3]
17 501.5	16 941.5	16 636.6	16 160.7	16 504.1	Government services
331 009.0	358 326.3	375 493.7	334 307.9	322 001.6	*Subtotal* [4]
13 279.8	18 729.7	23 901.7	22 614.3	9 547.0	Less: Imputed bank service charges
19 478.1	23 849.8	31 958.5	17 829.2	14 725.3	Plus: Import duties
337 207.5	363 446.6	383 550.6	329 522.8	327 179.9	**Total:** Gross domestic product [4]

[1] Between 1960 and 1970, the figures are expressed in thousands of pesos.
[2] Restaurants and hotels are included in Community, social and personal services.
[3] Includes Restaurants and hotels.
[4] The sum of the items may not agree with the total, because of the approximations made.

151. CUBA: PRODUCTO SOCIAL GLOBAL

(Millones de pesos)

Clase de actividad de la esfera material	1960	1965	1970	1975	1977	1978
			A precios corrientes de mercado			
1. Agropecuario	...	1 066.6[1]	1 211.8[1]	1 597.1[2]	1 747.9[2]	1 849.5[2]
2. Silvicultura	...	7.4	17.8	69.4	70.3	76.8
3. Industria	...	2 913.0	4 000.3	6 724.2[1]	6 995.8[1]	7 562.5[1]
4. Construcción	...	521.8	436.3	1 250.3	1 450.2	1 557.1
5. Comercio	...	1 838.7	2 251.8[3]	3 309.7	3 288.8	4 080.9
6. Transporte	...	348.1	1 141.0	1 006.3	1 095.7	1 169.4
7. Comunicaciones	...	51.5	66.9	78.1	90.1	107.8
8. Otras actividades productivas de la esfera material	...	23.8	[4]	28.3	34.0	53.6
Total: Producto social global	...	6 770.9	9 125.9	14 063.4	14 772.8	16 457.6

Clase de actividad de la esfera material					A precios constantes de:	
		1965			1981	
1. Agropecuario	1 125.6[5]	1 066.6[1]	...	...	2 897.7[2]	3 049.9[2]
2. Silvicultura	[6]	7.4	...	...	61.7	67.6
3. Industria	2 936.7	2 913.0	...	...	7 230.2[1]	7 850.7[1]
4. Construcción	293.9	521.8	...	...	1 384.9	1 486.9
5. Comercio	1 736.0[3]	1 838.7	...	...	4 942.2	5 185.7
6. Transporte	285.8	348.1	...	...	1 090.9	1 162.3
7. Comunicaciones	41.5	51.5	...	...	99.6	119.3
8. Otras actividades productivas de la esfera material	[4]	23.8	...	...	42.3	44.2
Total: Producto social global	6 419.5	6 770.9	...	...	17 749.5	18 966.6

[1] Incluye pesca.
[2] Excluye pesca.
[3] Incluye otras actividades productivas de la esfera material.
[4] Se incluye en Comercio.
[5] Incluye silvicultura y pesca.
[6] Se incluye en la actividad agropecuaria.

151. CUBA: GROSS SOCIAL PRODUCT

(Millions of pesos)

1979	1980	1981	1982	1983	Kind of activity in the material sphere
		At current market prices			
1 962.2[2]	2 046.2[2]	3 498.9[2]	3 393.3[2]	3 361.0	1. *Agriculture*
70.8	77.8	79.8	83.7	107.6	2. *Forestry*
7 907.2[1]	8 104.2[1]	9 518 4[1]	10 097.5[1]	10 574.7	3. *Industry*
1 569.2	1 569.4	1 787.8	1 802.3	1 988.8	4. *Construction*
4 047.2	4 028.5	5 392.1	5 799.4	6 272.5	5. *Commerce*
1 225.3	1 425.4	1 623.3	1 618.0	1 671.6	6. *Transport*
134.5	151.6	172.0	188.4	204.9	7. *Communications*
70.4	80.1	100.2	110.7	128.9	8. *Other productive activities in the material sphere*
16 986.8	**17 483.2**	**22 172.5**	**23 093.3**	**24 310.0**	**Total:** *Gross social product*
		At constant prices of:			
		1981			
3 115.7[2]	3 096.9[2]	3 498.9[2]	3 376.6[2]	...	1. *Agriculture*
62.2	68.5	79.8	83.7	...	2. *Forestry*
8 046.0[1]	8 148.5[1]	9 563.3[1]	10 222.8[1]	...	3. *Industry*
1 498.4	1 498.3	1 787.8	1 801.4	...	4. *Construction*
5 355.7	4 830.8	5 432.8	5 549.6	...	5. *Commerce*
1 218.6	1 376.7	1 623.3	1 614.2	...	6. *Transport*
139.4	157.8	172.0	190.5	...	7. *Communications*
55.3	79.8	100.2	110.7	...	8. *Other productive activities in the material sphere*
19 491.3	**19 257.3**	**22 258.1**	**22 949.5**	...	**Total:** *Gross social product*

[1] *Including fishing.*
[2] *Excluding fishing.*
[3] *Including other productive activities in the material sphere.*
[4] *Included in Commerce.*
[5] *Including forestry and fishing.*
[6] *Included in Agriculture.*

152. DOMINICA: PRODUCTO INTERNO BRUTO POR CLASE DE ACTIVIDAD ECONOMICA, AL COSTO DE FACTORES

(Miles de dólares del Caribe oriental)

Clase de actividad	1960	1961	1962	1963	1964
		A precios corrientes			
1. Agricultura, caza, silvicultura y pesca	...	7 478	7 269	8 482	8 667
2. Explotación de minas y canteras [1]	...	1 487	1 816	1 287	1 564
3. Industrias manufactureras	...	[2]	[2]	[2]	[2]
4. Electricidad, gas y agua	...	[2]	[2]	[2]	[2]
5. Construcción	...	1 815	1 919	1 912	2 530
6. Comercio al por mayor y al por menor, restaurantes y hoteles	...	2 508	955	1 264	1 761
7. Transportes, almacenamiento y comunicaciones	...	623	562	653	846
8. Establecimientos financieros, seguros, bienes inmuebles y servicios prestados a las empresas	...	2 778	3 281	3 453	3 498
Viviendas	...	...	...	...	...
9. Servicios comunales, sociales y personales	...	4 441	4 381	4 691	5 114
Servicios gubernamentales	...	...	...	...	...
Subtotal	...	21 130	20 183	21 742	23 980
Menos: Comisión imputada de los servicios bancarios	...	...	...	...	...
Total: Producto interno bruto	...	21 130	20 183	21 742	23 980
		A precios constantes de 1967			
1. Agricultura, caza, silvicultura y pesca	...	...	...	...	...
2. Explotación de minas y canteras	...	...	...	...	...
3. Industrias manufactureras	...	...	...	...	...
4. Electricidad, gas y agua	...	...	...	...	...
5. Construcción	...	...	...	...	...
6. Comercio al por mayor y al por menor, restaurantes y hoteles	...	...	...	...	...
7. Transportes, almacenamiento y comunicaciones	...	...	...	...	...
8. Establecimientos financieros, seguros, bienes inmuebles y servicios prestados a las empresas	...	...	...	...	...
Viviendas	...	...	...	...	...
9. Servicios comunales, sociales y personales	...	...	...	...	...
Servicios gubernamentales	...	...	...	...	...
Subtotal	...	...	...	...	...
Menos: Comisión imputada de los servicios bancarios	...	...	...	...	...
Total: Producto interno bruto	...	...	...	...	...

[1] Incluye Industrias manufactureras y Electricidad, gas y agua.
[2] Se incluye en Minas y canteras.

152. DOMINICA: GROSS DOMESTIC PRODUCT BY KIND OF ECONOMIC ACTIVITY, AT FACTOR COST

(Thousands of East Caribbean dollars)

1965	1966	1967	1968	1969	Kind of activity
					At current prices
8 669	8 462	8 791	...	...	1. *Agriculture, hunting, forestry and fishing*
1 589	1 710	2 095	...	...	2. *Mining and quarrying* [1]
[2]	[2]	[2]	...	...	3. *Manufacturing*
[2]	[2]	[2]	...	...	4. *Electricity, gas and water*
2 190	2 240	2 580	...	...	5. *Construction*
1 992	2 014	2 193	...	...	6. *Wholesale and retail trade, restaurants and hotels*
905	968	1 036	...	...	7. *Transport, storage and communications*
3 674	3 857	4 049	...	...	8. *Finance, insurance, real estate and business services*
...	...	...	...	...	*Dwellings*
5 506	5 818	6 210	...	...	9. *Community, social and personal services*
...	...	...	...	...	*Government services*
24 525	25 069	26 954	...	...	*Subtotal*
...	...	...	...	...	*Less: Imputed bank service charges*
24 525	25 069	26 954	...	...	*Total: Gross domestic product*
					At constant 1967 prices
...	...	8 791	9 122	9 458	1. *Agriculture, hunting, forestry and fishing* [1]
...	...	2 095	2 470	2 600	2. *Mining and quarrying*
...	...	[2]	[2]	[2]	3. *Manufacturing*
...	...	[2]	[2]	[2]	4. *Electricity, gas and water*
...	...	2 580	2 780	2 980	5. *Construction*
...	...	2 193	2 425	2 738	6. *Wholesale and retail trade, restaurants and hotels*
...	...	1 036	1 117	1 195	7. *Transport, storage and communications*
...	...	4 049	4 252	4 464	8. *Finance, insurance, real estate and business services*
...	...	...	...	...	*Dwellings*
...	...	6 210	6 619	7 055	9. *Community, social and personal services*
...	...	...	...	...	*Government services*
...	...	26 954	28 785	30 490	*Subtotal*
...	...	...	...	...	*Less: Imputed bank service charges*
...	...	26 954	28 785	30 490	*Total: Gross domestic product*

[1] Including Manufacturing and Electricity, gas and water.
[2] Included in Mining and quarrying.

II. CUENTAS NACIONALES

153. DOMINICA: PRODUCTO INTERNO BRUTO POR TIPO DE GASTO, A PRECIOS DE MERCADO

(Millones de dólares del Caribe oriental a precios corrientes)

Tipo de gasto	1975	1976
1. Gasto de consumo final del gobierno general	18.1	19.8
2. Gasto privado de consumo final	43.2	50.9
3. Variación de existencias	...	...
4. Formación bruta de capital fijo	16.0	16.9
Construcción	...	...
Maquinaria y equipo	...	...
5. Exportaciones de bienes y servicios	30.8	36.5
6. Menos: Importaciones de bienes y servicios	45.2	50.1
Total: Producto interno bruto	69.9	73.9
Discrepancia estadística	7.0 [2]	-0.1 [2]

[1] Se refiere al Producto interno bruto al costo de factores.
[2] Cifra no publicada por la fuente original. Estimada por diferencia.

153. DOMINICA: GROSS DOMESTIC PRODUCT BY TYPE OF EXPENDITURE, AT MARKET PRICES

(Millions of East Caribbean dollars at current prices)

1977	1978	Type of expenditure
21.2	...	1. *General government final consumption expenditure*
63.6	...	2. *Private final consumption expenditure*
...	...	3. *Increase in stocks*
...	...	4. *Gross fixed capital formation*
...	...	*Construction*
...	...	*Machinery and equipment*
40.3	...	5. *Exports of goods and services*
59.4	...	6. *Less: Imports of goods and services*
85.0	100.6 [1]	***Total:*** *Gross domestic product*
19.3 [2]	...	*Statistical discrepancy*

[1] *Refers to Gross domestic product at factor cost.*
[2] *Data not published by original source. Estimated residually.*

315

II. CUENTAS NACIONALES

154. ECUADOR: PRODUCTO INTERNO BRUTO POR TIPO DE GASTO, A PRECIOS DE MERCADO

(Millones de sucres)

Tipo de gasto	1960	1965	1970	1975
		A precios corrientes		
1. Gasto de consumo final del gobierno general	1 813	2 838	1 867	3 864	15 624
2. Gasto privado de consumo final	10 122	15 216	16 618	26 375	70 298
3. Variación de existencias	254	382	564	529	3 890
4. Formación bruta de capital fijo	1 897	2 484	2 302	5 842	24 907
Construcción	...	...	1 400	3 826	12 483
Maquinaria y equipo	...	...	902[1]	2 016[1]	12 424[1]
5. Exportaciones de bienes y servicios	2 530	3 506	3 252	4 909	28 242
6. Menos: Importaciones de bienes y servicios	2 476	3 622	3 882	6 500	35 221
Total: Producto interno bruto	14 140	20 804	20 721	35 019	107 740
		A precios constantes de:		
		1960		1975	
1. Gasto de consumo final del gobierno general	1 813	2 369	5 200	7 600	15 624
2. Gasto privado de consumo final	10 122	12 701	38 722	49 468	70 298
3. Variación de existencias	254	319	1 213	973	3 890
4. Formación bruta de capital fijo	1 897	2 073	9 852	13 576	24 907
Construcción	...	...	6 557	8 902	12 483
Maquinaria y equipo	...	...	3 295[1]	4 674[1]	12 424[1]
5. Exportaciones de bienes y servicios	2 530	2 927	8 162	8 333	28 242
6. Menos: Importaciones de bienes y servicios	2 476	3 023	12 443	17 038	35 221
Total: Producto interno bruto	14 140	17 366	50 706	62 912	107 740

[1] Incluye Producción animal, madera y productos metálicos.

154. ECUADOR: GROSS DOMESTIC PRODUCT BY TYPE OF EXPENDITURE, AT MARKET PRICES

(Millions of sucres)

1978	1979	1980	1981	1982	1983	Type of expenditure
			At current prices			
26 450	30 084	42 562	49 742	57 509	65 921	1. General government final consumption expenditure
121 244	143 289	174 875	214 665	260 199	365 622	2. Private final consumption expenditure
4 347	3 862	7 304	3 162	4 481	3 772	3. Increase in stocks
50 085	55 434	69 326	77 628	91 289	91 939	4. Gross fixed capital formation
26 914	29 566	36 933	46 477	59 751	64 924	Construction
23 171[1]	25 868[1]	32 393[1]	31 151[1]	31 538[1]	27 015[1]	Machinery and equipment
40 831	60 620	73 797	75 906	87 779	138 895	5. Exports of goods and services
51 612	59 326	74 527	72 441	84 296	100 347	6. Less: Imports of goods and services
191 345	233 963	293 337	348 662	416 959	565 802	**Total:** Gross domestic product
		At constant prices of:				
		1975				
20 613	21 658	23 611	24 185	23 856	21 587	1. General government final consumption expenditure
87 408	92 961	99 686	104 511	107 863	102 911	2. Private final consumption expenditure
4 039	3 095	4 241	1 511	1 643	1 373	3. Increase in stocks
33 058	32 955	34 975	32 442	29 545	21 001	4. Gross fixed capital formation
16 134	15 672	17 848	15 874	15 942	13 973	Construction
16 924[1]	17 283[1]	16 527[1]	16 568[1]	13 603[1]	7 028[1]	Machinery and equipment
30 032	31 534	30 792	32 247	31 742	33 323	5. Exports of goods and services
41 518	41 485	45 683	41 453	38 513	29 264	6. Less: Imports of goods and services
133 632	140 718	147 622	153 443	156 136	150 931	**Total:** Gross domestic product

[1] Includes Animal production, wood and metalic products.

II. CUENTAS NACIONALES

155. ECUADOR: RELACIONES ENTRE PRINCIPALES AGREGADOS DE CUENTAS NACIONALES, A PRECIOS CORRIENTES

(Millones de sucres)

	1960	1965	1970	1975
Remuneración de los asalariados	...	...	5 492	10 764	32 047
Más: Excedente de explotación	...	...	11 869	17 726	56 104
Más: Consumo de capital fijo	...	...	1 317	2 763	8 849
1. Igual: **Producto interno bruto al costo de factores**	12 855	19 122	18 678	31 253	97 000
Más: Impuestos indirectos	1 285 [1]	1 682 [1]	2 059	3 881	11 681
Menos: Subsidios	[2]	[2]	16	115	941
2. Igual: **Producto interno bruto a precios de mercado**	14 140	20 804	20 721	35 019	107 740
Menos: Remuneración neta de factores pagada al resto del mundo	...	...	456	672	2 468
3. Igual: **Producto nacional bruto a precios de mercado**	...	...	20 265	34 347	105 272
Menos: Consumo de capital fijo	...	...	1 317	2 763	8 849
4. Igual: **Ingreso nacional a precios de mercado**	...	...	18 948	31 584	96 423
Más: Otras transferencias corrientes netas procedentes del resto del mundo	...	...	170	368	508
5. Igual: **Ingreso nacional disponible a precios de mercado**	...	...	19 118	31 952	96 931
Menos: Gasto total de consumo final	11 935	18 054	18 485	30 239	85 922
6. Igual: **Ahorro nacional**	...	...	633	1 713	11 009
Menos: Excedente de la nación por transacciones corrientes	...	...	-916	-1 895	-8 939
7. Igual: **Formación neta de capital**	...	...	1 549	3 608	19 948
Más: Consumo de capital fijo	...	...	1 317	2 763	8 849
8. Igual: **Formación bruta de capital**	2 151	2 866	2 866	6 371	28 797

[1] Incluye Subsidios.
[2] Se incluye en Impuestos indirectos.

318

155. ECUADOR: RELATIONS AMONG MAIN NATIONAL ACCOUNTS AGGREGATES, AT CURRENT PRICES

(Millions of sucres)

1978	1979	1980	1981	1982	1983	
54 331	65 143	93 662	105 275	121 428	136 172	*Compensation of employees*
103 150	129 384	148 921	178 263	220 426	323 050	*Plus: Operating surplus*
17 383	20 366	26 366	32 492	39 899	59 011	*Plus: Consumption of fixed capital*
174 864	214 887	268 949	316 030	381 753	518 233	1. *Equals:* **Gross domestic product at factor cost**
17 554	20 489	26 931	35 746	38 802	50 177	*Plus: Indirect taxes*
1 073	1 413	2 543	3 114	3 596	2 608	*Less: Subsidies*
191 345	233 963	293 337	348 662	416 959	565 802	2. *Equals:* **Gross domestic product at market prices**
5 523	9 949	14 537	18 307	30 885	42 015	*Less: Net factor income paid to the rest of the world*
185 822	224 014	278 800	330 355	386 074	523 787	3. *Equals:* **Gross national product at market prices**
17 383	20 360	26 366	32 492	39 899	59 011	*Less: Consumption of fixed capital*
168 439	203 654	252 434	297 863	346 175	464 776	4. *Equals:* **National income at market prices**
766	649	844	1 286	1 607	1 754	*Plus: Other net current transfers received from the rest of the world*
169 205	204 303	253 278	299 149	347 782	466 530	5. *Equals:* **National disposable income at market prices**
147 694	173 373	217 437	264 407	317 708	431 543	*Less: Total final consumption expenditure*
21 511	30 930	35 841	34 742	30 074	34 987	6. *Equals:* **National saving**
-15 538	-8 006	-14 423	-13 556	-25 797	-1 713	*Less: Surplus of the nation on current transactions*
37 049	38 936	50 264	48 298	55 871	36 700	7. *Equals:* **Net capital formation**
17 383	20 360	26 366	32 492	39 899	59 011	*Plus: Consumption of fixed capital*
54 432	59 296	76 630	80 790	95 770	95 711	8. *Equals:* **Gross capital formation**

[1] *Including Subsidies.*
[2] *Included in Indirect taxes.*

156. ECUADOR: PRODUCTO INTERNO BRUTO POR CLASE DE ACTIVIDAD ECONOMICA, A PRECIOS DE MERCADO [1]

(Millones de sucres)

Clase de actividad	1960	1965	1970	1975	1978
		A precios corrientes			
1. Agricultura, caza, silvicultura y pesca	4 731	6 482	5 521	8 386	19 333	28 499
2. Explotación de minas y canteras	311[2]	392[2]	188	74	15 746	17 297
3. Industrias manufactureras	2 011[3]	3 299[3]	3 827	6 841	13 945	32 694
4. Electricidad, gas y agua	152	270	193	333	809	1 491
5. Construcción	499	788	431	1 377	5 988	14 591
6. Comercio al por mayor y al por menor, restaurantes y hoteles	1 482[4]	2 080[4]	3 215	5 099	16 949	29 415
7. Transportes, almacenamiento y comunicaciones	548	725	839	2 359	6 169	15 563
8. Establecimientos financieros, seguros, bienes inmuebles y servicios prestados a las empresas	1 218[5]	1 781[5]	2 520	3 799	11 237	22 082
Viviendas	877	1 238	1 563	1 997	5 499	9 671
9. Servicios comunales, sociales y personales	1 903[6]	3 305[6]	3 257	5 463	14 707	25 488
Servicios gubernamentales	753	...	1 425	3 008	9 640	15 348
Subtotal	12 855	19 122	19 991	33 731	104 883	187 120
Menos: Comisión imputada de los servicios bancarios	...	...	303	633	2 063	4 856
Más: Derechos de importación	...	...	1 033	1 921	4 920	9 081
Total: Producto interno bruto	12 855	19 122	20 721	35 019	107 740	191 345
		A precios constantes de:			
	1960		**1975**			
1. Agricultura, caza, silvicultura y pesca	4 731	5 411	13 072	15 710	19 333	19 575
2. Explotación de minas y canteras	311[2]	327[2]	974	429	15 746	20 148
3. Industrias manufactureras	2 011[3]	2 754[3]	6 143	8 060	13 945	19 034
4. Electricidad, gas y agua	152	225	297	477	809	915
5. Construcción	499	658	3 291	3 940	5 988	6 903
6. Comercio al por mayor y al por menor, restaurantes y hoteles	1 482[4]	1 736[4]	8 637	10 731	16 949	21 504
7. Transportes, almacenamiento y comunicaciones	548	605	2 298	3 765	6 169	8 616
8. Establecimientos financieros, seguros, bienes inmuebles y servicios prestados a las empresas	1 218[5]	...	5 843	7 536	11 237	14 622
Viviendas	877	...	3 586	4 083	5 499	6 162
9. Servicios comunales, sociales y personales	1 903[6]	4 245[7]	7 767	10 092	14 707	18 998
Servicios gubernamentales	753	...	4 119	6 005	9 640	11 926
Subtotal	12 855	15 961	48 322	60 740	104 883	130 315
Menos: Comisión imputada de los servicios bancarios	...	...	653	1 258	2 063	3 161
Más: Derechos de importación	...	...	3 037	3 430	4 920	6 478
Total: Producto interno bruto	12 855	15 961	50 706	62 912	107 740	133 632

[1] Para los años 1960 y 1965 las series están expresadas al costo de factores.
[2] Incluye refinación de petróleo.
[3] Excluye refinación de petróleo.
[4] Restaurantes y hoteles se incluyen en Servicios comunales, sociales y personales.
[5] Servicios prestados a las empresas se incluye en Servicios comunales, sociales y personales.
[6] Incluye Restaurantes y hoteles y los Servicios prestados a las empresas.
[7] Incluye Establecimientos financieros, seguros, bienes inmuebles y servicios prestados a las empresas.

156. ECUADOR: GROSS DOMESTIC PRODUCT BY KIND OF ECONOMIC ACTIVITY, AT MARKET PRICES [1]

(Millions of sucres)

1979	1980	1981	1982	1983	Kind of activity
		At current prices			
31 657	35 570	41 631	49 746	76 513	1. Agriculture, hunting, forestry and fishing
41 029	61 532	61 469	73 702	103 047	2. Mining and quarrying
31 392	25 953	42 497	48 726	80 252	3. Manufacturing
1 786	2 434	2 546	3 628	3 666	4. Electricity, gas and water
16 114	21 749	30 522	41 779	41 489	5. Construction
34 508	42 751	46 339	54 927	79 510	6. Wholesale and retail trade, restaurants and hotels
17 900	23 145	29 861	36 063	47 903	7. Transport, storage and communications
25 811	34 240	39 845	47 583	59 152	8. Finance, insurance, real estate and business services
11 157	13 990	16 533	20 262	22 803	Dwellings
29 786	42 848	51 514	61 131	76 492	9. Community, social and personal services
17 388	25 590	30 985	36 449	42 879	Government services
229 983	290 222	346 224	417 285	568 024	*Subtotal*
5 705	8 909	9 945	12 456	17 537	Less: Imputed bank service charges
9 685	12 024	12 383	12 130	15 315	Plus: Import duties
233 963	293 337	348 662	416 959	565 802	*Total: Gross domestic product*
		At constant prices of: 1975			
20 133	21 198	22 647	23 138	20 015	1. Agriculture, hunting, forestry and fishing
21 778	20 972	21 927	21 802	24 485	2. Mining and quarrying
20 534	20 905	23 224	24 847	25 362	3. Manufacturing
1 014	1 115	1 117	1 264	1 514	4. Electricity, gas and water
6 853	6 906	7 239	7 193	6 331	5. Construction
22 862	24 789	25 032	25 098	21 738	6. Wholesale and retail trade, restaurants and hotels
9 314	10 038	10 517	10 841	10 881	7. Transport, storage and communications
15 478	17 694	18 274	18 733	19 177	8. Finance, insurance, real estate and business services
6 327	6 530	6 722	6 909	6 997	Dwellings
20 138	21 996	22 928	23 655	24 136	9. Community, social and personal services
12 557	13 709	14 000	14 234	14 405	Government services
138 104	145 613	152 905	156 571	153 639	*Subtotal*
3 613	5 006	5 059	5 147	5 850	Less: Imputed bank service charges
6 227	7 015	5 597	4 712	3 142	Plus: Import duties
140 718	147 622	153 443	156 136	150 931	*Total: Gross domestic product*

[1] For 1960 and 1965 the series are expressed at factor cost.
[2] Including oil refining.
[3] Excluding oil refining.
[4] Restaurants and hotels are included in Community, social and personal services.
[5] Business services are included in Community, social and personal services.
[6] Including Restaurants and hotels and business services.
[7] Including Finance, insurance, real estate and business services.

321

157. ECUADOR: INGRESOS Y GASTOS DE LOS HOGARES, INCLUIDAS LAS EMPRESAS NO FINANCIERAS NO CONSTITUIDAS EN SOCIEDAD[1]

(Millones de sucres)

	1960	1965	1970	1975	1978
1. Remuneración de los asalariados	6 030	8 687	5 488	10 755	31 369	53 778
2. Renta neta de la propiedad y de la empresa	...	...	12 336[2]	18 415[2]	48 739[2]	92 356[2]
3. Prestaciones de seguridad social	...	...	292	778	1 818	3 283
4. Donaciones de asistencia social	...	...	101	207	863	1 027
5. Transferencias corrientes n.e.p. de residentes	414	853	213[3]	475[3]	1 631[3]	3 216[3]
6. Transferencias corrientes n.e.p. del resto del mundo	25	51	[4]	[4]	[4]	[4]
Total: Ingresos corrientes	...	...	18 430	30 630	84 420	153 660
7. Gasto de consumo final	10 122	15 216	16 618	26 375	70 298	121 244
8. Impuestos directos	155	153	258	541	1 146	2 274
9. Contribuciones a la seguridad social	360	637	367	1 035	2 584	4 491
10. Transferencias corrientes n.e.p. a residentes	50	30	148	289	1 154	1 723
11. Transferencias corrientes n.e.p. al resto del mundo	-	-	[4]	[4]	[4]	[4]
12. Ahorro	...	...	1 039[5]	2 390[5]	9 238[5]	23 928[5]
Total: Egresos corrientes	...	...	18 430	30 630	84 420	153 660

[1] Comprende Instituciones privadas sin fines de lucro que sirven a los hogares.
[2] Incluye la provisión para el Consumo de capital fijo.
[3] Incluye Transferencias corrientes netas n.e.p. del resto del mundo.
[4] Se incluye en Transferencias n.e.p. de residentes.
[5] Se refiere al Ahorro bruto.

157. ECUADOR: INCOME AND OUTLAY OF HOUSEHOLDS, INCLUDING PRIVATE UNINCORPORATED NON-FINANCIAL ENTERPRISES [1]

(Millions of sucres)

1979	1980	1981	1982	1983	
64 371	92 924	104 495	120 082	134 419	1. *Compensation of employees*
101 625[2]	120 707[2]	151 631[2]	186 039[2]	266 086[2]	2. *Net property and entrepreneurial income*
4 248	6 746	7 726	9 362	12 938	3. *Social security benefits*
1 385	1 564	1 855	2 430	3 197	4. *Social assistance grants*
3 361[3]	3 727[3]	4 999[3]	5 722[3]	6 575[3]	5. *Current transfers n.e.c. from residents*
[4]	[4]	[4]	[4]	[4]	6. *Current transfers n.e.c. from the rest of the world*
174 990	**225 668**	**270 706**	**323 635**	**423 215**	**Total:** *Current receipts*
143 289	174 875	214 665	260 199	365 622	7. *Final consumption expenditure*
2 495	2 711	4 107	3 279	3 972	8. *Direct taxes*
5 822	8 092	8 787	10 570	14 769	9. *Social security contributions*
2 097	2 537	2 978	3 873	4 778	10. *Current transfers n.e.c. to residents*
[4]	[4]	[4]	[4]	[4]	11. *Current transfers n.e.c. to rest of the world*
21 287[5]	37 453[5]	40 169[5]	45 714[5]	34 074[5]	12. *Saving*
174 990	**225 668**	**270 706**	**323 635**	**423 215**	**Total:** *Current disbursements*

[1] *Includes Private non-profit institutions serving households.*
[2] *Includes provision for Consumption of fixed capital.*
[3] *Including Current transfers n.e.c. from the rest of the world.*
[4] *Included in Current transfers n.e.c. from residents.*
[5] *Refers to Gross saving.*

II. CUENTAS NACIONALES

158. ECUADOR: INGRESOS Y GASTOS DEL GOBIERNO GENERAL

(Millones de sucres)

	1960	1965		1970	1975	1978
1. Renta de la propiedad y de la empresa	740	1 552	204[1]	534[1]	3 775[1]	6 227[1]
2. Impuestos indirectos	1 305	1 874	2 059	3 881	11 681	17 554
3. Impuestos directos	430	814	365	772	6 895	11 374
4. Contribuciones a la seguridad social	360	637	367	1 035	2 584	4 491
5. Transferencias corrientes n.e.p. de residentes	50	30	204	429	3 239	6 467
6. Transferencias corrientes n.e.p. del resto del mundo	100	98	130	215	372	625
Total: Ingresos corrientes	2 985	5 005	3 329	6 866	28 546	46 738
7. Gasto de consumo final	1 813	2 838	1 867	3 864	15 624	26 450
8. Renta de la propiedad	125	354	314	600	983	3 245
9. Subsidios	20	35	16	115	941	1 073
10. Prestaciones de seguridad social	298	[2]	292	778	1 818	3 283
11. Transferencias corrientes n.e.p. a residentes	116	853[3]	254	436	3 120	5 719
12. Transferencias corrientes n.e.p. al resto del mundo	8	4	1	13	72	148
13. Ahorro	605	921	585[4]	1 060[4]	5 988[4]	6 820[4]
Total: Egresos corrientes	2 985	5 005	3 329	6 866	28 546	46 738

[1] Incluye la provisión para el Consumo de capital fijo.
[2] Incluye Prestaciones de seguridad social.
[3] Incluido en Transferencias corrientes n.e.p. a residentes.
[4] Se refiere a Ahorro bruto.

158. ECUADOR: INCOME AND OUTLAY OF THE GENERAL GOVERNMENT

(Millions of sucres)

1979	1980	1981	1982	1983	
10 002[1]	11 254[1]	13 667[1]	15 830[1]	18 601[1]	1. *Property and entrepreneurial income*
20 489	26 931	35 746	38 802	50 177	2. *Indirect taxes*
16 987	22 390	22 888	32 820	40 138	3. *Direct taxes*
5 822	8 092	8 787	10 570	14 769	4. *Social security contributions*
10 107	10 827	13 336	14 060	15 605	5. *Current transfers n.e.c. from residents*
759	931	1 541	2 081	2 355	6. *Current transfers n.e.c. from the rest of the world*
64 166	**80 425**	**95 965**	**114 163**	**141 645**	**Total:** *Current receipts*
30 084	42 562	49 742	57 509	65 921	7. *Final consumption expenditure*
5 592	7 590	11 044	20 390	24 149	8. *Property income*
1 413	2 543	3 114	3 596	2 608	9. *Subsidies*
4 248	6 746	7 726	9 362	12 938	10. *Social security benefits*
9 200	10 065	11 851	12 746	14 888	11. *Current transfers n.e.c. to residents*
110	105	203	353	414	12. *Current transfers n.e.c. to rest of the world*
13 519[4]	10 814[4]	12 285[4]	10 207[4]	20 727[4]	13. *Saving*
64 166	**80 425**	**95 965**	**114 163**	**141 645**	**Total:** *Current disbursements*

[1] *Includes provision for Consumption of fixed capital.*
[2] *Including Social security benefits.*
[3] *Including in Current transfers n.e.c. to residents.*
[4] *Refers to Gross saving.*

II. CUENTAS NACIONALES

159. EL SALVADOR: PRODUCTO INTERNO BRUTO POR TIPO DE GASTO, A PRECIOS DE MERCADO

(Millones de colones)

Tipo de gasto	1960	1965	1970	1975	1977
	A precios corrientes				
1. Gasto de consumo final del gobierno general	143.1	172.6	275.7	501.2	804.8
2. Gasto privado de consumo final	1 143.8	1 526.5	1 934.7	3 283.2	4 607.3
3. Variación de existencias	15.1	11.3	32.6	- 40.1	158.1
4. Formación bruta de capital fijo	204.4	296.4	308.1	1 030.6	1 520.5
Construcción	90.2	110.5	132.2	407.9	629.8
Maquinaria y equipo	114.2	185.9	175.9	622.7	890.7
5. Exportaciones de bienes y servicios	289.4	528.9	638.6	1 479.7	2 735.3
6. Menos: Importaciones de bienes y servicios	353.8	576.9	631.2	1 711.2	2 685.7
Total: Producto interno bruto	1 420.0	1 992.2	2 571.4	4 477.7	7 167.0
Discrepancia estadística	-22.0[2]	33.3[2]	13.0[2]	-65.6[2]	26.6[2]
	A precios constantes de 1962				
1. Gasto de consumo final del gobierno general	...	173.4	251.3	323.7	393.3
2. Gasto privado de consumo final	...	1 549.4	1 903.7	2 340.7	2 878.0
3. Variación de existencias	...	13.2	29.0	- 38.4	86.3
4. Formación bruta de capital fijo	...	268.2	259.0	519.1	677.4
Construcción	...	...	...	...	...
Maquinaria y equipo	...	...	...	...	...
5. Exportaciones de bienes y servicios	...	456.1	510.1	747.1	597.2
6. Menos: Importaciones de bienes y servicios	...	534.7	559.6	769.4	1 188.4
Total: Producto interno bruto	1 382.8	1 925.6	2 393.6	3 122.9	3 443.9

[1] Incluye Discrepancia estadística.
[2] Diferencia con el total del Producto interno bruto por clase de actividad económica.
[3] Se incluye en Gasto privado del consumo final.

326

159. EL SALVADOR: GROSS DOMESTIC PRODUCT BY TYPE OF EXPENDITURE, AT MARKET PRICES

(Millions of colones)

1978	1979	1980	1981	1982	1983	Type of expenditure
At current prices						
996.0	1 133.0	1 247.4	1 368.6	1 414.7	1 398.6	1. General government final consumption expenditure
5 514.0	5 932.7[1]	6 404.5[1]	6 644.1[1]	6 920.6[1]	7 522.2[1]	2. Private final consumption expenditure
182.5	44.5	-27.1	58.1	-	110.4	3. Increase in stocks
1 651.8	1 511.7	1 210.1	1 173.0	1 131.3	1 148.4	4. Gross fixed capital formation
619.2	694.2	639.1	577.6	599.8	683.4	Construction
1 032.6	817.5	571.0	595.4	531.5	465.0	Machinery and equipment
2 328.2	3 182.2	3 046.1	2 306.7	2 042.7	2 157.4	5. Exports of goods and services
3 040.8	3 196.9	2 964.4	2 904.1	2 542.7	2 655.1	6. Less: Imports of goods and services
7 692.2	8 607.2	8 916.6	8 646.5	8 966.2	9 681.9	**Total:** Gross domestic product
60.4[2]	[3]	[3]	[3]	[3]	[3]	Statistical discrepancy
At constant 1962 prices						
436.5	447.3	422.4	437.3	430.4	416.1	1. General government final consumption expenditure
2 943.3	2 714.2	2 495.7	2 278.8	2 125.2	2 061.0	2. Private final consumption expenditure
90.5	19.4	-10.2	19.5	-	32.3	3. Increase in stocks
695.4	586.7	422.3	376.7	336.7	318.2	4. Gross fixed capital formation
284.7	296.6	239.8	201.4	197.0	...	Construction
410.7	290.1	182.5	175.3	139.7	...	Machinery and equipment
719.7	979.9	837.6	690.4	592.3	646.3	5. Exports of goods and services
1 220.7	1 145.8	878.5	785.8	636.9	627.4	6. Less: Imports of goods and services
3 664.7	3 601.6	3 289.3	3 016.8	2 847.7	2 846.5	**Total:** Gross domestic product

[1] *Including Statistical discrepancy.*
[2] *Differences with the total of Gross domestic product by kind of economic activity.*
[3] *Included in Private final consumption expenditure.*

II. CUENTAS NACIONALES

160. EL SALVADOR: RELACIONES ENTRE PRINCIPALES AGREGADOS DE CUENTAS NACIONALES, A PRECIOS CORRIENTES

(Millones de colones)

	1960	1965	1970	1975	1977
Remuneración de los asalariados	[1]	[1]	[1]	[1]	[1]
Más: Excedente de explotación[2]	1 231.5	1 724.4	2 250.0	3 926.4	6 050.0
Más. Consumo de capital fijo	72.0	98.9	125.1	198.7	268.9
1. Igual: **Producto interno bruto al costo de factores**	1 303.5	1 823.3	2 375.1	4 125.1	6 318.9
Más: Impuestos indirectos	116.6[3]	168.9[3]	199.8	385.6	876.4
Menos: Subsidios	[4]	[4]	3.5	33.0	28.3
2. Igual: **Producto interno bruto a precios de mercado**	1 420.0	1 992.2	2 571.4	4 477.7	7 167.0
Menos: Remuneración neta de factores pagada al resto del mundo	7.3	17.1	21.0	68.6	72.2
3. Igual: **Producto nacional bruto a precios de mercado**	1 412.7	1 975.1	2 550.4	4 409.1	7 094.8
Menos: Consumo de capital fijo	72.0	98.9	125.1	198.7	268.9
4. Igual: **Ingreso nacional a precios de mercado**	1 340.7	1 876.2	2 425.3	4 210.4	6 825.9
Más: Otras transferencias corrientes netas procedentes del resto del mundo	3.0	33.0	36.0	70.8	99.0
5. Igual: **Ingreso nacional disponible a precios de mercado**	1 343.7	1 909.2	2 461.3	4 281.2	6 924.9
Menos: Gasto total de consumo final	1 264.9[5]	1 732.4[5]	2 223.4[5]	3 718.7[5]	5 438.7[5]
6. Igual: **Ahorro nacional**	78.8	176.8	237.9	562.5	1 486.2
Menos: Excedente de la nación por transacciones corrientes	-68.7	-32.0	22.3	-229.3	76.4
7. Igual: **Formación neta de capital**	147.5	208.8	215.6	791.8	1 409.8
Más: Consumo de capital fijo	72.0	98.9	125.1	198.7	268.9
8. Igual: **Formación bruta de capital**	219.5	307.7	340.6	990.5	1 678.7

[1] Incluido en Excedente de explotación.
[2] Incluye Remuneración de los asalariados.
[3] Incluye Subsidios.
[4] Incluidos en Impuestos indirectos.
[5] Incluye Discrepancia estadística.

160. EL SALVADOR: RELATIONS AMONG MAIN NATIONAL ACCOUNTS AGGREGATES, AT CURRENT PRICES

(Millions of colones)

1978	1979	1980	1981	1982	1983	
[1]	[1]	[1]	[1]	[1]	[1]	*Compensation of employees*
6 713.9	7 396.1	7 906.2	7 627.4	7 979.7	8 532.6	*Plus: Operating surplus* [2]
318.2	356.0	368.8	357.8	370.8	398.6	*Plus: Consumption of fixed capital*
7 032.1	7 752.1	8 275.0	7 985.0	8 350.5	8 931.2	1. *Equals:* **Gross domestic product** *at factor cost*
686.5	885.0	677.3	693.1	657.9	773.7	*Plus: Indirect taxes*
26.4	29.9	35.7	31.6	42.2	23.0	*Less: Subsidies*
7 692.2	8 607.2	8 916.6	8 646.5	8 966.2	9 681.9	2. *Equals:* **Gross domestic product** *at market prices*
130.3	60.3	127.5	179.6	253.8	268.2	*Less: Net factor income paid to the rest of the world*
7 561.8	8 546.8	8 789.1	8 466.9	8 712.4	9 413.7	3. *Equals:* **Gross national product** *at market prices*
318.2	356.0	368.8	357.6	370.8	398.6	*Less: Consumption of fixed capital*
7 243.6	8 190.8	8 420.3	8 109.3	8 341.6	9 015.1	4. *Equals:* **National income at market prices**
128.4	128.5	122.3	150.9	427.0	579.7	*Plus: Other net current transfers received from the rest of the world*
7 372.0	8 319.3	8 542.6	8 260.2	8 768.6	9 594.8	5. *Equals:* **National disposable income** *at market prices*
6 570.4	7 065.7	7 651.9	8 012.8	8 335.3	8 920.8	*Less: Total final consumption expenditure*
801.6	1 253.6	890.7	247.4	433.3	674.0	6. *Equals:* **National saving**
-714.5	53.4	76.5	-626.1	-327.2	-180.2	*Less: Surplus of the nation on current transactions*
1 516.1	1 200.1	814.2	873.5	760.5	860.2	7. *Equals:* **Net capital formation**
318.2	356.0	368.8	357.6	370.8	398.6	*Plus: Consumption of fixed capital*
1 834.3	1 556.1	1 183.0	1 231.1	1 131.3	1 258.8	8. *Equals:* **Gross capital formation**

[1] *Included in Operating surplus.*
[2] *Including Compensation of employees.*
[3] *Including Subsidies.*
[4] *Included in Indirect taxes.*
[5] *Including Statistical discrepancy.*

161. EL SALVADOR: PRODUCTO INTERNO BRUTO POR CLASE DE ACTIVIDAD ECONOMICA, A PRECIOS DE MERCADO

(Millones de colones)

Clase de actividad	1960	1965	1970	1975	1977	1978
	A precios corrientes					
1. Agricultura, caza, silvicultura y pesca	449.3	579.6	731.2	1 028.2	2 374.1	2 048.9
2. Explotación de minas y canteras	2.4	2.9	4.2	7.4	8.1	8.5
3. Industrias manufactureras	206.8	352.2	484.7	831.3	1 046.6	1 204.7
4. Electricidad, gas y agua	16.3 [1]	26.4	38.8	56.6	106.5	131.5
5. Construcción	47.0	62.0	72.4	219.4	327.3	319.7
6. Comercio al por mayor y al por menor, restaurantes y hoteles [2]	317.6	482.3	543.6	1 112.1	1 600.9	1 935.6
7. Transportes, almacenamiento y comunicaciones	66.4	89.5	128.3	187.6	242.9	291.0
8. Establecimientos financieros, seguros, bienes inmuebles y servicios prestados a las empresas [3]	101.6	111.5	152.4	300.1	461.4	544.3
Viviendas	80.3	78.1	94.9	171.9	227.0	284.8
9. Servicios comunales, sociales y personales [4]	212.7	285.8	415.8	735.0	999.2	1 207.9
Servicios gubernamentales	114.7 [5]	142.3	200.2	383.8	570.7	718.5
Subtotal	1 420.0	1 992.2	2 571.4	4 477.7	7 167.0	7 692.2
Menos: Comisión imputada de los servicios bancarios	...	...	...	...	...	...
Más: Derechos de importación	...	...	...	...	...	...
Total: Producto interno bruto	1 420.0	1 992.2	2 571.4	4 477.7	7 167.0	7 692.2
	A precios constantes de 1962					
1. Agricultura, caza, silvicultura y pesca	426.2	517.2	627.2	787.3	751.3	856.6
2. Explotación de minas y canteras	2.7	2.9	3.6	4.5	3.7	3.7
3. Industrias manufactureras	200.5	332.9	438.3	578.0	661.5	691.5
4. Electricidad, gas y agua	15.7 [1]	27.8	45.0	70.6	87.8	96.6
5. Construcción	40.5	60.2	63.8	128.0	157.2	147.0
6. Comercio al por mayor y al por menor, restaurantes y hoteles [2]	334.6	511.5	565.6	709.2	803.4	828.5
7. Transportes, almacenamiento y comunicaciones	62.9	90.7	127.9	172.9	214.4	223.3
8. Establecimientos financieros, seguros, bienes inmuebles y servicios prestados a las empresas [3]	87.5	107.8	141.4	188.1	219.8	226.4
Viviendas	65.5	75.4	90.4	110.4	118.3	122.5
9. Servicios comunales, sociales y personales [4]	212.2	274.6	380.7	484.3	544.8	591.0
Servicios gubernamentales	111.8 [5]	137.0	182.8	243.9	288.2	320.3
Subtotal	1 382.8	1 925.6	2 393.5	3 122.9	3 443.9	3 664.7
Menos: Comisión imputada de los servicios bancarios	...	...	...	...	...	...
Más: Derechos de importación	...	...	...	...	...	...
Total: Producto interno bruto	1 382.8	1 925.6	2 393.5	3 122.9	3 443.9	3 664.7

[1] Agua y servicios sanitarios se incluyen en Servicios gubernamentales, que están comprendidos en Servicios comunales, sociales y personales.
[2] Restaurantes y hoteles se incluyen en Servicios comunales, sociales y personales.
[3] Servicios prestados a las empresas se incluyen en Servicios comunales, sociales y personales.
[4] Incluye Restaurantes y hoteles y Servicios prestados a las empresas; además, para 1960, incluye Agua y servicios sanitarios.
[5] Incluye Agua y servicios sanitarios.

161. EL SALVADOR: GROSS DOMESTIC PRODUCT BY KIND OF ECONOMIC ACTIVITY, AT MARKET PRICES

(Millions of colones)

1979	1980	1981	1982	1983	Kind of activity
		At current prices			
2 508.4	2 480.2	2 106.0	2 075.4	2 067.9	1. Agriculture, hunting, forestry and fishing
9.5	11.3	12.5	13.6	15.2	2. Mining and quarrying
1 337.6	1 339.4	1 359.1	1 381.8	1 524.9	3. Manufacturing
167.2	189.1	191.0	191.7	210.2	4. Electricity, gas and water
366.8	305.9	284.2	300.6	341.7	5. Construction
2 005.5	2 037.7	2 027.6	2 120.9	2 353.0	6. Wholesale and retail trade, restaurants and hotels [2]
291.9	313.5	328.2	343.7	400.1	7. Transport, storage and communications
604.5	685.8	707.0	745.1	828.7	8. Finance, insurance, real estate and business services [3]
318.3	383.9	411.8	435.4	473.3	Dwellings
1 346.1	1 553.6	1 630.2	1 793.4	1 940.2	9. Community, social and personal services [4]
783.7	916.4	943.5	1 049.7	1 117.1	Government services
8 607.2	8 916.6	8 646.5	8 966.2	9 681.9	Subtotal
...	...	...	...	...	Less: Imputed bank service charges
...	...	...	...	...	Plus: Import duties
8 607.2	8 916.6	8 646.5	8 966.2	9 681.9	Total: Gross domestic product
		At constant 1962 prices			
887.4	841.1	787.5	750.6	729.9	1. Agriculture, hunting, forestry and fishing
3.8	3.9	3.8	3.8	3.8	2. Mining and quarrying
656.8	586.2	525.0	480.8	484.4	3. Manufacturing
107.7	105.7	102.4	98.5	101.4	4. Electricity, gas and water
143.9	111.4	94.4	92.4	96.4	5. Construction
759.7	625.0	531.9	468.1	463.8	6. Wholesale and retail trade, restaurants and hotels [2]
208.8	193.7	172.5	161.3	165.0	7. Transport, storage and communications
232.9	232.6	226.9	229.0	235.5	8. Finance, insurance, real estate and business services [3]
126.9	130.0	133.8	137.3	140.0	Dwellings
600.6	589.7	572.5	563.2	566.3	9. Community, social and personal services [4]
332.2	341.9	346.0	356.3	361.8	Government services
3 601.6	3 289.3	3 016.8	2 847.7	2 846.5	Subtotal
...	...	...	...	...	Less: Imputed bank service charges
...	...	...	...	..	Plus: Import duties
3 601.6	3 289.3	3 016.8	2 847.7	2 846.5	Total: Gross domestic product

[1] Water and sanitary services are included in Government services, which come under Community, social and personal services.
[2] Restaurants and hotels are included in Community, social and personal services.
[3] Business services are included in Community, social and personal services.
[4] Including Restaurants and hotels and business services; in addition, for 1960, includes Water and sanitary services.
[5] Including Water and sanitary services.

162. GRANADA: PRODUCTO INTERNO BRUTO POR CLASE DE ACTIVIDAD ECONOMICA, AL COSTO DE FACTORES

(Miles de dólares del Caribe oriental, a precios corrientes)

Clase de actividad	1970	1971	1972
1. Agricultura, caza, silvicultura y pesca	11 977	11 362	13 153
2. Explotación de minas y canteras	124	120	110
3. Industrias manufactureras	2 676	2 473	2 622
4. Electricidad, gas y agua	588	809	806
5. Construcción	8 506	5 817	6 019
6. Comercio al por mayor y al por menor, restaurantes y hoteles	10 930	11 926	12 988
7. Transportes, almacenamiento y comunicaciones	5 558	6 118	5 817
8. Establecimientos financieros, seguros, bienes inmuebles y servicios prestados a las empresas	7 331	7 911	8 906
Viviendas	5 409	5 464	5 518
9. Servicios comunales, sociales y personales	12 323	13 194	13 743
Servicios gubernamentales	6 017	6 647	6 678
Subtotal	60 013	59 730	64 164
Menos: Comisión imputada de los servicios bancarios	...	...	...
Total: Producto interno bruto	60 013	59 730	64 164

[1] Las cifras de 1976 están expresadas en millones de dólares del Caribe oriental.
[2] Se incluye en Servicios comunales, sociales y personales.
[3] Incluye Establecimientos financieros, seguros, bienes inmuebles y servicios prestados a las empresas.

162. GRENADA: GROSS DOMESTIC PRODUCT BY KIND OF ECONOMIC ACTIVITY, AT FACTOR COST

(Thousands of East Caribbean dollars, at current prices)

1973	1974	1975	1976[1]	Kind of activity
12 735	16 346	23 122	25.8	1. *Agriculture, hunting, forestry and fishing*
82	182	89	0.1	2. *Mining and quarrying*
3 165	2 987	3 614	4.3	3. *Manufacturing*
1 133	1 161	1 363	1.4	4. *Electricity, gas and water*
5 478	2 871	5 713	3.3	5. *Construction*
13 936	11 532	14 576	16.7	6. *Wholesale and retail trade, restaurants and hotels*
7 191	7 154	7 771	8.2	7. *Transport, storage and communications*
8 131	8 647	9 010	[2]	8. *Finance, insurance, real estate and business services*
5 573	5 629	5 685	...	*Dwellings*
13 964	14 485	15 206	24.3[3]	9. *Community, social and personal services*
6 515	6 792	7 207	...	*Government services*
65 815	65 365	80 464	84.1	*Subtotal*
...	...	...	...	*Less: Imputed bank service charges*
65 815	65 365	80 464	84.1	**Total:** *Gross domestic product*

[1] *The figures for 1976 are expressed in millions of East Caribbean dollars.*
[2] *Included in Community, social and personal services.*
[3] *Including Finance, insurance, real estate and business services.*

163. GUATEMALA: PRODUCTO INTERNO BRUTO POR TIPO DE GASTO, A PRECIOS DE MERCADO

(Millones de quetzales)

Tipo de gasto	1960	1965	1970	1975	1977
	A precios corrientes				
1. Gasto de consumo final del gobierno general	79.9	97.9	151.4	250.3	354.5
2. Gasto privado de consumo final	876.0	1 093.8	1 493.3	2 874.9	4 126.5
3. Variación de existencias	5.4	2.4	5.6	16.0	59.6
4. Formación bruta de capital fijo	102.1	174.9	238.6	570.8	1 038.6
Construcción	49.5	73.1	80.9	182.4	393.4
Maquinaria y equipo	52.6	101.8	157.7	388.4	645.2
5. Exportaciones de bienes y servicios	131.9	223.5	353.6	792.0	1 340.3
6. Menos: Importaciones de bienes y servicios	151.7	261.1	338.5	858.0	1 439.0
Total: Producto interno bruto	1 043.6	1 331.4	1 904.0	3 646.0	5 480.5
	A precios constantes de 1958				
1. Gasto de consumo final del gobierno general	79.6	85.1	125.6	148.5	176.1
2. Gasto privado de consumo final	868.6	1 105.0	1 399.6	1 777.9	2 048.8
3. Variación de existencias	5.4	2.9	5.3	10.3	29.6
4. Formación bruta de capital fijo	107.8	166.8	209.6	270.6	405.8
Construcción	50.0	71.2	72.0	96.3	168.0
Maquinaria y equipo	57.8	95.6	137.6	174.3	237.8
5. Exportaciones de bienes y servicios	153.0	242.4	346.0	497.5	563.3
6. Menos: Importaciones de bienes y servicios	165.2	247.0	293.3	352.1	499.8
Total: Producto interno bruto	1 049.2	1 355.2	1 792.8	2 352.7	2 723.8

163. GUATEMALA: GROSS DOMESTIC PRODUCT BY TYPE OF EXPENDITURE, AT MARKET PRICES

(Millions of quetzales)

1978	1979	1980	1981	1982	1983	Type of expenditure
At current prices						
434.6	488.0	626.5	680.3	675.5	688.1	1. *General government final consumption expenditure*
4 674.8	5 431.6	6 216.8	7 021.8	7 149.0	7 500.7	2. *Private final consumption expenditure*
94.7	7.9	-43.5	23.0	-76.1	33.4	3. *Increase in stocks*
1 217.7	1 286.3	1 295.3	1 443.2	1 309.6	954.0	4. *Gross fixed capital formation*
454.9	536.3	588.8	716.8	645.3	493.9	*Construction*
762.8	750.0	706.5	726.4	664.3	460.1	*Machinery and equipment*
1 303.7	1 473.6	1 747.6	1 471.0	1 288.7	1 175.8	5. *Exports of goods and services*
1 655.0	1 784.4	1 963.3	2 031.5	1 629.3	1 317.1	6. *Less: Imports of goods and services*
6 070.5	**6 903.0**	**7 879.4**	**8 607.7**	**8 717.4**	**9 034.9**	**Total:** *Gross domestic product*
At constant 1958 prices						
187.2	198.9	222.7	232.6	229.7	232.7	1. *General government final consumption expenditure*
2 151.3	2 242.6	2 318.9	2 350.8	2 279.6	2 247.7	2. *Private final consumption expenditure*
44.6	3.4	-17.2	8.3	-26.3	10.8	3 *Increase in stocks*
435.7	413.4	372.6	401.5	357.7	259.4	4. *Gross fixed capital formation*
177.2	188.2	187.7	216.5	190.4	143.2	*Construction*
258.5	225.2	184.9	185.0	167.3	116.2	*Machinery and equipment*
562.7	619.2	651.1	557.4	510.2	454.7	5. *Exports of goods and services*
521.6	482.8	441.2	423.1	334.3	269.1	6. *Less: Imports of goods and services*
2 859.9	**2 994.7**	**3 106.9**	**3 127.6**	**3 016.6**	**2 936.2**	**Total:** *Gross domestic product*

164. GUATEMALA: RELACIONES ENTRE PRINCIPALES AGREGADOS DE CUENTAS NACIONALES, A PRECIOS CORRIENTES

(Millones de quetzales)

	1960	1965	1970	1975	1977	1978
Remuneración de los asalariados [1]	918.1	1 165.5	1 673.5	3 249.9	4 792.7	5 316.6
Más: Excedente de explotación	[2]	[2]	[2]	[2]	[2]	[2]
Más: Consumo de capital fijo	48.7	66.7	96.3	144.3	188.3	219.5
1. Igual: **Producto interno bruto al costo de factores**	966.8	1 232.2	1 771.9	3 394.2	4 981.1	5 536.1
Más: Impuestos indirectos [3]	76.8	99.2	132.1	251.8	499.4	534.4
Menos: Subsidios	[4]	[4]	[4]	[4]	[4]	[4]
2. Igual: **Producto interno bruto a precios de mercado**	1 043.6	1 331.4	1 904.0	3 646.0	5 480.5	6 070.5
Menos: Remuneración neta de factores pagada al resto del mundo	10.4	17.5	42.3	69.0	32.5	26.4
3. Igual: **Producto nacional bruto a precios de mercado**	1 033.2	1 313.9	1 861.7	3 577.0	5 448.0	6 044.1
Menos: Consumo de capital fijo	48.7	66.7	96.3	144.3	188.3	219.5
4. Igual: **Ingreso nacional a precios de mercado**	984.5	1 247.2	1 765.4	3 432.7	5 259.7	5 824.6
Más: Otras transferencias corrientes netas procedentes del resto del mundo	...	...	...	...	...	...
5. Igual: **Ingreso nacional disponible a precios de mercado**	...	...	...	...	...	...
Menos: Gasto total de consumo final	167.5	1 191.7	1 644.7	3 125.2	4 481.0	5 109.5
6. Igual: **Ahorro nacional**	...	...	...	...	...	...
Menos: Excedente de la nación por transacciones corrientes	...	...	...	...	...	...
7. Igual: **Formación neta de capital**	58.8	110.6	147.9	442.5	909.9	1 092.9
Más: Consumo de capital fijo	48.7	66.7	96.3	144.3	188.3	219.5
8. Igual: **Formación bruta de capital**	107.5	177.3	244.2	586.8	1 098.2	1 312.4

[1] Incluye Excedente de explotación.
[2] Incluido en Remuneración de los asalariados.
[3] Incluye Subsidios.
[4] Incluido en Impuestos indirectos.

164. GUATEMALA: RELATIONS AMONG MAIN NATIONAL ACCOUNTS AGGREGATES, AT CURRENT PRICES

(Millions of quetzales)

1979	1980	1981	1982	1983	
6 104.8	6 987.5	7 769.5	7 782.8	8 164.3	Compensation of employees [1]
[2]	[2]	[2]	[2]	[2]	Plus: Operating surplus
256.0	294.6	333.4	397.5	416.0	Plus: Consumption of fixed capital
6 360.3	7 282.1	8 103.0	8 180.3	8 580.3	1. Equals: **Gross domestic product** at factor cost
542.2	597.3	560.0	537.1	454.6	Plus: Indirect taxes [3]
[4]	[4]	[4]	[4]	[4]	Less: Subsidies
6 903.0	7 879.4	8 663.0	8 717.4	9 034.9	2. Equals: **Gross domestic product** at market prices
12.4	70.5	102.8	122.0	113.4	Less: Net factor income paid to the rest of the world
6 890.6	7 808.8	8 560.2	8 595.4	8 921.5	3. Equals: **Gross national product** at market prices
256.0	294.6	333.4	397.5	416.0	Less: Consumption of fixed capital
6 634.6	7 514.2	8 226.8	8 197.9	8 505.5	4. Equals: **National income at market prices**
...	...	...	...	...	Plus: Other net current transfers received from the rest of the world
...	...	...	...	...	5. Equals: **National disposable income** at market prices
5 919.5	6 843.3	7 711.9	7 824.5	8 188.8	Less: Total final consumption expenditure
...	...	...	...	...	6. Equals: **National saving**
...	...	...	...	...	Less: Surplus of the nation on current transactions
1 038.2	957.2	1 170.5	1 193.7	712.5	7. Equals: **Net capital formation**
256.0	294.6	333.4	397.5	416.0	Plus: Consumption of fixed capital
1 294.2	1 251.8	1 503.9	1 591.2	1 128.5	8. Equals. **Gross capital formation**

[1] Including Operating surplus.
[2] Included in Compensation of employees.
[3] Including Subsidies.
[4] Included in Indirect taxes.

165. GUATEMALA: PRODUCTO INTERNO BRUTO POR CLASE DE ACTIVIDAD ECONOMICA, A PRECIOS DE MERCADO

(Millones de quetzales a precios constantes de 1958)

Clase de actividad	1960	1965	1970	1975	1977	1978
1. Agricultura, caza, silvicultura y pesca	318.1	389.4	489.7	659.9	716.5	739.1
2. Explotación de minas y canteras	1.9	1.6	1.7	2.1	3.1	4.8
3. Industrias manufactureras	135.5	190.8	282.9	356.3	435.6	463.7
4. Electricidad, gas y agua	7.3	14.0	21.5	32.8	44.3	49.0
5. Construcción	20.7	24 5	28.4	43.9	85.8	88.7
6. Comercio al por mayor y al por menor, restaurantes y hoteles [1]	274.5	376.6	518.0	648.7	768.5	802.4
7. Transportes, almacenamiento y comunicaciones	50.3	73.8	98.2	150.8	177.0	189.5
8. Establecimientos financieros, seguros, bienes inmuebles y servicios prestados a las empresas [2]	113.1	140.3	167.1	200.0	200.7	215.2
Viviendas	94.4	107.6	124.8	138.7	121.3	129.5
9. Servicios comunales, sociales y personales [3]	127.8	144.2	185.3	258.2	292.3	307.5
Servicios gubernamentales	63.7	65.1	86.9	118.2	131.1	138.2
Subtotal	1 049.2	1 355.1	1 792.8	2 352.7	2 723.8	2 859.9
Menos: Comisión imputada de los servicios bancarios	...	...	...	...	...	...
Más: Derechos de importación	...	...	...	...	...	...
Total: Producto interno bruto	1 049.2	1 355.2	1 792.8	2 352.7	2 723.8	2 859.9

[1] Restaurantes y hoteles se incluyen en Servicios comunales, sociales y personales.
[2] Servicios prestados a las empresas se incluyen en Servicios comunales, sociales y personales
[3] Incluye Restaurantes y hoteles y Servicios prestados a las empresas.

165. GUATEMALA: GROSS DOMESTIC PRODUCT BY KIND OF ECONOMIC ACTIVITY, AT MARKET PRICES

(Millions of quetzales at constant 1958 prices)

1979	1980	1981	1982	1983	Kind of activity
760.0	772.0	781.4	757.9	757.1	1. *Agriculture, hunting, forestry and fishing*
8.7	14.8	9.4	10.7	10.8	2. *Mining and quarrying*
489.7	517.3	501.2	475.1	466.1	3. *Manufacturing*
52.0	53.2	53.0	51.9	51.5	4. *Electricity, gas and water*
94.4	98.0	116.5	103.0	76.8	5. *Construction*
824.7	839.1	844.1	797.2	762.8	6. *Wholesale and retail trade, restaurants and hotels* [1]
199.5	215.8	211.2	201.2	200.7	7. *Transport, storage and communications*
236.2	244.8	250.5	255.1	256.2	8. *Finance, insurance, real estate and business services* [2]
134.1	138.1	141.7	145.4	149.2	*Dwellings*
329.5	351.9	360.1	364.5	354.2	9. *Community, social and personal services* [3]
147.4	163.0	170.1	176.7	187.6	*Government services*
2 994.7	3 106.9	3 127.6	3 016.6	2 936.2	***Subtotal***
...	...	...	...	...	*Less: Imputed bank service charges*
...	...	...	...	...	*Plus: Import duties*
2 994.7	3 106.9	3 127.6	3 016.6	2 936.2	***Total:*** *Gross domestic product*

[1] *Restaurants and hotels are included in Community, social and personal services.*
[2] *Business services are included in Community, social and personal services.*
[3] *Including Restaurants and hotels and Business services.*

II. CUENTAS NACIONALES

166. GUYANA: PRODUCTO INTERNO BRUTO POR TIPO DE GASTO, A PRECIOS DE MERCADO

(Miles de dólares de Guyana) [1]

Tipo de gasto	1960	1965	1970	1971
			A precios corrientes	
1. Gasto de consumo final del gobierno general	33.4	54.4	...	90 938	101 653
2. Gasto privado de consumo final	202.0	240.5	...	322 041	336 000
3. Variación de existencias	2.8	10.6	...	9 223	2 300
4. Formación bruta de capital fijo	79.6	70.0	...	112 640	102 800
Construcción	...	...	...	...	...
Maquinaria y equipo	...	...	...	...	...
5. Exportaciones de bienes y servicios	143.4	203.7	...	302 367	329 446
6. Menos: Importaciones de bienes y servicios	168.3	213.7	...	305 368	308 496
Total: Producto interno bruto	292.9	365.5	...	535 550	564 118
Discrepancia estadística	-	-	...	3 709[2]	415[2]
			A precios constantes de 1970	
1. Gasto de consumo final del gobierno general	...	...	...	90 938	93 924
2. Gasto privado de consumo final	...	...	...	322 041	330 383
3. Variación de existencias	...	...	...	9 223	2 142
4. Formación bruta de capital fijo	...	...	...	112 640	101 938
Construcción	...	...	...	...	...
Maquinaria y equipo	...	...	...	...	...
5. Exportaciones de bienes y servicios	...	...	...	302 367	312 567
6. Menos: Importaciones de bienes y servicios	...	...	...	305 368	290 650
Total: Producto interno bruto	...	...	...	535 550	550 712
Discrepancia estadística	...	...	...	3 709[2]	408[2]

[1] Las cifras de los años anteriores a 1970 están expresadas en millones de dólares de Guyana.
[2] Diferencias para obtener el total del Producto interno bruto a precios de mercado.

166. GUYANA: GROSS DOMESTIC PRODUCT BY TYPE OF EXPENDITURE, AT MARKET PRICES

(Thousands of Guyana dollars) [1]

1972	1973	1974	1975	1976	Type of expenditure
		At current prices			
116 901	159 666	162 239	232 912	330 000	1. General government final consumption expenditure
363 100	418 564	512 545	562 469	639 300	2. Private final consumption expenditure
10 624	20 717	54 011	42 275	44 200	3. Increase in stocks
108 300	154 783	198 083	350 273	381 000	4. Gross fixed capital formation
...	...	...	...	...	Construction
...	...	...	...	...	Machinery and equipment
344 358	336 479	651 696	890 658	750 000	5. Exports of goods and services
352 141	444 264	633 841	881 625	1 027 000	6. Less: Imports of goods and services
599 283	**644 797**	**954 786**	**1 187 867**	**1 117 500**	**Total:** Gross domestic product
8 141 [2]	-1 148 [2]	10 053 [2]	-9 095 [2]	-	Statistical discrepancy
		At constant 1970 prices			
98 464	112 669	110 609	155 206	209 163	1. General government final consumption expenditure
340 300	357 137	365 320	378 258	395 400	2. Private final consumption expenditure
7 847	17 958	32 791	28 869	24 426	3. Increase in stocks
79 052	111 868	84 242	175 304	145 237	4. Gross fixed capital formation
...	...	...	...	...	Construction
...	...	...	...	...	Machinery and equipment
289 864	272 386	273 822	269 406	258 264	5. Exports of goods and services
283 368	321 930	286 417	352 227	364 831	6. Less: Imports of goods and services
539 789	**549 108**	**587 532**	**648 700**	**667 659**	**Total:** Gross domestic product
7 630 [2]	-980 [2]	7 165 [2]	-6 116 [2]	-	Statistical discrepancy

[1] *The figures for the years preceding 1970 are expressed in millions of Guyana dollars.*
[2] *Differences with the total of Gross domestic product at market prices.*

167. GUYANA: RELACIONES ENTRE PRINCIPALES AGREGADOS DE CUENTAS NACIONALES, A PRECIOS CORRIENTES [1]

(Miles de dólares de Guyana)

	1960	1965	1970		1971
Remuneración de los asalariados	129 532	174 410	...	262 173	282 931
Más: Excedente de explotación	120 592	131 917	...	174 027	182 099
Más: Consumo de capital fijo	12 248	18 787	...	33 785	33 371
1. Igual: **Producto interno bruto al costo de factores**	262 372	325 114	...	469 985	498 401
Más: Impuestos indirectos	32 216	41 247	...	69 778	70 007
Menos: Subsidios	2 782	4 058	...	4 213	4 290
2. Igual: **Producto interno bruto a precios de mercado**	291 806	362 303	...	535 550	564 118
Menos: Remuneración neta de factores pagada al resto del mundo	23 609	27 282	...	42 483	36 014
3. Igual: **Producto nacional bruto a precios de mercado**	268 197	335 021	...	493 067	528 104
Menos: Consumo de capital fijo	12 248	18 787	...	33 785	33 371
4. Igual: **Ingreso nacional a precios de mercado**	255 949	316 234	...	459 282	494 733
Más: Otras transferencias corrientes netas procedentes del resto del mundo	-1 077	324	...	99	-873
5. Igual: **Ingreso nacional disponible a precios de mercado**	254 872	316 558	...	459 381	493 860
Menos: Gasto total de consumo final	233 352	290 366	...	412 979	437 653
6. Igual: **Ahorro nacional**	21 520	26 192	...	46 402	56 207
Menos: Excedente de la nación por transacciones corrientes	-48 672	-35 650	...	-45 385	-15 937
7. Igual: **Formación neta de capital**	70 192	61 842	...	88 078	71 729
Más: Consumo de capital fijo	12 248	18 787	...	33 785	33 371
8. Igual: **Formación bruta de capital**	82 440	80 629	...	121 863	105 100
Discrepancia estadística	-	-	-	3 709 [2]	415 [2]

[1] La información de los años 1960 y 1965 no es comparable con las cifras del Producto interno bruto del resto de los cuadros del país.
[2] Diferencia entre Ahorro nacional y Formación neta de capital.

167. GUYANA: RELATIONS AMONG MAIN NATIONAL ACCOUNTS AGGREGATES, AT CURRENT PRICES[1]

(Thousands of Guyana dollars)

1972	1973	1974	1975	1976	
310 982	364 558	417 934	491 803	550 000	*Compensation of employees*
186 317	175 902	411 896	559 550	420 000	*Plus: Operating surplus*
33 368	35 948	39 976	46 465	55 000	*Plus: Consumption of fixed capital*
530 667	576 408	869 806	1 097 818	1 025 000	1. *Equals:* **Gross domestic product at factor cost**
72 865	78 092	107 732	122 900	139 400	*Plus: Indirect taxes*
4 249	9 703	22 752	32 851	46 900	*Less: Subsidies*
599 283	644 797	954 786	1 187 867	1 117 500	2. *Equals:* **Gross domestic product at market prices**
22 240	25 601	48 201	33 016	57 000	*Less: Net factor income paid to the rest of the world*
577 043	619 196	906 585	1 154 851	1 060 500	3. *Equals:* **Gross national product at market prices**
33 368	35 948	39 976	46 465	55 000	*Less. Consumption of fixed capital*
543 675	583 248	866 609	1 108 386	1 005 500	4. *Equals:* **National income at market prices**
-946	-1 347	-8 000	-9 000	-16 000	*Plus: Other net current transfers received from the rest of the world*
542 729	581 901	858 609	1 099 386	989 500	5. *Equals:* **National disposable income at market prices**
480 001	578 230	674 784	795 381	969 300	*Less: Total final consumption expenditure*
62 728	3 671	183 825	304 005	20 200	6. *Equals:* **National saving**
-30 969	-134 733	-38 346	-32 983	-350 000	*Less: Surplus of the nation on current transactions*
85 556	139 552	212 118	346 083	370 200	7. *Equals:* **Net capital formation**
33 368	35 948	39 976	46 465	55 000	*Plus: Consumption of fixed capital*
118 924	175 500	252 094	392 548	425 200	8. *Equals:* **Gross capital formation**
8 141 [2]	-1 143 [2]	10 053 [2]	-9 095 [2]	-	*Statistical discrepancy*

[1] *Information for 1960 and 1965 is not comparable to the figures for the Gross domestic product for the rest of the country's tables.*
[2] *Difference between National saving and Net capital formation.*

168. GUYANA: PRODUCTO INTERNO BRUTO POR CLASE DE ACTIVIDAD ECONOMICA, AL COSTO DE FACTORES

(Miles de dólares de Guyana) [1]

Clase de actividad	1960	1965	1970	1971
			A precios corrientes	
1. Agricultura, caza, silvicultura y pesca	69.9	81.5	... 90 158	10i 643
2. Explotación de minas y canteras	29.1	54.0	.. 95 495	90 668
3. Industrias manufactureras [2]	27.2	42.7	... 56 965	61 221
4. Electricidad, gas y agua	[3]	[3]	... [3]	[3]
5. Construcción	25.0	17.1	... 36 849	38 619
6. Comercio al por mayor y al por menor, restaurantes y hoteles [4]	37.2	39.4	... 53 506	54 540
7. Transportes, almacenamiento y comunicaciones	19.8	21.3	... 27 726	29 753
8. Establecimientos financieros, seguros, bienes inmuebles y servicios prestados a las empresas [5]	16.7	18.2	... 27 083	29 715
Viviendas	8.2	8.4	... 10 788	11 327
9. Servicios comunales, sociales y personales [6]	38.7	54.1	... 82 203	92 242
Servicios gubernamentales	25.6	40.2	... 64 469	73 119
Subtotal	263.6	328.3	... 469 985	498 401
Menos: Comisión imputada de los servicios bancarios	...	...	...	...
Total: Producto interno bruto	263.6	328.3	... 469 985	498 401
			A precios constantes de:	
		1960	1970	
1. Agricultura, caza, silvicultura y pesca	69.9	73.1	... 90 158	96 429
2. Explotación de minas y canteras	29.1	53.5	... 95 495	92 706
3. Industrias manufactureras [2]	27.2	35.6	... 56 965	64 033
4. Electricidad, gas y agua	[7]	[7]	... [8]	[8]
5. Construcción	25.0	14.3	... 36 849	38 324
6. Comercio al por mayor y al por menor, restaurantes y hoteles	37.2 [4]	40.7 [4]	... 53 506	52 909
7. Transportes, almacenamiento y comunicaciones	19.8	19.3	... 27 726	28 120
8. Establecimientos financieros, seguros, bienes inmuebles y servicios prestados a las empresas	16.7 [5]	18.2 [5]	... 27 083	28 902
Viviendas	8.2	8.4	... 10 788	11 327
9. Servicios comunales, sociales y personales	38.7 [6]	46.1 [6]	... 82 203	84 670
Servicios gubernamentales	25.6	33.0	... 64 469	65 867
Subtotal	263.6	300.8	... 469 985	486 093
Menos: Comisión imputada de los servicios bancarios	...	...	...	...
Total: Producto interno bruto	263.6	300.8	... 469 985	486 093

[1] Las cifras de los años anteriores a 1970 están expresadas en millones de dólares de Guyana.
[2] Incluye Electricidad, gas y agua.
[3] Incluido en Industrias manufactureras.
[4] Restaurantes y hoteles se incluyen en Servicios comunales, sociales y personales.
[5] Servicios prestados a las empresas se incluyen en Servicios comunales, sociales y personales.
[6] Incluye Restaurantes y hoteles y Servicios prestados a las empresas.
[7] Incluido en Servicios gubernamentales.
[8] Incluido en Industrias manufactureras.

168. GUYANA: GROSS DOMESTIC PRODUCT BY KIND OF ECONOMIC ACTIVITY, AT FACTOR COST

(Thousands of Guyana dollars) [1]

1972	1973	1974	1975	1976	Kind of activity
		At current prices			
104 211	106 277	264 056	341 528	236 000	1. *Agriculture, hunting, forestry and fishing*
89 744	80 458	114 828	140 990	145 000	2. *Mining and quarrying*
63 959	64 314	120 353	161 640	134 900	3. *Manufacturing* [2]
[3]	[3]	[3]	[3]	[3]	4. *Electricity, gas and water*
42 746	46 961	52 709	74 382	85 000	5. *Construction*
58 651	64 377	80 797	94 217	108 100	6. *Wholesale and retail trade, restaurants and hotels* [4]
32 817	36 796	46 321	49 870	55 000	7. *Transport, storage and communications*
31 040	34 448	40 689	49 710	54 000	8. *Finance, insurance, real estate and business services* [5]
11 893	12 488	13 700	15 000	16 000	*Dwellings*
107 499	142 777	150 053	185 481	207 000	9. *Community, social and personal services* [6]
87 801	121 222	126 577	159 834	180 000	*Government services*
530 667	576 408	869 806	1 097 818	1 025 000	*Subtotal*
...	...	...	...	...	*Less: Imputed bank service charges*
530 667	576 408	869 806	1 097 818	1 025 000	**Total:** *Gross domestic product*
		At constant prices of: 1970			
88 058	87 531	100 464	97 161	101 215	1. *Agriculture, hunting, forestry and fishing*
82 325	79 677	85 239	85 120	75 020	2. *Mining and quarrying*
64 960	65 319	79 004	89 627	96 443	3. *Manufacturing* [2]
[8]	[8]	[8]	[8]	[8]	4. *Electricity, gas and water*
40 471	41 467	38 539	51 289	55 250	5. *Construction*
52 777	57 864	58 441	73 049	76 998	6. *Wholesale and retail trade, restaurants and hotels*
27 568	29 526	31 035	33 803	35 434	7. *Transport, storage and communications*
29 670	31 113	32 316	35 220	37 000	8. *Finance, insurance, real estate and business services*
11 893	12 488	13 700	15 000	16 000	*Dwellings*
89 652	98 259	101 924	122 873	133 099	9. *Community, social and personal services*
71 191	79 867	85 191	106 061	116 399	*Government services*
475 481	490 756	526 962	588 142	610 459	*Subtotal*
...	...	...	...	...	*Less: Imputed bank service charges*
475 481	490 756	526 962	588 142	610 459	**Total:** *Gross domestic product*

[1] *The figures for the years preceding 1970 are expressed in millions of Guyana dollars.*
[2] *Including Electricity, gas and water.*
[3] *Included in Manufacturing.*
[4] *Restaurants and hotels are included in Community, social and personal services.*
[5] *Business services are included in Community, social and personal services.*
[6] *Including Restaurants and hotels and Business services.*
[7] *Included in Government services.*
[8] *Included in Manufacturing.*

169. HAITI: PRODUCTO INTERNO BRUTO POR TIPO DE GASTO, A PRECIOS DE MERCADO[1]

(Miles de gourdes)[2]

Tipo de gasto	1960	1965	1970		1975
			A precios corrientes		
1. Gasto de consumo final del gobierno general	[3]	[3]	[3]	[3]	[3]
2. Gasto privado de consumo final[4]	1 231 320	1 732 084	1 964.3	1 571	3 165
3. Variación de existencias	6 629	9 517	11.6	[5]	[5]
4. Formación bruta de capital fijo	99 587	111 781	160.9	167[6]	540[6]
Construcción	...	...	...	...	...
Maquinaria y equipo	...	...	...	...	...
5. Exportaciones de bienes y servicios	270 100	223 515	261.1	261	784
6. Menos: Importaciones de bienes y servicios	241 700	310 638	343.3	343	1 082
Total: Producto interno bruto	1 365 936	1 766 259	2 054.6	1 656	3 407
			A precios constantes de:		
		1954-1955		1976	
1. Gasto de consumo final del gobierno general	[3]	[3]	[3]	[3]	[3]
2. Gasto privado de consumo final[4]	1 300 232	1 528 759	1 602.2	3 108.0	3 460.0
3. Variación de existencias	7 000	8 400	9.5	[5]	[5]
4. Formación bruta de capital fijo	104 797	91 930	164.5	307.0[6]	595.0[6]
Construcción	...	...	...	...	...
Maquinaria y equipo	...	...	...	...	...
5. Exportaciones de bienes y servicios	364 655	232 751	299.7	548.0	961.0
6. Menos: Importaciones de bienes y servicios	253 996	339 904	426.6	599.0	963.0
Total: Producto interno bruto	1 522 691	1 571 936	1 649.3	3 364.0	4 053.0

[1] Años fiscales finalizados al 30 de septiembre.
[2] A partir de 1970, las cifras están expresadas en millones de gourdes.
[3] Incluido en Gasto privado de consumo final.
[4] Incluye Gasto de consumo final del gobierno general.
[5] Incluida en Formación bruta de capital fijo.
[6] Incluye Variación de existencias.

169. HAITI: GROSS DOMESTIC PRODUCT BY TYPE OF EXPENDITURE, AT MARKET PRICES [1]

(Thousands of gourdes) [2]

1978	1979	1980	1981	1982	1983	Type of expenditure
			At current prices			
[3]	[3]	[3]	[3]	[3]	[3]	1. General government final consumption expenditure
4 687	5 226	6 968	7 679	7 268	7 667	2. Private final consumption expenditure [4]
[5]	[5]	[5]	[5]	[5]	[5]	3. Increase in stocks
857 [6]	938 [6]	1 238 [6]	1 252 [6]	1 230 [6]	1 331 [6]	4. Gross fixed capital formation
...	...	...	...	...	...	Construction
...	...	...	...	...	...	Machinery and equipment
1 495	1 522	2 148	1 944	2 139	2 339	5. Exports of goods and services
1 982	2 105	3 038	3 334	3 042	3 013	6. Less: Imports of goods and services
5 057	5 581	7 316	7 541	7 595	8 324	*Total:* Gross domestic product
		At constant prices of:				
		1976				
[3]	[3]	[3]	[3]	[3]	[3]	1. General government final consumption expenditure
4 488.0	4 568.0	5 159.0	5 116.0	4 545.0	4 472.0	2. Private final consumption expenditure [4]
[5]	[5]	[5]	[5]	[5]	[5]	3. Increase in stocks
771.0 [6]	921.0 [6]	934.0 [6]	941.0 [6]	877.0 [6]	924.0 [6]	4. Gross fixed capital formation
...	...	...	...	...	...	Construction
...	...	...	...	...	...	Machinery and equipment
1 171.0	1 178.0	1 436.0	1 348.0	1 546.0	1 624.0	5. Exports of goods and services
1 802.0	1 701.0	2 182.0	2 210.0	1 903.0	1 887.0	6. Less: Imports of goods and services
4 628.0	4 966.0	5 347.0	5 195.5	5 065.0	5 133.0	*Total:* Gross domestic product

[1] Fiscal year ending 30 September.
[2] From 1970 onwards, the figures are expressed in millions of gourdes.
[3] Included in Private final consumption expenditure.
[4] Including General government final consumption expenditure.
[5] Included in Gross fixed capital formation.
[6] Including Increase in stocks.

II. CUENTAS NACIONALES

170. HAITI: RELACIONES ENTRE PRINCIPALES AGREGADOS DE CUENTAS NACIONALES, A PRECIOS CORRIENTES [1]

(Millones de gourdes)

	1960	1965	1970		1975
Remuneración de los asalariados	...	...	285.5	...	...
Más: Excedente de explotación	...	...	1 514.4	...	...
Más: Consumo de capital fijo	...	...	47.0	48	89
Más: Impuestos indirectos	...	...	207.7 [2]	...	...
Menos: Subsidios	...	...	[3]	...	...
2. Igual: **Producto interno bruto a precios de mercado**	1 365.9	1 766.3	2 054.6	1 656	3 407
Menos: Remuneración neta de factores pagada al resto del mundo	...	...	14.8	14	34
3. Igual: **Producto nacional bruto a precios de mercado**	...	...	2 039.8	1 642	3 374
Menos: Consumo de capital fijo	...	...	47.0	48	89
4. Igual: **Ingreso nacional a precios de mercado**	...	...	1 992.8	1 594	3 285
Más: Otras transferencias corrientes netas procedentes del resto del mundo	...	...	74.9	109	197
5. Igual: **Ingreso nacional disponible a precios de mercado**	...	...	2 067.7	1 703	3 482
Menos: Gasto total de consumo final	1 231.3	1 732.1	1 964.3	1 571	3 165
6. Igual: **Ahorro nacional**	...	...	103.4	132	317
Menos: Excedente de la nación por transacciones corrientes	...	...	-22.0	12	-
7. Igual: **Formación neta de capital**	...	...	125.5	120	452
Más: Consumo de capital fijo	...	...	47.0	48	89
8. Igual: **Formación bruta de capital**	106.2	121.3	172.5	167	540
Discrepancia estadística	-	-	-	-	-1 [4]

[1] Años fiscales finalizados al 30 de septiembre.
[2] Incluye Subsidios.
[3] Incluidos en Impuestos indirectos.
[4] Dato no publicado por la fuente original. Obtenido por diferencia entre el Producto interno bruto a precios de mercado y al costo de factores.

170. HAITI: RELATIONS AMONG MAIN NATIONAL ACCOUNTS AGGREGATES, AT CURRENT PRICES [1]

(Millions of gourdes)

1978	1979	1980	1981	1982	1983	
...	...	...	...	...	...	*Compensation of employees*
...	...	...	...	...	...	*Plus: Operating surplus*
...	...	...	...	...	...	*Plus: Consumption of fixed capital*
...	...	...	...	...	...	*Plus: Indirect taxes*
...	...	...	...	...	...	*Less: Subsidies*
5 057	5 581	7 316	7 541	7 595	8 324	2. *Equals:* **Gross domestic product at market prices**
...	...	...	...	...	...	*Less: Net factor income paid to the rest of the world*
...	...	...	...	...	...	3. *Equals:* **Gross national product at market prices**
...	...	...	...	...	...	*Less: Consumption of fixed capital*
...	...	...	...	...	...	4. *Equals:* **National income at market prices**
...	...	...	...	...	...	*Plus: Other net current transfers received from the rest of the world*
...	...	...	...	...	...	5. *Equals:* **National disposable income at market prices**
...	...	...	...	...	...	*Less: Total final consumption expenditure*
...	...	...	...	...	...	6. *Equals:* **National saving**
...	...	...	...	...	...	*Less: Surplus of the nation on current transactions*
...	...	...	...	...	...	7. *Equals:* **Net capital formation**
...	...	...	...	...	...	*Plus: Consumption of fixed capital*
857	938	1 238	1 252	1 230	1 331	8. *Equals:* **Gross capital formation**
-	-	-	-	-	-	*Statistical discrepancy*

[1] *Fiscal years ending 30 September.*
[2] *Including Subsidies.*
[3] *Included in Indirect taxes.*
[4] *Data not published by original source. Estimated by difference between Gross domestic product at market prices and at factor cost.*

II. CUENTAS NACIONALES

171. HAITI: PRODUCTO INTERNO BRUTO POR CLASE DE ACTIVIDAD ECONOMICA, A PRECIOS DE MERCADO [1]

(Miles de gourdes)

Clase de actividad	1960	1965	1970	1975
			A precios constantes de:	
		1954-1955		1976
1. Agricultura, caza, silvicultura y pesca	753 080	775 690	806 400	1 482 246	1 658 446
2. Explotación de minas y canteras	17 533	22 523	28 600	72 202	62 059
3. Industrias manufactureras	154 737	161 458	163 800	438 466	555 762
4. Electricidad, gas y agua	14 708	18 984	21 600	9 929	18 770
5. Construcción	30 874	29 025	36 800	87 738	205 308
6. Comercio al por mayor y al por menor, restaurantes y hoteles [2]	173 775	165 390	164 100	549 397	680 426
7. Transportes, almacenamiento y comunicaciones	47 319	35 978	37 900	59 041	80 026
8. Establecimientos financieros, seguros, bienes inmuebles y servicios prestados a las empresas [3]	145 718	158 319	164 300	209 712	239 475
Viviendas	134 214	144 901	156 800	...	...
9. Servicios comunales, sociales y personales [4]	184 947	204 569	225 800	252 409	406 678
Servicios gubernamentales	98 100	101 801	122 200	158 597	302 194
Subtotal	1 522 691	1 571 936	1 649 300	3 161 360	3 906 950
Menos: Comisión imputada de los servicios bancarios	...	...	...	...	...
Más: Derechos de importación	...	...	...	203 920	146 582
Total: Producto interno bruto	1 522 691	1 571 936	1 649 300	3 365 280	4 053 532

[1] Años fiscales finalizados al 30 de septiembre.
[2] Restaurantes y hoteles se incluyen en Servicios comunales, sociales y personales.
[3] Servicios prestados a las empresas se incluyen en Servicios comunales, sociales y personales.
[4] Incluye Restaurantes y hoteles y Servicios prestados a las empresas.

171. HAITI: GROSS DOMESTIC PRODUCT BY KIND OF ECONOMIC ACTIVITY, AT MARKET PRICES [1]

(Thousands of gourdes)

1978	1979	1980	1981	1982	1983	Kind of activity
		At constant prices of:				
		1976				
1 604 393	1 710 042	1 723 067	1 698 363	1 627 021	1 680 393	1. *Agriculture, hunting, forestry and fishing*
72 333	69 822	66 728	56 971	70 490	4 820	2. *Mining and quarrying*
772 489	850 799	970 256	858 099	869 050	890 485	3. *Manufacturing*
29 622	33 264	35 772	38 034	40 530	42 028	4. *Electricity, gas and water*
254 290	280 357	288 337	285 375	269 437	284 969	5. *Construction*
834 572	908 875	993 122	945 087	916 651	933 228	6. *Wholesale and retail trade, restaurants and hotels* [2]
104 070	101 369	106 347	102 843	96 064	105 032	7. *Transport, storage and communications*
251 891	257 443	261 771	268 973	273 516	279 017	8. *Finance, insurance, real estate and business services* [3]
...	...	...	...	...	...	*Dwellings*
520 360	557 376	667 553	706 254	692 003	694 567	9. *Community, social and personal services* [4]
390 163	413 687	515 230	539 080	548 685	540 402	*Government services*
4 444 020	4 769 347	5 112 953	4 959 999	4 854 762	4 914 539	*Subtotal*
...	...	...	...	...	...	*Less: Imputed bank service charges*
184 455	197 368	234 404	234 885	210 448	218 081	*Plus: Import duties*
4 628 475	4 966 715	5 347 357	5 194 884	5 065 210	5 132 620	**Total:** *Gross domestic product*

[1] *Fiscal years ending 30 September.*
[2] *Restaurants and hotels are included in Community, social and personal services.*
[3] *Business services are included in Community, social and personal services.*
[4] *Including Restaurants and hotels and business services*

II. CUENTAS NACIONALES

172. HONDURAS: PRODUCTO INTERNO BRUTO POR TIPO DE GASTO, A PRECIOS DE MERCADO

(Millones de lempiras)

Tipo de gasto	1960	1965	1970	1975	1977
	A precios corrientes				
1. Gasto de consumo final del gobierno general	74	102	166	278	417
2. Gasto privado de consumo final	524	754	1 073	1 772	2 246
3. Variación de existencias	9	16	34	-75	109
4. Formación bruta de capital fijo	84	132	268	476	711
Construcción	65	70	144	244	330
Maquinaria y equipo	19	62	124	232	381
5. Exportaciones de bienes y servicios	147	283	395	680	1 149
6. Menos: Importaciones de bienes y servicios	158	270	490	890	1 311
Total: Producto interno bruto	**680**	1 017	1 446	2 241	3 321
	A precios constantes de 1966				
1. Gasto de consumo final del gobierno general	88	105	152	183	245
2. Gasto privado de consumo final	618	786	952	1 129	1 293
3. Variación de existencias	11	17	30	-49	61
4. Formación bruta de capital fijo	93	139	214	287	348
Construcción	56	73	102	133	159
Maquinaria y equipo	37	66	112	154	189
5. Exportaciones de bienes y servicios	162	278	390	390	459
6. Menos: Importaciones de bienes y servicios	175	286	441	485	654
Total: Producto interno bruto	**797**	1 039	1 297	1 455	1 752

172. HONDURAS: GROSS DOMESTIC PRODUCT BY TYPE OF EXPENDITURE, AT MARKET PRICES

(Millions of lempiras)

1978	1979	1980	1981	1982	1983	Type of expenditure
		At current prices				
463	544	682	766	805	889	1. General government final consumption expenditure
2 560	2 955	3 392	3 793	4 074	4 343	2. Private final consumption expenditure
46	89	68	74	-141	-130	3. Increase in stocks
941	1 004	1 235	1 051	968	1 060	4. Gross fixed capital formation
457	487	758	597	437	450	Construction
484	517	477	454	531	610	Machinery and equipment
1 366	1 649	1 860	1 735	1 505	1 547	5. Exports of goods and services
1 562	1 863	2 261	2 126	1 629	1 818	6. Less: Imports of goods and services
3 814	4 378	4 976	5 293	5 582	5 891	Total: Gross domestic product
		At constant 1966 prices				
258	279	292	299	294	296	1. General government final consumption expenditure
1 388	1 401	1 473	1 469	1 483	1 452	2. Private final consumption expenditure
26	41	35	35	-61	-52	3. Increase in stocks
431	442	506	411	333	340	4. Gross fixed capital formation
153	205	246	216	243	...	Construction
213	237	260	195	90	...	Machinery and equipment
541	637	598	611	535	562	5. Exports of goods and services
762	790	839	736	532	556	6. Less: Imports of goods and services
1 882	2 010	2 065	2 089	2 052	2 042	Total: Gross domestic product

II. CUENTAS NACIONALES

173. HONDURAS: RELACIONES ENTRE PRINCIPALES AGREGADOS DE CUENTAS NACIONALES, A PRECIOS CORRIENTES

(Millones de lempiras)

	1960	1965	1970	1975	1977
Remuneración de los asalariados	286	394	582	1 013	1 341
Más: Excedente de explotación[1]	286	488	672	912	1 430
Más: Consumo de capital fijo	44	44	53	95	136
1. Igual: **Producto interno bruto al costo de factores**	616	926	1 307	2 020	2 907
Más: Impuestos indirectos	66	94	141	225	415
Menos: Subsidios	2	3	2	2	1
2. Igual: **Producto interno bruto a precios de mercado**	680	1 017	1 446	2 241	3 321
Menos: Remuneración neta de factores pagada al resto del mundo	-15	35	40	50	124
3. Igual: **Producto nacional bruto a precios de mercado**	695	982	1 406	2 191	3 197
Menos: Consumo de capital fijo	44	44	53	95	136
4. Igual: **Ingreso nacional a precios de mercado**	651	938	1 353	2 096	3 061
Más: Otras transferencias corrientes netas procedentes del resto del mundo	...	...	...	...	...
5. Igual: **Ingreso nacional disponible a precios de mercado**	...	...	...	...	...
Menos: Gasto total de consumo final	598	856	1 239	2 050	2 663
6. Igual: **Ahorro nacional**	...	...	...	...	...
Menos: Excedente de la nación por transacciones corrientes	...	...	...	...	...
7. Igual: **Formación neta de capital**	49	104	249	306	684
Más: Consumo de capital fijo	44	44	53	95	136
8. Igual: **Formación bruta de capital**	93	148	302	401	820

[1] Dato no publicado por la fuente original. Estimado por diferencia.